国家社会科学基金青年项目"普惠视角下构建世界电子贸易平台的理论机制与实现路径研究"（批准号：17CJL036）研究成果

U0499074

普惠视角下
构建世界电子贸易平台的
理论机制与实现路径研究

曾可昕　著

中国财经出版传媒集团

经济科学出版社
Economic Science Press

·北京·

图书在版编目（CIP）数据

普惠视角下构建世界电子贸易平台的理论机制与实现路径研究／曾可昕著. -- 北京：经济科学出版社，2025. 5. -- ISBN 978 - 7 - 5218 - 6667 - 4

Ⅰ. F713. 36

中国国家版本馆 CIP 数据核字第 2025UR6527 号

责任编辑：周胜婷
责任校对：靳玉环
责任印制：张佳裕

普惠视角下构建世界电子贸易平台的理论机制与实现路径研究

PUHUI SHIJIAO XIA GOUJIAN SHIJIE DIANZI MAOYI PINGTAI DE
LILUN JIZHI YU SHIXIAN LUJING YANJIU

曾可昕　著

经济科学出版社出版、发行　新华书店经销
社址：北京市海淀区阜成路甲 28 号　邮编：100142
总编部电话：010 - 88191217　发行部电话：010 - 88191522
网址：www. esp. com. cn
电子邮箱：esp@ esp. com. cn
天猫网店：经济科学出版社旗舰店
网址：http: //jjkxcbs. tmall. com
北京联兴盛业印刷股份有限公司印装
710 × 1000　16 开　22. 25 印张　380000 字
2025 年 5 月第 1 版　2025 年 5 月第 1 次印刷
ISBN 978 - 7 - 5218 - 6667 - 4　定价：118. 00 元
（图书出现印装问题，本社负责调换。电话：010 - 88191545）
（版权所有　侵权必究　打击盗版　举报热线：010 - 88191661
QQ：2242791300　营销中心电话：010 - 88191537
电子邮箱：dbts@ esp. com. cn）

F 前 言
oreword

    由阿里巴巴集团提出构建世界电子贸易平台（简称 eWTP）的倡议被写入 2016 年 G20 公报，受到世界各国的高度关注与积极回应。近年来全球经济下行压力日益凸显，国际贸易可持续发展面临诸多风险挑战。与此同时跨境电子商务却获得迅猛发展，可谓是最具市场活力与韧劲的领域，其已成为引领全球贸易变革、促进全球经济复苏与发展的重要引擎，也正成为我国外贸新旧动能转换的重要推动力量。但跨境电商的发展也同样面临诸多困难与不确定性，主要体现为：全球贸易规则构建远滞后于跨境电商发展的现实；在数字贸易联盟化、区域化趋势下，发展中国家在国际治理中话语权不断削弱，条款碎片化引致的监管规则差异性、程序复杂性使贸易成本大大增加；各国贸易政策无法协调且贸易保护措施增多；中小微企业和消费者的利益诉求难以在国际贸易规则中体现；大量发展中国家因信息基础设施落后而无法充分参与全球数字贸易。这些问题的存在不仅严重阻碍了跨境电商的持续健康发展，更使得部分国家在全球贸易中被边缘化，数字鸿沟和贫富差距不断扩大，亟待从制度、技术、模式等层面深化改革与创新，以激活贸易潜力，获得全球市场空间的进一步拓展。

    近年来 eWTP 已在实践过程中取得一系列成效，国际影响力不断提升，但各方对其理论机制与实现路径等关键问题仍缺乏清晰且全面的认知，这不仅不利于 eWTP 作用的充分发挥，也难以经由准确评估与研判而对其进一步推进提供可行的对策建议。本书试图在揭示跨境电子商务影响国际贸易普惠高质量发展的机制与演化路径基础上，对构建 eWTP 的逻辑机理、实施路径与行动策略予以研究，不仅可拓展普惠贸易与高质量发展的理论内涵，还有助于深化中国数字贸易新模式、新规则的实践探索与传播，对推进普惠贸易、全球化进程、实现经济可持续发展也具有深远影响。本书主要内容包括：

（一）跨境电商影响全球贸易普惠高质量发展的机理、事实与主要问题

本书对跨境电商影响全球贸易的理论机制予以深入剖析，跨境电商的快速发展可沿着"要素配置效率提升—供应链优化—协同网络形成—数字贸易生态圈演进"的路径影响全球普惠贸易的发展，且这四个层面相互关联、层层递进，使全球普惠贸易发展具有动态性与内生性。在跨境电商与全球贸易协同发展的四个阶段，普惠贸易的内涵也在不断演化，全球贸易日益呈现普惠与高质量发展兼具的特征。跨境电商还在推动各国产业体系逐渐从相对封闭的供应链到价值网络，到社会化协同网络，再到开放的产业生态，不断演进。在普惠视角下，跨境电子商务有望成为推动全球经济增长、弥合全球数字鸿沟、缩小贫富差距的新引擎，其快速、持续、高质量发展值得期待。本书还对跨境电商促进全球贸易普惠且高质量发展的典型事实与主要挑战予以系统阐释与剖析，通过丰富的数据与事实材料的梳理，形成对全球跨境电商发展更全面、深入的认识。

（二）跨境电商影响贸易普惠高质量发展的经验检验与典型案例剖析

本书选取我国 119 个主要贸易伙伴为研究对象，以 2014～2020 年为研究周期进行实证，以更全面考察近年来跨境电商快速发展对我国开展双边贸易的具体影响机制与效应。研究表明，贸易伙伴跨境电商发展水平的提升对我国双边贸易规模拓展与各方贸易利益增进均有显著促进作用。随着贸易伙伴跨境电商发展程度的提升，其与我国的双边贸易往来呈加速发展趋势，且跨境电商的发展对较高收入经济体的出口贸易和较低收入经济体的进口贸易有更大的促进作用，这表明除了应重视发展跨境电商，各经济体还应该注重其产品本身生产与创新能力的提升，通过产业数字化转型与供应链体系优化而增强竞争优势，方能获得贸易利益规模及分配比例的不断扩大。通过作用机制分析发现，企业家精神在跨境电商与双边贸易发

中发挥着显著的促进作用，跨境电商的发展可基于"干中学"环境的优化而使企业家创业积极性与要素配置更快提升，由此使各经济体比较优势有效转化为比较利益，推动其外贸产业结构升级。跨境电商与企业家精神的良性互动是全球贸易持续发展的源头活水，而跨境电子商务的网络效应又会强化这一趋势。

进一步地，以跨境电商领域发展的先行省份浙江为例，对普惠视角下跨境电子商务影响浙江对外贸易高质量发展的典型事实、作用机理展开研究并予以实证，进而对典型中小企业基于跨境电商发展而实现转型升级的成功经验进行双案例剖析，在此基础上提出我国外贸企业应用跨境电商平台转型升级的对策建议，不仅能对前述影响机理予以进一步验证，也可使我国对外贸易的普惠且高质量发展真正落到实处、落到细处。

（三）普惠视角下构建 eWTP 的理论机制与实现路径

本书在探讨构建 eWTP 的理论机制时，首先对构建 eWTP 的主要起因、核心诉求、行动框架展开剖析；其次对 eWTP 核心主体、关键要素与主要特征进行探讨，并从目标耦合、组织耦合、机制耦合、环境耦合与价值耦合等五个层面构建 eWTP 各相关主体间耦合机制，其中，目标耦合是 eWTP 成功构建与良性运行的基础与方向，环境耦合确保 eWTP 可顺利推进实施，组织与机制耦合是实现 eWTP 成功构建的路径与方法，而价值耦合则可以体现各成员方良性协同并达成目标的运行成效；最后探析 eWTP 对全球数字贸易发展的影响机理。普惠视角下，eWTP 的构建可基于以下逻辑机理而获得动态、内生演进：由市场驱动、企业引领→"公""私"间信息渠道优化，政企协同而使数字贸易基础设施及规则体系不断完善→各要素相关方交易费用降低，分工深化，贸易主体日益增加→市场规模内生扩大，经济效率增进→全球电子贸易模式与规则不断演进与传播→"顺市场取向"制度创新的动力增强、能力提升，各相关方激励相容→普惠、开放、可持续的全球电子商务生态体系形成。因而构建 eWTP 对全球跨境电商发展的影响主要体现在两个方面：一是基于公共品的完善，促进交易费用降低；二是基于交易费用降低，使企业家精神增进与市场规模内生扩大。

在理论分析的基础上，探讨 eWTP 构建与推进的实现路径与具体实践。依据 eWTP 本身特征及当前全球数字贸易治理的格局，eWTP 适宜采用自下而上、以市场化方式为主进行规则创制与传播：首先在基础层，国内政企间加强合作，充分探索跨境电商各类创新模式，并积极参与国内外相关数字化基础设施共建；其次在应用层，基于 eWTP 实验区及枢纽建设实现"多点突破"，再由点到线、由线到面地加强与国内外数字贸易相关区域与主体合作，逐步扩大影响力，发挥经验模式推广、政策沟通、规则建构、国际业务拓展等功能，以实现提升贸易规模、建构贸易秩序、共享数字贸易红利的多重意图；进而在框架层，推进国内数字贸易治理体系的完善，积极参与双多边协商机制，引领全球普惠型跨境电商贸易规则的创制，并广泛参与数字服务贸易规则研讨。因此，构建与推进 eWTP 的实现路径可主要包含基础层、应用层与框架层三个层面，层层递进，逐步深入，不断推动全球普惠贸易健康有序发展。进一步地，对 eWTP 的平台方、我国政府、WTO 等核心主体的行动侧重点进行剖析，以使各主体在策略与行动上更具连贯性与协同性，从而更好地推进 eWTP 的顺利运行，实现全球贸易普惠发展的目标。

（四）eWTP 倡议下跨境电商与全球贸易普惠发展的实证检验与仿真模拟

本书基于 eWTP 倡议的提出与推进作为准自然实验，借助多种方法识别处理组，采用广义双重差分方法，对 eWTP 倡议下跨境电商与中国双边贸易发展的关系及其作用机制进行经验检验，重点关注 eWTP 倡议如何影响双边贸易的普惠发展。本书对 eWTP 推行以来，我国与全球 119 个主要贸易伙伴以及 59 个共建"一带一路"国家之间的双边贸易情况进行实证，研究发现，eWTP 倡议的推行让贸易的普惠特征更为显著，主要体现为：eWTP 对我国进口贸易的促进作用大于出口贸易，且对低收入国家与我国开展双边贸易的促进更为明显；以跨境电商平台为核心所带动的一揽子要素优化配置，将有效降低交易成本，促进分工深化，使贸易主体日益增加，平台内企业家的商务才能更快提升；eWTP 相关举措的推行对原本物流效率与金融能力较弱的国家与中国开展双边贸易有着更显著的促进作用；我国外贸领域的企业家精神增进，尤其是与低收入国家开展贸易的企业家创新创业积极性获得更快提升。通过电子商务发展、数字技术应用、数字基础设施合作、分享商业实践和最佳范例等，优化全球营商环境，帮助中小微企业和发展中国家在国际贸易体系中获得公平和普惠的发展机会，不仅可促进数字鸿沟的消减和贫富差距的缩小，也使我国数字贸易相关企业的市场空间拓展、国际竞争力增强，各方可基于共商、共建、共享来推进全球贸易的普惠式发展。

随着 eWTP 倡议的提出与推进，各相关主体及影响因素之间可相互耦合形成一个有机整体，共同影响数字贸易的发展路径。基于系统动力学理论构建 eWTP 倡议背景下的数字贸易演化系统，主要由平台支撑、产业协同、制度环境与用户参与等多个子系统组成，包含近 70 个影响因素。运用 Vensim 软件对 2011～2030 年中国数字贸易演化的路径与效应进行模拟仿真，以评估 eWTP 在平台、产业、制度环境与用户基础等层面的推进策略对我国数字贸易发展的短期与中长期影响，探寻最优实现路径。仿真研究表明，eWTP 倡议背景下平台、产业、制度环境与用户基础等多个子系统的协同优化且相互促进，可形成驱动全球数字贸易普惠高质量发展的不竭源泉。在 eWTP 各主体的共同作用下，全球数字贸易系统的发展可沿着"数字技术发展及信息基础设施完善→供应链协同一体化→全球网络化协同体系→数字贸易生态圈"的方向不断演进。此时，中小企业将深度嵌入多元化全球数字贸易生态圈，进行资源高效配置与价值创造，实现创新能力的动态提升，还能基于平台与数字技术实现实时动态的全局优化，由此形成各个产业交互赋能、融合创新的全产业新生态。跨境电商用户还将日益深度参与到企业的研发与营销中，使用户忠诚度与创新效率不断提升。未来，随着各主体之间协同网络广度与密度的不断增强，交易费用还将不断降低，使各个市场主体都逐渐演化为生态体系内平等且深度交互的中心。

（五）进一步剖析中国数字经济与贸易高质量发展的有效路径与成功经验

实际上，eWTP 所要倡导与推广的"中国经验"不应仅仅局限在数字技术与传统贸易相结合所产生的数字贸易领域，还可拓展至数字技术在传统产业发展与政府治理中应用所引致的产业数字化转型与智慧治理等新兴领域。通过对这些内容的研究，有助于形成对中国数字经济与贸易高质量发展有效路径与成功经验更全面、系统的认识，从而为进一步在国际层面推广中国经验模式、参与并引领数字经济与贸易规则建构提供重要的理论依据与实践范例。

首先在产业层面，本书探讨了我国产业集群基于数字商务发展实现数字化转型的演化机制。产业集群是现代产业发展的重要组织形式，近年来大量传统集群陷入"低端锁定"的僵局，迫切需要数字化转型升级。数字商务正是驱动数字经济形成与发展的重要引擎，其发展不断赋予产业集群新内涵、新特征以及新动能，促进集群经济向数字化、智能化方向转型升级，两者的协同演化可形成驱动中国数字经济高质量发展的重要引擎。研究发现，数字商务与集群经济的协同演化过程可分为起步阶段（多点突破）、发展阶段（串点成线）、拓展阶段（连线成网）、成熟阶段（推演成体）。两者的协同演化将使马歇尔外部经济的来源大大拓宽，且多个层次的外部经济相互促进与溢出，推动协同网络内企业家的要素配置才能与创新绩效提升，由此使得集群外部经济增进具有动态性与内生性。此外，政府通过公共品的提供促进数字商务与产业集群更好地实现协同发展，从而使集群外部经济增进可持续。

其次在政府治理层面，本书探讨了中国数字化政府建设与对外贸易高质量发展之间良性互动的机制。在数字技术推动下的政府治理变革可有效提升制度供给的质量和效率，使国际贸易营商环境优化。通过从智慧城市理念、建设行为、组织过程、科技运用、创新能力五个层面构建数字化治理评价体系，并基于500家出口企业调研数据的实证表明，政府数字化治理可显著提升企业出口绩效，而交易费用、企业家精神发挥了部分中介及链式中介作用。其中，企业家精神的中介效应值最高，表明政府数字化治理可基于"干中学"环境的优化而使熊彼特意义上的企业家精神获得更快激活与增进，由此促进我国传统贸易效率提升、价值增长和结构优化。对外贸易的高质量发展可有力推动政府经济目标的实现，从而获得"政""企"之间基于激励相容的内生协同。

（六）eWTP 倡议下数字贸易国际规则的中国方案

eWTP 以促进全球贸易普惠发展为宗旨，这与构建"中国方案"的诉求可谓不谋而合。eWTP 基于"市场驱动、企业先行"与政企协同等方式在基础层、应用层与框架层所取得的各项创新成果，不仅拓宽了探索"中国方案"的视野范围与行动路径，也使其推广与应用的难度大大降低。本书对全球及中国数字贸易发展现状与趋势进行了系统梳理，对当前"中国方案"的主要诉求与制约因素进行了剖析，分别从商业实践、政策创新、制度法律、双诸边合作与谈判、多边谈判等方面逐层递进式地解构现阶段可提炼的"中国方案"主要内涵，并对其不足之处予以分析。在此基础上，本书从进一步明确立场与诉求、方案内容优化、谈判与推进策略优化等层面提出下一阶段"中国方案"优化策略，并探析推广与践行"中国方案"的未来行动路径。从普惠视角来看，对 eWTP 倡议下"中国方案"主要内涵、优化策略与行动路径的研究，不仅有利于我国数字贸易治理领域话语权的提升，推动形成更具普适性与包容性的全球数字贸易规则体系，也为 eWTP 积极参与实践创新与全球贸易规则构建提供了重要的决策参考与理论依据。

目 录
Contents

第一章 绪 论

第一节 本书研究背景与意义

近年来，全球经济下行压力日益凸显，国际贸易可持续发展面临诸多风险挑战。与此同时，跨境电子商务却获得迅猛发展，成为最具市场活力的领域，尤其在新冠疫情后，全球跨境电商市场仍保持高速增长，活力和韧性均较为强劲。跨境电子商务已成为引领全球贸易变革、促进全球经济复苏与发展的重要引擎，也正成为我国外贸新旧动能转换的重要推动力量。跨境电商搭建起一个自由开放、通用普惠的全球贸易平台，释放了消费潜力，使中小微企业及个人创新创业的动力增强、能力提升。然而跨境电商的发展也正面临诸多阻力与不确定性，主要表现为：当前国际贸易规则构建远远滞后于跨境电商发展现实，尚未形成多边框架下的数字贸易规则体系；在数字贸易联盟化、区域化趋势下，发展中国家在数字贸易国际治理中的话语权不断削弱，且条款碎片化所引致的监管规则差异性、程序复杂性致使贸易成本大大增加；各国贸易政策无法协调且贸易保护措施日趋增多；中小微企业和消费者的利益诉求难以在国际贸易规则中得到体现；大量发展中国家因信息基础设施落后以及商业实践经验积累不足而无法充分参与全球数字贸易。这些问题的存在不仅严重阻碍跨境电商与数字贸易的持续健康发展，更使得一些发展中国家和最不发达国家在全球贸易中被边缘化，世界贫富差距和数字鸿沟不断扩大，亟待从制度、技术、模式等层面深化改革与创新，以激活贸易增长潜力，获得全球市场空间的进一步拓展。

阿里巴巴集团提出构建世界电子贸易平台（简称 eWTP）的构想正是在此背景下应运而生，其旨在为多方治理与共享的全球化重塑数字经济时代的国际贸易体系，以实现贸易普惠发展。值得高度关注的是，跨境电商影响全球普惠贸易的演化机制是什么？何为构建 eWTP 的最优主体及各相关方内在耦合机制？普惠视角下构建 eWTP 的理论机制与实现路径何在？何为普惠视角下数字贸易国际规则的"中国方案"？针对上述问题的研究不仅有助于中国数字贸易治理领域话语权的提升，推动形成更具普适性和包容性的全球数字贸易规则体系，也可促进全球贸易各相关方在商业实践与贸易规则创制中的合作深化，从而对推进普惠贸易、全球化进程、实现经济可持续发展产生深远影响。

第二节　国内外相关研究综述

一、数字贸易与跨境电子商务内涵与特征的相关研究

（一）数字贸易、电子商务与跨境电子商务的内涵界定

1998 年，世界贸易组织（WTO）总理事会在《电子商务工作计划》中，将电子商务（e-commerce）界定为通过电子方式进行货物和服务生产、广告、销售和传递。但长期以来，除美国之外的 WTO 成员主要将"电子商务"界定为仅包括互联网赋能型国内与国际货物贸易（盛斌和高疆，2021）。跨境电子商务，简称跨境电商，是指分属不同国家和地区的贸易双方借由基于信息技术搭建的平台完成货物交易（Liu et al.，2015），交易过程分属不同关境，且涉及国际支付、税收通关、国际运输及国际结算保险等环节，这些构成其与传统电子商务的主要区别（来有为和王开前，2014；王惠敏，2014）。跨境电子商务的内涵界定通常也有狭义与广义之分，狭义的跨境电商仅包含跨境零售电商（即跨境电商 B2C 或 C2C），广义的跨境电商则被定义为电子商务在进出口贸易及零售中的应用，包括跨境电商 B2B、B2C、C2C、海淘代购以及交易过程所涉及的相关平

台、信息技术、供应链、物流、海外仓、支付、金融等各相关服务商。[①] 也有学者认为跨境电商的贸易对象不仅有货物，服务贸易也应包含其中（郭四维等，2018）。

"数字贸易"是电子商务概念的发展和延伸，数字贸易被视为跨境电子商务未来发展的高级形态（马述忠等，2018）。2013 年，美国国际贸易委员会（USITC）首次对"数字贸易"（digital trade）内涵予以界定，主要包括数字内容、社交媒介、搜索引擎、其他产品和服务四大类（USITC，2013）。随着数字贸易实践的不断发展，2017 年，USITC 对"数字贸易"内涵进行了更新，指出数字贸易是指"通过互联网及智能手机、网络连接传感器等相关设备交付的产品和服务"，涉及互联网基础设施及网络、云计算服务、数字内容、电子商务、工业应用和通信服务共 6 种类型的数字产品和服务（USITC，2017）。此后，经济合作与发展组织（OECD）和世界贸易组织对狭义与广义层面的数字贸易内涵予以区分。狭义的数字贸易强调数字交付，主要涵盖服务产品，包含数字内容服务、数字搜索引擎服务、网络社交媒介、基于云计算的互联网服务提供商等四大产业（周念利等，2017）；广义的数字贸易还包括通过信息和通信技术（ICT）与数字方式交易的实体货物或商品（盛斌和高疆，2020）。整体来看，现阶段国际组织及各国对数字贸易概念界定与统计仍存在分歧。OECD、WTO、国际货币基金组织（IMF）主要采取涵盖数字订购贸易、数字交付贸易、数字中介平台赋能贸易的宽口径（即广义）定义，而美国国际贸易委员会则倾向于采用窄口径（即狭义）定义，主张数字贸易是通过数字化交付的服务贸易（张茉楠等，2022）。

实际上，长期以来，WTO 对数字贸易规则的讨论通常在电子商务框架下进行，并未严格区分"电子商务"和"数字贸易"的概念。为了推动概念与规则的统一，2018 年 4 月，美国向 WTO 提交《电子商务倡议联合声明》草案，在其中建议采用数字贸易取代电子商务概念（张磊，2018），以重点力推其跨境数据自由流动等议题（徐程锦，2020）。近年来，"数字贸易"被使用的频次及所受关注度都在不断提高。

---

① 网经社电子商务研究中心.2021 年度中国跨境电商市场数据报告 [R/OL]. (2022 - 04 - 27) [2024 - 11 - 30]. http://www.100ec.cn/zt/2021kjdsscsjbg/.

（二）数字贸易与跨境电子商务的特征剖析

数字技术是引致全球贸易体系重塑以及数字贸易飞速发展的核心因素，其主要通过改变要素结构和交易方式影响货物贸易和服务贸易（沈玉良等，2022）。数字技术将对全球生产布局、贸易主体、贸易模式、交付模式、贸易对象、贸易分工与组成形式、监管政策等产生全方位变革，使全球贸易由传统贸易、价值链贸易时代，逐渐过渡到数字贸易新时代（盛斌和高疆，2020）。数字贸易具有虚拟化、平台化、集约化、普惠化、个性化、生态化等内在属性，同时具备以通信技术作为技术支撑、以制造业智能化作为历史使命等外在属性（马述忠等，2018）。跨境电商则具有综合、动态、精准、内生等特征（张小蒂和曾可昕，2014；曾可昕和张小蒂，2021），其发展可带来供需双方规模经济增加（鄂立彬和黄永稳，2014）、个性化定制化需求获得满足（郭四维等，2018）、交易外部性扩大（李海舰和李燕，2020）、交易成本显著降低（Martens，2013；熊立春和马述忠，2021）等优势。

二、跨境电子商务与数字贸易影响国际经济贸易的相关研究

（一）跨境电子商务影响国际贸易的相关研究

现有文献主要从微观企业、产业与宏观环境、消费者偏好等多层面探讨跨境电商对国际贸易的影响机制与效应，主要体现在以下几个方面。

1. 微观企业或产品层面的促进机制

互联网与（跨境）电子商务可通过降低信息、物流等环节交易成本、减弱信息非对称性（Freund et al.，2004；He et al.，2011；金祥义和施炳展，2022）、优化供应链管理与市场营销（Schulz，2005；Gregory et al.，2007；Terzi，2011；樊文静，2015；Hamill，1997；Karavdic et al.，2005）、完善企业管理模式（杨坚争等，2014）、减少或去除贸易中介（Anderson，2002；Blum，2009；Ahn et al.，2011；茹玉骢和李燕，2014；施炳展，2016）、降低出口门槛与提高生产效率（岳云嵩和李兵，2018；Xiang，2019）等机制与路径影响企业进出口的增长，并提高出口企业的经营绩效与销售利润（Falk & Hagsten，2017），因而是我国传统外贸企业实现转型

升级的重要途径。微观研究还表明，跨境电商发展所引致的企业出口规模扩大，主要源于国家和产品广延边际的提升（岳云嵩和李兵，2018）。

2. 产业与宏观层面的促进机制

与传统贸易相比，互联网及跨境电商的发展使一国比较优势不再局限于自然资源、资本、劳动力等传统生产要素（Choi，2010），其可通过提升产业链运行效率（Bojnec et al.，2009，2010；Moodley，2002；郑红明，2016）；降低贸易壁垒、扩大贸易机会、增加中小型贸易主体（郭四维等，2018）；改进信息基础设施（Clarke，2008；Miraskari et al.，2011；李坤望等，2015）、弱化地理距离与文化障碍（Alaveras & Martens，2015；Lendle et al.，2016；马述忠等，2019；常鑫，2019；魏吉和张正荣，2020）、重组贸易条件与贸易政策（金莉莉，2007）、提高贸易效益（赵嵧含等，2022）等机制与路径影响产业或宏观层面的贸易发展，且有助于降低生产与贸易中的固定成本（Lendle et al.，2012；鞠雪楠等，2020）。但也有研究指出跨境电商模式下跨文化沟通成本显著提高，还会带来包裹派送、线上支付等新型成本（Cowgill & Dorobantu，2012；Gomez-Herrera & Martens，2014）。

3. 消费者偏好与福利视角

与传统贸易相比，消费者在跨境电商中居于核心地位。跨境电子商务可有效扩大消费选择空间，使贸易内容更趋丰富，利用精准信息技术迎合消费者需求偏好，满足其日益凸显的个性化、差异化消费需求（Brooks et al.，2002；张小蒂和曾可昕，2014），还能减弱消费需求心理障碍（Kim et al.，2017），降低消费者在搜寻、物流等环节的交易成本，使购物价格降低、消费者剩余增加（Lendle，2012；Néstor，2014），从而促进消费者的贸易福利增进。贸易伙伴进口偏好差异化程度的扩大将为跨境电商提供更多市场机会，从而使我国对其跨境电商出口增加（郭继文和马述忠，2022）。与此同时，跨境电商也可能对消费者产生信息非对称、注意力与信息过载、数据安全与个人隐私泄露等负面影响，还可能因平台企业滥用市场支配地位或进行算法定价歧视而降低消费者福利（濮方清和马述忠，2022）。

4. 异质性研究

经验分析发现跨境电商对发展中国家与发达国家的促进效应不尽相同（Clarke et al.，2006；Terzia，2011），电子商务平台使得企业更多地向发达国家、远距离国家出口（岳云嵩和李兵，2018），但对发展中国家贸易成本降低的促进作用会更显著（张洪胜等，2021）。（跨境）电子商务对不同规模与所有制企业的出口促进效应也存在差异，其对中小企业和一般贸易出口企业影响更显著（茹玉骢和李燕，2014；岳云嵩和李兵，2018）。

（二）数字贸易对全球经济与贸易的影响研究

数字贸易的发展不仅可降低贸易成本、提高效率（熊立春和马述忠，2021），还可基于信息知识的传播与共享而释放数据价值，推动各国创新能力提升与扩大全球化覆盖范围（洪永淼等，2022）。此外，数字贸易还有助于实现产品多样化、提升效率与福利、化解中小企业和发展中国家在传统贸易中的竞争劣势和区位劣势、促进就业、深化多边贸易体制等（盛斌和高疆，2020）。

三、相关制度规则对跨境电商与数字贸易的影响研究

（一）相关制度规则对跨境电商的影响研究

其一，在国内制度与政策层面，跨境电商主要受到跨境电商相关法律体系的健全程度（薛虹，2017）、通关便利度（Hortaçsu et al.，2009）、海关监管模式（刘嘉旻，2012；王淑翠和王丹丹，2022）、金融可达性与金融服务监管（张莉和刘文燕，2022）等因素的影响。监管障碍的存在不利于跨境电商的开展，简化贸易流程、缩小跨区域监管差异是促进跨境电商交易规模增长的重要环节（Coad & Duch - Brown，2017；Kim et al.，2017）。同时，消费税、增值税等税收制度的优化对于跨境电商的有效开展也发挥着重要作用（Martens，2013；Einav et al.，2014）。国内不少学者对上海自贸区或跨境电商综合试验区等制度试点展开研究，分析其对于区域进出口的影响。学者通过评估开发区设立（周茂等，2018）、无纸化申报改革（梁平汉等，2020）以及增值税改革（陈瑾等，2021）等试点政策对出口贸易的影响，大都认为自贸区的设立会显著促进地区出口增长（王利辉和刘志红，2017；殷华和高维和，2017）。部分文献通过解读中国跨境电商相关政策，分析了其对我国对外贸易的影响（王利荣和芮莉莉，2022）。经验分析表明，跨境电商综合试验区的设立使所在城市内各行业的跨境电商出口规

模显著扩大，且在消费品、中间品、中低技术及低技术产品等行业中更加显著（马述忠和郭继文，2022）。综合试验区制度创新引致的出口决策概率提高及出口规模扩大与企业税收负担下降、融资约束缓解、搜寻与物流等环节交易成本降低密切相关（张洪胜和潘钢健，2021；宋颜群和胡浩然，2022）。其二，国际合作与规则层面，全球跨境电商的发展主要受到各国税收监管与法律体系（杨坚争等，2014）、国际争端解决机制（周勋，2020）、全球数字贸易规则（张茉楠和周念利，2019）等完善程度的影响。当前，各国在通关流程（李晓龙等，2018）、跨境电商法律体系（Wolf & Maxwell，2012；薛虹，2020）、信用规范与信用管理体系（邬建平，2016）、电子支付监管规则（杨松和郭金良，2013）等方面所存在巨大差异且难以兼容，构成跨境电商发展的主要制度障碍，亟待通过深化国际合作、加强跨境电商相关国际标准与规则的制定予以化解。

（二）相关制度规则对数字贸易的影响研究

现有多边贸易体制尚未包含数字产品的市场准入、数据自由流动、网络安全等数字贸易规则（盛斌和高疆，2021），在此背景下，数字贸易规则已被广泛纳入区域贸易协定安排中，并逐渐形成"美式模板"与"欧式模板"，数字贸易规则博弈正成为大国博弈的重要领域（张茉楠等，2022）。近年来，学者对双边或区域层面的贸易协定内容进行了大量研究（崔艳新和王拓，2018；陈寰琦和周念利，2019；Willemyns，2020；Burri & Polanco，2020；洪延青，2021），并对其条款碎片化所致的监管规则差异性等问题进行了探讨（韩剑等，2019；Burri & Polanco，2020），也多视角解读了多边体制下数字贸易规则谈判的进展与走向（徐程锦，2020；沈玉良等，2022），并对中国视角的数字贸易规则方案的内容与问题进行了一定研究（焦朝霞，2021；白洁等，2021）。

四、世界电子贸易平台与普惠贸易的相关研究

（一）世界电子贸易平台的相关研究

自 2016 年阿里巴巴提出世界电子贸易平台（eWTP）概念与倡议以来，

经相关主体的共同努力,其已在商业模式推广、信息基础设施共建、相关标准与规则创制等层面已取得一系列成效,国际影响力也在逐步提升,但目前鲜有文献对 eWTP 展开深入系统的理论研究。学者主要对 eWTP 提出的背景、必要性、主要内容与功能进行解读(田静,2018;蒋国银等,2019;Vila Seoane,2020),探讨 eWTP 框架的设计原则和标准(周广澜和王健,2021),初步探索了 eWTP 机制下跨境电商规则的形成路径(李晓龙和王健,2018;Macedo,2018),指出 eWTP 作为民间外交的重要形式,主要可发挥各行为体政策沟通、规则建构、国际业务拓展等方面的功能(张锐等,2020)。

(二) 普惠贸易的相关研究

普惠贸易的主要表现形式在于让传统贸易中的弱势群体更容易进入全球贸易,为各国中小企业提供进入国际贸易的良好条件,提升中小企业的市场空间(李孟娜,2018)。跨境电子商务的多频次、小单化、移动化特征标志着普惠贸易趋势的出现,它使中小商家的入驻门槛降低,削弱优先进入者优势(Deng & Wang,2016),也使发达国家和发展中国家的贸易福利都获得提升(王健和巨程晖,2016),可促进贸易主体多元化、渠道多样化、流程透明化和服务便利化(张文林,2018)。已有部分学者通过经验检验与典型案例剖析的方式对跨境电商的普惠效应进行了验证(张洪胜和潘钢健,2021;张洪胜和张小龙,2021)。

五、研究述评

上述研究为本课题的开展提供了丰富的资料信息与研究方法借鉴,但对于全球数字贸易发展及 eWTP 构建而言,还存在以下不足,值得进一步探讨。其一,现有关于普惠贸易的研究较少,且主要集中在普惠贸易的概念界定、典型特征等方面,其对跨境电商影响全球普惠贸易的传导机制与经济效应重视不足,尤其尚无文献将普惠贸易与高质量发展相结合,剖析跨境电商影响全球贸易普惠且高质量发展的演化机制与贸易效应并予以实证研究。其二,已有不少文献对双边或多边贸易规则与谈判中有关数字贸易的内容与发展趋势进行解读,并在此基础上以美、欧等经济体的主张与提案为参照,剖析中国的数字贸易规则主张,提出应对建议,但其大多对发展中国家的核心诉求与利益关切缺乏足够关注，且对中国在数字贸易实践中所积累的丰富经验重视不足，未能在有效提炼中国实践经验的基础上，提出更具普惠性与创新性的"中国方案"。其三，尽管近年来 eWTP 已在实践过程中取得一系列成效，但鲜有文献对 eWTP 展开深入的理论剖析，对其理论机制与实现路径缺乏全面系统的梳理与研究，这不仅不利于 eWTP 作用的充分发挥，也难以经由准确评估与研判对其进一步推进提出对策建议。因此，选择从普惠视角切入，对构建 eWTP 的理论机制与实现路径予以剖析，进而通过经验检验与仿真模拟研究其演化机制、影响因素与经济效应，已成为国际贸易理论和实践领域中亟待系统深入研究的重要课题。

第三节　本书主要研究方法

一、跨学科领域的研究方法

交叉性地将国际经济学分工理论、国际贸易理论、产业组织理论、网络经济学、商业生态学、系统动力学等相结合进行研究，以多视角、多层次解析构建 eWTP 的理论机制与实现路径。

二、多案例研究法

对杭州、宁波、义乌等多个跨境电商综合试点区域的商业与监管模式实践进行深入解析，并凝练其成功的关键措施及主要制约因素；对现有 eWTP 实验区与贸易枢纽在基础设施共建、经验模式推广、政策沟通、规则建构、国际业务拓展等方面的成功做法进行剖析；以跨境电商领域发展的先行省份浙江为例，对普惠视角下跨境电子商务影响浙江对外贸易高质量发展的典型事实、作用机理展开研究并予以实证检验，进而对典型中小企业基于跨境电商而实现转型升级的案例进行剖析。

三、访谈、调查问卷

通过实地访谈法，动态跟踪调查杭州、义乌、郑州等多个典型跨境电商试点城市的实践状况。对跨境电商发展与政府数字化治理水平"第一梯队"的北京、上海、广州和杭州四个城市展开调研。实地调研了杭州和上海的主要工业园区，收集了 297 份完整的问卷；对北京、上海、广州和杭州的企业进行在线调查，获得 300 多份问卷。通过排除空白答案和同一 IP 地址多次提交等，最终留下 500 份有效问卷。

四、构建数理模型进行推理

运用 Logistic 模型对数字贸易生态圈各企业间共生演化的过程与特征予以刻画，以探明多元主体间形成共生机制的主要影响因素与演化结果。

五、构建多元计量模型进行实证检验

基于拓展的引力模型，从企业家精神的视角实证检验跨境电商影响双边贸易的主要作用机制与贸易效应。还基于 eWTP 倡议的提出与推进作为准自然实验，借助多种方法识别处理组，采用广义双重差分方法，对 eWTP 倡议下跨境电商与中国双边贸易发展的关系及其作用机制进行经验检验。此外，从多层面构建数字化治理评价体系，并基于出口企业调研数据进行实证，应用中介效应模型考察交易费用、企业家精神在政府数字化治理与企业出口绩效之间是否发挥中介作用。

六、系统动力学仿真研究

基于系统动力学理论构建 eWTP 倡议背景下由平台、产业、制度环境与用户基础等多个子系统组成的全局性数字贸易演化系统。运用 Vensim 软件进行建模仿真，构建存量流量图，模型仿真时间设定为 2011～2030 年，其中 2011～2020 年数据用于系统参数确定检验，2021～2030 年数据用于系统仿真预测，实现对 eWTP 倡议背景下我国数字贸易普惠且高质量发展的演化路径与效应的仿真。通过设定不同仿真模式，调整各类影响因素及其参数，评估 eWTP 在平台、产业、制度环境与用户基础等层面的推进策略对我国数字贸易演化发展的影响，探寻最优实现路径。

第四节 本书主要价值与创新点

一、主要价值

（一）学术价值

其一，本书对跨境电子商务影响国际贸易普惠高质量发展的机制与演化路径进行了系统深入剖析，并测度其经济效应，深化了理论认识。其二，本书探析构建 eWTP 的逻辑机理及各相关方内生耦合形成机制，有利于丰富和发展国际贸易学、网络经济学与商业生态系统理论。其三，本书研究推进 eWTP 的实现路径并进行实证检验与案例剖析，进而对 eWTP 倡议背景下数字贸易系统的演化进行仿真模拟，使全球贸易规则与商业环境的研究从定性分析向定量分析转化，丰富了该领域的研究方法。

（二）应用价值

其一，本书深入剖析构建 eWTP 的推进机制、实施路径与行动策略，并进行仿真模拟，可为国际贸易各相关方提供决策参考，减少其试错成本。其二，本书有助于深化中国数字贸易新模式、新规则的探索实践，促进其在数字贸易治理领域话语权的提升，推动形成更具普适性、包容性的全球数字贸易规则体系，帮助更多中小微企业和个人连接全球市场。其三，本书有利于促进全球合作交流与贸易规则创新，对推进普惠贸易、全球化进程、实现经济可持续发展也具有深远影响。

二、可能的创新点

（一）学术思想创新

本书基于普惠视角，剖析了跨境电商影响全球贸易的演化机理，探讨了构建 eWTP 的理论机制与实现路径，还研究了数字贸易国际规则之"中国方案"的主要内涵、优化策略与行动路径，不仅具有较强的理论前瞻性与创新性，也为推进 eWTP 的构建与完善，实现普惠贸易、经济可持续发展提供了较为系统的理论框架与引导策略支撑。本书还对构建 eWTP 的逻辑机理及各相关方内生耦合形成机制与实现路径进行研究，有利于丰富和发展国际贸易学、网络经济学、生态学理论，还有助于深度理解普惠贸易与高质量发展的内涵。

（二）学术观点创新

本书创新性研究了 eWTP 倡议下数字贸易国际规则的"中国方案"。将 eWTP 的理念、创新成果与推进策略等巧妙融入"中国方案"，可大幅拓宽探索"中国方案"的视野范围与行动路径，降低其推广成本，由此形成的贸易规则可促进微观经济主体的创新创业动力增强、能力提升，可更好地基于"看得见之手"与"看不见之手"的良性协同使宏观与微观层次在利益上实现激励相容。

（三）研究方法创新

研究推进 eWTP 的实现路径并运用双重差分法进行实证检验，进而基于系统动力学理论构建 eWTP 倡议背景下由平台支撑、产业协同、制度环境与用户参与等多个子系统、近 70 个影响因素组成的数字贸易演化系统，运用 Vensim 软件对 2011～2030 年中国数字贸易演化的路径与效应进行模拟仿真，不仅丰富了该领域的研究方法，也有助于形成对 eWTP 倡议背景下中国乃至全球数字贸易发展更清晰、更深刻的全局认识。

第二章　跨境电商影响全球普惠贸易高质量发展的理论机制

　　随着互联网在全球的日益普及和数字技术的高速发展，数字贸易已成为国际贸易新模式，是全球经济与贸易发展的重要引擎。作为数字贸易的重要组成部分，跨境电商的快速发展可引致全球市场空间拓展、社会就业增加、消费结构升级、供应链优化与经济增长等（来有为等，2014），因而实际上跨境电商已成为重塑全球贸易体系、推动全球贸易普惠且高质量发展的新引擎。然而这一影响尚未在理论界获得足够重视，目前鲜有文献对这一影响机理予以系统阐释，本章剖析跨境电商影响全球普惠贸易高质量发展的理论机制与演化路径，并揭示普惠贸易内涵演化的机理。

　　跨境电商是以信息技术运用为核心，以数据流动为关键牵引，以互联网平台为重要载体，以全产业链要素资源整合为主线，以产业融合为目标的全球化、数字化、网络化、智能化贸易模式，是国际贸易创新发展的一次巨大飞跃。跨境电子商务的快速发展不断促进金融、物流、管理、公共服务等要素集聚与优化，这一优化可沿着"要素配置效率提升—供应链优化—协同网络形成—数字贸易生态圈演进"的路径影响全球普惠贸易的内涵与发展，且这四个层面相互关联，层层递进，使全球普惠贸易发展具有动态性与内生性。

第一节 初始阶段：跨境电子商务基于一揽子要素 配置效率提升促进普惠贸易高质量发展

跨境电子商务的快速发展促进了电商平台、物流、金融、信息等新型基础设施的完善，并使得诸要素配置效率提升，这一提升是国际贸易在效率导向下动态演化与转型升级的重要前提。

一、初始阶段影响机理

（一）跨境电商平台的要素配置优化

传统企业在开拓海外市场时，往往需花费较高成本铺设供应渠道或自建实体商店，而跨境电商平台通常不收取入场费或只收取较低比例的入场费与渠道费用，且还能为新入驻商家提供免费培训课程等（Wang et al.，2016），从而使中小企业开展国际贸易的进入门槛与贸易成本显著降低。和国内电子商务平台类似，根据交易主体属性，跨境电商平台可分为企企间交互平台（B2B 平台）与网络零售平台（如 B2C 平台）等多种类型。根据网经社发布的年度中国跨境电商市场数据报告，从我国跨境电商出口结构来看，2020 年我国跨境电商 B2B 与 B2C 模式的交易额分别约占 77.3%、22.7%，而 2023 年我国跨境电商 B2B 与 B2C 交易占比分别为 70.2%、29.8%，B2C 交易占比呈不断扩大趋势。

1. 跨境企企间交互平台

B2B 跨境电商平台的核心功能在于极大弱化供需双方的信息不对称性，使其基于海量信息搜索与实时交互而降低交易成本、压缩交易环节，促进企企间交易的达成。供应链诸环节企业跨越时空局限而在各行业跨境电商平台集聚以寻求全球市场拓展，其依据市场需求动态进行分工协作与要素优化配置，使得产业链各节点的协同度增强，运行效率大幅提升，有利于企企间实现高效匹配，从而使全球范围内各行业的采购、分销体系不断优化。由全球范围内大量企业所构建的网状实时协同的价值网，将导致企企间交易增多与专业化分工深化，从而使集聚网络效应增强，整体竞争力不断提升。B2B 跨境电商具有成交量大、订单源稳定等特征，且往往与传统货物贸易有着密切的关联与协同关系。在我国，以阿里巴巴国际站、中国化工网等为代表的跨境电商 B2B 平台年带动全国 3000 亿美元以上的 B2B 出口。

2. 跨境网络零售平台

跨境零售平台的构建使得供给方可无缝对接境外终端用户，大量交易数据的即时获取与利用，弱化了市场扭曲，提高了企业生产、研发效率，在市场需求个性化、复杂化、动态化的情景下实现供需精准匹配，从而使用户体验与品牌忠诚度增强，供给方的竞争力与市场势力提升。以跨境电商 B2C 领域最大的平台亚马逊为例，其通过不断优化物流仓储服务体系、迭代云计算等技术支持、规范平台政策规则等，吸引了大量的商家与终端用户在此集聚，平台方也基于服务体系的持续优化所引致的交易规模扩大而获取了较为可观的交易佣金收益，这使平台方进一步优化服务的动力与能力不断提升。

（二）物流领域的要素配置优化

跨境电子商务的快速发展驱动着物流基础服务和设施的不断完善，这为跨境电商物流产业提供了巨大的市场空间。跨境电商物流是跨境物流服务公司为终端客户提供的包含前端揽收、库内操作、出口报关、干线运输、境外清关、中转分拨、尾程派送、退件处理在内的一站式物流服务。相较传统进出口物流，跨境电商出口物流具有长运程、小批量、多批次、多品类等特点，且体积重量差别很大，物流履约难度较大，对运输操作、信息集成、货物交付等提出了更高要求。跨境电商物流的发展缩短了供需各方的时空距离，这不仅使诸企业的有效辐射范围扩大，更多商机涌现，同时市场竞争的加剧推动供应链在效率导向下整合优化。便捷高效的跨境物流体系使需求方的选择面扩大，消费者购物体验增强、效用提升，由此形成跨境电子商务与跨境物流良性发展的正反馈机制。国家邮政局统计数据显示，2023 年中国快递业务量达 1320.7 亿件，连续 10 年居世界第一，近 5 年平均增长率 21.2%。2023 年全年跨境快递业务量完成 30.7 亿件，同比增长 52.0%，近年来发展趋势如图 2.1 所示。

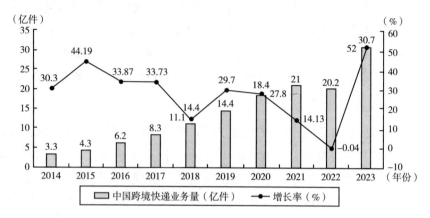

图 2.1　我国国际快递业务量及增长率

资料来源：国家邮政局。

据运联智库数据，2021 年中国跨境电商物流市场规模约为 2.5 万亿元，其中跨境电商出口物流占比 77%。2016～2025 年我国跨境电商出口物流行业模式的发展趋势如图 2.2 所示。2020 年我国跨境电商出口中的交易成本结构如图 2.3 所示，其中，物流成本约占跨境电商总交易额的 20%～30%，占比仍然较高。

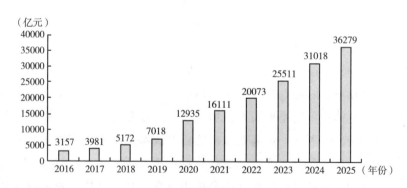

图 2.2　2016～2025 年我国跨境电商出口物流行业模式的发展趋势

资料来源：艾瑞咨询研究院发布的《2021 年中国跨境电商出口物流服务商行业研究报告》。

跨境电商物流领域的要素优化配置将推动物流成本下降、物流效率提升，从而使跨境电商的市场空间进一步拓展。跨境电商物流领域的要素配置优化主要体现在以下几个方面。

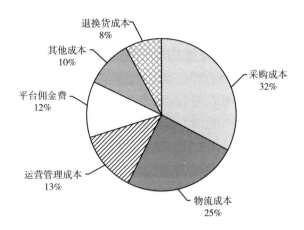

图 2.3　2020 年我国跨境电商出口交易成本结构

资料来源：广发证券研究中心 2021 年发布的《跨境电商物流行业深度报告：需求引领，资源获取与整合能力定胜负》。

1. 跨境电商物流模式的选择多样化

当前跨境电商出口物流体系主要包括邮政包裹、国际商业快递、国际专线、海外仓等主流模式，它们在市场规模、组织方式等方面存在较大差异。

（1）邮政包裹。邮政网络覆盖全球 220 多个国家和地区，具有便捷高效的特点。我国作为万国邮政联盟和卡哈拉组织成员，成员之间的低成本结算使邮政包裹，特别是航空小包的物流成本较为低廉。

（2）国际商业快递。DHL、FedEx、TNT、UPS 等国际物流快递公司基于自建全球网络与国际化信息系统给跨境电商客户提供高效、优质的物流服务，其物流费用也相应较高昂。

（3）跨境物流专线。物流服务商专门针对某个国家（地区）开通的物流渠道，通过航空包舱的方式集中大批量货物运往境外，再通过合作公司进行目的国（地）派送，通常在清关及物流时效方面具有明显优势，物流费用适中。

（4）境外和边境仓储。海外仓模式将国际段运输与仓储管理前置，客户下单后，跨境电商的供应商可及时从本地仓发货，大幅提高了配送效率，降低了运输成本，且便于退换货，可使用户满意度有效提升。尤其在万国邮联终端费改革①和新冠疫情引致运力不稳定等背景下，海外仓更成为跨境电商发展的重要环节和服务支撑，也是促进全球价值链加速整合，以实现跨国采购、生产与销售的重要物流模式（曹磊和张国平，2020）。目前我国规模较大的出口跨境电商平台（如速卖通、兰亭集势、敦煌网、大龙网等）、独立站和部分国内快递与物流企业（如菜鸟、顺丰、韵达等）正在全球广泛建设海外仓，海外仓已成为跨境电商行业愈发重要的竞争砝码。截至 2023 年底，我国海外仓数量已超 2500 个，面积逾 3000 万平方米，其中专注于服务跨境电商的海外仓超 1800 个，面积超 2200 万平方米。②据测算，2022 年中国跨境电商出口物流行业中海外仓模式市场规模占比约为 55%。③

　　以上各种跨境直邮物流模式的对比如表 2.1 所示。总体而言，由于跨境电商物流的流程较复杂，风险也更高，跨境电商出口企业需要结合运输商品特点及自身实力，根据不同运送区域、物流价格、物流时效、清关效率、买家需求等对不同的物流模式进行多维度评估和选择。例如，在制造业升级和跨境卖家品牌化趋势下，新兴平台和独立站有望加速发展，对物流时效、安全、退换货便利性等要求提升，这将促进优质专线与海外仓模式份额的进一步提高。但对于大量中小外贸企业而言，邮政小包和国际快递仍是其较为便捷、经济的物流方式。

表 2.1　　　　　　2022 年我国跨境电商出口物流模式对比

跨境直发分类	时效（以中国—美国为例）	包裹追踪能力	价格	适用商品	通达范围	国际运输环节	市场份额（%）
邮政小包	10~25 天	半程或全程追踪	低	货值低、重量轻	最广	航空转机	22.5
跨境专线	3~7 天（空运）	全程追踪	中等	介于邮政小包与国际商业快递之间	特定国家/地区	航空直飞占较高比重	18.0

---

　　① 万国邮联终端费改革后，我国邮政出口国际小包终端费 2020~2025 年的累计增幅将达164%，邮政小包价格上涨，给专线和海外仓带来更大市场空间。资料来源：唐颖，黄宝池．国家邮政局：万国邮联通过终端费改革方案［EB/OL］．（2019-10-15）［2024-11-30］．http：//www.ce.cn/xwzx/gnsz/gdxw/201910/15/t20191015_33342605.shtml。
　　② 罗珊珊．全国跨境电商主体超 12 万家 建设海外仓超 2500 个［EB/OL］．（2024-06-04）［2024-11-30］．https：//www.gov.cn/lianbo/bumen/202406/content_6955410.htm。
　　③ 中信建投证券，绿雀科技．解读跨境电商及物流发展趋势［EB/OL］．（2023-09-24）［2024-11-30］．http：//hzcea.org.cn/article/5394038820348845.

续表

跨境直发分类	时效（以中国—美国为例）	包裹追踪能力	价格	适用商品	通达范围	国际运输环节	市场份额（%）
国际商业快递	2~4 天（空运）	全程追踪	较高	时效要求高、货值高、重量较大的商品	特定国家/地区	航空直飞为主	4.5
海外仓	5~8 天（空运）；10~25 天（海运）	全程追踪	低	出口规模较大，对物流时效、安全、退换货便利性要求较高的商品	集中于部分国家/地区	海运为主	55.0

资料来源：燕文物流招股书；浙江省电子商务促进会的《〈跨境电商出口物流行业洞察〉研究报告2022》；中信建投证券的《跨境电商物流行业发展趋势（2023年）》。

2. 数字技术与跨境物流融合创新

科技创新可以加速赋能跨境电商物流行业，充分利用大数据、物联网、人工智能、5G等感知识别和可视化数字技术，有效整合前端揽收、运输和分拣、海关清关、海陆空干线运输、目的地清关、海外仓储和分拣、尾程运输等物流关键环节，打造具有自动化感知识别和可视化运营能力的物流服务平台，推动各环节无缝对接，实现前端精准预测、中端实时跟踪、后端动态对接，使全流程运营效率大幅提升。同时可以加速智能客服、RFID接收器、机械手臂等设备在无人仓、智慧枢纽的使用，推动物联网技术与跨境电商物流业深度整合，使其从技术、模式、空间等方面重塑传统物流的运作方式，从而极大提升整个跨境物流行业的效率水平。此外，现代信息技术正从销售物流领域向生产物流、采购物流等全链条渗透，助力物流业务在线化和流程可视化，增强全供应链协同管理能力。利用数字技术而构建的跨境智能物流体系，正通过平台化资源集聚、智能调度、全链协同，为产业链诸环节企业提供高效的一揽子物流供应链服务，由此发挥物流枢纽集聚和辐射功能，扩大产业边界，促进全球要素资源配置优化，从而创造更开放高效的产业体系，推动我国经济深度融入全球产业链和供应链，打造国内国际双循环的强大链接点，进而推动供应链实现全程数据化、智能化。

3. 各国在跨境电商物流领域的协同合作

跨境电商物流往往需途经多个国家，涉及环节较多，各种不确定性与风险较大。通过促成各国物流相关主体达成共识，并签订矛盾协调、信息共享、利益共享、风险共担的合作协议，以明确的条款形式规范跨境参与各方主体权责，既可以优化跨境电商物流的业务流程与相关手续，也可以有效减少跨境电商物流在通关方面的复杂程序。与此同时，各国跨境物流企业间通过整合双方资源优势建立跨境电商物流联盟，可为跨境电商物流用户提供更为专业且高效的跨境电商物流服务（刘子川，2022）。通过与众多国家共同组建跨境电商物流联盟，我国的跨境电商物流产业无论在规模还是质量上都有了迅速提高。

可以看到，全球跨境电商平台或跨境物流龙头企业正通过上述方式对所有关键物流节点和物流服务提供方进行整合优化，物流行业的交易效率与市场集中度均在不断增强。以亚马逊为代表的电商平台，为充分保障交付体验和供应链安全，正通过直接对接上下游关键资源构建直控物流体系，提升自建物流交付能力。目前，我国以阿里巴巴、京东、敦煌网为代表的跨境电商平台企业，通过与跨境物流龙头企业合作逐步完成了海外仓储和航空专线、铁路专线等专线物流建设，不仅可实现跨境电商物流的全球化布局，还可基于供应链诸环节数据的沉淀与分析而深度挖掘用户需求，从而可为其提供更精准的物流、支付金融、平台运营等增值服务。例如，阿里巴巴牵头成立的菜鸟网络平台，通过深化发展 eHub 数字中枢、加强建设 eWTP 物流枢纽和 GFC 海外仓等措施，大力发展跨境电商智慧物流。京东则充分利用区块链、人工智能和无人机技术，为跨境自有物流建设提供支持，不断完善其全球智能供应链基础网络，从而为客户提供包含跨境进出口、国际运输、海外仓配等在内的全球范围端到端一站式解决方案。京东物流发布的 2024 年中期业绩报告显示，京东物流国际供应链已在全球拥有近 100 个保税仓、直邮仓和海外仓，总管理面积近 100 万平方米，近千条全球运输链路以及贯穿中国全境的配送网络，覆盖全球 224 个国家和地区，为中国出海品牌及海外本土客户提供了优质、高效、全面的一体化供应链解决方案。与此同时，以顺丰速运为代表的国内物流企业，采取自建网络或与国内外跨境电商物流企业战略联盟等方式，进行海外仓和专线物流建设以发展跨境电商物流，同时自主开发覆盖全球多国的跨境电商智慧物流服务网络平台，以此打造集货物销售、仓储管理、物流配送、退货换货等服务于一体的跨境电商物流供应链条，在扩大物流网络的同时还可提高物流配送质量与效率（舒畅，2021）。据顺丰航空公布的数据，顺丰已与美国联合包裹运送服务公司（UPS）形成战略联盟关系并成功收购国际快递公司（DHL）部分业务，其海外运营网络覆盖全球225个国家和地区，成为国内拥有全货机数量最多的知名跨境物流企业。此外，在跨境电商出口中，往往由卖家决定物流商（交货方式接近于CIF），由此改变了传统外贸模式下跨境物流主导权受到贸易条件约束的状况①，从而使出口方物流商能更好地主导全链路价值分配，加快从分包商向总包商转型，物流效率进一步提升。

（三）金融领域的要素配置优化

跨境电商金融服务包括跨境收款支付、信贷保险、外汇结算、境外银行账户等内容。网络支付作为跨境电商快速发展不可或缺的重要组成部分，发展十分迅速。跨境电子商务与跨境支付的相互融合与促进已然成为重要趋势。当前，跨境电商交易中的支付方式主要包括境内外第三方支付平台、商业银行及专业汇款公司汇款三种方式。其中，PayPal、支付宝等第三方支付平台基于安全、便捷的支付及支付担保、结售汇服务的提供，有效化解了跨境电商交易双方在时空上分离且缺乏信任而引致的囚徒困境，由此促进了线上交易各方长期合作博弈的开展。除了具备便捷、安全等特点，第三方支付平台还费用较低廉且到账较快，因而已成为跨境电商收付款最核心的方式。目前，中国已有连连、支付宝、易宝支付、银联电子支付等43家第三方支付企业获得跨境电商外汇支付业务资格，可为境内外平台使用方提供一站式资金结算解决方案。根据中国支付清算协会发布数据，2021年，这43家支付机构共处理跨境支付业务71.91亿笔，同比增长62.55%。以支付宝为例，其已连接超过35个全球电子钱包和银行App，覆盖境外66个国家和地区，为当地人提供支付服务。② 同时支付宝在线上通过与国内外金融机构合作，开设外币备付金账户，支持27种货币结算和包括电子钱包、手机银行在内的多种数字支付方式，由此不断拓展其海外市场，提升

① 以我国为例，FOB是我国传统贸易出口最常用的贸易条件，即由进口方委托货代租船或订舱、控制货物运输。海外进口方掌握贸易主动权和物流选择权，中国物流商通常只能作为分包商。
② 蚂蚁集团获评《财富》亚洲支付领域金融科技创新第一名［EB/OL］.（2024-11-08）［2024-11-30］. https://jingji.cctv.com/2024/11/08/ARTInRwiMfCwQdS2f5OIdK3j241108.shtml.

用户的跨境支付体验。

　　跨境电商的快速发展推动了相关贸易与结算凭证的电子数据化，有效提高了交易效率，节省了交易管理成本。电子结算方式有效降低企业结汇相关的资金成本，同时客户与银行之间、各国银行之间能够通过网络进行资金融通、交割，交易双方依托电子支付系统构建了快捷、便利的金融服务通道，资金回收效率大幅提升，支付环节的交易费用显著减少。在此基础上，跨境电商交易、支付信息及其他外部网络信息等所共同构成的大数据，有助于平台方全方位地对跨境电商交易各方的信用进行动态评价，实时甄别其信用风险，进而可为交易各方提供信息咨询、数据挖掘、信用评价、担保与金融中介等服务。以阿里巴巴国际站为例，其为平台上交易双方提供类似支付宝的担保交易品"信保"，进口方无须换汇可直接支付本币，出口方则能即时收款，并通过"一键结汇"合规申报兑换本币，中间环节和费用大幅降低。此外，阿里国际站还会为交易各方提供整合物流、海外仓储、服务商等各方收付款服务，并联合金融机构为平台中小企业提供用于锁定汇率的"锁汇保"服务，以使汇率波动风险降低，市场预期更为明晰。进一步地，跨境电商平台及其他金融机构基于数字技术的运用，可向金融产品开发、交易融资及小额存贷款等数字金融领域拓展，为平台使用方提供供应链金融、保险财税等综合性金融服务，由此基于跨境电商企业与沉淀真实贸易数据的连接而摆脱传统金融机构在发放贷款时对抵押品的依赖，极大改善了境内外小微企业的信贷约束。数字金融运营效率的提高有效降低了平均贷款成本，尤其可使小微外贸企业的贷款利率下降，融资效率提升。

（四）信息领域的要素配置优化

　　在传统贸易模式中，外贸企业往往需投入较多时间和成本进行前期市场调研和产品宣传，面临门槛高、程序繁杂、信息滞后等问题。而跨境电商的快速发展则使得调研、宣传、搜寻、匹配与履约等环节的信息成本大幅降低。跨境电商的发展使得全球多样化的商务信息大量涌现与集聚，这些信息与数据对于任何个人与企业而言无法直接产生价值（OECD，2015），但基于大数据、云计算、搜寻引擎等技术的创新应用，原始数据处理成数字产品（UNCTAD，2021），信息被获取、编码与利用的效率大幅提升，信噪比增强，具有商业价值的信息更快速显化，这不仅使外贸企业研发、营销更为精准化，生产与运营管理更为柔性化，也使得购买方的选择空间不断扩大，交易双方的市场搜寻成本大幅降低（Lendle et al.，2016；Jolivet et al.，2019），由此可从技术上缓解规模生产与消费者多样化偏好的"两难冲突"，化解中小企业模仿盛行、同质化竞争严重的困境，使其差异化竞争格局形成，有助于更多中小外贸企业成为全球贸易细分市场"专精特新"的"隐形冠军"（曾可昕和张小蒂，2021）。例如，阿里巴巴国际站为会员企业提供的"数据参谋"功能，可从流量、商品、同行、市场、买家五大层面对产品及店铺数据进行全方位解读与呈现，可使出口企业对市场信息研判及捕获商机的效率大幅提升，研发与营销将更为精准、高效。跨境电商领域内这一信息传递模式的演化使跨境电商平台与产业链各方不断强化数字化连接，产业链诸环节的运行效率大幅提升，从而可实现价值链从 B2C 向 C2B 或 C2M 的逆转，形成个性化定制对规模化生产与服务的有效替代。此外，跨境电商平台还可为交易各方提供多种语言服务支持及个性化访问页面，以减少沟通障碍与沟通成本，缩短交易双方的心理距离（Anderson et al.，2002；Kim et al.，2017），提高交互效率，而智能客服机器人的应用则使人工成本进一步降低，用户体验与服务质量得到优化。

（五）管理要素优化配置

作为一揽子要素优化配置者的企业家，是推动创新与市场拓展的关键主体。企业家要素配置才能提升则是跨境电子商务及全球经济不断发展的重要驱动源。企业家主要通过"干中学"获得经验的积累与自身人力资本的提升，而跨境电商的高质量发展正是促进企业家"干中学"环境优化、试错成功率不断提升的重要途径。一方面，跨境电商的快速发展及其引致的平台、信息、物流、支付与金融等要素配置效率提升，将使得创业门槛大幅下降，大量中小微企业及个人涌入国际贸易市场进行创新创业，其要素丰裕度可获得更快优化，由此引致的市场竞争加剧及优秀企业家示范效应增强，可使平台内企业家的商务才能更快提升，"干中学"绩效获得更快增进，其创新创业的动力由此不断增强。另一方面，在跨境电子商务市场中，企业家可在更大的时空范围内进行更高频且多元的试错与纠偏，从而获得"干中学"绩效与市场竞争力的迅速提升，数字技术的加持以及诸要素资源的优化则使这一提升更为显著。

二、初始阶段的普惠贸易内涵演化

在初始阶段，跨境电子商务的发展速度要远远快于传统贸易，跨境电商快速发展所引致的要素集聚与配置优化，将推动全球贸易的市场拓展与优势升级，使得全球贸易向普惠方向演进。其一，在传统贸易中，可达到更优规模经济的跨国公司或大企业往往是开展贸易的主体，受制于物流、渠道等环节高昂的固定成本，中小企业通常难以参与国际贸易（Broda et al.，2006）。然而，跨境电商发展所引致的金融、物流、平台、信息等要素资源的供给增加及其优化配置使跨境电商从业者在物流、信息、支付、融资、履约等环节的交易费用下降，"干中学"绩效提升，由此吸引更多企业与个人进入跨境电商领域。其二，在跨境电商领域，企业基于更宽领域、更多层次且更高频次的试错而获得创新创业的成功率日益提高，其创新能力不断提升，中小企业的存活率亦不断上升。研究表明，在全球互联网平台上进行贸易的中小企业的存活率为54%，比离线企业高出30%（盛斌和高疆，2020；Austin et al.，2012）。在初始阶段，跨境电商对全球普惠贸易高质量发展的影响机理如图2.4所示。

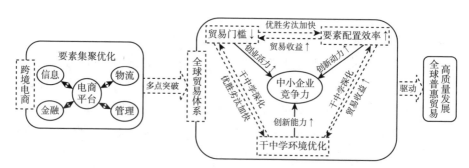

图2.4 初始阶段：跨境电商影响全球普惠贸易高质量发展的机理

注：图中↑和↓分别表示指标的提升和下降。全书同。

第二节　发展阶段：跨境电子商务基于供应链优化促进普惠贸易高质量发展

一、发展阶段影响机理

在跨境电商模式下，诸要素资源的集聚共享及其配置效率的日益提升，使得阿里巴巴、亚马逊等跨境电商平台日益成为协调和配置资源的基本经济组织，是价值创造和价值汇聚的核心。外贸企业寻找客户、售前沟通、下单支付、通关结汇等均可在跨境电商平台上完成，贸易便利度大幅提升。跨境电子商务由此形成了以数据驱动为核心，以跨境电商平台为支撑，同时整合了包括物流、金融、信息、技术、管理等在内的"全产业链"要素资源，以产业融合为主线的数字化、网络化、智能化、融合化发展模式。因而跨境电商的进一步发展可基于供应链的优化而不断赋能外贸企业，使其市场竞争力提升。

（一）基于中间环节的减少使供需双方匹配效率提高

传统贸易的交易过程存在代理商、批发商、零售商等诸多中间机构，国际贸易链条被无形拉长，供需双方往往无法直接开展交易，这使得出口企业，尤其中小微企业的利润空间被各个中间环节不断压缩。在跨境电商模式中，信息通信技术与互联网平台的发展应用使得供求双方之间的直接交易成为可能。生产商可直接与境外消费者或零售商开展贸易，交易链条大幅缩短，这不仅使交易费用下降、企业经营效率与利润空间提升，也基于对市场需求动态的即时获取与研判而降低信息不对称性，促进企业不断发展与自身禀赋及市场需求相匹配的相对先进、适宜的技术，使研发风险与误研发概率下降，研发效率提升。供需双方匹配效率的提高可使货物流通更加顺畅，帮助出口方减少库存积压甚至实现"零库存"生产，从而使管理、仓储费用显著降低。在营销环节，随着交易数据的不断积累，中小企业通过对产业与用户数据等的解析，可使其目标市场选取与市场定位更准确，线上广告投放更精准、运营策略更具针对性。跨境电商平台通过指导供给方注重本地化运营体系建设，使用符合当地的语言界面和产品推广策略、产品开发设计方案，将使得供给方的本土化营销与运营能力更快增强，由此获得品牌效应增强及用户忠诚度提升。

在跨境电商模式下，消费者可快速实现信息检索、商品浏览、价格比较、订单处理与用户反馈等，这不仅能更好地满足消费者的多样性偏好，也使其购物的效费比与便利度大幅提升，从而使市场需求面拓宽，消费者剩余增加（张小蒂和曾可昕，2014）。研究表明，基于渠道效费比与便利度等方面的明显优势，来自较小和更偏远市场中的消费者更愿意将其支出的较大份额用于在线商品的消费。据艾媒咨询数据，2018年，全球有超过51%的网购消费者进行跨境网络购物。我国商务部数据显示，2023年中国进口跨境电商用户规模已达1.88亿人。供需双方匹配效率的提高可改变其原有的以供给方为主导进行研发、生产与营销的传统商业模式，市场需求成为供应链各环节企业进行分工协作与要素优化配置的重要导向，使得整个产业链的运行效率大幅提升（张小蒂和曾可昕，2014）。出口企业可基于诸客户过往消费、商品检索与使用评价等信息的获取与研判而对目标用户群体进行更为准确的刻画，从而开展更有效的研发与营销，在增强产品与市场需求间吻合度的同时，还能充分挖掘需求方参与产品研发的价值，使用户在研发环节的参与度增强，由此提升用户体验与品牌认同度，这也有利于产品最大程度贴合用户需求，使企业家创新与技术创新更为协同。

（二）基于外贸综合服务体系的构建使进出口流程办理效率提升

跨境电商市场规模的日益扩大引致物流、商流、资金流、人才流全球流动加速，引致跨境电商专业化服务需求增加，由此使整个跨境电商服务行业生态体系愈加健全，分工日益清晰且不断深化。进出口流程包含报关、仓储、物流、商检、保险、清关、结汇、退税等环节，烦琐但又必不可少，中小企业往往需承担较高的交易费用与风险。中小企业受限于自身专业人才缺乏、经验与资金状况不足等，难以有效开展跨境贸易。随着跨境电商领域的分工深化，大量专业化提供跨境电商相关服务的企业产生，其通过构建标准化的外贸综合服务平台而对诸要素资源以及贸易环节进行优化整合，为中小企业提供包括报关、结汇、物流、支付、融资、SaaS、数字营销等一揽子服务，可有效化解中小企业信息获取受限、海关程序烦琐、流程合规化困难、贸易融资不足、物流成本高等难题。外贸综合服务平台通过集约化与专业化优势的发挥，大幅提高外贸服务各环节的议价能力与办理效率，从而基于流程再造和供应链升级降低中小微企业参与国际贸易的门槛，明显减少其贸易成本，使其更关注于生产与研发环节创新与改进，极大地增强中小微企业的竞争力。我国企业在外贸综合服务方面走在世界前列，截至 2021 年 7 月，我国外贸综合服务企业数量已超过 1500 家，服务客户数量超过 20 万家。① 以阿里巴巴一达通为例，作为我国服务外贸企业最多、地域最广的外贸综合服务平台，其依托阿里巴巴国际站，构建起数字化协同的底层履约保障系统，通过整合全球知名银行、金融机构、物流服务商等资源，为阿里巴巴国际站中小进出口企业提供较综合、系统的全链路式智能化服务，满足商家包括信用保障、支付结算、供应链金融、验货认证、物流仓储和外贸综合服务等各项需求。目前一达通日均订单数超 2 万，服务 10 万出口企业，已为我国 10% 的出口份额提供外贸综合服务。② 此外，跨境电商行业，尤其是对于中小外贸企业而言，往往存在着人才供需不匹配、复合型人才严重短缺等问题，跨境电商教育培训机构通过企业、高校及政府等多方联动，不仅可更好地契合新技术、新业态发展需求，提高人才培养效率与质量，以市场需求为导向有效培养复合型、应用型、创新型电商精英人才，还可构建良性的人才共享机制，促进数字化人才柔性流动，从而使得电商相关人才的来源渠道拓宽、人才使用成本降低、使用效率提高。

（三）政府数字化治理水平提升使制度层面交易费用降低

数字技术的发展应用促进了贸易方式的在线化、数字化，数字技术与跨境电商发展的协同互动也推动了政府组织形式的变革，使其数字化治理水平提升，由此可打破组织与层级间壁垒，使各行政主体与业务之间进行高效的信息资源交互共享，提高政府在线审批、管制以及法律执行的效率。传统的国际贸易通关流程主要包括申报、审核、查验、缴税等一系列环节，

---

① 浙江省地方标准《外贸综合服务企业服务规范》审评会在杭州召开 [EB/OL]. (2021－07－23) [2024－11－30]. http：//www. zcom. gov. cn/art/2021/7/23/art_1416598_58931997. html.

② 资料来源于招商证券股份有限公司 2020 年 8 月发布的《跨境 B2B 电商服务巨擘，迈入高速增长时代——阿里巴巴国际站深度报告》。

繁杂、重复的通关程序构成国际贸易的一大障碍。利用互联网信息技术搭建的通关一体化、网络化平台则极大简化了通关办事流程。出口企业基于智能化的国际贸易"单一窗口"提交标准化信息和单证，海关、外汇、税务、检验检疫、海事、边检等多部门间信息共享与业务协同，由此可实现联网核查、无纸通关，既提升了监管质量，又缩短了货物通关时间，促进国际贸易的高效开展。海关总署的统计数据显示，我国进口平均通关时间从2017年的97.39小时下降到2022年的32.02小时，而全国出口平均通关时间从2017年的12.29小时下降到2022年的1.03小时，分别比2017年缩短了67.1%和91.6%。进出口通关效率获得了极大提升。与此同时，"单一窗口"通过与外贸综合服务平台对接，可更好地整合双方的大数据聚集优势，沉淀包括生产、销售、物流、保险、融资、征信等在内的整个贸易链条上的真实数据，这既有助于实现精准订单营销，提高交易撮合效率，又有利于建立与完善外贸信用体系。这一大数据优势通过赋能金融保险机构，可使其更好地对进出口企业进行信用动态评价，实时甄别其信用风险，这不仅能极大改善外贸企业，尤其是中小企业的信贷约束，使其融资渠道拓宽，融资效率提升，还能为出口企业提供更精准、便捷的信用保险与出口退税等服务。此外，"单一窗口"基于与各物流节点的信息交互与业务对接，推动物流单证电子化流转及线上办理，大幅优化了物流流程，智慧港口建设所形成的跨境智慧仓储物流体系，进一步提升了物流效率，由此拓展了出口企业的市场规模与赢利空间。可以看到，政企双方的协同不仅使供应链进一步优化，也促进了地区信息化基础设施水平的不断提升。

（四）产业链各环节协同度提升使集群经济优势强化

产业集群是现代产业发展的重要组织形式，也是国际经济竞争的战略性力量。我国企业规模普遍较小，其通过空间集聚形成企业间分工网络来增强竞争力，由此形成以马歇尔外部经济为特征的集群经济（张小蒂和曾可昕，2012；邵朝对和苏丹妮，2019）。以要素优化配置及其共享程度不断提升为特征的跨境电商发展，正在形成高效的现代供应链服务体系，进而基于交易费用降低使销售、研发及生产等产业链环节内及环节间的要素配置效率与协同度提升，从而促进企业间分工深化，使我国集群经济优势进一步强化。

1. 产业集群研发环节的要素共享

跨境电商在加速传统货物贸易服务化趋势的同时，也拓宽了服务产品的可贸易边界，并在产业链的研发和市场营销等服务环节不断催生出新型数字服务产业（盛斌等，2021）。在研发环节，国际技术交易平台的构建，对全球研发成果供求双方之间交易费用降低及共生利益形成的促进作用，主要体现在三个方面。其一，平台方以技术成果供需对接、科技成果转化服务、技术转移人才培养为应用场景，吸引全球研发成果供求双方、服务机构及服务人才等集聚，提供科技金融、政策申报、知识产权、技术转移、共性技术等服务内容，以期破解创新成果转化难以及中小企业研发能力弱等困境。其二，研发成果供求双方通过重复博弈使其机会主义倾向减弱，且在重复博弈中基于大量、连续、竞争的交易和市场信息高效获取使研发成果定价趋于合理，由此引致研发成果供求双方的交易费用降低，中小企业通过"市场买脑袋"方式实现创新能力的快速提升（曾可昕和张小蒂，2021）。其三，创新企业的集聚以及专业技术人才的快速、柔性流动加速了研发成果在其提供方之间的有效传播与利用，使创新的社会收益率提高，研发成果大量涌现，从而使研发成果需求方选择面拓宽，所购研发成果的"性价比"提高，由此引致研发成果供求双方的共生利益增进（张小蒂和曾可昕，2012）。

2. 产业集群生产环节的要素共享

跨境电子商务在生产环节的要素共享，使产业集群的生产方式发生变革，朝着数字化、定制化、智能化方向演进。这主要体现在三个方面。其一，跨境电商平台降低了中小企业获取消费端数据的成本，更多中小企业可更快累积大量消费端数据，并将其与生产端的设计、制造、管理等环节结合，实现生产端的精准分析和快速响应，由此成为推动消费互联网向工业互联网转变的重要力量。其二，随着跨境电商平台对境外市场需求响应能力的不断提升，其可根据个性化需求订单设定供应商和生产工序，推动产业集群形成小批量、多批次的快速供应链反应，从而实现纯柔性化与定制化生产。其三，跨境电商平台基于与工业互联网平台[①]互融互通可赋予跨

[①] 工业互联网平台作为工业全要素、全产业链、全价值链的连接中枢，可实时汇聚研发、生产、运维等核心制造能力。

境电商更丰富的内涵特征与应用场景，深刻重塑其运行模式，实现制造能力在线发布、智能检索和精准对接，进而形成数据驱动的价值链闭环，提高产业链整体协作水平，促使设计、生产、采购、物流等多部门协同，敏捷响应海量用户的个性化、定制化需求，精准提供多元化、全流程的交互服务。例如，亚马逊近年来正深化云技术服务，并加强工业互联网平台的相关技术研发与布局，使其优势领域从消费互联网向工业互联网拓展，进而利用机器学习实现智能制造，打造未来的智能工厂。[①] 此时，集群企业不再自上而下集中控制生产，而是围绕用户需求进行工序分解，共同采购原材料与设备、寻求共同研发与生产组装。各协作方并行、协同运作，不仅大大降低了生产成本与生产周期，促进供需精准匹配，也推进了智能制造与创新链、产业链、价值链的"三链融合"。

3. 产业集群诸环节间的要素共享

要实现集群产业链诸环节之间协同，应将共享的单一要素平台向共享的综合要素平台延伸。跨境电商不仅促进了销售、生产与研发环节的要素共享，还基于诸要素配置优化与共享度提升使产品附加价值增加，产业链各环节间协同程度加强，运行效率提升。同时，跨企业资源协同平台与产业数据中台的构建，可实现企业间研发、管理和服务系统的集成和对接，为接入企业提供研发设计、运营管理、数据分析、信息安全、智能物流等服务，使产业链诸环节间协同度进一步增强。近年来，跨境电商与各地产业集群的融合度不断提升。2023 年以来，主要跨境电商平台出台一系列"产业带计划"[②]，以促进各地产业集群与数字化柔性供应链贯通，帮助中小企业顺利出海。

因此，跨境电商的发展使集群经济优势强化，主要体现在以下三个方面。其一，传统集群企业通过在产业链各个环节嵌入跨境电商平台，逐渐演变为新型产业集群，使其市场空间拓展，企业间分工深化，也使得跨境电商的商品种类从日用消费品逐步拓展至工业品类。其二，跨境电商分工

[①] 资料来源于中国工业互联网研究院 2022 年发布的《全球工业互联网创新发展报告》。

[②] 例如，2023 年以来，亚马逊全球开店推出"产业带启航十条"，提出"亚马逊企业购产业带加速器"计划，预计 3 年覆盖我国超 100 个产业带；TikTok Shop 启动"产业带 100 计划"；速卖通推出"产业带万商复苏计划"，激活提振 100＋产业带；希音（SHEIN）推出"全国 500 城产业带出海计划"，目标 3 年内深入我国 500 城产业带。

网络跨空间跨行业拓展，吸引更多企业与资源在平台集聚，从而在虚拟空间上衍生出新的产业集聚，由此进一步带动资金流、商流、人才流汇聚，并基于要素共享平台的日臻完善而使传统集群与虚拟集群呈融合趋势，实体空间融合发展的趋势越发明显，全球生产网络不断扩大与完善。其三，跨境电子商务的市场领域从销售逐步向研发、生产等产业链更多环节延伸，并基于其整合协同与智能算法能力促进产业链诸环节间协同度增强，由此实现多元化需求反哺柔性生产，而供需协同而形成的柔性供应链正是跨境电商的核心竞争力之一。跨境电商与产业集群的不断融合将使产业链各环节企业间竞争与合作强化，由此推动集群产业链与价值链在效率导向下重构，促使我国出口复杂度与外贸产业结构优化升级。

　　从本质来看，分工内生演进的条件是其引致的生产率上升能抵消相应的交易费用增加且有余，因而分工深化与经济发展良性互动得以持续必须建立在具有较高交易效率的商业模式与制度设计之基础上。可以看到，跨境电商的快速发展及其引致的诸要素配置效率的提升，可基于诸要素相关方之间交易费用的下降引致供应链流程优化，供应链效率提升，这不仅使得渠道效费比提高，平台各相关方的"使用者剩余"增加、信息对称性增强，也使得贸易门槛下降，贸易便利度提升，由此促进国际贸易领域的分工深化、要素密集度优化和价值链增值，更多中小微企业与消费者在内生利益驱动下进入跨境电商领域，分工网络与市场规模跨空间进一步拓展。交易费用降低与市场规模扩大之间的良性互动使得跨境电商各相关企业可在更宽领域、更高层次进行更快频率且更高效率的试错与创新，使其创新能力与"干中学"绩效迅速提升。

二、发展阶段的普惠贸易内涵演化

　　在发展阶段，随着市场规模的扩大，覆盖供应链、经营管理、品牌营销、金融支付、物流仓储等环节的跨境电商相关服务商不断增加且分工日益深化，为中小企业提供高效便捷跨境电商相关服务。与此同时，跨境电商也将向供应链协同与一体化发展，促进形成高效的现代供应链体系。此时，中小企业可基于跨境电商平台实现从研发生产、销售渠道到贸易流程的数字化转型，从而使中小企业国际竞争力增强、供应链运作效率提升。

跨境电商基于供应链的优化带来了全球普惠贸易发展，也使得普惠贸易的内涵进一步演化。此时的普惠贸易主要体现为：（1）供给端参与贸易的中小微企业数量增加、创新能力与盈利水平不断提升；（2）跨境电商驱动产业链和供应链的数字化进程加快，供应链各环节企业间因交易费用下降而分工深化、协同度提升，集群经济优势获得增强；（3）中小企业借助数字化新外贸平台加速数字化转型与迭代，在全球市场不确定性因素增加，且市场需求呈个性化、动态化且复杂化背景下，创新能力提升，实现高质量发展；（4）需求端用户数量增加，其消费者剩余及效用水平明显提高。供应链不断优化所引致的供需双方的良性互动与精准匹配则使跨境电商市场规模扩大与普惠贸易发展之间呈螺旋上升的态势。在发展阶段，跨境电商对全球普惠贸易高质量发展的影响机理如图 2.5 所示。

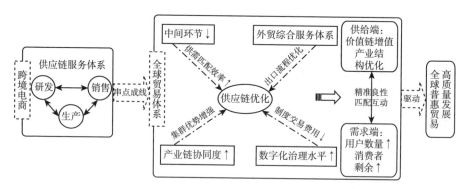

图 2.5　发展阶段：跨境电商影响全球普惠贸易高质量发展的机理

第三节　拓展阶段：跨境电商基于协同网络的形成促进普惠贸易高质量发展

一、拓展阶段影响机理

跨境电子商务基于诸要素相关方交易费用的下降促进了供应链诸环节内及环节间效率提升与协同度优化，从而引致全球分工网络拓展与市场规模内生扩大，获得网络效应的不断增强。随着数字技术的发展应用以及全球贸易规则的日臻完善，全球贸易的网络效应还将向协同效应演进，由此促进全球普惠贸易的进一步发展。

（一）网络效应增强

1. 基于马歇尔外部经济增进

网络效应是指市场内供应商与消费者规模的扩大将使得市场的网络价值提升，也将使所有用户的效用水平提升，由此吸引更多市场外潜在消费者与供应商进入（Haucap et al.，2014）。与此同时，分工深化与交易增多导致市场主体相互依赖程度上升，网络效应增强。跨境电子商务使全球贸易的物理边界进一步拓展，越来越多不同规模与类型的企业基于各类跨境电商平台跨时空开展分工协作，分工的广度与深度进一步拓展，网络效应也不断增强，从而获得更显著的马歇尔外部经济增进。其主要机理如下：其一，大量交易主体跨越空间局限在各类跨境电商平台集聚，使竞争加剧，优胜劣汰加快，其中效率更高、创新能力更强且能更好地进行数字化转型的中小企业可获得更多商业资源与机会，所获市场激励也将更为显著，由此成为跨境电商行业的新领导者。其二，跨境电子商务领域内诸要素配置效率的提升及其要素相关方交易费用的下降不仅吸引更多主体加入，市场规模不断扩大，也使企业间互补性增强，所属行业更趋多样化，商品品类日益丰富，由此可进一步基于市场规模的拓展而缓解规模生产与消费者多样性偏好间的"两难冲突"。其三，跨境电商使信息、物流、管理、平台等共用要素集聚度提高，且其配置更优化、共享程度提高，引致平台内社会收益率递增更为明显。其四，基于要素共享程度提高与互联网平台的高效传导机制使信息与知识外溢效应增强，也使平台内领头企业的示范效应更强、辐射范围更广。其五，跨境电商平台方所提供的信息产品和服务具有边际成本趋近于零的特点，因而相关平台服务的优化所引致的市场规模拓展使得供给方与需求方的规模经济、范围经济效应可不断增强，供需双方良性互动且不断融合，单边及双边网络效应日益提升。跨境电商平台内网络效应与规模效应间基于良性互动而彼此增强，从而进一步促进平台规模的扩张与集聚。

2. 基于政企协同对跨境电商相关网络基础设施的完善

跨境电商的快速与可持续发展需建立在信息基础设施与交通基础设施

等不断完善的基础上，这两者均属于网络基础设施，都是基于网络的构建而实现不同地区与市场主体间的连接，从而使网络效应不断增强。交通基础设施的完善可通过智慧物流枢纽、海外仓、保税物流园区等建设形成统一且发达的交通网络，为跨境仓储物流、转运清关等提供重要的基础保障。而信息基础设施基于电话、邮政、网络等无形信息网络的构建来降低信息不对称，使各方匹配效率提升。随着物联网、人工智能、云计算、数据中心、5G 网络等信息技术的演化、融合及其在各个产业中的应用深化，将进一步形成包括基础设施、新一代信息技术及其衍生的新业态的新型信息基础设施体系（张其仔，2019），由此成为影响各国跨境电商发展的新型比较优势来源（盛斌等，2021）。信息及交通基础设施的完善可加速企业家区际流动以及要素跨区域的协同整合，从而使诸要素在全球、国家和次国家等多个层次的配置获得动态优化，由此使要素间的协同网络不断扩大（曾可昕和张小蒂，2021）。

这些基础设施投入作为公共品，不仅具有显著的规模经济效应（廖茂林等，2019），还会带来很强的正外部性，从而促进跨境电商及其相关产业的更快发展。而交通与信息基础设施的完善是以政企之间实现协同互补为重要前提，这一"协同"主要体现为：（1）政府从宏观层面加强战略规划，通过政策扶持、财政补贴、跨境电商综合试验区与产业园区建设等加快各项基础设施的建设与普及应用，引导传统产业数字化转型，释放数字贸易潜能。（2）微观经济主体发挥自身市场敏感度高、创新能力强、活力足的优势，在内生利益驱动下加快在信息技术与各个产业的融合创新，使得相关基础设施建设的效率更高、成本与风险更低。（3）"看得见之手"与"看不见之手"协同互补，宏观与微观层次在利益上激励相容。据中国互联网络信息中心发布的数据，自 2012～2023 年，我国网民规模从 5.64 亿人增长到 10.92 亿人，互联网普及率从 42.1% 提升到 77.5%；已建成全球规模最大 5G 网络和光纤宽带，5G 基站数达到 337.7 万个，5G 移动电话用户超过 8.05 亿户。我国新一代信息基础设施正朝着高速泛在、天地一体、云网融合、智能便捷、绿色低碳、安全可控的方向加速演进。

3. 基于多渠道多平台布局，充分利用渠道资源优势

随着越来越多企业向亚马逊、速卖通等跨境电商平台汇聚，这类平台

的网络效应亦将不断扩大，越发成为跨境电商领域的"超级中心"，由此可能带来的弊端主要有：其一，尽管跨境电商平台可基于供应链的优化而整合与消除贸易链中的大量中间环节，但平台自身作为跨境贸易各要素交互的核心，同样也是中介服务机构，亦会给外贸各相关方带来一定的交易费用，且随着平台垄断地位的提升及各使用方对平台依赖度的不断增强，这一交易费用可能呈加速上升之势，以达成平台企业的垄断利润，这将削弱中小企业的价格优势与市场竞争力。其二，传统的跨境电商平台中，平台使用方通常依靠广告和搜索引擎引流，而海量商品与店家在平台的汇集将使得竞争日益激烈，引流及成交的难度越来越大，引流成本越来越高，这将反过来制约中小卖家的市场规模拓展。因此，当超级平台上的大量出口企业所获得的平台"使用者剩余"低于其需承担的交易费用时，其可能减弱或放弃对该平台的依赖，转而开始向多元业态、多元平台布局。例如，自 2021 年亚马逊封号事件①之后，越来越多的卖家开始布局独立站②，或入驻东南亚、韩国、南美等市场本土主流电商平台等，多渠道协同布局以降低渠道风险，通过更多元渠道接触消费者，以探寻具有更高效费比的交易方式与渠道。图 2.6 显示了我国 2020 年跨境电商中小企业入驻多元化的跨境电商平台和建立垂直品类独立站的情况，其中，43.3% 的企业入驻亚马逊平台，40.4% 的企业入驻阿里巴巴国际站，32.7% 的企业入驻速卖通，此外还有 14.4% 的企业通过使用境外本地平台来开展跨境电商业务，企业通过多元化布局可更好地利用各平台优势，规避风险。

此外，也有越来越多的外贸企业和个人开始运用海淘直播、短视频电商、社交电商等新型网购平台与模式。这些新型模式的优势主要体现为：（1）不同于传统电商中消费者需对其意向产品的主动搜索与筛选，直播、短视频或社交电商等新型网购模式是基于兴趣推荐、流量分发、主播信任等诸多维度，发现消费者的潜在需求；（2）消费者可获取更多元的信息及更直观的体验，尤其有利于内含丰富默会知识或较为复杂、新颖的产品销

---

① 2021 年 4~9 月，亚马逊对于有不实评论行为的店家予以下架和封号惩罚，共关闭了约 600 个中国品牌的销售权限，涉及约 3000 个卖家账号。据 Marketplace Pulse 数据，受封号事件的影响，2021 年中国卖家在亚马逊平台的份额由 42% 下降至 36%。

② 据浙江省电商促进会预测数据，中国独立站在 B2C 跨境电商中占比将从 2020 年的 25% 上升至 2025 年的 41%。

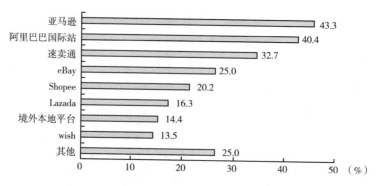

图 2.6　2020 年中国跨境电商企业入驻平台情况

售，使客户认知度快速提升，有效节约其货比三家的时间与成本，使销售环节的服务要素比例提高，从而获得某种非价格竞争优势；（3）供需双方人格化信息的了解及多元化的实时互动更易建立某种信任机制，从而有利于较快达成交易且实现供求双方的长期重复合作博弈，由此使得用户忠诚度与复购率提升，市场规模持续拓展；（4）市场规模扩大将使得销售、生产及研发等各环节的规模经济效应更为显著，从而使用户的议价空间扩大，产品在价格层面的竞争力增强；（5）销售端可更好地直连生产与研发端，使供应链不断优化，市场渠道的效费比提升。因而在跨境电商领域，供给方可基于用户拉新、停留转化及复购、购买能力、渠道费用等多方面筛选优质渠道或渠道组合，或进行全渠道全业态布局，从而更好地利用各类渠道资源优势，增强供需双方的信息对称性，使交易效率与渠道效费比提升，市场规模不断拓展。

（二）协同效应增强

网络效应的发挥依赖于市场主体间的分工，而分工演进是否可持续主要取决于参与各方的协同度，即诸要素之间交易费用的大小。通常而言，网络规模的扩大与市场主体的增加会伴生交易费用上升，这构成分工持续演进的主要障碍。跨境电商的发展可基于协同网络的形成而使诸要素间交易费用下降，从而有效打破传统管理的规模不经济，使得各类看似独立且自成一体的企业或个人基于一定关系彼此连接和互动，在更大范围、更高层次上形成分工合作机制，实现资源的更优化配置，获得协同效应增强（李海舰和李燕，2020）。这一"协同"主要建立在企业家才能提升、数字技术创新应用、数字贸易规则不断完善的基础上。

1. 基于企业家才能的提升

企业家正是促进各要素协同度提升的关键主体，这一管理要素具有跨境电商平台诸相关企业间外溢性与共享性。其中，敏锐捕捉商机且创新能力较突出的企业将发挥示范作用，激励更多企业家不断开拓海外市场，建立新的贸易联系，同时深耕已有的市场空间，更好地满足消费者的差异化需求。在跨境电商模式下，作为各平台提供方的企业家对要素优化配置效率的日益提升亦将赋能平台使用方，使其企业家一揽子要素优化配置才能提升加快，进而基于这种提升获得某种范围经济，导致要素间协同度增强，交易费用降低，分工进一步深化。而信息、物流、金融等领域的协同发展及其引致的供应链与产业链运行效率的提升，将使得原材料采购、产品流通、通关结汇等成本大幅下降。由一系列"低价"要素汇聚而成的"价格洼地"可进一步吸引人流、物流、资金流、信息流等汇入跨境电子商务市场，这不仅使得企业家的商务环境优化，其要素配置才能在更复杂的创新创业实践中获得非常规的加速上升，也使得各市场主体间基于较为充分的竞争形成适度的产品利润率，使商品性价比提升，市场规模扩大，从而使企业家才能提升与市场规模扩大之间获得良性互动。

2. 基于数字技术的创新应用

国际贸易领域往往存在业务流程长、参与主体多、信息共享难度大、市场风险高等问题，数字技术在贸易领域的发展应用与融合创新，不仅使贸易效率提升，也使得产业链与价值链在效率导向下重构，各市场主体间以及产业链环节间的协同效应进一步增强。这主要可体现在：其一，互联网平台使得各个交易主体间的交互方式从线性转变为多元主体间实时互动的网状结构。其二，大数据技术的应用可基于产品销售、用户行为等多类数据的挖掘与积累而形成"数据池"，由此为企业运营管理与决策提供科学指导。而云计算技术则能助力跨境电商企业实现生产、采购、物流、仓储、支付、营销等全链条数字化运营，提升供应链运作效率。其三，人工智能的应用使得各类供求关系的匹配与预测趋于精准化，营销、物流、金融等各供应链环节趋向智能化，提供更高精度和性能的全球供应链与价值链需求预测、整合与管理（Acemoglu et al.，2018）。智能客服机器人的应用可有效降低跨境电商交易各环节的人工成本、优化用户体验与提升服务质量；人工智能算法基于海量数据集的深度学习，既能对用户进行精准推荐以降低其选择成本，还能对市场需求及其变动趋势进行更准确研判，动态调整商品定价，以此指导供货商的研发、生产与营销；智能机器人分拣相较于人工分拣更灵活高效且货物更有安全保障；人工智能还有助于实现物流系统自动化，提升物流运输效率。在阿里巴巴国际站，借助平台所提供的 AI 工具，外贸商家面向全球市场发布商品的时间可缩短 50%，AI 优化过的商品在海外的曝光量提升了 37%。① 其四，物联网技术基于万物互联，可实现供应链全流程智能化识别、定位与管理，因此其正不断打破产业边界，使不同行业的融合发展加速。物联网技术在跨境电商领域的应用，不仅能基于产品溯源系统的构建化解供应链交易各方的信息不对称，形成良性健康的竞争生态，促进长期合作博弈的开展，还能有效提升物流、仓储、配送与补货等各个环节内及环节间的便捷性、安全性及协同度。其五，区块链技术基于去中心化、公开透明、可追溯、不可篡改等特点，不仅可构建涉及产品生产、物流、支付结算等场景的数字化网络，使得信任无处不在，产品全生命周期交易过程可实现去中间人化、民主化，还有利于构建全景式外贸全流程信用体系，提高信息透明度与匹配效率，大幅增加交易各方违法违约成本（吴琪和扈飞，2020）。其六，3D 打印技术的应用可使国际贸易的发生主要基于设计、图纸和软件的跨境数字传输，全球生产中心集聚在大客户基地或创新中心附近（Baldwin，2012），也使得中间品和零部件的跨境生产与交付需求大幅缩减，这将大大改变现有全球价值链分工格局，使国际贸易的流程与形态发生变革。此外，虚拟现实（VR）技术已用于在线商品挑选，在优化用户体验的同时，有效降低了中小企业的人工成本。

对于企业而言，"上云用数赋智"将使各个企业之间、产业链各环节之间的运营摩擦减小，决策更高效精准，由此推动跨境电商行业降本增效。数字技术在商业领域及产业链各环节间的创新应用，可使交易费用不断下降，"无界化"将成为未来国内与国际贸易的主要状态。通过网络社交、影

---

① 李文瑶. 这一次去联合国的，是阿里国际站 [N/OL]. https://tech.huanqiu.com/article/4IO83zMpQzi，2024 - 06 - 28.

视作品、智能家居、实物标签等,可随时随地触发消费,跨境电商的应用
场景、产品种类、市场边界都将进一步拓展,因而跨境电商与数字技术的
融合创新将不断创造出新业态与新模式。而对于政府而言,深化数字技术
在政府治理中的应用创新,不仅能促进外贸行业标准统一与业务办理流程
优化,还可使其对外贸行业的监管质效提升,监管机制优化,由事后被动
应对向事前风险防控转变,由部门间各自为政向深度融合高效协同转变,
由传统粗放式监管向数字化精密智控转变,由政府单一监管向社会多元共
治转变,从而有效提升执法力度和执法效率,使社会信用环境优化,促进
交易各方重复合作博弈的开展。此外,跨境电商整体市场规模的扩大不仅
将促进数字服务要素增长,还使得数字技术在跨境电商领域应用深化所产
生的协同效应更为显著,其原因在于:物联网、人工智能等大部分数字技
术的服务基础依赖于海量原始数据,随着市场规模的扩大,其分析、预测
的质量与效率将呈现指数级数增长(Goldfarba, 2018)。因而,数字技术的
应用将使跨境电商领域的网络效应与协同效应间呈正反馈机制,推动跨境
电商交易各方平均成本下降与市场规模日益拓展。

因此,数字技术的应用正基于供求关系、决策能力、信任机制、生产
方式与监管质效等的重塑而大大降低跨境电商领域的交易费用(包括搜寻
成本、边际成本、运输成本、追踪成本和验证成本等)和生产成本,引致
诸要素协同度不断提升,也使得传统贸易与跨境电商向数字化、智能化方
向演进。据 WTO 发布的《2018 年世界贸易报告》,1996~2014 年,技术创
新等因素使国际贸易成本下降了 15%。贸易成本的降低意味着企业有了更
大的盈利空间,也让终端消费者获得更多的实惠,从而推动贸易规模的不
断扩大与全球经济的持续发展。据 WTO 估计,2030 年之前,数字技术将
促进全球贸易量每年增长 1.8~2 个百分点。

3. 基于数字贸易规则的构建与完善

跨境电子商务作为新兴市场业态,在发展中尚有大量的制度建设需要。
在国内层面,政府可通过完善电子商务有关的法规与道德体系,使市场交
易整体上更加规范、公正、诚信、竞争充分,交易各方的预期明晰,从而
在有效激励企业家优化要素配置与提升生产率的同时,还可降低交易费用,
提高交易效率。在国际层面,各国应深化国际贸易合作与沟通,进一步提

升外贸开放水平，降低数字贸易壁垒，使数字贸易便利化程度不断提升。各国在数字跨境流动、知识产权保护、贸易便利化、关税优惠等领域的深化合作与相互借鉴学习，有助于区域及全球层面数字贸易有关协定的签订，使得数字贸易规则日趋势完善。此外，全球各主要的跨境电商平台及各环节有关企业在实践层面所作的努力也将不断促进数字贸易惯例与标准的形成，进而有助于推动数字贸易规则的加快构建与完善。因此，数字贸易规则的构建可使市场预期更为明晰与稳定化，交易费用下降，国家之间、企业之间、要素之间的协同度提升，使国际贸易的广度与深度进一步拓展，实现跨境电商的健康、可持续发展，由此可有力推动经济增长、充分就业、结构优化、国际收支平衡等政府目标的实现，从而获得"政""企"之间基于激励相容的内生协同。

二、拓展阶段的普惠贸易内涵演化

在拓展阶段，跨境电商的进一步发展将基于"政""企"之间与"企""企"之间的协同来推动数字技术的创新应用，以及相关基础设施与数字贸易规则的完善，由此形成协同网络，为全球企业提供产供销全链路的数字化服务，形成数据驱动的价值链闭环，也将推动全球普惠贸易的发展及其内涵的进一步演化。此时的普惠贸易体现为：其一，协同机制的构建使要素相关方之间的交易费用不断降低，国际分工进一步拓展，从而使全球不同国家、不同产业、不同规模的企业和个人可基于跨境电商的多模式、多渠道、多平台实现跨产业链与价值链重构，开展更大范围、更高层次的分工合作，驱使分工模式由价值链加速向价值网络演进，由此促进开放的全球网络化协同体系构建，其网络效应与协同效应不断扩大。其二，数字贸易相关的制度法规与基础设施的建立完善，使"干中学"环境不断优化，市场预期更为明确，从而更好地激发与增强微观层面企业家创新创业的内生动力与活力，使其在利益驱动下加快一揽子要素的优化配置。在此基础上，宏观加总后整个社会的要素结构升级与经济增长加快，还有助于实现充分就业、结构优化、国际收支平衡等宏观目标，使"看得见之手"与"看不见之手"协同互补，宏观与微观层次在利益上激励相容。其三，中小企业与跨境电商平台等相关主体间良性互动，不仅可使中小企业的数字化转型加快，市场势力显著提升，还使中小企业的利益诉求能更顺畅地表达并在国际社会得到关注和重视，成为全球数字贸易快速发展及其标准建设的主动参与者与受益者。在拓展阶段，跨境电商对全球普惠贸易高质量发展的影响机理如图2.7所示。

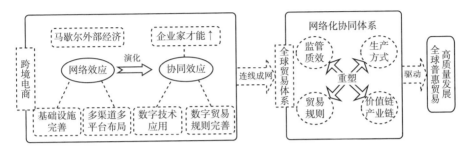

图2.7　拓展阶段：跨境电商影响全球普惠贸易高质量发展的机理

第四节　成熟阶段：跨境电商基于数字贸易生态圈的构建促进普惠贸易高质量发展

一、成熟阶段影响机理

（一）跨境电商生态圈价值网络的复杂性增强

跨境电子商务平台将演化为一个又一个协同网络，这些网络相互嵌合后又会导致网络的不断衍生与扩张，进而使各相关方基于共创共享、协同演化形成全新的商业生态系统。数字贸易生态圈是以全球用户需求为中心进行跨时空、跨产业横向与纵向整合，形成平台和多元主体集合的协同网络。其中，跨境电商生态圈是目前数字贸易生态圈中最主要的组成部分，其往往以跨境电商平台方为核心主体，以网络信息与数据为发展纽带，通过"并联"多类共生资源、产品、企业、个人、政府及其他公共经济组织，并基于数字技术，使各要素主体协作分工与优势互补，实现某种复杂性融合，从而不断拓宽市场边界，深耕全球消费者潜在需求，增进用户黏性。以跨境电商平台为核心所提供的交易相关服务及衍生服务，极大增强了整个网络的协同效应，其服务规模与质量的提升将使这一协同效应进一步强化，推动生态整体的不断扩张与发展（曾鸣，2018）。基于此，生态圈价值网络节点加速增长并聚集，节点数量和规模迅速扩大，使跨境电商专业服务朝着多样化与个性化方向持续深化，并形成多种细分类型的价值网络节点且彼此关联，促使生态圈价值网络的复杂性呈指数型增长（梅辉洁，2019）。与此同时，基于政企协同对相关基础设施与制度规则的完善，使得跨境电商生态圈的运行更加高效、健康且可持续。跨境电商生态圈内多元主体间互利共生、共同演化，形成具有自增强特征的协同网络，使生态的势能、动能和内能日益提升（朱国军等，2020）。

此时，各国企业作为供应商或服务提供商跨越物理边界动态嵌入各类跨境电商生态圈，在更广阔的空间、以更灵活的形式实现各经济主体间实时交互与协同分工。中小企业与跨境电商生态圈内相关主体间基于交互信息的快速反馈而协同优化，是全球数字贸易时代中小企业核心竞争力的重要来源。各个跨境电商平台之间基于充分的竞争与合作，其最终的渠道效费比与流量成本将不断趋近，此时的平台、物流、金融、信息等资源将演化并沉淀为跨境电商生态圈的基础设施，各主体间的共享度与普惠性不断增强，而生态圈内参与各方之间的竞争将进一步聚焦于其所提供的产品与服务的质量和效率本身，企业规模对其市场竞争力的影响进一步弱化。

（二）数字贸易生态圈促进全产业智能生态的完善

跨境电商的不断发展促进了覆盖订单、履约、跨境支付与金融、物流的一整套数字化服务贸易体系形成与发展。与此同时，新一代数字技术向跨境贸易加速渗透，深化延伸了跨境电商的表现形式，诞生了数字产品、数字藏品等跨境电商产品形式，且衍生出新业务、新商业模式与应用场景，与文旅、社区、酒店等多类场景融合发展，创造出多维度的跨境购物新场景。在以平台企业为核心、以数据流动与共享为关键的多方推动下，跨境电商生态圈的生态边界和版图加速拓展，进而形成包括跨境支付金融平台、综合服务平台、医疗教育平台、数字娱乐平台等在内的数字贸易生态圈，其内部运营模式如图2.8所示。数字贸易生态圈作为一个开放的非线性实体，它以跨境电商平台为核心，在诸环节与要素企业间深度互动的基础上，各交易主体与政府部门、贸易组织、产业园区（或集群）及相关试验区间协同互动，从而使生态圈内的制度环境与基础设施更加完善。由此，基于企企间与政企间协同，促进了要素流、商流、信息流、资金流和能量流加速流动与汇聚，使多元主体、多元业务间深度互动，形成了愈加开放、高效且复杂的多维商业生态，也带动了数字贸易生态圈的急剧膨胀。

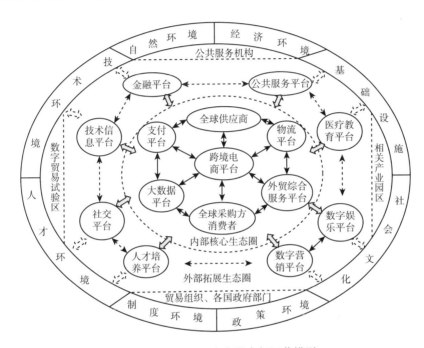

图 2.8　数字贸易生态圈内部运营模型

以阿里巴巴为例，其国内电商平台（如淘宝、1688）及跨境电商平台（如速卖通、阿里巴巴国际站）深耕中小企业与产业带，基于平台服务（营销推广、交易履约、业务管理、外贸综合服务等）的升级以及物流、金融、信息等要素的优化配置，多场景赋能全球中小企业，使其商机增加、市场拓展，并获得商务创新与技术创新等能力的增强。阿里巴巴平台经济的发展不仅促进形成了淘宝村、淘宝镇①、电商产业园区等典型的国内电商产业集群，也基于大量企业与个人在国内与跨境电商平台跨空间集聚而形成全球范围内的虚拟电商集群。阿里巴巴及其关联企业间的协同互动使诸

---

① 据阿里研究院数据，2018 年全国共形成淘宝村 3202 个、淘宝镇 363 个，2022 年淘宝村与淘宝镇的数量分别增加至 7780 个与 2429 个，广泛分布于全国 28 个省份，网店实现交易额 1 万亿元。

要素创新演化为产业创新，由此构建了以全渠道零售服务为核心业务，以支付和金融服务、信息技术服务、数字营销服务为支撑的良性互动、有机协同的数字贸易生态链体系，形成包括阿里零售、阿里金融、阿里物流、阿里文娱、阿里数字营销、阿里健康等30多个业务板块跨界融合的全业态式数字贸易生态圈，其生态模式如图2.9所示。阿里巴巴所构建的数字贸易体系，以其商业操作系统与较大规模商业数据为依托，通过诸要素配置升级与供应链优化，不仅可有效化解贸易各环节诸多障碍，实现供需双方精准匹配，并为双方提供通关、支付、结汇和物流、财税等一站式高效履约服务，也使产业链各环节企业协同度增强并获得实现数字化转型的核心基础能力增强。阿里巴巴数字贸易生态圈这一开放的且具有自我强化特征的协同网络的不断演化，正吸引越来越多的国内外市场主体在此集聚，形成深度交互的利益共同体。据阿里巴巴公司发布的数据，截至2020年，阿里巴巴贸易平台上已有6800万活跃中小企业，交易场景遍布全球超过200个国家和地区，在1688平台和阿里巴巴国际站，平台内买家与卖家的倍数分别达到约45倍和140倍，这体现出其平台贸易生态的健康度与生命力。随着阿里巴巴平台交易总量与营收规模的增加，其通过降低平台用户会员费，并提供更多元化的电商综合服务而进一步吸引更多交易主体进入，从而使其网络效应与协同效应不断增强，数字贸易生态圈日臻繁荣。

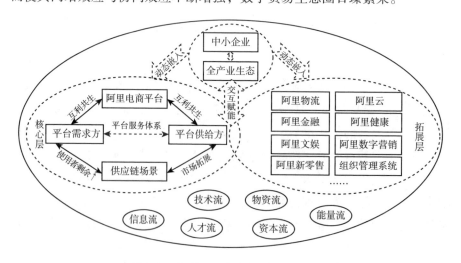

图2.9　阿里巴巴数字贸易生态圈模式

（三）数字贸易生态圈内交易主体基于共生而获得市场规模扩大

数字贸易生态圈内各交易主体之间基于互利共存、优势互补形成具有共同利益和目标的利益共同体，并不断通过资源信息的共享、专业化分工深化以及经营方式的相互协同等，使各企业之间的利益关系由竞争向互补与合作日益演进，因而会经历一个产生、发展与稳定共生的动态演化过程，这在形态上具有 Logistic 过程的特征。因而可以用 Logistic 模型对生态圈各企业间共生演化的特征予以刻画。如果不考虑生态圈内企业之间的相互竞争，且将处于数字贸易生态圈内动态演化过程中企业所经历的内生的和外生的变化（例如，技术、信息、制度安排、地域生产氛围等变化）简化为各企业的营收规模的变动信号（曹玉贵，2005），各企业营收规模的变化过程实质上反映了生态圈的共生演化过程。每个企业的产量增长与其所处环境间的关系表现如下：

$$\frac{\mathrm{d}x}{\mathrm{d}t} = rx\left(1 - \frac{x}{y}\right) \qquad (2-1)$$

其中：y 表示一段时间和某一地域空间内，在给定各种要素禀赋（包括技术、原材料、劳动力、资本和市场规模等）的情况下，每个企业产量的极限即最大产量；r 表示在理想条件下生态圈内，企业营收规模的自然增长率或内禀性增长率；x 为企业的实际营收水平，是时间 t 的函数，这里时间不仅包含日常意义上的含义，而且还含有技术、信息、专业化和分工、交易成本等影响产出水平的各种因素变化的含义；$(1 - x/y)$ 称为 Logistic 系数，即企业还可进一步拓展的市场空间，它使企业总是趋向于其最优市场规模。当 $x = y$ 时，$\mathrm{d}x/\mathrm{d}t = 0$，企业达到最大营收规模，并处于一个稳定的平衡点。

进一步地，以 Logistic 方程为基础考虑生态圈内两企业之间的共生关系，这时生态圈企业间的共生关系满足 Lorka - Volterra 竞争方程，其企业间共生模型如下：

$$\begin{cases} \dfrac{\mathrm{d}x_1}{\mathrm{d}t} = r_1 x_1\left(1 - \dfrac{x_1}{y_1} + k_{12}x_2\right) \\[2mm] \dfrac{\mathrm{d}x_2}{\mathrm{d}t} = r_2 x_2\left(1 - \dfrac{x_2}{y_2} + k_{21}x_1\right) \end{cases} \qquad (2-2)$$

其中，x_i 为数字贸易生态圈中企业 i 的营收规模；r_i 为企业 i 营收规模的自然增长率；$y_i > 0$，y_i 表示 x_i 的最大可能营收规模；$k_{ij} \geq 0$，k_{ij} 表示企业 j 对企业 i 的作用影响系数；i，$j = 1$，2。

$k_{12} = k_{21} = 0$ 时，企业 1 和企业 2 之间的市场绩效增长率之间互不相关，不存在共生效应。此时，两企业的营收规模都符合 Logistic 方程，并最终达到各自平衡状态：$x_1 = y_1$，$x_2 = y_2$。

$k_{12} = 0$，$k_{21} \neq 0$ 或 $k_{21} = 0$，$k_{12} \neq 0$ 时，企业 1 和企业 2 为偏利共生关系，即企业 1 和企业 2 在生态圈内相互作用的过程中表现为一方受益另一方无利但也无害的一种共生关系。假定 $k_{12} \neq 0$，$k_{21} = 0$，即仅企业 2 对企业 1 具有偏利效应时，方程组进一步变化为：

$$\begin{cases} \dfrac{\mathrm{d}x_1}{\mathrm{d}t} = r_1 x_1 \left(1 - \dfrac{x_1}{y_1} + k_{12} x_2\right) \\ \dfrac{\mathrm{d}x_2}{\mathrm{d}t} = r_2 x_2 \left(1 - \dfrac{x_2}{y_2}\right) \end{cases} \quad (2-3)$$

求解微分方程组（2－3）的平衡点为 E：$(x_1, x_2) = (y_1(1 + k_{12}y_2), y_2)$。当 $x_1 > 0$，$x_2 > 0$ 即 $y_1(1 + k_{12}y_2) > 0$，$y_2 > 0$ 时，企业 1 和企业 2 达到其稳定共生的平衡局面，形成偏利共生关系。此时，$x_1 = y_1(1 + k_{12}y_2) > y_1$，这意味着企业 1 通过在生态圈内与企业 2 深度交互，获得更多的信息、技术、服务等要素资源，企业 1 的市场绩效由此获得更快增长，其在稳态均衡时营收规模比不存在共生关系时更大。

$k_{12} \neq 0$，$k_{21} \neq 0$ 时，企业 1 和企业 2 为互惠共生关系，双方在生态圈内良性协同互动，表现为双方均受益的一种共生状态。求解微分方程组（2－2），得到其稳定解为：

$$x_1 = \frac{y_1(1 + k_{12}y_2)}{1 - k_{12}k_{21}y_1y_2}, \quad x_2 = \frac{y_2(1 + k_{21}y_1)}{1 - k_{12}k_{21}y_1y_2}$$

表明：当 $x_1 > 0$，$x_2 > 0$ 时，即满足条件 $k_{12}k_{21} < 1/y_1y_2$ 时，企业 1 和企业 2 处于共利共生状态，且此时 $x_1 - y_1 = k_{12}y_2(1 + k_{21}y_1)/(1 - k_{12}k_{21}y_1y_2)$ 必然会大于 0，$x_2 - y_2$ 也同样会大于 0。这意味着当生态圈内企业之间形成互利共生关系时，其不仅可通过资源、能量与信息的交互等获得要素禀赋的优化与配置能力的提升，也能基于优势互补与专业化分工深化获得"干中学"绩效

_ ▌ 第二章　跨境电商影响全球普惠贸易高质量发展的理论机制

的进一步提升，从而使各自在稳态均衡时的营收规模均大于非共生关系时的营收规模，且各企业在形成互利共生关系前后的营收规模增幅（$x_i - y_i$）与 k_{12}、k_{21}、y_1、y_2 均成正比，这表明企业间的互利作用大小不仅取决于各企业的市场规模，也取决于企业相互之间的作用影响系数，其共生效应将随着生态圈的演进及企业间分工的深化而不断增强，企业之间的良性协同互动也使数字贸易生态圈的生态势能增强与市场规模内生扩大之间呈现螺旋上升的态势。

二、成熟阶段的普惠贸易内涵演化

数字贸易生态圈的良性运行不仅使跨境电商与数字服务贸易规模拓展、贸易结构优化，还将加快各行业的数字化转型进程，推动数字经济的更快发展。各个数字贸易生态圈不断进行自我演化、外溢、分化、聚合，其生态势能随之动态增强。数字贸易生态圈的发展使互联网平台、智能物流、数字金融、数字智能等要素不断迭代升级，进而基于要素共享平台的构建与协同网络的形成，上述要素与服务沉淀为社会化共享的基础设施，强链接、低成本、高效率的开放式社会化协作体系不断完善，由此成为各产业竞争力提升的重要源泉。各个生态圈间的实力较量也正成为全球市场竞争的主流。

在成熟阶段，基于数字贸易生态圈的构建，跨境电商将促进全球普惠贸易的持续发展及其内涵的进一步演化。随着数字贸易发展的日趋深入与完善，中小企业将深度嵌入多元化数字贸易生态圈，并与其形成战略合力。此时的普惠贸易内涵主要体现为：（1）大企业和中小企业均可在全球范围内进行高效的资源优化配置与价值创造，获得生态势能与竞争力的不断增强，进而基于实时动态的全局优化形成各个产业交互赋能、融合创新的全产业新生态。（2）随着生态圈内协同网络广度的拓展及其网络密度的日趋增强，数字贸易及其产业链各环节的交易费用将不断降低甚至趋近于零，此时数字贸易生态圈内多中心化或去中心化趋势将日益明显，包含中小企业在内的各个市场主体都逐渐演化为生态体系内平等且深度交互的中心（刘润，2018）。在成熟阶段，跨境电子商务影响全球普惠贸易高质量发展的机理如图2.10所示。

_ — 47 —

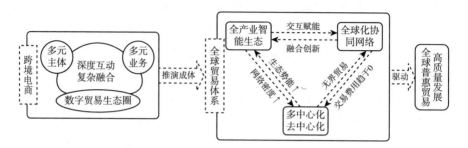

图 2.10   成熟阶段：跨境电商影响全球普惠贸易高质量发展的机理

第五节   本章小结

总体来看，跨境电子商务对全球普惠贸易高质量发展的影响过程可分为四个阶段，层层递进，普惠贸易的内涵不断拓展。其一，起步阶段：多点突破。跨境电商通过诸要素聚集并优化配置，使跨境电商从业者在物流、信息、支付、融资、履约等环节内的交易费用下降，由此吸引更多中小微企业与个人进入跨境电商领域，使其在更大市场进行更高频、多元的试错，从而获得"干中学"绩效提升。其二，发展阶段：串点成线。跨境电子商务将向供应链协同与一体化发展，产业链诸环节间交易费用降低、协同度提升，促进要素密集度优化和价值链增值。跨境电子商务基于供应链优化使产业链各环节中小微企业数量增加、创新能力提升，也使得终端用户规模不断扩大，且其消费者剩余明显提高。其三，拓展阶段：连线成网。跨境电子商务基于政企之间与企企之间的协同推动数字技术的创新应用，以及相关基础设施与数字贸易规则的完善，由此形成强链接、低成本的全球网络化协同体系，这不仅能进一步激发与增强全球企业家的内生动力与活力，使其企业家才能获得更快提升，也使得更多企业和个人跨产业链与价值链发生重构，开展更大范围、更高层次的分工合作，驱使分工模式由价值链加速向价值网络演进。其四，成熟阶段：推演成体。点、线、面互相促进、互相激发形成生态的体系，跨境电子商务的发展最终将演化为一个又一个数字贸易生态圈，进而使平台、物流、金融、数字技术等要素与服务沉淀为社会化共享的基础设施；基于多元化数字贸易生态圈的深度嵌入与交互，不同规模与行业的企业形成融合创新的全产业新生态，获得生态势能与竞争力的不断增强。跨境电子商务沿着"要素配置效率提升→供应链优化→协同网络形成→数字贸易生态圈演进"的路径影响全球普惠贸易的内涵与发展，同时也在推动各国的产业体系逐渐从相对封闭的供应链，到价值网络，到社会化协同网络，再到开放的产业生态，不断演进。因此，在普惠视角下，跨境电子商务有望成为推动全球经济增长、弥合全球数字鸿沟、缩小贫富差距的新引擎，因而跨境电商的快速、持续、高质量发展是可以期待的。

当然还应该看到，数字贸易生态圈的不断演进促使平台交易规模不断扩大，平台方的作用日益凸显，其既是组织多边主体进行交互与匹配的市场参与者，也是交易市场与信息基础设施的关键提供者，还是在内生利益驱动下进行一揽子要素优化配置与贸易规则制定的市场组织者，这一多重属性与角色的形成在可有效提升数字贸易生态圈的资源配置效率的同时，也可能带来局部效率损失并引发公平问题，如强化垄断、低价恶性竞争、无序扩张等。这不仅给传统监管与治理带来了前所未有的挑战，也可能对更多中小企业参与全球贸易、企业家精神的激活与增进构成负向抑制作用（余晓晖，2021）。因而在引导平台方加强企业自治的同时，如何通过政府监管机制与监管手段的创新促进数字贸易营商环境的优化，使全球数字贸易获得普惠、健康、可持续发展，也成为当前全球数字贸易各相关方共同关注且亟待化解的重要问题。

第三章　跨境电商促进全球贸易普惠高质量发展的典型事实、主要挑战与应对策略

在第二章机理探讨的基础上，本章将对跨境电商影响全球贸易普惠高质量发展的典型事实、主要问题及挑战予以剖析，以获得对跨境电商发展更全面、深入的认识。跨境电商的发展不仅具有交易规模不断拓展、更多中小企业参与、用户规模扩大且效用优化等特征，也呈现出专业服务体系日趋完善、新业态新模式涌现、中小企业创新能力日益提升等趋势，因而跨境电商的发展将使全球贸易朝着普惠且高质量发展的方向不断演进。

第一节　跨境电商促进全球贸易普惠发展的典型事实与趋势

一、跨境电商市场规模不断扩大

（一）全球跨境电商增长速度快、市场规模不断扩大

近年来全球电商渗透率不断提升，新冠疫情的发生推动网络消费加速

增长，跨境电商增速较为强劲。根据 eMarketer 数据，2023 年全球电商销售额为 5.8 万亿美元，同比增长 10.0%，全球电商渗透率①达到 19.4%。2020 年，受新冠疫情影响，全球货物贸易总额下降 8%，全球跨境电商 B2C 交易规模却保持高速增长，突破 1 万亿美元，同比增长 30%，2021 年全球跨境电商 B2C 交易额则进一步增长至 1.37 万亿美元。市场分析机构 Juniper Research 发布的全球跨境电商市场预测的数据报告显示，2022 年全球跨境电商 B2C 交易规模达 1.5 万亿美元，占全球零售电商交易额的 26%，2026 年这一占比预计将达到 35.6%；且 2022～2026 年全球跨境电商 B2C 交易额复合增长率预期为 18.4%。跨境电子商务正成为促进全球经济复苏与发展的重要引擎。

（二）中国跨境电商进出口规模持续增长

目前，中国既是全球最大的电子商务市场，也是全球跨境电商零售出口额排名第一的经济体。2023 年，中国电子商务市场规模达 50.57 万亿元，同比增长 6.31%，2023 年我国移动支付年交易规模达 527 万亿元，移动支付普及率达到 86%，交易规模与普及率均居全球第一；电子商务及相关行业从业人员达 7305 万人。②与此同时，得益于国家支持政策的陆续出台、全球性物流网络体系的加速建设，以及数字技术基础设施的持续完善，我国跨境电商交易规模保持高速增长态势，其占进出口贸易的比重也在不断上升（见表 3.1）。2023 年我国跨境电商交易规模达 16.9 万亿元，同比增长 7.3%③，其中出口与进口占比分别为 78.58%、21.42%。2013～2023 年我国跨境电商交易规模及其增长情况如图 3.1 所示，始终保持着较快增速。在交易模式上，我国跨境电商以 B2B 交易为主，2023 年跨境电商 B2B、B2C 交易占比分别达 70.2% 和 29.8%。随着我国 B2B 出口监管创新及其试点范围的不断推进，跨境电商 B2B 还将获得更进一步的高速发展。

---

① 全球电商渗透率是指全球电商销售额占全球整体销售额的比例。
②③ 电子商务研究中心发布《2023 年度中国电子商务市场数据报告》［EB/OL］. （2022 - 09 - 02）［2024 - 11 - 30］. https://www.bbtnews.com.cn/2022/0902/450427.shtml.

表 3.1　　　　2000～2023 年中国跨境电商交易额及占贸易额的比重

年份	跨境电商交易额（亿元）	跨境电商交易额占总贸易额比重（％）	跨境电商出口交易额（亿元）	跨境电商出口占总出口比重（％）	跨境电商进口交易额（亿元）	跨境电商进口占总进口额比重（％）
2000	500	1.27	498	2.41	2	0.01
2001	1000	2.37	989	4.49	11	0.05
2002	1700	3.31	1666	6.18	34	0.14
2003	2500	3.55	2450	6.75	50	0.15
2004	3300	3.45	3230	6.58	70	0.15
2005	4300	3.68	4171	6.66	129	0.24
2006	5000	3.55	4825	6.22	175	0.28
2007	6200	3.71	5952	6.36	248	0.34
2008	7000	3.89	6650	6.62	350	0.44
2009	8500	5.64	7990	9.74	510	0.74
2010	11000	5.45	10100	9.44	900	0.95
2011	17000	7.19	15500	12.58	1500	1.33
2012	21000	8.60	18600	14.38	2400	2.09
2013	31500	12.20	27000	19.69	4500	3.72
2014	42000	15.89	35700	24.81	6300	5.23
2015	54000	22.00	45000	31.88	9000	8.63
2016	67000	27.53	55000	39.73	12000	11.43
2017	80600	28.98	63000	41.09	17600	14.10
2018	90000	29.50	71000	43.25	19000	13.49
2019	105000	33.29	80325	44.79	24675	17.35
2020	125000	38.86	97000	56.27	28000	19.55
2021	142000	36.32	109993	50.61	32007	18.43
2022	157000	37.32	123000	51.31	34000	18.78
2023	168500	40.32	132400	55.69	36100	20.07

资料来源：跨境电商资料来源于网经社电商大数据库；进出口贸易额资料来源于国家统计局。

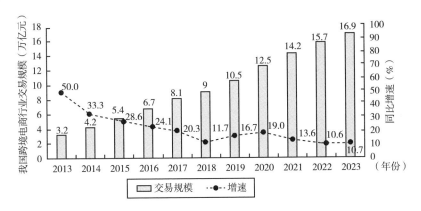

图 3.1　2013～2023 年中国跨境电商行业市场规模及增速

资料来源：网经社电商大数据库。

在全球贸易政策不确定性增加、亚马逊"封号潮"事件等风险因素下，我国跨境电商市场仍保持高速增长，活力和韧性较为强劲。跨境电子商务已逐渐成为中国企业，尤其是中小企业走出国门、开拓国际市场的主要方式。此外，随着"一带一路"建设的持续推进，以我国平台企业为主的跨境电商相关企业不断开拓共建"一带一路"国家和新兴市场，带动我国跨境电商出口在东南亚、中东欧、俄罗斯、拉丁美洲等市场的布局增加。2023 年，我国与"丝路电商"伙伴国跨境电商进出口额占比超过我国跨境电商进出口总额的 30%。[①]

跨境电商渗透率逐步提升，已成为我国外贸增长新动能。根据网经社数据，2023 年我国跨境电商交易额占货物进出口总额的比例达 40.3%，近5 年提升 7 个百分点，传统外贸线上化转型趋势明显（见图 3.2）。在新冠疫情背景下，线上购物需求持续增长，跨境电商已成为我国稳外贸的重要力量。

与此同时，中国跨境电商进口亦保持着较高的增长率，如表 3.1 所示，2023 年中国进口电商交易规模预计达 3.6 万亿元，近 5 年的年复合增长率为 14%。新冠疫情所引致的国外供应链稳定性的波动使得我国进口电商交

---

① 王文博. "丝路电商"稳步发展为国际经贸合作添动力［EB/OL］.（2024 – 05 – 14）［2024 – 11 – 30］. http://www.jjckb.cn/2024 – 05/14/c_1310774730.htm.

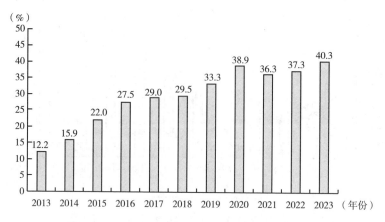

图 3.2　2013～2023 年中国跨境电商行业渗透率

资料来源：网经社发布的《2023 中国跨境电商市场数据报告》。

易规模增速有所放缓。后疫情时代，随着全球供应链恢复正常化以及中国经济复苏带来的国内消费升级等，我国进口电商交易规模正不断提高。

随着跨境电商市场的高速发展，各类跨境电商进出口平台不断发展壮大，吸引大量供给方、需求方与服务商等在此虚拟集聚，形成巨大的平台经济效应，由此引致平台方、中小企业等诸相关方要素配置优化与创新能力的不断增强又进一步推动跨境电商内生扩大。艾媒咨询 2018 年对消费者使用跨境电商平台购物的数据统计显示，全球 24% 的用户选择使用亚马逊平台，16% 选择全球速卖通，还有 14% 和 10% 的用户使用 eBay 和 Lazada，全球跨境电商平台的集中度日益提高。[①] 阿里巴巴 2022 财年第三季度的业绩报告显示，截至 2021 年 12 月 31 日，阿里巴巴生态的全球年度活跃消费者数量达到 12.8 亿人，海外市场年度活跃消费者达 3.01 亿人。2021 年，阿里巴巴、亚马逊和京东的交易额位列全球 B2C 跨境电商平台的前三名。[②] 速卖通（AliExpress）的境外买家数超过 1.5 亿户，已成为俄罗斯、西班牙、巴西、波兰等新兴国家或共建"一带一路"国家的主流电商平台。阿里巴巴等国内电商巨头在东南亚、南亚、非洲等地区通过并购或合资等方

---

①　资料来源于艾媒报告中心发布的《2019 全球跨境电商市场与发展趋势研究报告》。

②　资料来源于全球化智库（CCG）2021 年发布的《B2C 跨境电商平台"出海"研究报告》。阿里巴巴、亚马逊、京东这三家平台企业也同样位列全球十大电商企业排名中的前三名。

式创建本地化电商平台，并构建多元化的物流和支付解决方案，其海外市场竞争力不断提升。

二、跨境电商平台赋能更多中小企业参与国际贸易

（一）全球层面

在跨境电商模式下，创业门槛的下降使更多小微企业、个人等获得创业与发展机会，共享数字红利，有助于全球减贫。Finbold 数据显示，2021 年全球范围内亚马逊平台平均每日新增卖家逾 3700 个，全年新增卖家超 140 万个，且新入驻的卖家中有 90% 以上是中小企业和个体经营者。2019 年在亚马逊平台，英国中小企业产品的 60% 出口到世界各地，销售额超过 27.5 亿英镑，其中苏格兰中小型企业数量增加了约 1/3，威尔士、北爱尔兰和英格兰分别增加 20% 以上[1]。eBay "全球运输计划"[2] 的推出使其平台出口销售额增加 2.9%，其原因在于清关、国际物流等环节交易效率的提升使得贸易门槛下降，引致平台中小企业及其出口目的国的增加（即出口的扩张边际），且这一计划对于地理距离更远的国家以及差异更大的产品而言，出口增幅更明显，由此极大弱化了地理距离的限制，并使进口国消费者的多样化偏好获得满足。

（二）中国层面

中国数十万家中小企业借助数字化平台成功参与国际分工，借助跨境电商平台积极拓展海外市场（Ma et al.，2018），且其中 97.5% 的企业为民营企业。[3] 调查显示，新冠疫情发生以来，我国 84% 的外贸企业加大了对跨境电商领域的投入。[4] Marketplace Pulse 数据显示，中国卖家数量以平均

---

[1] 资料来源于 2020 年亚马逊发布的《中小企业影响报告》。

[2] 全球运输计划是指 eBay 平台为卖家提供清关与国际物流运输等服务，使平台中小企业的贸易进入门槛下降，交易效率提升。

[3] 央视网. 拓空间 稳增长 形成我国外贸增长新动能 [EB/OL]. （2022 - 06 - 22）[2024 - 11 - 30]. https：//news. cctv. com/2022/06/22/ARTIO90EgRMmisyjss7mRFY9220622. shtml.

[4] 资料来源于亿邦动力研究院、APEC 跨境电子商务创新发展中心、安永中国联合阿里巴巴国际站联合撰写发布的《2020 中小企业跨境电商白皮书》。

每年 31.6% 的增长率快速进入亚马逊全球市场；2021 年 1 月亚马逊四大核心市场（美国、英国、德国和日本）中有 75% 的新卖家来自中国。① 截至2021 年底，亚马逊全球市场上来自中国的卖家数占比 45.2%。Marketplace Pulse 数据显示，亚马逊美国站中，中国卖家的份额从 2019 年的 28% 增加到 2021 年的 63%；亚马逊的顶级销量卖家中，中国卖家的销售份额比重也在逐年攀升，从 2016 年 5 月的 11% 发展到 2020 年 12 月的 42.3%。此外，电子商务助力中国减贫脱贫也取得了显著的经验成果。据商务部数据，2020 年中国 832 个国家级贫困县网络零售总额达 3014.5 亿元，同比增长26%，贫困县农产品网络零售额为 406.6 亿元，同比增长 43.5%，这可为大量落后国家的减贫增收提供经验借鉴。

三、信息基础设施逐步完善，跨境电商用户规模扩大，消费日趋全球化

全球信息基础设施正在逐步完善中，全球城市地区移动宽带网络已经基本实现全面覆盖，基于互联网的日益普及，跨境电商的用户规模不断扩大。数据显示，2023 年，全球约有 67% 的人口使用互联网，95% 的人口可以使用移动宽带网络，最不发达国家的互联网使用人口比例已从 2011 年的4% 提高至 36%；5G 移动网络加速普及，全球 5G 覆盖人口比例已接近40%，尤其高收入国家 89% 的人口已被 5G 网络覆盖。② 与此同时，跨境电子商务的发展使贸易便利度与效费比不断提升，从而促进越来越多人进入跨境电商市场进行购物。据艾媒咨询数据，2018 年全球跨境网购普及率③达 51.2%，其中，中东地区跨境网购者占该区域所有网购者的比例居世界首位，达到 70%。网经社数据显示，2023 年中国进口跨境电商用户规模1.63 亿人，近 7 年的增长情况如图 3.3 所示，且我国跨境电商进口货物来源日益呈现多市场、多渠道的特征。2021 年，我国 53.7% 的跨境电商用户

① 尤奥扎斯·卡兹乌肯纳斯，丁玎. 美媒：75% 的亚马逊新卖家来自中国，这已是加速数年的趋势 [EB/OL]. （2021-01-21）[2024-11-30]. https：//oversea. huanqiu. com/article/41bIIxyS37v.
② 资料来源于国际电信联盟（ITU）发布的 2023 年《事实和数字：聚焦最不发达国家》。
③ 全球跨境网购普及率是指跨境网购者占所有网购者的比例。

会选择购买日本和韩国的产品，45.6% 的用户会购买欧洲的产品，42.6% 的用户会购买美国的产品。[①] 此外，基于跨境电商平台可突破时空局限，用户可快速地筛选、比价与交易，多样化、个性化商品与服务的提供使用户的效用水平不断提升。中国消费者选购境外产品原因的调查数据显示，有 41% 认为性价比更高，38.2% 用户认为商品的种类更多样，有 31.2% 的用户认为设计款式更具吸引力，32.2% 认为产品的功效更好，还有 30.7% 的用户认为质量更好。[②] 在互联网经济不断发展及全球消费升级的背景下，跨境电商的快速发展使用户对高品质、个性化、定制化的产品与服务的追求获得不断满足，从而促进消费需求的进一步激活与拓展，用户体验日益优化。

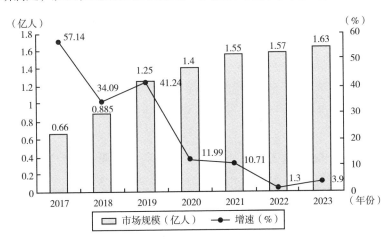

图 3.3　进口跨境电商行业用户规模及其增长率

资料来源：网经社发布的《2023 年度中国跨境电商市场数据报告》。

　　随着《区域全面经济伙伴关系协定》（以下简称 RCEP）的生效，成员国之间货物贸易的零关税产品比例将在 10 年内从生效前的 8% 提升至 90%，成员国之间的贸易与投资开放程度与便利度也将不断提升，这也将使日本、韩国、东南亚市场等新兴市场的跨境电商与数字经济获得快速发展。数据显示，2019～2022 年，东南亚互联网用户数增加了 1 亿人，整体互联网渗透率上升至 76%，2023 年东南亚数字经济预计实现 1000 亿美元

---

①　艾媒咨询. 2020 - 2021 中国进口跨境电商行业研究报告 [EB/OL]. (2021 - 03 - 04) [2024 - 11 - 30]. http://www.100ec.cn/detail - - 6586404.html.

②　资料来源于艾媒咨询的《2019 全球跨境电商市场与发展趋势研究报告》。

营收，其中，电商等产业贡献 700 亿美元的收入，未来将继续保持快速增长势头。①

第二节　跨境电商促进全球贸易高质量发展的典型事实与趋势

随着市场竞争的加剧与数字技术的发展应用，全球跨境电商领域的平台、服务商及中小企业等市场主体的创新能力均不断提升，并朝着品牌化、多元化、精细化方向演进，使全球数字贸易生态日趋繁荣，全球贸易呈现高质量发展的趋势。

一、跨境电商平台创新能力提升，跨境电商专业服务体系日趋完善

（一）创新能力的提升使外贸成交平台向综合服务平台转变

跨境电商发展所引致的物流、商流、人才流、资金流的快速汇聚与流动，倒逼平台方和中小企业不断提升其要素优化配置效率，以进一步增强市场竞争力并拓展市场需求。以速卖通为例，其整合菜鸟、蚂蚁等阿里巴巴内部一揽子要素资源，利用大数据、云计算等数字技术赋能海外平台、物流、支付等商业基础设施建设，并为中小企业国际化提供包括翻译、营销、支付、大数据和物流网络的便捷接入等工具和服务，还基于其数字技术能力的发挥满足不同国家用户的差异化需求，提供"类本地化"服务，从而使消费者在物流、支付和退换货服务等方面体验不断升级的同时，也使平台业务日趋多元化，从外贸成交平台向综合服务平台转型与拓展。在物流环节，基于各国用户需求、包裹形态、各国市场环境等不同，速卖通与菜鸟物流、各国邮政、专线以及商业快递等物流商构建全球化物流网络，设置海外仓储 300 余个，使全球主要国家的跨境物流时效从 70 天缩短至约

① 资料来源于谷歌、淡马锡与贝恩公司联合发布的《2023 年东南亚数字经济报告》。

10 个工作日。2023 年，速卖通联合菜鸟推出"全球 5 日达"国际快递快线业务，目前已覆盖欧美、中东等核心市场，其通过强化各链路衔接，增强数字化运营能力，使物流诸环节降本提效。

（二）跨境电商相关服务商不断增加且分工日益深化

随着跨境电商市场规模的扩大与数字技术创新应用，海关通关、跨境物流、海外仓、支付结算、代运营、海外营销、人才培训、独立站建站、数据算法分析等领域专业服务也快速发展，覆盖企业生产端、交付端、营销端、数据端等各个环节，使跨境电商生态体系日益繁荣，市场规模内生扩大。以跨境电商物流环节为例，按照物流成本占跨境电商出口 B2C 交易额的 25% 测度，2023 年我国跨境电商 B2C 物流市场规模约为 9863 亿元，其中直邮和海外仓（含头程）模式分别约为 4439 亿元和 5425 亿元，这一规模还将随着跨境电商的进一步发展及物流行业运行效率的提升而不断扩大。与此同时，跨境电商相关服务商不断增加且分工日益深化，还为中小企业提供了高效便捷、定制化跨境电商相关服务。以连连支付[①]为例，其依托母公司搭建的全球数字支付网络，协同产业上下游合作伙伴构建了一个包含跨境支付与收款、全球收单、融资服务平台、全球分发、汇兑服务等服务的一站式跨境电商综合服务平台，可满足中小企业国际化的各类差异化需求。

二、跨境电商渠道日渐多元化，新业态新模式涌现

数字技术的快速发展，已成为跨境电商行业模式创新、效率变革的重要动力。与此同时，随着大型跨境电商平台流量红利减弱，企业加速利用新技术创新业务模式，跨境电商渠道也愈加多元，各种渠道之间相互竞争与合作，各种业态与模式之间也呈现相互融合的趋势，从而使贸易便利度进一步提高，渠道效费比不断提升。

---

① 亿邦智库《2021 跨境电商金融服务报告》显示，在中国跨境卖家最经常使用的第三方收款工具中，连连数字旗下连连国际的使用频率占比最高，居市场首位。

（一）跨境社交电商快速发展

跨境社交电商模式是基于社交媒体而开展的带有社交属性的网上交易活动，其在满足用户社交需求的同时，也基于用户之间使用体验的相互分享而使其对品牌的认知度快速优化，由此通过口碑传播而使用户对产品的认同感、信任度与品牌忠诚度提升。2021年，Global Web Index发布的《社交媒体趋势报告》显示，超过1/4的互联网用户使用社交媒体搜寻意向产品，72%的互联网用户使用社交媒体平台获得品牌相关信息。用户通过在社交媒体平台对产品或品牌形成一定认知并产生购买意向后，通过社交媒体平台所内嵌的购物链接或转至速卖通、亚马逊等传统跨境电商平台进行搜索并购买，此时，第三方跨境电商平台的卖家基于对市场趋势的即时研判与快速响应而对这一商机予以捕获，从而促进交易的达成与深化。目前，开展跨境社交电商的平台主要有Facebook、TikTok、Instagram等，速卖通也正与俄罗斯社交软件VKontakte合作开拓社交电商业务，Facebook、TikTok、Pinterest社交电商平台用户数总计逾1亿人。以TikTok Shop为例，约有27%的用户在初次购买后5个月内会复购，这一比例高于沃尔玛、Temu、SHEIN等平台，其用户表现出对平台更高的信任度与忠诚度。

（二）短视频、"网红"带货和在线直播等日益成为跨境电商高效营销的新渠道

对于跨境电商用户而言，通过这类新渠道购物可使其获取包含技术参数、生产流程、用途及使用心得等更多元的信息，以及更直观、丰富且趣味性更强的体验，使客户对产品的整体认知度快速提升，显著降低其决策难度与成本，并快速达成交易，进而基于用户与品牌商或"网红"之间人格化信息的深入了解与实时互动反馈，建立较为稳固的信任与合作机制。对于"网红"或品牌商等销售方而言，这类新的跨境电商渠道可起到销售转化与品牌宣传的双重目的，且供需双方的即时互动及多元化数据信息的获取使供给方对用户的认知更为精准，有利于及时根据用户反馈优化其研发参数与营销模式，从而基于用户体验的优化与信任的日益增强，使用户对品牌或带货达人的忠诚度与复购率提升。跨境电商交易模式创新使中小企业的创新动力与能力获得提升，也使潜在市场需求被不断激活与拓展，

由此推动全球跨境电商领域流量结构的重塑——从媒介形态为主转为视频为主、从搜索为主变成推荐为主，也为我国品牌出海提供了新动力。当前TikTok全球用户规模达 10 亿人，其中 1/4 的用户会在观看 TikTok 视频后研究相关产品并进行购买。[①] 速卖通等传统电商平台也正以内容化、视频化、直播化等多元形式优化用户体验。例如，2020 年"双十一"期间，速卖通在西班牙、法国、俄罗斯等主要市场联合 3000 多位达人主播举行了 1 万场直播，覆盖近 10 亿境外消费者。根据艾媒咨询统计数据，2023 年我国跨境直播电商规模达到 2846 亿元，预计 2025 年达到 8287 亿元。未来，随着VR、AR 以及元宇宙等技术在跨境电商领域应用的深入，用户的互动体验、参与程度与决策效率还将不断提升。

随着数字技术的发展，越来越多的企业开始采用 AI 数字人开展跨境电商直播，其基于技术的加持可快速掌握产品信息与多国语言及文化，具有低投入、高产出、续航久等特征，由此已形成以真人为主、数字人为辅的新型跨境直播电商模式，从而可有效提升直播效率与用户黏性。此外，对于 B2B 跨境电商企业而言，跨境电商平台所提供的线上展会与直播等模式可构建数字化营销场景，从而为供应商提供更多的展示机会，也为采购商提供更大的选择空间。基于人工智能、大数据、VR 等技术应用的线上展览会既可以使大量供给商与潜在用户快速聚集、高频洽谈，以对行业前沿与市场动态作出更精准、全面的研判，还能基于贸易撮合、供需智能对接等功能的开发应用而使供需双方之间的搜寻、匹配等成本下降，并基于对供应商工厂流水线、产品质量与功能等内容的深度展示与实时交互而促进交易的达成。

（三）越来越多的跨境电商企业进行独立站的建设与运营

在跨境电商流量增长放缓、平台规则限制增多等因素影响下，近年来大量中小企业借助 Shopify 等专业工具建立独立站，不仅能有效规避第三方跨境电商平台合规风险，还便于全面获取用户画像与行为数据，由此基于精准研发与 DTC 营销（直接面对消费者的营销）以及各类个性化、定制化服务的提供，更好地优化用户体验与品牌忠诚度。在独立站模式中，企业

[①] 资料来源于艾媒咨询发布的《2022 年中国跨境直播电商产业趋势研究报告》。

可更灵活地采用广告联盟、搜索引擎优化、社交平台等多种方式引流，提升品牌知名度。据麦肯锡预测，2027 年全球独立站的跨境电商交易所占市场份额将达 40%。从我国跨境电商 B2C 市场结构上看，我国外贸企业运用独立站模式的市场份额已从 2016 年的 9.8% 提升至 2020 年的 20.3%，所建独立站数量已逾 20 万个。[①] 预计到 2025 年，跨境电商独立站市场占我国跨境电商 B2C 市场的份额将上升至 41%。[②] 亿邦动力数据显示，25% 受访的跨境电商卖家已经开设独立站，另有 25% 受访的跨境电商卖家表示正筹划建立独立站；平均每个卖家运营的站点数为 3.56 个。[③]

（四）全托管与半托管模式日益成为中小企业出海的重要选择

2022 年以来，各主要跨境电商平台纷纷推出全托管与半托管模式，以吸引更多贸易商与工厂进入跨境电商出口领域。全托管模式下，卖家只需专注于生产与供货，跨境电商平台承担需求预测、品控、引流、全链路物流、售后等重要环节。半托管模式则允许商家自主定价和销售，平台主要在物流仓配、引流、营销、退换货等环节提供支持与优化。这两种模式的产生，通过提供一揽子专业化服务，使中小企业开展跨境电商出口的进入门槛与运营成本进一步下降，从而能帮助更多中小企业及新兴品牌顺利出海。但随着卖家对平台所提供专业化服务依赖度的不断提高，其利润空间与议价能力亦可能随之减弱。如何提升自身产品的议价能力，并选择适宜的平台与模式开展跨境电商出口，以避免陷入"低价—低质—低价"的恶性循环，成为各出口商需要思考的重要问题。

三、跨境电商使供应链体系日益完善，更多中小企业实现价值链地位攀升

我国跨境电商发展经历了从代购、海淘、企业规模化参与到产业链和

[①] 资料来源于艾媒咨询发布的《2021－2022 年中国跨境出口电商行业及独立站模式发展现状及趋势研究报告》。

[②] 资料来源于艾媒咨询发布的《2023－2024 年中国跨境出口电商产业运行大数据与商业决策分析报告》。

[③] 资料来源于 2020 年亿邦智库发布的《2020 跨境电商发展报告》。

生产链构建等不断完善的过程。跨境电商的快速发展与数字技术的创新应用使我国的供应链网络优势与传统集群经济优势获得发挥与增强，由此，基于马歇尔外部经济效应的提升，在全国乃至国际层面形成了大量具有数字化特征的新型产业集群，它们既可能是关联企业的空间积聚体，也可能是在跨境电商平台聚集的具有分工可能的企业突破地域局限的虚拟产业积聚体，实体空间融合发展的趋势越发明显（曾可昕和张小蒂，2021）。中国出口跨境电商产业集群正在加速形成、壮大并转型升级，与此同时，我国供应链网络体系正以市场需求为导向而日益完善，这成为我国中小企业不断开拓国际市场与竞争力日益提升的重要支撑。

　　跨境电商领域的出口企业正从以外贸销售型企业为主向贸易型与生产型企业并存或融合转变。跨境电商平台的发展使原来只面向销售商供货的大量制造型中小企业可以直接面对终端用户，并及时获知海外的行业动态、用户反馈与市场趋势，基于交易链条的缩短与信息扭曲的弱化而使中小企业经营效率与出口绩效优化。与此同时，跨境电商的发展使得各类型产品的更新迭代速度大幅提升，倒逼各环节企业不断优化其市场需求响应能力与供应链管理能力；同时，基于数字化赋能与智能算法，研发、生产、物流、销售等供应链各环节内及环节间的运行效率与协同合作程度得到提升，实现全流程智能化，推动产业集群形成小批量、多批次的快速供应链反应模式，实现多元化需求反哺柔性生产以及产品创新速度与库存周转率的提升。供需协同形成的柔性供应链正是跨境电商的核心竞争力之一。调查显示，2018 年超过一半跨境电商出口企业每月采购次数超过 10 次，采购客单价低于 100 元的占比超过 40%。① 采购行为的碎片化也对企业的供应链管理能力提供了更高的要求，而数字化升级正是推动供应链管理效率优化的重要途径。以 1688 跨境专供为代表的数字化供应链平台为例，其 2018 年中国跨境电商出口企业在线采购 GMV 同比增长 120%，注册的跨境电商出口企业（采购商）数量同比增长 100%，数据管理能力对于平台供需双方的重要性日益凸显。② 速卖通通过将全球 1.5 亿用户及拥有超过 4000 万种不同类型商品的 1688 跨境专供等数字化供应链平台进行有效对接，使供需

---

　　① ②　资料来源于第一财经商业数据中心联合 1688 跨境专供发布的《2019 中国跨境电商出口趋势与机遇白皮书》。

双方的良性互动与融合不断深化，从而促进供应链运行效率提升，实现纯柔性化与定制化生产，跨境电商市场规模由此获得不断拓展。① 基于此，我国中小企业的创新能力与出口复杂度日益提升，由此实现全球价值链地位的攀升。我国供应链优势将随着跨境电商的快速发展而不断增强，进而基于国际分工的深化而赋能于全球各国的制造、流通领域，推动全球生产网络的广度与强度的提升，加速全球产业效率提升和成本降低，实现全球电商相关产业的进一步集聚、融合与升级。

进一步地，跨境电商基于供需双方的深入交互，打破传统零售场景下建立品牌认知、获取品牌用户的营销链路，使中小企业进行品牌塑造与认知的成本大幅下降。大量跨境电商中小企业入驻跨境电商平台和建立垂直品类独立站，实现多元化布局，基于对用户需求与市场趋势等数据的即时获取与精准研判，它们进行产品的差异化、个性化创新，并构建其品牌形象和品牌意涵，进而通过社交媒体、短视频、直播等渠道与用户进行更深入互动，使其品牌价值不断提升。我国中小企业在亚马逊、速卖通等平台以市场需求为导向进行产品的快速迭代，推出大量富有技术含量和设计感的差异化产品。对亚马逊全球开店卖家的调研显示，2021 年，近 50% 的受访中国卖家表示最愿意在产品创新和研发上进行投资，以推动业务增长与利润率提升；中国卖家的成交金额中有超过 40% 来自过去一年新研发的产品。②

在跨境电商高效发展的推动下，消费结构也在加快升级，用户对品牌与质量的关注度不断提高。数据显示，2020 年，我国消费者在进口跨境电商平台上选购产品时，注重考虑的因素中排名前三的分别是：产品品牌、产品质量参数、产品价格，其中有 60.7% 的用户会考虑"产品品牌"因素，56.4% 的用户会考虑"产品质量参数"因素。③

四、跨境电商政策体系与基础设施逐步完善，营商环境优化

2014 年跨境电商及其保税模式获得我国政策层面的认可，跨境电商监

---

① 资料来源于第一财经商业数据中心联合 1688 跨境专供发布的《2019 中国跨境电商出口趋势与机遇白皮书》。

② 数据来自亚马逊全球开店发布的《2022 中国出口跨境电商产业集群发展白皮书》。

③ 资料来源于艾媒咨询发布的《2020－2021 中国进口跨境电商行业研究报告》。

管框架也被初步确立。自 2015 年起至今，我国先后分七批设立 165 个跨境电商综合试验区，覆盖 30 个省区市，推进了跨境电子商务零售出口税收、零售进口监管等政策措施的加快制定和实施，促进了跨境电商新业态新模式的孵化与推广。近年来，财政部、海关总署、外汇管理局等多部门围绕物流、仓储、税收、通关检疫、支付结算、结汇等环节推出多项扶持政策，对全流程技术标准和业务流程规范进行探索。同时不断创新监管方式、标准与规则，推出《中华人民共和国电子商务法》（以下简称《电子商务法》）、《关于平台经济领域的反垄断指南》等法律或指导文件，以加强市场规范管理，并完善相关法律法规，形成了日益完善的跨境电商制度体系，以推动跨境电商市场交易更加规范、公正、诚信、高效，使市场活力与创新动力提升。

在实践层面，政府通过与跨境电商平台及各服务商等企业间深度合作进行公共服务平台构建、"一带一路"市场拓展①、国际物流供应链体系与数字基础设施的完善等，使得发展跨境电商潜在市场规模扩大，营商环境进一步优化。全球新冠疫情发生后，我国政府进一步从规范监管体系、加强国家间贸易合作、完善海外仓网络、提高外贸企业数智化水平与合规水平等层面加大政策支持与法规制定，使跨境电商获得进一步普惠且高质量发展。跨境电子商务也日益成为推动我国外贸转型升级、促进经济高质量发展的重要引擎。

第三节　跨境电子商务促进全球贸易普惠高质量发展尚存在的问题与挑战

一、贸易规则层面

（一）全球数字贸易规则严重滞后于商业实践

传统国际贸易领域成条文化的国际贸易规则主要是《国际贸易术语解

---

① 中国网络空间研究院发布的《世界互联网发展报告 2023》对 21 个欠发达国家互联网应用情况的分析显示，老挝、缅甸、安哥拉等 15 个共建"一带一路"国家的互联网应用发展速度高于其他国家平均增速，一定程度上体现了共建"一带一路"对这些国家互联网发展的拉动作用。

释通则》《跟单信用证统一惯例》《联合国国际货物销售合同公约》《海牙规则》等国际贸易惯例或国际立法。这些国际贸易规则为传统国际贸易的发展和完善作出了重要贡献。但是在跨境电商碎片化贸易为特征的商业模式下，现有规则亟待补充和修订。近年来，国际上一直在积极探索建立跨境电商国际性规则，但目前尚未形成被世界各国广泛认可的多边数字贸易规则。WTO 是负责制定和维护国际贸易规则的最主要国际组织，在全球数字贸易规则制定中扮演重要角色。跨境电子商务交易以及贸易便利化措施等内容在 GATT、GATS、TRIPs 和《贸易便利化协定》中并没有明确的体现，原有的 WTO 规则在跨境电商领域已出现不适用性。现有多边贸易体制尚未包含数字产品的市场准入、数据的自由流动、网络安全等数字贸易所特有的新型贸易壁垒，其对贸易的制约程度不断凸显。因此，制定数字贸易国际规则不仅需要对现有 WTO 规则进行适应性澄清、修订和扩充（即对传统贸易规则的数字化治理），同时应有效回应全球数字治理的新规则诉求（盛斌等，2021）。

各国国情、目标、数字贸易发展水平的差异以及数字鸿沟所引致的发展程度不同，使得各国关注的重点问题存在差异，在跨境电商规则制定问题上的利益诉求也各不相同，这也是 WTO 体系下跨境电商规则谈判进展缓慢的重要原因之一。以美国和欧盟为首的发达国家，主张将数据的跨境自由流动纳入数字贸易规则中的宽泛性规则；以中国和俄罗斯为代表的发展中国家，则偏向于倡导基于货物贸易的狭义数字贸易规则；电信与互联网基础设施较差的欠发达国家，反对将数字贸易规则纳入多边贸易框架下讨论（崔艳新和王拓，2018）。2019 年 1 月以来，包括中国在内的 76 个 WTO 成员重启电子商务谈判，经三年谈判，于 2021 年 12 月宣布在电子签名和验证、在线消费者保护、未经请求的商业电子信息、开放政府数据、电子合同、透明度、无纸化交易以及互联网访问八项条款中取得实质性进展。进一步地，截至 2023 年 12 月，各方已在促进数字贸易便利化、开放数字环境以及增强商业和消费者信任等领域就 13 个议题达成共识。但是各成员在网络安全、跨境数据自由流动、数据的本地存储等议题仍然存在较大分歧，且协议达成后，后续还面临着如何使这部分成员之间达成的协议真正转化为 WTO 多边协议的难题。因此各国短期内仍难以形成统一且较完善的国际数字贸易规则。

（二）治理碎片化趋势日益明显

进入 21 世纪以来，由于多边谈判难以取得突破，很多国家转向区域和双边贸易协定谈判，将数字贸易规则广泛纳入区域贸易协定安排。目前，全球范围内含有电子商务专门章节的贸易（数字经济）区域协定达 80 个，含有特定电子商务条款的区域协定有 110 个，含有与数字技术有关特定条款的区域协定 185 个。① 且数字贸易领域的电子商务国际规则主要体现在美欧等发达国家或地区引领制定的区域贸易协定中。不同经济体在非应邀商业电子邮件、电子签名和识别、电子合同、消费者保护等一体化程度较低的议题上已具备一定共识（Monteiro et al.，2017），然而在互联网开放和信息自由流动、数字产品公平待遇、中间服务提供商等数字贸易核心议题上还存在显著的异质性特征。美国等发达国家的主要诉求是数字产品完全免关税且享受非歧视待遇，且跨境数据自由流动或个人数据保护，而其他在数字贸易发展中处于竞争劣势的经济体，则表现为对数据流动与控制权的关注、网络主权立场的坚持和对政府监管的强调。美国通过和盟国签署一系列自由贸易协定，逐渐形成以数据跨境自由流动为核心要素的"美式模板"，欧盟则逐渐形成以倡导隐私保护和数据安全为核心特征的"欧式模板"。而以中国为代表的发展中国家则处于探索阶段，尚需在实践中逐步形成数据跨境流动规则的主张与方案（熊鸿儒和田杰棠，2021）。

在数字贸易联盟化、区域化日益明显的趋势下，一系列双边、多边协议的签订推动了数字贸易治理规则的初步构建，但其条款碎片化所引致的监管规则差异性、规则相互竞争及程序复杂性等问题日趋凸显，不仅与互联网和数字贸易的全球属性相悖，也大大提高了贸易成本与不确定性（Burri et al.，2020；韩剑等，2019）。

（三）发展中国家在数字贸易国际治理中话语权较弱

美国、新加坡、澳大利亚等发达国家由于拥有较强的谈判能力，且数字贸易规则制定拥有先发优势，其数字贸易规则主张、框架可能作为"黄

---

① 资料来源于瑞士卢塞恩大学发布的"区域贸易协定电子商务和数据条款数据库"（Trade Agreements Provisions on Electronic commerce and Data，TAPED），更新时间为 2020 年 10 月 22 日。

金标准"或默认型标准在更大范围内得到推广应用，加之凭借其在数字贸易等领域的强势地位，甚至左右各类谈判趋势，并与缔约方达成非等价承诺（柯静，2020）。而发展中国家大多在数字贸易国际治理中话语权较弱。以中国为例，我国主张强监管和促进传统电子商务发展，基于在跨境电商商业运营以及相关政策法规改革方面所进行的成功实践，我国积极向 WTO 提交电子商务议案，主要涉及个人隐私保护、消费者权益保护、贸易便利化等议题，努力推动多边数字贸易规则协商和讨论，但由于国内数字贸易法律法规制定相对于实践仍显滞后，同时在将国内标准上升为国际规则方面经验与转换渠道不足，且对数据流动与保护、互联网开放等发达国家关注的"核心议题"未作明确表态等原因，导致我国在数字贸易国际治理中话语权始终较弱。可以看到，尽管跨境电子商务发展本身具有普惠与包容性等特征，但在包括跨境电商在内的数字贸易规则制定与国际治理中，发达经济体仍掌握着主导性的话语权，这显然非常不利于发展中国家与中小企业及个人等弱势群体利益诉求的表达与体现。

（四）数据跨境流动管理标准差异大

数据要素已成为全球经济重要的生产要素，可基于信息知识的传播与共享而发挥巨大的溢出效应，从而推动各国创新能力提升与扩大全球化覆盖范围（洪永森等，2022）。据 IDC 预测，2024 年全球将产生数据量达 159.2ZB，2028 年这一数值预期达到 384.6ZB。[①] 麦肯锡研究报告指出，数据流动直接创造的价值高达 2.3 万亿美元，高于国际人口流动（1.5 万亿美元）和外商直接投资（1.3 万亿美元）创造的价值，仅略低于商品贸易（2.7 万亿美元）。据麦肯锡预测，数据流动量每增加 10% 将带动 GDP 增长 0.2%。预计到 2025 年，全球数据流动对经济增长的贡献有望达到 11 万亿美元。随着全球数字经济与数字贸易规模的不断扩大，物联网、人工智能等数字技术对数据分析、预测的质量与效率还将不断加速增长，由此产生更大的经济价值与社会价值，跨境数据自由流动正在逐步成为国际贸易的核心要素之一。美国主张数据完全自由流动、计算设施非本地化、源代码

[①] 资料来源于 Statista 全球统计数据库（http://www.statista.com/statistics/871513/worldwide-data-created/）。

保护等，以便充分发挥其在数字贸易领域的垄断优势，并获得数据跨境流动带来的巨大经济价值。欧盟则主张在允许数据自由流动的同时，应注重对个人隐私、消费者权益的保护等。而中国尚未在数据流动和数据本地化议题上作出明确表态（Hufbauer et al.，2019）。目前尚无全球统一的有关数据隐私与保护的相关法律条文，各国有关数据保护的法律、条例及标准往往具有显著的国家自我监管和行业性法规特征（Wolf et al.，2011），由此引致各国数据隐私与保护规制的碎片化、差异性及程序复杂性，致使数字密集型企业难以同时满足不同国家、不同行业的差异化法律要求（盛斌和高疆，2020），进一步提高了贸易成本、降低了贸易流量。

对于贸易方式数字化的跨境电子商务发展而言，跨境数据面临着高效流动和隐私保护的双重难题。一方面，只有数据跨境流动与共享，平台方及所有跨境电商外贸企业才能实时获取来自终端用户、供应商及物流、金融等各市场主体与供应链环节的数据，并对信息进行快速编码与解读，从而使外贸企业研发、营销更为精准化，生产与运营管理更为柔性化。亚马逊、速卖通等跨境电商交易平台实质上也是大数据信息交换的中心，其为各平台使用方提供服务能力的强弱在很大程度上取决于其获取与处理信息的效率与质量。大数据的高效流动、获取与分析也是人工智能、物联网等数字技术高效运行的必要前提。另一方面，消费者与中小企业数据保护也至关重要，一旦发生数据泄露，将会严重损坏用户利益和企业信誉（李晓龙和王健，2018）。目前各国在跨境数据流动规范与个人信息保护方面存在诸多差异，从而给跨境电商交易带来了诸多不便，甚至引致跨国纠纷。因此，如何体现数据自由流动的同时又有效保护个人数据不被滥用，是互联网时代全球贸易高质量发展所面临的挑战。对我国跨境电商平台企业及平台使用方来说，如何适应国外数据领域的法律法规，比如参与相关国家的数据安全认证体系、在充分保护用户隐私等前提下，合法搜集商业情报并加以研判，以提高研发与营销效率，成为需要高度关注的话题。

二、法律法规层面

跨境电商中小企业需面临平台规则、国内法律和当地国法律的三重约束，涉及财税、知识产权、产品质量、广告、反不正当竞争、外汇结算合规、数据合规等不同领域的法律法规。

（一）全球范围内跨境电子商务法律体系缺乏与不够统一

目前，各国尤其是电子商务起步较早的发达国家大都已形成相对完善的电子商务相关法律体系。从世界上主要经济体和经贸组织已出台的电子商务领域的法律、法规、协定等内容来看，主要涉及四方面的内容：实行协调统一的电子签名和电子合同法；电子商务中消费者权益和保护；数据安全和隐私保护；网络犯罪治理。据中国国际电子商务中心研究院发布的《2017 年世界电子商务报告》，目前已有 143 个国家制定了电子交易法，其中有 102 个发展中国家，另外有 23 个国家起草了相关法律草案。119 个国家通过了与电子商务有关的消费者保护法，其中 56 个为发展中经济体或转型经济体。105 个国家进行了数据和隐私安全立法，其中包含 65 个发展中国家，另有 34 个发展中国家起草了法律草案。117 个国家颁布了网络犯罪治理相关法律，其中 82 个是发展中经济体和转型经济体，另有 26 个国家在准备立法草案。

尽管大多数国家已制定形成其国内电子商务相关法律体系，但其立法仍主要偏重于关注数字服务贸易、数据流动、个人隐私等规制电子交易本身的内容，缺乏对跨境电商模式下货物贸易相关法律问题的关注。目前不同经济体和行业之间关于市场环境安全性、可靠性的法律条款仅以行业性法规和国家自我监管法规为主（Wolf et al.，2011），各国监管法则的差异性与多变性增强了贸易程序的复杂性与交易成本。因此，全球范围内跨境电子商务法律体系的缺乏与不够统一，不利于跨境电商的高效与持续发展，尤其不利于跨境电商模式下中小外贸企业与个人等弱势群体相关权益的保护。例如，各国在电子合同、认证标准等方面法律规定的缺失与差异增加了跨境电商交易中的不确定性；各国对于企业知识产权跨国流动、消费者权益跨国保护的认识和规定不同易引发权益纠纷[①]；各国间缺乏统一的信用规范与信用管理体系也成为制约跨境电商进一步发展的瓶颈因素之一（邬建平，2016）。

---

① 资料来源于浙江大学中国跨境电子商务研究院与阿里巴巴国际站 2019 年 11 月合作发布的《数字经济时代中国中小企业跨境电商白皮书》。

（二）我国数字贸易立法明显落后于实践

我国的《电子商务法》草案法规涉及电子支付、快递物流与支付、数据保护、市场竞争、消费者权益保护、在线争端解决、跨境电子商务、政府监督管理等各个领域，相较于其他国家而言，我国主要偏重于关注跨境电商模式（薛虹，2020）。目前我国数字贸易立法仍然落后于实践，个人信息保护、知识产权保护、数字市场秩序等领域的法律体系还不成熟。例如，我国跨境电商领域财税体系与知识产权保护体系的不健全及执法不严，使得跨境电商从业企业财税合规意识和知识产权意识薄弱，刷单、刷好评、商标侵权等侵犯知识产权的问题频发。根据海关总署发布的消息，2021年海关共查扣跨境电商侵权嫌疑货物1.78万批、199.57万件，目前侵权货物仍以侵犯商标权为主。

我国目前的数字贸易法律制度框架还不够健全，应结合我国数字贸易发展情况并借鉴欧美国家的治理经验加以完善。政府应积极完善知识产权法律法规，加大对数字技术、数字产品与服务的保护力度，引导数字贸易企业合规经营。此外，我国的法律体系属于大陆法系，原则性条法较多，实践性条法较少，不利于具体法条的落地实施并指导经济社会实践（李钢和张琦，2020）。应针对通关、商检、消费者权益、知识产权保护等，加快电子商务法、个人信息法、互联网信息服务管理办法等相关法律细则制定与推行，以使数字贸易实践更规范与高效。

三、基础设施层面

互联网和ICT基础设施的顺利连接和访问是各国开展数字贸易的主要前提之一，然而，发达国家和发展中国家之间、城市与农村、大型跨国企业与中小企业间在数字基础设施建设与互联网接入上存在的较大差异，使全球"数字鸿沟"呈扩大趋势。数据显示，2023年，高收入国家有约93%的人口为互联网用户，而低收入国家这一比例仅为27%。尽管最不发达国家的互联网使用人口比例已从2011年的4%提高至36%，但其仍有约2/3的人口未接入互联网。最不发达国家在使用互联网的人口比例方面与全球平均水平的差距从2011年的27个百分点扩大到2022年的30个百分点。全球城乡互联网覆盖程度相差较大，81%的城市居民使用互联网，是农村地区互联网用户比例的 1.6 倍。① 而在我国，数字基础设施建设与美国相比仍显滞后，通信基础设施供给能力不足，城市和乡镇之间、东部和西部之间发展存在不平衡现象。即使是在城市，移动互联网速度、稳定性及信号覆盖程度与发达国家相比仍然较低。中西部地区的信息通信技术发展较为落后，网络覆盖率不高，与东部地区差距较大，从而制约了跨境电商进出口贸易的发展（甘霖，2021）。此外，缺乏数字技能及上网费用过高也是引致"数字鸿沟"不断扩大的重要原因。在一些最贫穷的国家，上网的费用占其人均国民总收入的 20% 或更多。

各国电子支付体系、企业与个人信用体系的建立也是其开展数字贸易的重要条件。以共建"一带一路"国家为例，多数共建"一带一路"国家普遍存在银行数字化支付体系不完善等问题，在很大程度上制约了跨境网购的发展。尤其是中亚和非洲等国家数字技术落后，数字金融服务普遍不健全，尚未建立起高效畅通的数字金融服务网络。各国跨境支付方式也存在较大差异，目前世界各国跨境电商使用较多的是贝宝（PayPal），中国主流的第三方支付平台如支付宝和财付通等在共建"一带一路"国家的应用程度较低。因而，数字基础设施水平差异和较低的网络渗透率在很大程度上构成制约"丝路电商"快速拓展的障碍，亟待从深化贸易实践、加强国际合作等层面促进跨境电商相关基础设施的完善，以使其获得更快发展。

四、监管体系与贸易政策层面

（一）监管体系

从各国国内贸易监管体系来看，大都存在海关、商检、税务等监管部门之间信息共享程度较低，以及监管穿透性及全局性较弱等问题，导致贸易审核流程繁复，监管效率低，也使得监管部门对跨境电商供应链中物流、资金流、信息流状况敏感性不足，风险与问题处置时效不高（吴琪和扈飞，

---

① 资料来源于国际电信联盟（ITU）发布的 2023 年《事实和数字：聚焦最不发达国家》。

2020）。目前我国跨境电商的监管对象、监管模式、监管职责、监管数字化等问题也亟须持续优化。数字贸易监管体制的完善需要各级政府统筹兼顾、全面安排，这是我国政府面临的又一重大挑战。与此同时，各国之间监管体系的巨大差异及互不兼容性，更进一步降低了监管的效率，导致监管层面的交易费用高企，给外贸企业带来跨境支付难以互认、物流链路阻滞、通关耗时长、合规风险高等诸多难题，从而严重制约跨境电子商务的持续发展。在跨境电商模式下，小单化、高频次的碎片化交易特点导致各国海关职责边界模糊，通关、支付、物流和检疫业务环节涉及诸多管理部门，从而使环节、组织、部门之间的协调成本和监管难度加大（刘向丽和吴桐，2021）。因此，跨境电商模式下交易形态的改变，要求各国政府加强合作，对跨境支付、监管程序、通关、关税等整个产业链上的各环节进行整体监管方式的协同与创新。此外，跨境电子商务企业大多是中小企业，往往技术薄弱、经验不足，难以较为全面了解国外的法律制度、监管规则、知识产权政策等，导致跨境电子商务纠纷不断涌现，进一步加大了监管处置压力（李宏兵等，2022）。

与此同时，各国数字经济与贸易平台强化垄断、恶性竞争、无序扩张等问题频发。例如，我国平台方通过实施强制"二选一"、捆绑搭售、预防性兼并等妨碍市场公平竞争的行为，以维持平台企业用户数量、巩固自身垄断地位。根据2021年我国商务部发布的数据，亚马逊在法国因涉嫌违法收集用户隐私推送广告被罚款3500万欧元，在美国被裁定存在垄断行为，还面临来自欧盟、英国等地区的反垄断调查。平台强化垄断等问题的存在不仅使得消费者、中小企业等弱势群体的权益受损，也将对数字贸易生态圈内各主体之间的良性互动、协同演化形成负向抑制效应，从而严重影响跨境电商行业的普惠、高质量且可持续发展。然而，目前平台治理面临多重障碍，一方面，基于平台属性的多元性和结构的复杂性，往往难以对其垄断行为予以准确识别（张蕴萍和栾菁，2021）。大型垄断平台的多维层级结构使其在技术创新、内容研发、服务提供等新兴业务领域中，与中小平台企业之间形成某种复杂嵌套，在实现多重市场主体之间激烈竞争与合作的同时，又在不断加强其平台整体垄断地位，使得反垄断的认定与识别存在诸多障碍。另一方面，平台企业对人工智能、算法等技术创新与应用的先进性也为反垄断规制带来技术障碍。获得垄断地位的平台往往凭借其技术优势掌握数据等关键资源的获取、分发权及其使用规则的制定权,并与其他竞合者之间通过智能定价算法快速达成隐性价格合谋,这一技术优势的发挥往往贯穿平台企业的各个业务环节与商务流程。此外,数据要素作为平台企业的关键战略性新型生产要素,可加工、易复制和零边际成本等特性对传统垄断界定标准、衡量工具及反垄断规制手段构成极大挑战(张蕴萍和栾菁,2021)。因而,如何完善反垄断监管制度、创新监管方式与工具,构建多元协同有效、公平与效率并重的反垄断治理机制;如何优化监管框架,引导平台企业加强自治,基于自治与法治双途径抑制平台垄断行为,维护市场竞争秩序与优化营商环境,促进跨境电商行业普惠、可持续发展;这些都成为各国政府亟待化解的重要问题。

(二)贸易政策与壁垒

从全球层面来看,近年来国际政治环境日益复杂,单边主义和贸易保护主义盛行,部分地区国际贸易环境持续恶化,使得跨境电商的风险与不确定性增强。例如,俄罗斯近年来不断下调跨境电商进口关税起征点,个人网购的进口关税起征点从 2019 年起由每人每月 500 欧元降至 200 欧元;2020 年,4 家中国在美电信运营商面临关停风险,TikTok、微信等多家中国信息服务商遭遇围堵;印度政府大范围禁用中国企业所开发的应用程序,先后 4 次强制 267 个中国应用程序下架,其中包括速卖通、Club Factory、Shein 等多款中国跨境电商类应用软件。从国内层面来看,我国跨境电商政策体系还存在统计制度不完善、各地区税率差异化等问题。例如,存在货物与商品两种平行监管模式,跨境电商统计制度不完善,缺乏对整个行业边界的有效界定;税收监管机制在地区和贸易方式间的差异化以及地区优惠政策的差异化等,导致经营主体不断寻找交易成本最低、运行效率最高的方式与区域开展业务,进而增加了行业的无序性与机会主义风险。

五、商业实践层面

跨境电商作为新型国际贸易方式,在物流、支付、金融、运营、综合服务、人才培养等环节尚存在创新性缺乏、经验积累不足且环节间协同度较低等诸多问题,从而基于商业实践层面交易费用的高企而阻碍了跨境电商市场分工的进一步深化。

（一）贸易链各环节的问题

以中国为例，我国在贸易链的支付、物流、综合服务等环节尚存在诸多问题。

1. 跨境支付结算与融资成本高，跨境金融创新水平仍需加强

现阶段金融配套支持体系尚不完善，相关外贸企业仍面临融资难，跨境支付渠道不畅、收款和结汇成本高等堵点和痛点，制约跨境电商业务保持快速增长的步伐。调查显示，2021 年我国有融资需求的跨境电商卖家明显增多，占比 32%，3.8% 的跨境电商卖家面临长期面临资金不足的困境。[①] 从跨境电商企业的融资方式偏好来看，52% 的外贸企业倾向于信用贷款，28% 倾向于基于仓单或应收账款抵押贷款，仅 16% 的企业倾向于固定资产抵押贷款。[②] 但现阶段金融数字化水平仍然较低，大多金融机构放贷仍对抵押物有一定要求，缺乏基于数字技术应用而开发的"数据驱动型"外贸企业融资产品，导致中小外贸企业的融资约束与门槛过高。此外，外贸企业跨境线上收款流程较为烦琐，货款需要经过多个金融组织与银行之间的流通、交易、合规、结算和风控等中间环节，货款回收进度慢增加了企业的资金占用，降低资金周转效率，增加经营风险。

2. 跨境物流全球服务能力不强

目前全球跨境电商物流体系主要存在以下问题：其一，跨境电商物流所涉及的环节繁多、流程复杂，且受到海外关务、税务政策变动的直接影响，使相关企业的成本与风险增加。例如，英国"脱欧"后开始实施新税法，其中包含的增值税递延制度将使物流商、清关公司等需承担货物流转的连带责任。目前整体来看，全球跨境电商物流费用占交易额的 20% ~ 30%，总体物流成本与风险较高。[③] 其二，跨境电商领域的大企业采用海外

---

① 资料来源于亿邦智库《2021 跨境电商金融服务报告》。

② 资料来源于中国银行研究院《宏观观察》2021 年第 25 期，https://pic.bankofchina.com/bocappd/rareport/202105/P020210519631793713619.pdf。

③ 资料来源于广发证券 2021 年发布的研究报告《跨境电商物流行业：需求升级引领产业繁荣，资源获取与整合能力定胜负》。

仓模式，一定程度上解决了物流时效问题，但对于经验尚浅的中小企业，往往面临诸多不确定因素，如产品销量不确定、利润低等问题，海外仓可能使其贸易成本与风险增加。其三，跨境电商物流的主体包括邮政公司、国际快递公司、货代公司或国内具备跨境物流业务的快递公司、航空或船运公司、商业清关公司、出口国当地的快递公司以及海外仓服务商等，运输主体复杂多样，行业资源整合难度高，缺乏有效贯穿上下游的资源整合者为客户提供端到端的跨境电商物流服务，使各环节协同度不足，运输效率偏低。目前我国国内的物流效率与跨境电商发展的速度极不匹配（魏浩和王超男，2021）。世界银行的数据表明，2018 年，德国、瑞典、比利时的物流绩效分别位居前三，日本和美国分别排名第 5 位和第 14 位，而中国则排在第 26 位，位列跨境电商交易规模前 10 国家中的最后一名。[①]

3. 外贸综合服务平台存在的问题

外贸综合服务企业主要通过综合服务信息平台代国内外客户办理报关、报检、物流、退税、结算、信保等业务，以及协助办理贸易融资，具有集约优势与成本优势等（吴琪和扈飞，2021）。然而，各个外贸综合服务企业的业务模式、业务流程、服务规范、法律文本和数据信息等均存在一定差异，缺乏统一规则和标准，它们的服务水平及收费标准也参差不齐。整个业态发展缺乏服务标准，以致政府、银行、信保等相关方在基于互联网和大数据施政和服务时，难以建立统一的信息数据标准和业务条件，使得制定统一的监管、授信、承保规则困难重重，从而使跨境电商综合服务行业的服务效率及监管效率不足。

（二）跨境电商人才缺乏问题突出

跨境电商行业需要大量掌握包括供应链管理、国际物流、数据分析和市场营销等跨专业交叉知识的人才，也需要拥有全球化的沟通能力，能敏锐洞察海外市场商机、迅速作出战略选择并进行市场定位的连接型人才。目前跨境电商领域面临着人才缺口大、人才培养体系尚不成熟等问题，且

[①] 资料来源于世界银行物流绩效指数数据库（Full LPI Dataset），物流绩效指数主要包括贸易和运输相关基础设施的质量、追踪查询货物的能力、货运的难易度、清关程序的效率、到达收货人的效率等 5 项指标。

这一人才缺口随着行业规模的拓展及市场环境的变动持续扩大。跨境电商人才缺乏的现象在中小外贸企业中尤其普遍。跨境电商中小企业由于面临着海外人才"招不到、管不来、留不住"等问题，导致其海外品牌推广与运营能力大多偏弱。如何通过产学研等各方的联动合作而有效培养、甄别、激励与市场需求适配的跨境电商人才，且如何让大量中小企业可以更高效地使用并留住这些复合型跨境电商人才，成为政府、平台及企业自身需要共同面对的难题。我国跨境电商人才供需不匹配的问题较为突出，根据商务部发布的数据，截至 2018 年，中国跨境商务人才缺口为 450 万，且以每年 30% 的增速在不断扩大；截至 2024 年 3 月，我国直播电商、农村电商、跨境电商行业人才缺口达 1500 万。

（三）平台及企业合规化与品牌化发展观念欠缺，且难度加大

国际贸易进入门槛降低的同时，意味着无品牌和低质量产品也在大量进入全球市场，带来诸如同质化竞争、产品质量不达标、侵犯国外知识产权、售后维权难以保障等问题。很多中小企业囿于自身经验与能力的不足，通常采取模仿或跟风策略参与国际市场竞争，导致大量低价、低质且无品牌的产品在跨境电商平台涌现，进而引致同质化过度竞争局面的形成，同时也极易因其免费"搭便车"的模仿行为引发投诉和知识产权纠纷。中国电子商务研究中心 2013 年调查表明，61.5% 的跨境电子商务被调查企业表明遇到过知识产权侵权纠纷。此外，我国跨境电商中小企业在店铺运营方面，也存在滥用评论、欺骗交易、霸王条款等不合规或非法行为。跨境电商市场中假冒伪劣、侵权等问题的频发也使平台方的信誉受到极大影响。我国商务部发布的《中国电子商务报告 2020》显示，美国贸易代表办公室公布的《2020 年假冒和盗版恶名市场报告》将 39 个在线市场和 34 个实体市场列入恶名市场，其中包含敦煌网、淘宝、拼多多、微店等多家中国电商企业。随着各国针对数字经济领域的监管愈加严格，加之亚马逊平台"封号潮"等事件的陆续出现，正倒逼跨境电商中小企业加速其品牌化与合规化经营，以使其跨境电商出口获得高质量、可持续发展。与此同时，随着跨境电商领域竞争的加剧，中小企业的品牌化建设渠道费用也在逐年上涨中，这也使得跨境电商中小企业品牌化的难度进一步加大。我国跨境电商出口企业在海外营销中，有 70% ~80% 的广告流量支出用于谷歌、Facebook 等渠道，且 2022 年我国跨境电商出口企业在 Facebook 的营销成本同比增加了 40%，其在谷歌购买流量的成本同比增长 40% ~ 60%（洪勇和李峰，2022）。因此，如何优化治理体系，引导中小企业跳出"低价—低质—低价"的怪圈，使其加大自主产品创新与营销创新比重，走品牌化发展道路，成为政府、平台和中小企业各方需要共同应对的重要问题。

（四）中小企业缺乏独立转型的能力

长期以来，受制于平台方对核心数据的掌控，中小企业无法获悉准确的用户画像与行为数据，因而难以开展精准营销与研发。同时，平台方由于享有数据获取与研判的权利，可能存在基于现有销售数据分析，并利用其高效的供应链网络优势等推出平台自营品牌的行为，从而严重削弱平台中小企业的利益与竞争优势。基于此，随着大型跨境电商平台规则限制增多、流量红利减弱等趋势的到来，越来越多品牌开始转向自主搭建网站，即运用独立站形式开展跨境电子商务交易，以获取用户精准画像与行为数据并进行精准研发与营销。但与此同时，独立站的运营对中小外贸企业获取流量、强化品牌建设、掌握各类前沿数字技术等提出新的挑战。

第四节　对策建议

当前全球经济面临衰退风险，全球贸易环境的不确定性增加，而作为全球经济发展重要引擎的跨境电子商务这一新型外贸方式，更迫切需要各国政府、国际组织与平台企业加强合作、协同配合，通过促进国内外贸易实践深化、加强国际协作，统筹全球市场与要素资源，构建服务便捷、规则统一、标准互认、产能互补、市场共享、监管完善的全球跨境电子商务发展新局面，从而更好地促进全球贸易朝着普惠、高质量的方向不断演进。

其一，基础设施层面。各国应加快推进信息基础设施的建设，以更好地促进跨境电商的发展。通过加强各国政府与企业之间的合作，促进各国软件与硬件层面信息基础设施的完善，同时以市场化为导向促进各国平台、物流、金融支持等要素供给的增加及优化配置。

其二，人才培养层面。创新跨境电商相关人才的培养模式，以市场需求为导向，通过产学研多渠道协同培养复合型电商人才。既要完善跨境电商学科培养体系并加强实践，又要推动各类型高校和企业间形成长期合作关系，共同构建深度融合机制；同时，还应构建良性的人才"共享"机制，促进数字化人才柔性流动，从而使得电商相关人才的来源渠道拓宽、人才使用成本降低、使用效率提高。

其三，监管体系层面。深化跨境电商监管体系创新，使跨境电商行业更有序且可持续发展。各国应充分学习跨境电商与数字服务贸易领先国家的成功经验，健全其相关法律规范体系，创新监管工具，将科技监管理念融入监管，推动建设智慧监管体系。完善跨境电商领域的知识产权保护体系，提高侵权案件的审查效率与惩戒力度，以有效激发创新活力、保护创新积极性。构建多元共治格局，搭建包含政府监管、平台自治、行业组织自律和公众监督的多层次立体治理体系。在此基础上，各国之间还应深化沟通与合作，以双边数字贸易实践深化为契机，推进及构建监管体系兼容互认、数据流动共享的合作机制，在维护全球网络安全的同时，更好地促进数字贸易快速、健康发展。

其四，规则层面。各国应积极推动多边数字贸易规则构建，以 WTO 框架下电子商务议题诸边谈判为主要载体，对 WTO 现有与数字贸易相关的条款进行升级与扩充，在货物贸易、服务贸易、贸易便利化和知识产权领域形成对全球数字贸易治理的适应性改进（王岚，2021）。对于中国等发展中国家而言，应以加入《全面与进步跨太平洋伙伴关系协定》（以下简称CPTPP）、《数字经济伙伴关系协定》（以下简称 DEPA）等高水平自由贸易协定谈判为契机，把握高标准数字贸易规则的发展方向，同时通过对接高标准数字贸易规则倒逼国内监管实践改革，推动国内监管质效与数字经济治理水平的提升。中国应以自由贸易试验区、跨境电商综试区等为载体，在对接发达国家高标准数字贸易规则的同时，有前瞻性地在竞争中性、数据跨境流动、跨境支付、个人隐私保护、人工智能等领域先行先试，在数字贸易国际规则制定中适时提出中国方案。

第四章　普惠视角下跨境电商、企业家精神与双边贸易

在全球贸易增速放缓、贸易不确定性日益增多的背景下，跨境电商已成为全球贸易变革的新引擎，也正成为我国外贸新旧动能转换的重要推动力量（裴长洪和刘斌，2019）。在跨境电商多渠道、多业态模式且碎片化的趋势下，国际贸易领域的市场格局、贸易规则、产业分工等正在发生重大变化。跨境电商是以信息技术运用为核心，以数据流动为关键牵引，以互联网平台为重要载体，以"全产业链"要素资源整合为主线，以产业融合为目标的全球化、数字化、网络化、智能化贸易模式，是国际贸易创新发展的一次巨大飞跃。跨境电商的快速发展正引致全球贸易体系的重塑，因而有必要对其影响国际贸易发展的机制与效应进行高度关注与研究。

第一节　研究现状与机理分析

现有文献主要从贸易成本、地理距离限制、消费者偏好等多方面关注跨境电商对国际贸易的影响机制与效应，主要体现在以下几个方面：其一，基于搜寻成本的降低与物流绩效的优化以及去中介化效应，跨境电商使双边贸易成本下降（施炳展，2016；Choi，2010），但也会带来包裹递送、在线支付等新贸易成本，且与语言和文化相关的贸易成本亦随之增加（Gomez-Herrera & Martens，2014）；其二，跨境电商发展基于搜寻、匹配成本的降

低，极大弱化了地理距离的限制作用（Alaveras et al.，2015；Lendle et al.，2016；马述忠等，2019；Lendle et al.，2012），并通过提高生产效率、交易匹配效率和降低出口门槛等路径促进企业出口的增长（岳云嵩和李兵，2018）；其三，跨境电商可有效扩大消费选择空间，并满足消费者日益凸显的个性化、差异化偏好，且贸易伙伴方进口偏好差异化程度的扩大将为跨境电商提供更多市场机会，从而使我国对其跨境电商出口增加（郭继文和马述忠，2022）。但目前鲜有研究关注企业家精神在跨境电商发展中的重要作用。企业家精神是企业家综合素质与能力的抽象，其作为无形、高级的生产要素，被认为是经济增长的主要动力源（曾可昕和张小蒂，2016）。跨境电商发展所引致的贸易门槛持续降低及贸易流程的优化，不仅使得贸易成本削减、地理距离的限制作用弱化，也使得更多中小企业可参与到国际贸易中来，其创新创业的能力与动力都获得明显增强。

可以认为，跨境电商发展可基于企业家精神增进，使得国际贸易获得内生且快速的发展。因而本章拟从企业家精神的视角探讨跨境电商影响双边贸易的主要作用机制，同时观察其在不同发展水平国家之间的表现差异，这为促进企业家精神激活与增进、推动对外贸易普惠且高质量发展提供具有一定创新的理论框架与对策建议。

第二节 实证设定与描述性统计

一、实证分析框架

为从经验上检验跨境电商对双边贸易增长的影响，构建如下拓展后的引力模型：

$$\ln Trade_{it} = \beta_0 + \beta_1 CBECindex_{it} + X\eta$$
$$+ \sum_i Cty + \sum_i yr + \varepsilon_{it} \tag{4-1}$$

其中，i 表示中国贸易伙伴，t 表示年份，$Trade_{it}$ 表示中国与 i 在第 t 年的出口或进口额。$CBECindex_{it}$ 为核心解释变量，代表一国跨境电商的发展程度，主要用各国 B2C 电商指数测度。全球 B2C 电商指数由联合国贸发会议发布，衡量了全球主要经济体在线购物市场发展状况，主要由服务器的安全性、邮政可靠性、使用互联网的人口比例，以及 15 岁以上拥有银行账户或开通电子钱包的人口比例等四个方面的指标构成，该指标可较系统地测度一国国内电子商务及跨境电商的发展状况。X 是控制变量向量，主要包括两国地理距离（$Distance_{it}$）、贸易伙伴人口规模（Pop_{it}）、贸易伙伴国的贸易开放程度（$Tradeopen_{it}$）、贸易伙伴国人均 GDP（$Pergdp_{it}$）、我国对贸易伙伴国历年进口关税率（$Chinatariff_{it}$）、贸易伙伴国对我国的进口关税率（$Partnertariff_{it}$）、贸易伙伴通货膨胀率（$Inflation_{it}$）、贸易伙伴国每百人固定电话使用情况（$Fixphone_{it}$）等指标。方程中还包含了国家固定效应与时间固定效应。所使用的数据主要来源于联合国贸发会议发布的历年《全球 B2C 电商指数》、联合国商品贸易数据库、世界银行的世界发展指标数据库、CEPII 的 GeoDist 数据库以及我国的统计年鉴等。

二、变量与数量描述性统计

从数据的可得性及样本覆盖的全面性考虑，本章选取 119 个主要贸易伙伴国为研究对象，以 2014～2020 年相关数据为研究周期，以更全面地考察近年来跨境电商的快速发展对我国双边贸易的影响情况及其具体作用机制。主要变量的描述性统计分析如表 4.1 所示。可以看到，各国的电子商务发展指数有着巨大的差异，最高为 97，排名最低仅为 3。互联网渗透率最高的国家为阿联酋，已于 2020 年达到 100%。互联网渗透率最低的为刚果（金），到 2020 年时其互联网渗透率也仅为 7.64%，各经济体之间一直存在巨大的数字鸿沟与发展差距。

表 4.1 主要变量的描述性统计

变量名称	符号	变量解释	单位	样本量	均值	标准差	最小值	最大值
中国出口额	*Export*	中国对贸易伙伴货物出口额	万美元	833	1583003	4307754	4009	45172903
中国进口额	*Import*	中国对贸易伙伴货物进口额	万美元	833	1256501	2959605	15	19010877
跨境电商发展	*CBECindex*	各国 B2C 指数	—	833	56.412	25.218	3	97

续表

变量名称	符号	变量解释	单位	样本量	均值	标准差	最小值	最大值
互联网渗透率	*Internetrate*	每百人互联网使用人数	人	833	56.12	29.10	1.25	100
贸易伙伴对中国关税率	*Partnertariff*	贸易伙伴对中国平均进口关税率	%	823	6.495	4.639	0	21.083
中国对贸易伙伴关税率	*Chinatariff*	中国对贸易伙伴平均进口关税率	%	833	4.225	3.936	0	29.32
贸易伙伴人均GDP	*Pergdp*	贸易伙伴人均GDP	美元	833	16712	21631	228	123514
贸易伙伴开放程度	*Tradeopen*	贸易伙伴进出口总额除以GDP	%	833	65.812	37.882	15.21	251.958
固定电话数使用情况	*Fixphone*	每百人拥有固定电话数	人	833	17.156	16.027	0.052	60.45
贸易伙伴人口数	*Pop*	贸易伙伴人口数	人	833	45966523	1.309×10^8	327386	1.380×10^9
地理距离	*Distance*	贸易伙伴与中国地理距离	千米	833	8828.318	3958.136	955.651	19297.471

第三节 经验结果分析

一、基准结果分析

基准回归结果如表4.2所示,在我国与贸易伙伴的出口与进口贸易中,无论是采用固定效应模型还是随机效应模型,跨境电商发展的影响系数项均显著为正,表明各国跨境电商的发展显著促进了其与我国的双边贸易往来。对比分析发现,随着贸易伙伴国跨境电商发展水平(*CBECindex*)的提升,其向我国开展出口贸易的增幅会更大,这意味着各国均能从跨境电商发展中获得贸易利益的增进,且对于贸易伙伴而言,跨境电商发展所引致的物流、支付与信息等相关要素与基础设施的优化,将使其出口规模获得更为快速的增长,跨境电商也正日益成为各国企业拓展海外市场的重要渠道。

表4.2　　　　　　　跨境电商与双边贸易发展的基准回归结果

项目	（1）	（2）	（3）	（4）
	lnExport	lnExport	lnImport	lnImport
CBECindex	0.00397 ***	0.00462 ***	0.00440 *	0.00674 ***
	(3.22)	(3.98)	(1.91)	(3.12)
lnPop	1.377 ***	0.983 ***	3.364 ***	1.322 ***
	(6.74)	(18.62)	(8.29)	(15.42)
lnPartnertariff	−0.000833	−0.00638		
	(−0.07)	(−0.51)		
lnChinatariff			−0.0347 **	−0.0234 *
			(−2.85)	(−1.97)
lnPergdp	0.775 ***	0.627 ***	1.178 ***	0.992 ***
	(12.43)	(15.13)	(9.88)	(13.92)
lnDistance	0	−0.380 ***	0	−0.276
	(0.000)	(−2.61)	(0.000)	(−1.19)
lnTradeopen	0.603 ***	0.532 ***	1.437 ***	1.154 ***
	(8.65)	(8.48)	(10.53)	(9.71)
cons	−19.42 ***	−7.969 ***	−60.11 ***	−21.34 ***
	(−5.41)	(−4.14)	(−8.44)	(−6.77)
N	813	813	818	818
模型类型	FE	RE	FE	RE
Overall R^2	0.732	0.753	0.540	0.686

注:括号内为t统计量,* 、*** 分别表示在10% 、1%的水平上显著。

二、稳健性分析

在原有模型基础上,引入贸易伙伴国通货膨胀率、每百人固定电话使用情况等新的控制变量,以检验基准结果的稳健性。回归结果报告在表4.3中。可以看到,在逐步引入新的控制变量后,跨境电商发展对双边贸易的发展仍然有着显著的正向影响,表明回归结果是较为稳健的。

表4.3   引入新的控制变量后的回归结果

项目	(1)	(2)	(3)	(4)
	ln*Export*	ln*Export*	ln*Import*	ln*Import*
CBECindex	0.00397 ***	0.00379 ***	0.00437 *	0.00447 *
	(3.22)	(3.10)	(1.89)	(1.89)
ln*Pop*	1.375 ***	1.645 ***	3.379 ***	3.427 ***
	(6.70)	(7.41)	(8.28)	(7.70)
ln*Partnertariff*	− 0.000837	0.00112		
	(− 0.07)	(0.09)		
ln*Chinatariff*			− 0.0348 **	− 0.0349 **
			(− 2.85)	(− 2.84)
ln*Pergdp*	0.775 ***	0.795 ***	1.174 ***	1.173 ***
	(12.39)	(12.69)	(9.82)	(9.54)
ln*Distance*	0	0	0	0
	(0.000)	(0.000)	(0.000)	(0.000)
ln*Tradeopen*	0.603 ***	0.675 ***	1.441 ***	1.457 ***
	(8.61)	(9.60)	(10.52)	(10.31)
ln*Inflation*	0.0000275	− 0.0000188	− 0.000255	− 0.000263
	(0.08)	(− 0.06)	(− 0.39)	(− 0.40)
ln*Fixphone*		0.0212		0.0139
		(0.67)		(0.21)
cons	− 19.39 ***	− 24.31 ***	− 60.34 ***	− 61.20 ***
	(− 5.38)	(− 6.19)	(− 8.44)	(− 7.79)
N	813	806	818	811
模型类型	FE	FE	FE	FE
Overall R^2	0.732	0.745	0.534	0.538

注：括号内为 t 统计量，*、**、*** 分别表示在10%、5%、1%的水平上显著。

第四节　异质性分析

依据贸易伙伴国跨境电商发展程度（*CBECindex*），按照其中位数将全样本划分为电商发展水平较低组与较高组，分组检验结果如表4.4所示。

无论是在出口还是进口贸易中,*CBECindex* 回归系数均显著为正,且电商发展水平较高组的 *CBECindex* 回归系数都显著高于电商发展水平较低组,这表明随着贸易伙伴国跨境电商发展程度的提升,其与我国的双边贸易往来呈现加速发展趋势,这正与第二章理论机制的内容相契合。前已述及,跨境电子商务的发展可沿着"要素配置效率提升→供应链优化→协同网络形成→数字贸易生态圈演进"的路径影响全球贸易与经济发展,由此引致的供需双方的良性互动与精准匹配则使跨境电商市场规模扩大与双边贸易发展之间呈螺旋上升的态势。因而各电商发展水平较低的国家应首先重视跨境电商相关信息基础设施,同时促进相关供应链与产业体系的优化完善,以推进其跨境电商的发展与数字贸易生态圈的动态演进,这将成为其对外贸易快速且更高质量发展的重要引擎。

表 4.4　　　　　　　　不同跨境电商发展水平的分组回归结果

项目	(1) ln*Export* 电商水平较低组	(2) ln*Export* 电商水平较高组	(3) ln*Import* 电商水平较低组	(4) ln*Import* 电商水平较高组
CBECindex	0.0271 *** (7.21)	0.0369 *** (9.26)	0.0127 * (1.84)	0.0405 *** (7.29)
ln*Pop*	0.904 *** (23.59)	0.959 *** (36.59)	1.277 *** (17.71)	1.158 *** (32.26)
ln*Partnertariff*	−0.123 ** (−2.30)	−0.00899 (−0.31)		
ln*Pergdp*	0.490 *** (9.75)	0.0119 (0.28)	0.765 *** (8.04)	0.523 *** (8.95)
ln*Distance*	−0.470 *** (−5.44)	−0.190 ** (−2.36)	−0.171 (−1.14)	−0.571 *** (−5.14)
ln*Tradeopen*	0.452 *** (4.18)	0.236 *** (2.83)	1.139 *** (5.63)	0.401 *** (3.63)
ln*Chinatariff*			−0.172 *** (−4.85)	−0.576 *** (−12.56)
cons	−4.996 *** (−3.52)	−4.472 *** (−3.72)	−19.99 *** (−7.45)	−10.18 *** (−6.20)

续表

项目	（1）	（2）	（3）	（4）
	ln*Export*	ln*Export*	ln*Import*	ln*Import*
	电商水平较低组	电商水平较高组	电商水平较低组	电商水平较高组
N	409	404	403	415
adj. R^2	0.768	0.806	0.577	0.791

注：括号内为 t 统计量，＊、＊＊、＊＊＊分别表示在10%、5%、1%的水平上显著。

按贸易伙伴国的人均 GDP 情况平均分为两组，分别命名为较低收入组与较高收入组，进行回归分析的结果如表4.5所示。无论是较高收入国家，抑或较低收入的贸易伙伴国，其跨境电商的发展对其与我国开展进出口贸易均有着显著的正向影响。从四组回归结果中 *CBECindex* 影响系数的比较来看，列（1）中低收入组的系数大于列（2）中高收入组的系数，而列（4）中 *CBECindex* 的影响系数又大于列（3）的系数，意味着从贸易伙伴国的视角来看，跨境电商的发展对于较低收入贸易伙伴的进口会有着更大的正向促进作用，与此同时，其对于较高收入贸易伙伴的出口则有着更为显著的正向影响。这表明对于处于各个发展阶段的国家而言，跨境电商均可通过畅通进出口交易渠道与提升交易效率而促进其对外贸易的发展，且跨境电商的发展使得较低经济水平国家的消费者可更便利地购买中国商品，我国商品在性价比、多样性等方面的比较优势得到了更好的发挥，尤其近年来我国跨境电商所主要使用的保税备货、海外仓等物流创新模式使境内外用户的购物便利度与效费比进一步优化，用户的效用水平由此获得提升。与此同时，跨境电商的发展也使得我国消费者可更便利且更低成本地购买到较高经济水平国家的商品，其产品在品牌、质量与技术复杂度等方面的竞争优势在跨境电商这一新业态下得到了更好的彰显。这也反映出尽管跨境电商是一国提高外贸交易效率、拓展海外市场日益重要的渠道，但国际贸易的发展本质上仍主要取决于各国商品本身的比较优势与国际竞争力，后发国家在充分利用跨境电商发展其进出口贸易的同时，还应注重其本国生产与创新能力的提升，同时注重其产业的数字化转型与供应链体系不断优化，以更好地培育与增强其比较优势，只有以此为基础，该国方能从跨境电商发展中获得更为显著的出口促进作用与贸易利益增时。

表4.5   不同经济发展水平的回归结果

项目	（1）	（2）	（3）	（4）
	lnExport	lnExport	lnImport	lnImport
	较低收入组	较高收入组	较低收入组	较高收入组
CBECindex	0.0361 *** （13.60）	0.0204 *** （9.38）	0.0371 *** （8.85）	0.0439 *** （12.40）
lnPop	0.876 *** （22.16）	0.981 *** （40.29）	1.305 *** （20.24）	1.114 *** （25.72）
lnPartnertariff	− 0.199 *** （− 3.29）	0.00172 （0.07）		
lnDistance	− 0.365 *** （− 3.43）	− 0.175 *** （− 2.61）	0.189 （1.20）	− 0.694 *** （− 5.93）
lnTradeopen	0.438 *** （3.89）	0.220 *** （3.10）	1.493 *** （8.14）	0.0929 （0.75）
lnChinatariff			− 0.232 *** （− 5.89）	− 0.390 *** （− 10.23）
cons	− 1.926 （− 1.19）	− 3.422 *** （− 3.61）	− 20.10 *** （− 7.66）	− 2.227 （− 1.34）
N	416	397	403	415
adj. R^2	0.730	0.836	0.614	0.706

注：括号内为 t 统计量，*** 分别表示在 1% 的水平上显著。

第五节　作用机制分析：基于企业家精神的增进

跨境电商快速发展对企业家精神的影响主要表现在数量与才能两个维度。一方面，跨境电商发展所引致的要素配置效率提升，使创业门槛大幅下降，中小企业进行创新与创业的活力增强，企业数量不断增加。另一方面，跨境电商使得企业家的商务才能获得某种加速提升。从不完全信息视角来看，企业家的商务才能主要表现为对商机的快速发现与捕捉。企业家利用商机的才能则主要来自其配置要素过程中通过"干中学"积累起来的经验，即所谓的熟能生巧。与传统贸易中企业家配置才能受制于时间与空间等因素而积累较为缓慢不同，在跨境电商领域创业者可在更宽领域、更高层次进行更高频次且内涵更丰富的试错与创新，使企业家的"熟"与"巧"可在更短时间内达到更高水平，其"干中学"绩效可获得内生提升，由此推动各国出口复杂度与外贸产业结构的优化升级。

因而拟在模型式（4-1）中引入企业家精神作为中介变量，以实证检验跨境电商、企业家精神与双边贸易三者之间的关系。模型设定如式（4-2）所示。企业家精神这一变量以每年我国与各贸易伙伴开展对外贸易的企业数衡量，包括出口企业数（$exportent$）和进口企业数（$importent$）两个指标，分别对应着我国的出口贸易与进口贸易模型①，进出口企业数量的数据来自我国海关数据库，经整理而获得。以 2014~2018 年数据为研究周期，在数据可得性的前提下，以更全面地考察近年来跨境电商的快速发展对我国外贸领域企业家精神的影响状况。

$$\ln trade_{it} = \beta_0 + \beta_1 CBECindex_{it} + \beta_2 CBECindex_{it} \times Ent_{it} + X\eta$$
$$+ \sum_i Cty + \sum_i yr + \varepsilon_{it} \qquad (4-2)$$

引入企业家精神（Ent_{it}）与跨境电商发展交互项后的回归结果如表 4.6 所示。可以看到，在出口与进口贸易模型中，加入企业家精神这一变量后，$CBECindex_{it}$ 及其与 Ent_{it} 的交互项均显著为正，这表明企业家精神在跨境电商与双边贸易发展中发挥着显著的促进作用。跨境电商的发展不仅可直接促进双边贸易的深化，也能通过降低外贸行业创业门槛、优化"干中学"商务环境、提升诸要素配置效率而吸引更多的创业者在内生利益驱动下进入外贸领域进行创新与创业，使其企业家才能获得更好的激活、发挥与增强，由此基于市场商机的发现、捕获乃至创造使双边贸易的市场空间与增长潜力获得进一步拓展。同时，也将使企业间互补性增强，所属行业更趋多样化，商品品类日益丰富，由此可进一步基于市场规模的拓展而缓解规模生产与消费者多样性偏好间的"两难冲突"。

---

① 限于数据可得性，仅以我国开展外贸活动的企业数来衡量双边贸易中的企业家精神。而我国外贸环节企业家精神的增进，也将基于跨境电商快速发展及市场商机不断涌现与捕捉而对贸易伙伴国的现有创业者及潜在创业者形成较好的示范与扩散效应，促进其企业家创业积极性的增强，从而形成一个"企业家呼唤企业家"的正反馈机制。

表 4.6 　　　　　　　　　　　引入企业家精神的回归结果

项目	(1)	(2)	(3)	(4)
	ln*Export*	ln*Export*	ln*Import*	ln*Import*
CBECindex	0.0258 *** (12.56)	0.0193 *** (7.49)	0.0291 *** (8.92)	0.0262 *** (6.66)
CBECindex × Exportent		0.161 *** (5.45)		
CBECindex × Importent				0.161 ** (2.20)
ln*Pop*	0.952 *** (41.85)	0.857 *** (26.12)	1.175 *** (31.75)	1.131 *** (23.42)
ln*Partnertariff*	− 0.0364 (− 1.38)	− 0.0361 (− 0.95)		
ln*Pergdp*	0.229 *** (6.82)	0.190 *** (4.70)	0.666 *** (12.19)	0.653 *** (10.00)
ln*Distance*	− 0.280 *** (− 4.76)	− 0.244 *** (− 3.44)	− 0.354 *** (− 3.74)	− 0.336 *** (− 2.97)
ln*Tradeopen*	0.427 *** (6.40)	0.499 *** (6.21)	0.745 *** (6.97)	0.769 *** (5.99)
ln*Chinatariff*			− 0.263 *** (− 9.56)	− 0.233 *** (− 7.65)
cons	− 5.570 *** (− 6.04)	− 4.111 *** (− 3.59)	− 14.75 *** (− 9.82)	− 14.12 *** (− 7.84)
N	813	581	818	586
adj. R^2	0.787	0.785	0.722	0.716

注：括号内为 t 统计量，** 、*** 分别表示在 5% 、1% 的水平上显著。

　　进一步地，在引入企业家精神与跨境电商发展的交互项后，按贸易伙伴人均 GDP 分为两组进行回归分析发现（见表4.7），在出口贸易中，企业家精神并未在较低收入组发挥中介效应，但在较高收入组发挥了部分中介作用，较高收入国家跨境电商的发展显著激活与增强了我国企业家进行出口创业的活力，从而使我国出口贸易的规模扩大。与此同时，在我国进口贸易中，无论是较低收入组还是较高收入组，企业家精神都发挥了部分中介作用，且在较低收入组中，这一中介效应尤为突出。其可能的原因在于，企业家精神主要包含企业家数量与企业家才能两个维度，在一国经济发展水平较低的阶段，企业家精神此时也尚处于获得激活的初期阶段，因而其"增进"更多表现为企业家数量由少到多不断增加，而随着一国经济发展水平的日益提升，其"干中学"商务环境日益优化，企业家精神增进则更多体现为创业者才能由弱不断增强的过程。本章所采用的企业家精神测度指标主要是从数量维度对企业家的创业积极性进行衡量，在我国的出口贸易中，由于较高收入贸易伙伴国内有着更大的市场空间与消费潜力，因而其跨境电商水平的提升将引致更多中国企业在利益驱动下运用这一新业态新模式来开拓市场、进行创新创业。在进口贸易中，我国传统的进口贸易对象国主要为北美、欧盟等较高收入经济体，而跨境电商的发展恰恰基于信息扭曲的弱化而让更多国内企业家能关注较低收入国在农矿产品、化工产品、民族产品等方面的竞争优势，并加大对其采购力度，从而提升我国企业家基于跨境电商平台的运用而与低收入国家开展进口贸易的动力。

表4.7　　　　　　　　　引入企业家精神变量的分组回归结果

项目	(1)	(2)	(3)	(4)
	ln*Export*	ln*Export*	ln*Import*	ln*Import*
	较低收入组	较高收入组	较低收入组	较高收入组
CBECindex	0.0311 *** (8.50)	0.00934 *** (3.52)	0.0322 *** (6.24)	0.0403 *** (8.33)
CBECindex × Exportent	0.132 (1.14)	0.242 *** (9.07)		
CBECindex × Importent			0.992 * (1.82)	0.147 * (1.71)
ln*Pop*	0.843 *** (13.41)	0.766 *** (21.65)	1.212 *** (13.90)	1.075 *** (16.67)
ln*Partnertariff*	-0.183 ** (-2.24)	0.0426 (1.20)		

续表

项目	(1)	(2)	(3)	(4)
	ln*Export*	ln*Export*	ln*Import*	ln*Import*
	较低收入组	较高收入组	较低收入组	较高收入组
ln*Distance*	−0.348*** (−2.64)	−0.0259 (−0.35)	0.185 (0.99)	−0.631*** (−4.15)
ln*Tradeopen*	0.468*** (3.19)	0.418*** (5.36)	1.359*** (5.85)	0.194 (1.28)
ln*Chinatariff*			−0.191*** (−4.38)	−0.344*** (−7.93)
cons	−1.552 (−0.72)	−1.826* (−1.75)	−17.92*** (−5.61)	−2.469 (−1.22)
N	298	283	291	295
adj. R^2	0.706	0.868	0.604	0.695

注：括号内为 t 统计量，*、**、*** 分别表示在 10%、5%、1% 的水平上显著。

第六节　结论与启示

本章的研究可得出以下结论与启示。

其一，贸易伙伴国跨境电商发展水平的提升对我国双边贸易规模的拓展与各国贸易利益的增进均有着显著的促进作用，且对我国进口贸易的影响更大。通过异质性分析发现，随着贸易伙伴国跨境电商发展程度的提升，其与我国的双边贸易往来呈现加速发展趋势。跨境电子商务的发展可沿着"要素配置效率提升→供应链优化→协同网络形成→数字贸易生态圈演进"的路径影响全球贸易与经济发展，由此引致的供需双方的良性互动与精准匹配使跨境电商市场规模扩大与双边贸易发展之间呈螺旋上升的态势。

其二，跨境电子商务的发展使得商品的跨国销售可不再遵循类似于"产品生命周期"的地区梯度推进，即逐级从经济水平较高的国家向经济水平相对更低的国家（地区）渗透的方式，而是可同时面向各个国家的消费者，这不仅可使产品的市场需求面大大拓宽，也使各国购买方的选择空间扩大，消费者的多样性偏好获得更好满足，其购物的效费比与便利度大幅提升，由此可从技术上缓解规模生产与消费者多样化偏好的"两难冲突"，促进差异化竞争格局的形成。

其三，企业家精神在跨境电商与双边贸易发展中发挥着显著的促进作用。效率导向下以默会知识为主的企业家才能提升成为双边贸易规模持续扩大的源头活水，而跨境电子商务的网络效应又会强化这一趋势。一方面，跨境电商通过降低外贸行业创业门槛、优化"干中学"商务环境、拓展市场空间，使更多中小微企业甚至个人在利益导向下进入外贸领域进行创新与创业，外贸领域的企业家精神获得更好的激活、发挥与增强。另一方面，企业家基于对商机的捕获以及对一揽子要素的优化配置，不仅能使各国的比较优势成功转化为比较利益的增进，也基于企业家"干中学"绩效的内生提升而不断推动各国出口复杂度与外贸产业结构的优化升级。且跨境电商平台内快速的信息传导机制使共用要素的共享程度上升，社会收益率提高，其市场中优秀企业家的示范与辐射效应更强（张小蒂和曾可昕，2014）。因而可以认为，企业家精神正是助力跨境电商成为国际贸易发展新引擎的核心要素。但需要指出的是，尽管大量中小微企业可更便捷地进入跨境电商市场谋求盈利与发展空间，但其仍会受到资本、技术与人才等资源不足的制约，且随着竞争的不断加剧，其利润空间或被不断挤占。因而中小微企业应尽可能选择差异化竞争策略，寻求适合的利基市场并进行更清晰的市场定位，以成为全球贸易细分市场"专精特新"的"隐形冠军"，同时还应充分利用社交化媒体、直播等新型媒介与跨境电商模式，打造互联网品牌，以提高产品竞争力和附加价值。

其四，跨境电商的发展对较高收入国家的出口贸易和较低收入国家的进口贸易有着更大的促进作用，这表明各国，尤其是发展中国家，不仅应重视基于跨境电商的发展而降低交易成本、提升供需双方交互效率，进而获得研发效率与"生产者剩余"的提升，还应该注重其产品本身的生产与创新能力的提升，并通过产业数字化转型与供应链体系优化而增强竞争优势，由此"双管齐下"，方能获得贸易规模及利益分配比例的不断增加。此外，还可以看到，在引入企业家精神与跨境电商发展交互项的进口贸易模型中，低收入国家跨境电商发展的影响系数仍然小于高收入国家，但其交互项的系数却明显高于高收入国家，这表明跨境电商的发展基于信息渠道的拓宽，以及信息被获取、编码与利用效率的提升而使信息扭曲弱化，企业家发现与捕捉商机的才能大幅增强，此时有更多外贸企业家开始关注较低收入国在农矿产品、化工产品、民族产品等方面的竞争优势，并加大对其采购力度，从而基于国家和产品广延边际的提升而使我国进口规模扩大。

第五章 普惠视角下跨境电商与对外贸易高质量发展：以浙江为例

　　浙江省作为我国经济最为发达的省份之一，跨境电子商务蓬勃发展，总体发展趋势稳步上升。近年来在国家政策的推动下，浙江传统外贸企业逐渐开始借助跨境电商平台不断进行转型突破。浙江省电子商务促进会公布的数据显示，2021年，浙江省实现跨境电商进出口3302.9亿元，同比增长30.7%，规模约占全国六分之一，占比仅次于广东省，位居全国第二。其中，2021年，浙江省跨境电商出口2430.2亿元，同比增长39.3%；浙江省出口活跃网店达14.9万家，较上一年增长3.1万家；与此同时，通过海关跨境电商管理平台的出口额更是同比增长3.7倍。浙江对外贸易正在基于跨境电商朝着普惠且高质量发展的方向演进。本章将对跨境电商影响浙江对外贸易普惠高质量发展的典型事实、影响机理进行剖析并予以实证，以提供具有重要借鉴意义的实例。

第一节 跨境电商影响浙江对外贸易高质量发展的典型事实

一、浙江省跨境电商快速发展

　　2016～2021年浙江省跨境电商进出口交易规模逐年递增，6年平均增速达36.59%，发展势头良好（见表5.1）。跨境电商市场主体数量快速增加,浙江省电子商务促进会公布的数据显示,2021 年,浙江省跨境电商出口活跃网店达 14.9 万家,同比增长超过 25%,越来越多中小微企业和个人基于跨境电商而进行创业。2020 年以来,在全球新冠疫情背景下,浙江省跨境电商进出口量依旧呈稳定的增长态势。

表 5.1 　　　　　　2016~2021 年浙江省跨境电商进出口基本情况

年份	进出口		出口		进口	
	绝对值 (亿元)	同比增长 (%)	绝对值 (亿元)	同比增长 (%)	绝对值 (亿元)	同比增长 (%)
2016	403.6	43.40	319.4	41.68	84.2	50.07
2017	603.9	49.62	438.2	37.19	165.7	96.79
2018	810.3	34.17	574.5	31.10	235.8	42.30
2019	1051.5	29.76	777.2	35.28	274.3	16.32
2020	1387.1	31.91	1023.1	31.63	364.0	32.70
2021	3302.9	30.70	2430.2	39.30	872.7	139.75
合计	7155.7	—	5243.2	—	1912.5	—

资料来源:浙江省商务厅。

从区域分布来看,杭州、宁波、温州和金华的跨境电商发展情况在全省处于领先地位,如表 5.2 所示,2016~2021 年这四个区域跨境电商零售出口规模之和占全省总量的九成以上,具有较大的规模优势。同时,嘉兴、湖州、绍兴等地区尽管跨境电商发展规模较小,但其增长速度普遍较快,年均增幅都在 30% 以上,由此可以看出浙江省跨境电商的发展势头良好,且发展潜力巨大,未来还存在着较大的增长空间。

表 5.2 　　　　　　2016~2021 年各地市跨境电商零售出口额

地区	2016 年 (亿元)	2017 年		2018 年		2019 年		2020 年		2021 年 (亿元)
		金额 (亿元)	同比增长 (%)	金额 (亿元)	同比增长 (%)	金额 (亿元)	同比增长 (%)	金额 (亿元)	同比增长 (%)	
杭州	58.24	84.7	45.43	115.5	36.40	167.8	45.30	236.4	40.90	544.4
宁波	27.32	39.9	46.05	54.1	35.60	76.6	41.60	119.8	56.30	493.3
金华	187.16	241.4	28.98	310.3	28.50	402.1	29.60	474.3	18.00	566.2
温州	25.68	39.9	55.37	52.5	31.40	73.2	39.50	101.6	38.80	
绍兴	4.88	6.8	39.34	9	31.80	13	45.00	20.8	59.90	

续表

地区	2016 年（亿元）	2017 年		2018 年		2019 年		2020 年		2021 年（亿元）
		金额（亿元）	同比增长（%）	金额（亿元）	同比增长（%）	金额（亿元）	同比增长（%）	金额（亿元）	同比增长（%）	
嘉兴	4.78	7.4	54.81	9.7	30.70	13.3	36.60	23.2	74.40	—
衢州	1.99	2.8	40.70	3.7	31.30	4.6	25.70	6.1	32.30	—
湖州	1.38	2	44.93	2.6	30.20	3.6	39.80	7	95.10	—
台州	5.22	8.2	57.09	10.7	30.40	15	39.20	23.3	55.60	—
舟山	0.33	0.8	142.42	1	31.30	1.2	22.80	1.3	7.90	—
丽水	2.29	4.1	79.04	5.3	31.10	6.8	27.10	9.1	35.40	—

注："—"代表暂无法从官方网站上获取的数据。

资料来源：浙江省商务厅。

2015 年，我国在杭州首次设立国内首个跨境电商综试区；不到一年，宁波设立综试区；2018 年增设义乌综试区；2019 年增设温州、绍兴综试区；2020 年，丽水等 5 地新设综试区；2022 年在金华、舟山增设综试区。目前浙江跨境电商综合试验区达 12 个，已率先实现跨境电商综试区全省覆盖。浙江省正以综试区建设为突破口，加快其商业实践与监管体系创新，以促进浙江对外贸易的普惠且高质量发展。

跨境电商的发展使得从事对外贸易的门槛降低、贸易便利度提升，从而吸引了大量中小企业和个人入驻跨境电商平台开展创业。国际主流跨境电商平台（如亚马逊、速卖通、ebay 和 wish 等）上的浙江省跨境电商出口活跃网店数量不断增长。如图 5.1 所示，截至 2021 年底，主流第三方跨境电商平台上的浙江省出口活跃网店已突破 14.9 万家，其中将近四分之一为当年新增，跨境电商零售出口额占全省网络零售总额的 8.1%。从经营主体来看，浙江省跨境电商的经营主体既包括传统外贸企业和转型跨境电商的国内电商卖家，也包括大量生产制造企业通过跨境电商平台而直连境外进口商或终端用户。从主营产品来看，跨境零售行业出口额前三名的产品依次为服装鞋包、家居装饰和 3C 数码，占比依次为 38.4%、16.7% 和 10.7%，三大品类占整个跨境电商行业近六成的交易额。

第三方跨境电商平台可为中小出口企业提供涵盖物流、支付、信息、通关等环节的一揽子服务，从而有效化解其信息获取受限、海关程序烦琐、

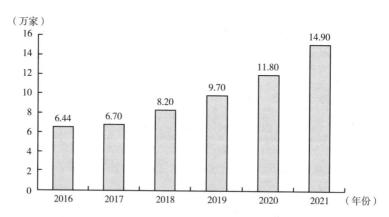

图 5.1   2016～2021 年浙江跨境电商出口活跃网店数量

资料来源：浙江省商务厅。

流程合规化困难、贸易融资不足、物流成本高等难题，且入驻第三方跨境电商平台相较于自建网站等方式而言门槛更低，因而已成为中小企业跨境电商出口的主要渠道。以 2017 年为例，浙江省第三方跨境电商平台销售额约占全部跨境网络销售额的 95%。浙江省卖家数量及其销量在亚马逊、速卖通、ebay 和 wish 等主流跨境电商平台位居前三（见表 5.3）。与此同时，浙江商务厅数据显示，近年来，还有一部分浙江省龙头跨境电商企业开始采用自建站销售模式，其销售额占浙江全省网络销售额的比重约为 5%。

表 5.3   2017 年浙江省跨境平台卖家数在全国排名

跨境电商平台名称	亚马逊	Wish	速卖通	ebay	敦煌网
浙江卖家排名位次	3	2	2	3	2

资料来源：浙江省商务厅。

二、普惠视角下跨境电商促进浙江对外贸易高质量发展的典型事实

（一）外贸交易主体量质并举，民营企业主体地位进一步强化

随着生产要素成本的上升和竞争的加剧，传统外贸企业的低成本优势明显减弱，浙江省外贸企业的发展逐渐受到限制。通过跨境电商交易，可

大大简化中小企业参与国际贸易的流程、突破贸易垄断和地域限制、降低人力成本等，从而有效提高我国企业尤其是中小外贸企业的竞争力。跨境电商的发展使浙江外贸经营主体持续增加，杭州海关发布的消息显示，2021 年，浙江有进出口记录企业数量达 96119 家，较 2020 年增加 6388 家，较 2001 年增加 11.8 倍，其中，有出口记录和进口记录的企业分别为 87238 家和 33725 家①，这其中既有主要通过跨境电商平台开展磋商与缔约的外贸企业，也有大量传统外贸企业正在通过跨境电商平台获取市场需求与行业动态等关键信息，以此提升供需匹配效率。此外，民营企业在开展外贸时的主体地位获得进一步强化，杭州海关数据显示，2021 年，浙江民营企业进出口规模达 3.14 万亿元，增长 22.5%，对全省外贸增长贡献率达 76.0%，浙江民营企业的出口额占全省出口总值比重已从 2015 年的 73.2% 提升至 2021 年的 79.5%。

（二）浙江外贸产业结构优化、数字化转型加快

积极发展跨境电商，已成为浙江省外贸行业新旧动能转换的重要引擎。近年来，浙江对外贸易规模不断扩大，贸易结构持续优化。杭州海关数据显示，2021 年浙江省进出口总额达 4.14 万亿元，同比增长 22.46%（见图 5.2），其中一般贸易进出口占比 78.6%，保税物流进出口占比 5.1%，全省市场采购出口② 3611.6 亿元，增长 21.3%，占全省出口总值 12.0%。

在跨境电商模式下，供应端各环节企业可基于平台大数据所呈现的市场动态及时优化研发参数、生产模式与营销策略，这不仅使产业链朝着数字化、柔性化、个性化定制方向升级，也使得出口复杂度提升与产业结构升级，促进高附加值产品外贸交易额在浙江外贸交易总额的占比不断上升。浙江传统外贸企业正基于跨境电商实现从"浙江制造"向"浙江智造"转型升级。杭州海关数据显示，2021 年浙江省机电产品出口 1.38 万亿元，占

---

① 2021 年，浙江省出口活跃网店达 14.9 万家，这一数量明显超过浙江当年有出口记录的企业数量，其原因在于，一方面，浙江有不少外贸企业通过多网店多平台布局的方式更好地接触客户，并充分利用各平台与模式的优势；另一方面，有不少个人也正在通过开设网店来开展对外贸易，充分体现出跨境电商发展的普惠性内涵。

② 市场采购贸易是指在小商品批发市场采购商品，并就地在口岸办理出口通关的出口方式，具有免增值税、便利通关、收汇灵活等优势，其目的在于鼓励与支持中小微企业所开展小批量、多批次、多种类的杂货出口。

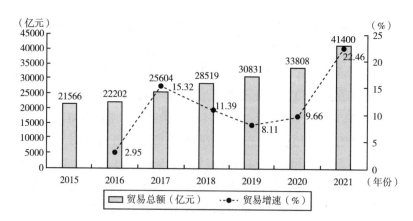

图 5.2　2015～2021 年浙江省进出口贸易总额

资料来源：杭州海关。

全省出口总值的45.8%，高新技术产品出口2720.1亿元，占比9.0%，机电高新产品两者合计（剔除交叉部分）出口1.45万亿元，占全省出口总值的48.2%。手机、船舶、生物医药等新兴出口产品成为开拓国际市场的"浙江智造"的新形象代表。

（三）基于跨境电商不断优化全球供应链布局

浙江省一大批外贸龙头骨干企业借助跨境电商平台不断拓展全球供应链，积极布局全球化，供应链国际化经营能力不断提升。越来越多的浙江龙头外贸企业正积极布局海外仓、境外工业园区、制造基地、研发中心、营销服务网点等，其业务范围与市场领域正在逐步扩大。截至2024年7月，浙江有319家企业在全球53个国家布局了839个海外仓，数量占全国的比重超过1/3。① 借助跨境电商平台布局全球供应链已经成为浙江外贸企业转型升级、提升国际竞争力、深入实施"品质浙货，行销天下"推广工程的重要抓手。

（四）基于跨境电商逐步增强品牌化发展能力

品牌是外贸企业不断转型升级的核心竞争力。近年来，浙江涌现出大

---

① 张璇，林光耀. 海外"千仓万库"，"外贸驿站"支撑中国制造"组团出海"［EB/OL］.（2024－07－16）［2024－11－30］. http://www.news.cn/mrdx/2024－07/16/c_1310781776.htm.

量基于跨境电商快速发展而形成的掌握自主品牌和自主渠道的优秀外贸企业。这些传统外贸企业利用跨境电商的优势，在各大跨境电商平台或独立站推广自身品牌以此实现跨境电商的更高质量发展。与此同时，浙江省政府也日益重视跨境电商企业品牌力的提升。2021 年，浙江全省实施"浙江跨境电商品牌出海"专项行动，1 月，浙江省商务厅确定了 89 个 2021 年度浙江跨境电商出口知名品牌（见图 5.3），浙江跨境电商品牌化水平进一步提升。

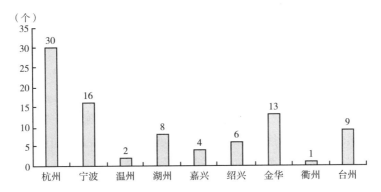

图 5.3　2021 年浙江跨境电商出口知名品牌地市分布情况

资料来源：浙江省商务厅。

第二节　普惠视角下跨境电商影响浙江对外贸易 高质量发展的机理

在单边主义、贸易保护主义抬头的背景下，探讨如何推动对外贸易的普惠且高质量发展显得尤为重要。跨境电子商务的发展不仅有利于传统贸易中发达国家和大企业进一步拓展市场，也使得越来越多中小微企业和个人等弱势群体可享有和大企业一样参与国际贸易并从中获利的机会，因而其普惠性可体现为国际贸易参与各方企业家精神的更快激活与增进。企业家精神的增进就是企业家数量由少到多，其商务才能由弱到强的发展过程。跨境电子商务的发展可促进企业家精神内生增进加快，由此成为推动对外贸易实现规模拓展与结构优化的关键因素。从普惠视角来看，跨境电子商务的发展主要基于企业家精神加快增进而促进浙江对外贸易高质量发展。

一、跨境电商影响企业家精神增进

企业家是一揽子要素优化配置的主体，而企业家精神主要是指企业家所具备的综合素质与能力的抽象表现。跨境电子商务对企业家精神内生增进的影响主要体现在以下几个方面。

（一）基于"干中学"绩效提升的内生性"增进"

企业家主要通过"干中学"而获得知识与经验的积累，产生以熟能生巧为特征的才能提升，由此所导致的生产者剩余增加又会进一步激励企业家进一步深化"干中学"。随着企业家"干中学"的深入，其配置要素的商务领域必然不断拓展，跨境电子商务正是使得企业家商务领域逐渐从国内市场向国际市场、从线下到线上延伸的重要领域。在跨境电子商务市场，企业家配置要素的时空范围拓宽，"干中学"领域更为多元、高频且内涵更丰富。跨境电子商务的发展使得企业家可跨越时空局限而面向全球市场，潜在市场空间扩大，商机增多，要素资源得以更快地优化升级，还可开拓企业家的经营视野，使其商务才能更具国际水准。基于跨境电子商务的快速发展，企业家才能可在更复杂的"干"中获得某种非常规的加速上升，从而突破"学习曲线"的传统内涵。随着企业家"干中学"绩效的提升，其对不确定市场的预测与驾驭能力会不断增强。企业家可更灵活、高效地选取目标市场并进行市场定位。例如，在当前贸易壁垒及不确定性增加的背景下，我国企业家基于跨境电商模式的运用开拓"一带一路"等新兴市场，通过参与新兴市场在物流、支付、外贸综合服务等方面的基础设施与服务体系优化，不断挖掘其潜在购买力，使中国的市场规模进一步扩大。

（二）基于信息处理效率提升的内生性"增进"

从不完全信息视角来看，企业家的主要才能可体现为高效地发现和利用市场知识与信息，即对商机的快速捕捉，因而市场信息扭曲、信息成本高企等构成企业家有效发挥其商务才能的一大障碍。威廉姆森（Williamson，1986）认为，可主要通过削弱信息的不对称性、降低信用风险等级和节约搜寻成本等降低交易费用。跨境电商平台的发展帮助企业家提升贸易信息的搜寻、传递和共享能力，有效提升企业国际贸易效率，从而降低交易费用。在传统贸易模式下，交易双方往往在搜寻、沟通与缔约等环节需花费大量的成本和时间，交易费用的增加削弱了外贸企业的价格优势，进而阻碍其市场规模的拓展与再创新投入能力的增强。

跨境电子商务可以有效降低跨境贸易企业双方的信息成本，从而使企业家对信息的获取与处理效率大大提升。这主要体现在：其一，互联网技术的发展可以较好地减少交易双方的通信成本，信息数字化和编码化使交易双方突破了贸易地域局限和贸易时间限制，即时进行信息交互，其沟通更加高效快捷，从而有效降低了双方的沟通成本和议价成本。其二，搜索引擎等技术的广泛应用使得全球各个市场和行业的商务信息大量涌现，企业家可更快了解境外市场资讯，进而基于对大数据、人工智能等数字技术的有效应用而及时获取信息并有效解析其背后蕴含的商机与风险，从而快速调整其市场策略与研发参数，使其市场风险降低，市场空间进一步拓展。因此，跨境电子商务可使企业家市场信息渠道拓宽、信息处理效率不断提升，从而使其更高效地捕捉商机，进而引致更多商机涌现，市场规模进一步拓展。其三，跨境电子商务平台汇聚了大量不同类目的产品信息，其对产品细节与用户评价的展示使消费者的搜寻成本降低。因而交易成本的下降使得跨境电商平台上供需双方的"使用者剩余"获得明显增加，由此促进市场规模的内生拓展。

（三）基于网络效应增强的内生性"拓展"

分工深化与交易增多可导致交易主体间相互依赖程度上升，使市场的网络效应增强。在跨境电子商务中，全球众多中小企业可突破空间局限在跨境电商平台聚集，并通过采用企业间分工网络构成的"集群经济"来提高自身竞争力，获得马歇尔外部经济增进（张小蒂和曾可昕，2012）。在跨境电子商务中，激烈的市场竞争促使资源加速优化整合，企业家的要素配置才能获得更快提升。其主要机理如下：各企业克服一定的沉没成本进入电子商务市场，以更好地获得技术与知识溢出、信息处理效率提升、专业化分工等方面的"干中学"绩效提升；在市场检验下，低效率的企业退出市场，而经市场不断甄选和激励而产生的高效率企业获得生产率和要素配置才能的动态提升，其市场份额扩大，要素报酬增加；市场中优秀企业家会以其卓有成效的"干中学"对诸企业家产生示范效应与创新外溢，使其要素配置才能获得更快提升。可以看到，在跨境电子商务市场这一虚拟的产业集群中，其与传统集聚经济所不同的特征在于：市场交易与企业间分工协作可不受地理空间局限；异常激烈的市场竞争使得优胜劣汰加快，高效率企业所获激励更为显著；信息、物流、管理等共用要素的共享程度更高，共用要素提升所引致的社会收益率递增更为明显；高效的传导机制使集群内领头企业的示范效应更强、辐射范围更广，因而相较于传统产业集群，跨境电子商务市场具有更为显著的马歇尔外部经济增进，而这在网络效应的放大下，又可加快电子商务市场规模的扩大与企业家要素配置才能更大幅度的提升。此外，各类跨境电商综合试验区和跨境电商产业园区作为新的外贸企业集群区，促进了企业家要素的集聚及其竞争效应与溢出效应的增强，极大地促进了区域经济和产业的发展。

二、跨境电商基于企业家精神增进影响对外贸易高质量发展

熊彼特（1997）最早揭示企业家精神的重要性，强调企业家通过各种要素的优化配置所实现的创新是推动经济内生演化与增长的关键。跨境电子商务快速发展所引致的企业家精神增进，将基于企业家创新与创业的能力提升、动力增强，进一步开拓全球市场空间，强化技术创新、模式创新与业态创新，促进数字技术与贸易发展的有机融合，推动外贸由要素驱动向创新驱动发展、由以成本与价格为主要优势向竞争新优势转变，由此促进产业结构优化升级，实现对外贸易的高质量发展（王岩岩等，2016）。

企业家精神的增进在跨境电商促进产业创新的过程中发挥重要的中介促进作用（张旻等，2019）。企业家所具备的才能包括创新才能和组织才能，主要表现为以用户需求为核心，以自身禀赋为基础，运用创新能力对各个环节的生产要素进行重新配置，使其达到符合新市场需求的更优化状态。尤尼斯等（Yunis et al.，2018）提出，企业家精神能够将数字技术深度融合于研发生产中，促进要素优化配置，充分发挥数字技术对企业创新的驱动作用。数字技术在跨境电商中的应用，使组织结构更趋扁平化，管理方式更加灵活，组织管理效率不断提升。因而在市场需求导向下，跨境电

商将通过企业家精神的激活与增进促进产业创新，这主要体现在产品创新、供应链创新、品牌创新和物流创新等多个维度，其作用机制如图 5.4 所示。

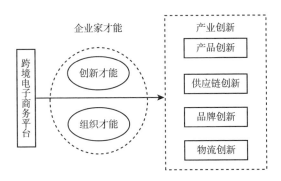

图 5.4 企业家才能在跨境电商推动企业产业创新的作用机制

（一）产品创新

根据跨境电商数据平台统计，相较于大众化、单一类的普通商品，消费者更倾向于购买个性化、差异化产品。跨境电商的快速比价模式使同类产品的盈利空间不断缩小，由此驱动企业不断强化其个性化与差异化产品与服务定位，促进中小企业间差异化竞争格局的形成。跨境电商中小企业可以根据自身资源禀赋与市场需求动态来及时优化其产品设计，创新研发出更具特色与市场需求的产品，从而使创新的市场风险降低。

（二）供应链创新

在传统贸易中，产品需经过层层中间商才能传递到终端消费者，供应链各环节的增加影响了产品的销售水平与供需双方的交互效率。而跨境电商平台帮助外贸企业实现利润最大化。一方面，生产商可转型成为外贸企业，通过跨境电商平台直连境外消费者或零售商，从而基于交易链条的缩短使交易费用下降、利润空间提升，同时还能基于对市场需求动态的即时获取来适时调整研发参数、营销方案与定价策略等，从而使企业的创新效率不断提升；另一方面，外贸企业可以数字化方式整合产业链上下游资源，有效融合物流、支付、通关等全链条体系，使供应链各环节的效率与协同度提升。

（三）品牌创新

自主品牌的形成和成熟可以帮助企业将价值进行外部转移，使消费者感受到确切的现实价值，以此培养顾客的忠诚度。跨境电商平台不仅可以基于对数据用户的即时获取与研判而精准研发与营销，还能基于社交媒体、短视频、直播等多元渠道与用户开展更深入互动，以塑造更丰富立体的品牌形象，品牌创新的颗粒度不断细化，细分市场用户群体对品牌的认知度随之提升。此外，精准营销所引致的营销环节成本下降与潜在市场规模的拓展，也使企业家能将更多利益让渡给消费者，从而使其消费者剩余增加、品牌忠诚度提升，由此基于供需双方的良性互动而使企业的市场规模扩大、盈利能力增强。

（四）物流创新

跨境电商平台为外贸企业提供国际邮政小包、跨国快递业务、海外仓和专线等 4 类商品物流服务模式。其中，国际邮政小包价格低廉但运输周期较长，丢包率较高；跨国快递业务运送时间短但运费高；而海外仓则兼具物流成本较低且包裹时效较快等优势，可有效优化消费者购物体验，促进海外市场的拓展。对于跨境电商出口企业而言，其不仅可依据自身实力、商品特点与买家需求，在各类物流模式中适时作出选择，以更好地兼顾用户体验优化与企业利润提升的双重诉求，还可将其业务范围向自建公共海外仓等跨境物流领域拓展，基于向高附加值产业的渗透与转型而实现其价值链地位的跃升及要素密集度的逆转，同时也能更好地获取跨境电商行业快速发展的红利。

第三节　普惠视角下跨境电商对浙江外贸高质量发展的实证

一、模型设定及数据说明

结合前述对普惠视角下跨境电商影响浙江外贸高质量发展机理分析，本章作出如下假设：

H_1：浙江跨境电商的发展促进了浙江对外贸易的高质量发展。

（一）实证模型设定

构建浙江跨境电商对浙江对外贸易高质量发展影响效应的计量模型：

$$TU_t = \alpha_0 + \alpha_1 \ln CBEC_t + \alpha_n Control_t + \varepsilon_t \qquad (5-1)$$

式中，t 代表时间，ε_t 为随机误差项，TU_t 表示浙江省外贸高质量发展的状况，$\ln CBEC_t$ 表示浙江省跨境电商的发展情况，$Control_t$ 表示影响浙江省外贸高质量发展的控制变量。

（二）变量设计与描述性统计

对外贸易高质量发展意味着外贸产业结构逐步从劳动密集型向技术、资本密集型转变，从价值链低端向价值链中高端领域拓展，由此对当地经济水平发展发挥更为重要的作用。因而选取浙江外贸企业进出口增量对浙江省生产总值增量的贡献率作为代理变量来衡量浙江外贸高质量发展的状况（TU_t）。解释变量 $\ln CBEC_t$ 为浙江省跨境电商进出口规模数据，并作取对数处理。控制变量主要包括企业发展规模（DS_t）、劳动力投入水平（LAB_t）和产业结构（INS_t）。其中，DS_t 采取浙江省规模以上工业增加值对浙江省生产总值的贡献度表示；LAB_t 采取浙江省就业人数的增加速度表示；产业结构（INS_t）采取浙江省第二产业产值占浙江省生产总值的比重来表示。

研究样本为 2009～2021 年浙江省省级层面的月度数据。数据主要来源于国家统计局、浙江省商务厅、浙江省统计局、历年《中国信息统计年鉴》数据库以及前瞻数据库等。表 5.4 为所有变量的描述性统计结果，被解释变量 TU_t 的最大值为 0.18，最小值为 -0.153，极差较小。而解释变量浙江省跨境电商进出口规模（$\ln CBEC_t$）最大值为 8.103，最小值为 4.485，极差较大。

表 5.4　　　　　　　　　　描述性统计结果

变量	样本量	均值	标准差	最小值	最大值
TU_t	156	0.0616	0.0950	-0.153	0.180
$\ln CBEC_t$	156	6.111	0.998	4.485	8.103

续表

变量	样本量	均值	标准差	最小值	最大值
DS_t	156	0.283	0.0391	0.227	0.359
LAB_t	156	0.00646	0.00463	− 0.00470	0.0121
INS_t	156	0.423	0.138	0.00430	0.518

二、实证分析与检验

(一) 平稳性检验与协整检验

由于采用的数据为时间序列数据,需要对数据进行平稳性检验,验证变量之间是否存在长期的均衡关系,以防伪回归关系的出现。TU_t、$\ln CBEC_t$、DS_t、LAB_t、INS_t 原序列的 ADF 检验值均高于 10% 的临界值水平,在 10% 的水平下未通过显著性检验,因此原序列是非平稳的。所以对原序列进行一阶差分,其中,表 5.5 为一阶差分后 ADF 平稳性检验结果。结果表明一阶差分后的 TU_t、$\ln CBEC_t$、DS_t、LAB_t、INS_t 的检验值通过了 1% 的检验水平,序列为一阶单整序列,表明时间序列是平稳的,可以对变量进行协整检验。

表 5.5　　　　　　　　　各变量的单位根检验

变量	检验值	1% 水平	5% 水平	10% 水平	P 值	结果
ΔTU_t	− 4.902	− 4.380	− 3.600	− 3.240	0.0110	平稳
$\Delta \ln CBEC_t$	− 4.867	− 4.380	− 3.600	− 3.240	0.0000	平稳
ΔDS_t	− 4.609	− 4.380	− 3.600	− 3.240	0.0010	平稳
ΔLAB_t	− 4.809	− 4.380	− 3.600	− 3.240	0.0161	平稳
ΔINS_t	− 5.683	− 4.380	− 3.600	− 3.240	0.0000	平稳

表 5.6 为残差的单位根检验结果,检验结果显示,残差的检验值为 − 3.261 小于在 5% 显著性水平下的临界值 − 3.000,拒绝原假设,残差序列不存在单位根,因此可以确定残差 ε 是平稳序列,变量之间是协整的,存在长期的均衡关系,可以进行回归分析。

表 5.6   残差的单位根检验

变量	检验值	1%水平	5%水平	10%水平	P值	结果
ε	-3.261	-3.750	-3.000	-2.630	0.0167	平稳

（二）基本回归

采用混合普通最小二乘法对模型式（5-1）进行估计，得到的结果报告在表 5.7 中，可以看到，跨境电商的发展显著促进了浙江省外贸的高质量发展，这与前文的理论分析一致，并证明假设 H_1 成立。另外，控制变量企业发展规模 DS_t 和劳动力投入水平 LAB_t 对外贸高质量发展的影响都显著为正，表明企业的发展规模越大，外贸企业市场开拓与创新能力往往越强，其竞争优势就越大，同时，劳动力投入水平越高，意味着有越来越多的人参与跨境电商行业，人力资源逐渐丰富对浙江省外贸高质量发展亦有明显的促进作用。实证结果表明产业结构对浙江外贸高质量发展的影响尚不明显。

表 5.7   基本回归结果

项目	TU			
	（1）	（2）	（3）	（4）
$\ln CBEC_t$	0.0487 * （1.97）	0.115 ** （2.58）	0.171 ** （2.82）	0.212 *** （3.52）
DS_t		1.958 （1.73）	3.064 * （2.22）	3.153 ** （2.50）
LAB_t			8.794 （1.31）	13.45 * （2.01）
INS_t				0.348 （1.69）
cons	-0.236 （-1.55）	-1.193 * （-2.09）	-1.903 ** （-2.46）	-2.362 ** （-3.13）
N	156	156	156	156
R^2	0.262	0.431	0.523	0.648

注：括号内为 t 统计量；*、**、*** 分别表示在 10%、5%、1% 水平下显著。

（三）稳健性分析

为了验证上述模型式（5-1）研究结果是否稳健，针对模型式（5-1）选择了替换解释变量的方式进行稳健性检验。选用互联网用户数 $User_t$ 对原有解释变量跨境电商进出口规模 $\ln CBEC_t$ 进行替换，该替换变量代表各月份互联网用户数，与原有的解释变量跨境电商进出口规模有较强的关联性。稳健性检验结果如表5.8所示，可以发现互联网用户数（$User_t$）对浙江省外贸高质量发展有着显著的正向影响，证明了模型式（5-1）研究结果是较为稳健的。互联网用户数量的日益增多意味着信息基础设施的完善及互联网经济的高速发展，这为电子商务以及跨境电商的发展奠定了良好的基础。

表5.8　　　　　　　　　　　稳健性检验结果

项目	TU			
	（1）	（2）	（3）	（4）
$User_t$	0. 171 *	0. 405 **	0. 573 **	0. 687 **
	（1. 97）	（2. 57）	（2. 71）	（3. 18）
DS_t		1. 963	2. 905 *	2. 896 *
		（1. 72）	（2. 10）	（2. 21）
LAB_t			7. 726	11. 38
			（1. 17）	（1. 67）
INS_t				0. 304
				（1. 41）
cons	－ 0. 263	－ 1. 259 *	－ 1. 894 **	－ 2. 260 **
	（－1. 58）	（－ 2. 10）	（－ 2. 36）	（－ 2. 81）
N	156	156	156	156
R^2	0. 260	0. 429	0. 504	0. 603

注：括号内为 t 统计量，* 、** 、*** 分别表示在10%、5%、1%的水平上显著。

三、进一步研究：影响机制的实证检验

由前述机理分析可知，在普惠视角下，跨境电商的快速发展促进了企业家精神的内生增进，使其通过加快产业创新推动对外贸易的高质量发展。

其中，跨境电商发展、企业家才能提升与外贸高质量发展三者之间的传导机制如图5.5所示。本书基于此提出如下假设：

H₂：企业家才能作为中介变量，对促进浙江外贸高质量有正向的中介效应。

图5.5　跨境电商发展促进外贸企业转型升级的传导机制

（一）中介效应模型设计

基于前文的模型分析，解释变量为浙江省跨境电商进出口规模数据 $\ln CBEC_t$，被解释变量为浙江外贸企业对 GDP 的贡献度 TU_t，中介变量为企业家才能 $\ln ENT_t$，用万人中私营企业数量的对数值测度。在模型式（5－1）的基础上，中介效应模型拓展分别如式（5－2）、式（5－3）所示：

$$\ln ENT_t = \beta_0 + \beta_1 \ln CBEC_t + \beta_n Control_t + \mu_t \qquad (5-2)$$

$$TU_t = \gamma_0 + \gamma_1 \ln CBEC_t + \gamma_2 \ln ENT_t + \gamma_n Control_t + \varphi_t \qquad (5-3)$$

（二）中介效应模型分析

跨境电商发展对浙江外贸企业转型升级的作用包括直接效应和间接效应两个部分，其中，在跨境电商发展对外贸企业转型升级的间接作用中，企业家才能提升是一个具有重要作用的中介变量。对模型式（5－2）和模型式（5－3）进行传导机制检验，结果如表5.9所示。模型式（5－2）为跨境电商发展对企业家才能的影响，结果显示跨境电商的发展对企业家才能的提升有正向的促进作用，并在5%水平下显著，意味着跨境电商发展水平每增加1%，企业家才能就会相应地提升0.014%。这反映出在互联网平台高速发展、数据技术的发展应用越来越成熟的背景下，跨境电商发展程度的加深可显著促进企业家才能的激活与提升，使其创业积极性不断增强。加入控制变量之后，模型式（5－3）中 $\ln CBEC_t$ 系数仍然在5%的水平下显著，$\ln ENT_t$ 系数在 10% 的水平下显著，其中模型式（5-1）中 $\ln CBEC_t$ 的系数为 0.212，模型式（5-3）中 $\ln CBEC_t$ 的系数为 0.148，可知 $\gamma_1 < \alpha_1$，可以说明企业家才能在模型中存在部分中介效应，经计算，中介效应占总效应的 18.27%。企业家才能对浙江外贸企业转型升级起到正向的中介促进作用，证明前述 H_2 假设成立，跨境电商基于企业家才能的提升促进浙江外贸企业加快转型升级。

表 5.9 　　　　　　　　　　中介效应模型检验结果

项目	（1） Inv	（2） TU	（3） TU
$\ln CBEC_t$	0.0140 ** （2.80）	0.212 *** （3.52）	0.148 ** （2.62）
$\ln ENT_t$			2.363 * （2.28）
控制变量	控制	控制	控制
N	156	156	156
R^2	0.416	0.648	0.798

注：括号内为 t 统计量；*、**、*** 分别表示在 10%、5%、1% 水平上显著。

第四节　跨境电商影响浙江外贸企业转型升级的双案例研究

为了促进浙江外贸企业转型升级，浙江省政府相继出台多项跨境电商相关扶持政策，对大力发展跨境电商新业态、完善跨境电商法律法规、优化跨境电商发展环境提供大力支持。以下选取 H 进出口有限公司和 L 科技股份有限公司作为典型案例，剖析其基于跨境电商发展实现转型升级的经验并提出相应对策建议。H 公司以"打造智慧供应链企业"为核心，侧重于涵盖家具、家电、运动器材等二十余个品类的产品出口。L 公司是一家以线性驱动技术为核心的科技企业，致力于打造创新家居生活与办公方式。两个企业分属于不同行业、不同规模，对其进行双案例剖析具有一定典型与代表意义。

一、H 公司基于跨境电商平台的转型升级

H 公司成立于 1998 年，得益于宁波区域经济优势和舟山港的吞吐量优势，H 公司传统外贸业务发展迅速，2009 年出口额成功突破 1.6 亿美元。其后，H 公司不断开拓跨境电商业务领域，并逐步向跨境 B2B2C 模式转型，现已成为长三角地区跨境出口电商的领军企业。通过剖析 H 公司借助跨境电商实现企业转型升级的过程发现，其成功经验主要体现在以下几个方面。

（一）分销渠道广阔——多平台销售

H 公司实行多平台销售策略，在亚马逊、ebay、沃尔玛、Wayfair、Target 等十余个平台广泛布局与销售，不仅使客源渠道大大拓宽，也基于跨境 B2B、B2C 这一扁平化销售方式的应用，改变了过去外贸品牌和渠道被采购商掌控的传统模式，让企业直接面对国外消费者，给企业带来了新的发展机遇。H 公司借助亚马逊、ebay 等多个主流平台积累了大量稳定的客户，在较少的投入下实现多倍的产品流量及销量，渠道效费比不断提升，不仅使其市场规模有效扩大，还基于供需双方的实时互动使其技术创新的试错成功率提高，由此获得经营绩效的改善与资本积累的加快，进而基于盈利能力的增强而获得可持续的技术创新动力提升和再投入保障（张小蒂和曾可昕，2013）。同时，H 公司还在自建网站上拓宽销售渠道，不仅积累了一定的稳定客源，还获得一手客户信息，可基于对用户画像与行为数据的解读进行精准研发与直接面对消费者的营销（DTC 营销），以进一步优化用户体验与提升品牌忠诚度。

（二）物流模式创新——海外仓设立

2012 年，H 公司在美国成立分公司的同时，还自建了美国海外仓，开展本地化物流服务。2018 年，公司持续进行欧洲、美洲、大洋洲的海外仓建设，海外仓总面积达到 20 万平方米，至 2020 年，其海外仓面积突破 40 万平方米。海外仓的设立有效规避了传统跨境物流的大量不可控因素，不仅降低了运输成本，还大大提高了物流与配送效率，且便于退换货，从而

使用户体验不断优化。尤其在新冠疫情引致运力不稳定等背景下，海外仓更趋成为跨境电商发展的重要环节和服务支撑。

（三）建立跨境电商人才培养机制

H公司积极推动高校和企业合作的人才培养机制，建立起稳定的跨境电商人才输送和培养模式，持续进行专业复合型跨境电商人才培养。跨境电商人才的培养可以为企业的高质量发展提供不可或缺的创新资源支持，为企业探索新的发展路径，从而促进企业发展模式的转型升级。

（四）设立自主品牌

H公司经营的产品涵盖二十余个品类，其设立了数十个自主品牌。企业自主品牌的设立和维护可有效提升品牌辨识度和品牌认可度，独特且清晰的品牌定位能够帮助企业吸引更多消费者并且减少营销成本，品牌认可度的提升有效促进了客户转化率的提高，由此提升了品牌定价权。基于跨境电商发展所即时获取的用户需求与市场趋势等信息，使产品定位与营销更为精准，品牌形象和品牌意涵更为鲜明，从而使品牌价值增强，企业利润空间拓宽。

二、L公司基于跨境电商平台的转型升级

L公司成立于2002年，致力于健康智慧办公、智能家居产品的研发、生产及销售，主营产品包括智能升降桌、智能电动床、智能学习桌、智能升降台、健身运动椅等。2011年L公司开始开展跨境电商业务，2013年在美国旧金山硅谷设立首个海外仓，2016年开始运营独立站。2020年在美国成立海外仓储物流服务子公司，公共海外仓业务开始独立运营，2021～2023年其海外仓被连续三年评为浙江省级公共海外仓。L公司基于跨境电商实现转型升级的成功经验主要包括以下四点。

（一）亚马逊和独立站布局——利用多元化渠道优势

L公司不仅通过在亚马逊、Home Depot、Walmart、Wayfair等电商平台开店实现在全球75个国家（地区）广泛布局与销售，还基于独立站的构建

实现进一步快速发展。根据 Google Analytics 数据，其独立站流量稳步攀升，2021 年上半年独立站稳定在单月 60 万人次的访问量。多元化渠道优势的获取及 L 公司过硬的产品品质、良好的品牌形象之间良性协同，使其产品知名度、美誉度均获得明显提升，由此促进其市场规模的拓展与盈利能力的增强。

（二）积极布局海外仓——探索新增长点

经过多年的发展，L 公司除了经营智慧家居产品产业，还前瞻性地开拓了公共海外仓这一新兴业务领域。随着海外仓规模逐步扩大，L 公司实现降本增效的同时，为其他中小跨境电商外贸企业提供专业仓储服务，从而形成公司营收新增长点。未来 L 公司还将基于人工智能、物联网等技术的深度应用进一步提升其物流效率与服务质量，由此获得竞争优势的巩固与增强。

（三）聚焦智慧健康办公——形成差异化竞争优势

基于线性驱动技术，L 公司不仅研发出健康办公领域各种人体工程学升降桌，还研发了基于智慧家居各类场景下的创新应用产品。智能型家居产品与其他普通传统型家居产品形成差异化优势，新兴的异质性产品更容易满足终端消费者的个性化需求，从而使用户体验和黏性优化。L 公司在拥有较强技术优势的同时，还将其在跨境电商平台的价格控制在一个适当区间，产品价格仅为海外同类产品售价的 30% ~ 50%，从而基于性价比的提升对购买方形成"锁入效应"，使其对产品的认可度与忠诚度不断提高，也在一定程度上形成对平台上同行业企业与产品的"降维打击"，使市场竞争加剧。此外，新冠疫情暴发后，L 公司迅速发现并捕获全球居家健康办公的需求增加这一商机，"聚焦智慧健康办公"的产品定位迅速满足市场需求，其跨境电商 B2B 销售量增幅超 30%。

（四）加大技术创新投入——巩固增强市场势力

市场势力是企业可影响乃至控制市场定价的能力，而技术创新能力的不断提升则是企业巩固与增强其市场势力的核心渠道之一。自成立以来，L 公司一直注重提升企业创新能力，将科技创新优势作为提高产品竞争力的重要手段。L 公司研发团队现有研发人员 600 余人，专注于机电一体化、嵌入式软硬件、物联网、5G 技术应用、高速低噪线性驱动等新兴发展领域的研究。公司还积极联合产业链上下游企业、国内知名高校开展产学研合作，并于 2019 年成立健康研究院，其全球专利数已超过 1110 件，由此基于"创新能力提升→市场势力增强→定价权提升、市场规模扩大→再创新能力增强→市场势力巩固或增强→市场规模进一步扩大"的良性循环，公司发展呈现螺旋上升态势。

三、跨案例比较分析

（一）案例企业共同特征

其一，通过发展跨境电商，两家外贸企业成功实现转型升级。通过案例比较分析发现，跨境电商能够有效地促进不同行业、不同规模的传统外贸企业转型升级，进一步提升其国际竞争优势。跨境电商的发展，不仅将"中间商"形式的传统外贸模式转变为可同时面对境外进口公司与终端消费者的新型外贸模式，也将 OEM 代工贴牌模式转为自主品牌模式，还将原来聚焦于中低端消费市场的出口逐步向高端定制消费市场拓展，促进外贸企业降本增效、市场规模扩大、盈利能力增强。

其二，基于跨境电商的发展使其自主品牌知名度提升。包括 L 公司和 H 公司在内的浙江大量传统外贸企业都靠贴牌生产起家，竞争的不断加剧使 OEM 模式日渐式微，发展空间日趋缩小，亟待通过技术与营销创新以及渠道拓宽突破"低端锁定"。L 公司和 H 公司都逐步通过加强技术创新与设立自主品牌提升竞争优势，在国内外着手实施自主品牌发展战略，并对产品和业务进行转型升级，同时借助跨境电商平台实现提升研发效率及品牌知名度，积累技术优势，从而使其自主品牌逐步升级为国际知名品牌。例如，L 公司的自主品牌销售收入占比从 2014 年的 24.2% 上升至 2017 年 51.34%，2021 年自主品牌销售更是达到 64.66%。

其三，物流体系逐渐完善，积极开拓海外仓物流模式。传统外贸企业的产品销往境外的物流配送体系主要依靠国际海洋运输和目标市场当地物流体系，不同地区发展程度的差异使物流时效与稳定性具有较大不确定性，传统外贸的物流存在配送慢、易丢件等弊端。H 公司和 L 公司在发展跨境电商的过程中均前瞻性地发现了海外仓模式的优势与发展前景，从而积极布局海外仓建设，依托海外仓的优势提升物流配送效率，优化终端用户体验。

其四，销售渠道日趋多元化。在跨境电商模式出现前，传统外贸企业往往面临销售渠道单一、消费者覆盖面窄、终端消费者品牌认知度与忠诚度低等诸多问题。H 公司和 L 公司两家企业在发展跨境电商的过程中，都通过在多个跨境电商平台建店和建立自建站、独立站等方式进行多元化布局，更好地利用各平台与模式的优势，同时规避了使用单一渠道可能面临的风险，以使其销售网络的广度与效率不断提升。

（二）案例企业不同特征

首先，企业转型升级模式不同。H 公司主要采用跨境电商 B2B2C 模式，国内负责采购和运营，海外仓负责仓储和发货的市场快速响应模式，在国际知名的第三方电商平台和自营的独立站开展零售，逐渐成长为一家布局全球智慧供应链的将跨境电商与新零售相结合的企业。H 公司进行转型升级的核心优势在于全球供应链的布局优化、自建海外仓物流体系的完善。而 L 公司以线性科技驱动为主，以科技创新为核心优势，注重以技术创新的方式提高产品差异化程度，从而带动企业转型升级。

其次，业务模式不同。H 公司的海外仓建设与运营以满足自身产品的跨境电商销售与物流为主要目的，而 L 公司在满足其自身海外仓物流需求的同时，还转型提供外贸基础设施服务，建立公共海外仓。公共海外仓的设立为转型升级中大量难以自建海外仓的中小外贸企业赋能，帮助更多中小企业拓展跨境业务，同时也共享了中小外贸企业市场规模快速拓展所产生的红利。伴随传统外贸企业借助跨境电商进行转型升级的数量日渐增多，中小外贸企业对租用公共海外仓的需求日趋旺盛，将为 L 公司的公共海外仓带来可观的收益和良好的发展势头，由此获得盈利空间的扩大与再创新能力的增强。对于 H 公司与 L 公司这两家企业，跨境电商影响其转型升级的案例比较分析如表 5.10 所示。

表5.10　　　　跨境电商影响浙江外贸企业转型升级的案例比较分析

企业	传统外贸阶段	跨境电商发展阶段	
		共同点	不同点
H公司 L公司	OEM代工贴牌 "中间商"传统外贸形式 依托第三方国际物流 销售渠道单一，消费者覆盖面窄	自主品牌知名度提升 物流体系逐渐完善 销售渠道多元化	核心竞争优势不同 业务模式不同

四、我国外贸企业应用跨境电商转型升级的对策建议

（一）实行差异化策略

差异化策略是指使企业产品、服务、形象等同竞争者有显著差异，在全产业范围内形成其独特性，由此基于议价能力的提升而使企业竞争优势增强。我国外贸企业可以从产品、渠道和品牌三个方面实施差异化战略，培养用户对产品的忠诚度，助力外贸企业基于跨境电商实现转型升级。

1. 产品差异化策略

持续创新是企业实现高质量发展的重要前提，也是推动企业竞争优势增强的原动力，只有不断进行产品创新，才能实现产品的差异化特性，促进外贸企业的转型升级。传统外贸企业可以利用跨境电商平台和终端消费者开展实时交流互动，及时了解市场动态及用户个性化需求，由此持续优化产品设计参数，并调整产品定价，增进产品质量，从而使中小外贸企业能更好地找准企业产品特色与定位，使其创新能力与创新绩效不断提升。

2. 渠道差异化策略

跨境电商销售渠道主要包含以下几类：其一，利用第三方跨境电商平台销售。亚马逊、ebay、速卖通等第三方主流跨境电商平台目前发展模式成熟，其不仅积累了大量长期稳定的用户流量，且进入门槛低，综合服务体系完善，可成为中小外贸企业以更低成本、更高效率打开国际市场并积累其用户群体的重要渠道。其二，自建平台或独立站模式。随着国际化经验的不断积累，中小跨境电商企业可开始着手建立垂直品类独立站，以全

面获取用户画像及行为数据，通过大数据分析自建平台上顾客的偏好和市场发展趋势，以提升其研发与营销的精准度与灵活性，有助于增强品牌知名度与用户黏性。中小企业还可通过社交媒体、短视频、直播等渠道与用户进行更深入互动，以实时了解用户需求，不断提升品牌知名度与品牌价值。另外，海外仓的自建或使用也可被视为新型物流渠道或商业模式，海外仓的使用有利于降低国际物流费用，提升国际物流配送效率和客户满意度，且有助于更进一步开拓海外市场，使其业务范围从产品生产与销售向物流、仓储等要素市场不断拓展。

3. 品牌差异化策略

优良的品质与品牌效应是企业基于跨境电商实现持续发展的重要前提。外贸企业开展跨境电商的过程中，要想实现企业长远发展，需要树立品牌形象、强化品牌影响力，并在企业发展的过程中扩大品牌效应，帮助企业在国际市场上赢得话语权。同时，我国外贸企业应该积极顺应品牌全球化发展趋势，在国际市场中找准品牌定位和发展路径，积极开拓"一带一路"新市场，使"中国智造"行销全世界。

（二）完善跨境电商人才培养机制

1. 外贸企业层面

跨境电商领域面临着人才缺口大、人才培养体系尚不成熟等问题，在中小外贸企业中尤为普遍。中小外贸企业不仅应加强校企合作，通过实操训练提升跨境电商人才在运营与管理中的综合能力，同时还应构建更为科学的激励机制，通过给予技术与管理等环节关键人才股票期权或分红等长期激励方式，更好地激活与增强员工的企业家精神，促进其创新能力与动力的提升，由此形成各方激励相容的长期合作机制。

2. 政策层面

以市场需求为导向，通过产学研多渠道协同有效培养大量复合型跨境电商人才。一方面，政府可建设跨境电商实训基地，并设立跨境电商人才培育基金，为外贸企业人才培养提供支持。二是建立跨境电商人才蓄水池，加强引进具有丰富跨境电商实操经验的高级人才和国外跨境电商综合型人才，以优惠的人才政策和补贴政策吸引更多跨境电商人才流入。

（三）政府完善公共服务体系

我国政府可通过创建一站式公共服务平台为外贸企业提供一站式公共服务，并将其与主要外贸综合服务平台及速卖通、阿里巴巴国际站等跨境电商平台对接，实现多平台互联互通，以更好地整合各方大数据及要素资源聚集优势，使贸易流程更为高效便利。

第六章　普惠视角下构建 eWTP 的理论机制

近年来，全球经济下行压力和不确定性日益凸显，全球经济与贸易可持续发展面临一系列风险挑战，如贸易壁垒增多、贸易规则失范、全球数字鸿沟扩大等，亟待从制度、技术、模式等层面深化改革与创新，以获得全球市场空间的进一步拓展。可以看到，数字技术已成为当前全球贸易变革新引擎，跨境电商也正在成为重塑全球新贸易体系的关键途径。前已述及，跨境电商可促进全球贸易朝着普惠且高质量的方向演进，但这一过程中仍面临着贸易规则、监管体系、基础设施、商业实践等层面的诸多挑战。如何以更低的成本、更小的阻力化解全球数字贸易发展中所遇到的困难与挑战，成为各国政府、国际组织与平台企业需共同思考与应对的问题。

第一节　普惠视角下构建 eWTP 的主要起因

从全球层面来看，一方面，掣肘于各国国情、目标与理念的巨大差异，制定全球层面较为统一完善的多边数字贸易规则与监管体系难度太大、成本过高，短期内难以实现，从而极大限制了数字贸易的规范、可持续发展。且欧美等发达国家往往基于其谈判能力与先发优势而在数字贸易国际规则的制定过程中处于主导地位，发展中国家则大多话语权较弱，或出于对本国数字经济基础薄弱或国家网络安全的担忧而未积极参与数字贸易谈判，而这又会进一步强化发达国家在制定数字贸易规则中的主导优势，从而更加不利于发展中国家小微企业、个人等弱势群体的诉求表达与利益争取。另一方面，在发达国家与部分发展中国家基于数字技术的创新与应用而享受数字红利、实现跨越式发展的同时，大量发展中国家却因信息基础设施的落后以及商业实践经验积累与能力的不足而无法较好地参与全球数字贸易，由此导致"数字鸿沟"不断扩大。应该指出，全球经济的可持续发展不可能建立在一批国家越来越富裕而另一批国家长期贫穷落后的基础上。每个国家在谋求自身发展的同时，都要积极促进其他各国共同发展（徐步，2022）。只有在低收入国家增加网络基础设施投资，建立健全企业、消费者信用与监管体系的基础上，才能使全球跨境电商交易在主体、市场、产品、模式等层面呈现更多元开放的形态，从而使贸易的扩展边际效应增加，推进贸易利益不断增进及更均衡分配，促使全球化向纵深发展。因而值得思考的是，能否"另辟蹊径"，首先从实践层面切入，以政企协同为关键，加强各国合作与沟通，在实践探索中使各国的数字贸易获得更普惠且高质量的发展，并在发展中共同探讨以寻求与优化各国之间的最大公约数，从而以更小阻力、更高效率构建全球层面更完善、统一的数字贸易治理体系。

从国内层面来看，中国一直是国际上各类商务与贸易规则的遵从者，主要做法是将国际经验中国化（李晓龙和王健，2018）。而在电子商务实践领域，中国在数字技术、商业模式、商业制度创新等多个层面正处于全球较为领先地位，中国已是全球最大的电子商务市场和最大的跨境电商出口国，电商经济正成为中国经济增长的新引擎。跨境电商发展所引致的全球合作网络密度与效率的大幅提升，使中国及其他参与国都成为"深度全球主义"的实践者与受益者（张锐等，2020）。跨境电商发展过程中对中国产品、技术与企业实力的展示，在促进经济发展的同时，也有利于增进我国与其他国家的相互了解与信任，使我国在文化与政策等层面的软实力显著提升，从而有助于中国以更积极、主动的状态参与国际贸易规则创建与优化，加快提交与推广中国方案，为构建适应普惠贸易发展的全球治理体系改革和建设贡献中国智慧与中国力量。在这样的背景下，构建世界电子贸易平台（eWTP）的初步想法与方案便应运而生。

第二节 普惠视角下构建 eWTP 的核心诉求 与行动框架

阿里巴巴集团一直以"让天下没有难做的生意"为企业发展核心理念，致力于推动国内外中小企业发展与年轻人创新与创业。2016 年 3 月的博鳌论坛上，阿里巴巴集团董事局主席首次提出世界电子贸易平台（Electronic World Trade Platform，eWTP）的概念，随后被写入 G20 公报，受到世界各国的高度关注与积极回应。根据二十国集团工商界活动（B20）共识，eWTP 是一个私营部门引领、市场驱动、开放透明、多利益攸关方参与的公私合作平台，可使 WTO、UNCTAD、国际商会、世界海关组织、万国邮联等专注于全球贸易的机构、各国政府、中小企业、监管实体、供应商、消费者协会、行业协会、商业中介组织等主体更好地对话交流并加强合作。eWTP 秉承共商、共建、共享这一全球治理理念，旨在探讨全球数字经济与数字贸易的发展趋势、面临问题和政策建议，并分享商业实践和最佳范例，孵化和创新贸易新规则和新标准，推动全球数字经济基础设施建设，共同促进全球经济社会普惠和可持续发展。eWTP 的核心要义在于：以实现人人参与的"买全球、卖全球"贸易格局为目的，以降低贸易准入门槛、助力全球中小企业融入全球贸易为宗旨，从而形成以企业主导、市场驱动、政府支撑且广大利益主体深度参与其中的新局面，进而构建一套标准化的、综合且全面的数字贸易规则体系，为中小微企业、新业态创造一个更加自由、开放的空间。

一、构建 eWTP 的核心诉求

（一）构建开放型全球数字贸易平台，拓展全球市场潜力

中国及其他跨境电商参与国正面临通关、跨境电子支付、物流、知识产权、关税等各方面的制约，迫切需要政府主体及市场主体通过官方或非官方渠道加强国际协作，努力削弱、消除各国对跨境电商发展所设置的过

高壁垒，塑造包容开放的贸易秩序。统筹国内国际两个市场、两种资源，构建"物流便捷、标准互认、产能互补、市场共享的国际电子商务发展局面"①，帮助打通全球化的供应链体系，促进跨境电商与全球供应网络的协同，促进全球数字贸易生态圈的不断演进与繁荣。

（二）为各方谋求更大发展与利益空间，实现普惠式发展

各国跨境电商的快速发展以其基础设施与监管体系不断完善为重要依托。基础设施与监管体系落后的国家则有可能被进一步边缘化，由此加剧逆全球化风险。因而，eWTP 的核心诉求之一是在低收入国家增加网络基础设施投资，帮助其建立健全跨境电商监管体系，使更多国家的跨境电商获得更快速且更高质量发展，真正实现贸易利益的增进及其在各个国家、各个市场主体之间的更均衡分配。

（三）孵化普惠型数字贸易规则，提升"中国方案"影响力与传播力

前已述及，目前美国等发达国家在制定国际贸易规则时重点关注数字服务贸易、数据流动等问题，缺乏对跨境电商模式下货物贸易规则的高度重视。实际上，当前我国在跨境电商国际支付体系、外贸综合服务业务模式、跨境物流体系、PPP 贸易监管、平台信用体系建设、消费者权益保护、在线争端解决等方面具有很多较为成熟的、创新性的做法，已具备引领区域性或全球性相关数字贸易规则制定的一定能力与条件。因此，eWTP 平台所制定的数字贸易规则框架体系，应该突出中国企业、政府在跨境电商领域成熟的商业做法、高效监管模式等方面对构建普惠型数字贸易规则的引领与借鉴作用，尤其要强调指出其如何基于跨境电子商务规则、制度及模式的持续变革而降低贸易门槛，赋能全球中小企业及个人，提升欠发达地区和中小企业运用互联网平台参与国际经贸的能力，从而弥合数字鸿沟、促进全球普惠贸易发展。尽管 eWTP 相关贸易规则不具有强制性的法律效力，但其通过最佳实践的传播、分享与积极倡导，有助于加快数字贸易"中式模板"的凝练与国际推广，可一定程度地提升中国在全球及区域层面跨境电商规则制定的影响力与话语权，由此推动相关数字贸易规则体系的优

---

① 资料来自我国的《电子商务"十三五"发展规划》。

化与完善。

二、构建 eWTP 的主要行动框架

构建 eWTP 的主要行动框架具体表现在以下几个方面。

（一）充分探索跨境电商的各类创新模式，总结与传播我国跨境电商领域优秀的商业实践

发挥我国在数字经济领域的经验优势，鼓励企业充分开展跨境电商有关的技术与模式创新，并将我国各地跨境电商综合试验区、互联网平台企业等各个层面的创新实践予以提炼，方便平台企业及政府部门通过多元途径，将本国的先进实践经验与监管政策实践与其他国家分享。

1. 深化跨境电商各参与主体间的创新与合作

各相关方开展数字经济和电子商务领域的商业交流与协同创新，建立包含数字贸易技术体系、电子商务平台、金融支付、物流仓储、外贸综合服务、数字营销、教育培训等在内的数字化基础设施。各参与主体间的创新合作可体现为：各相关方共同参与建立以互联网、大数据和云计算、物联网、人工智能等为基础的 eWTP 技术架构；不断完善外贸综合服务体系；推广与优化海外仓模式；探索与推广跨境电商的零售进口保税模式，在更多国家推广支付宝等第三方支付工具，并促进其信用体系的构建与完善等。

2. 通过设立跨境电商综合试验区、eWTP 试验区与枢纽等方式，充分探索跨境电商的各类创新模式

在企业先行先试的基础上，通过跨境电子商务综合试验区、数字贸易试验区等的设立，对跨境电商发展予以规则孵化、政策扶持、人才培养、园区建设、技术与商业模式创新等，化解跨境电商行业发展过程中存在的桎梏和难题，完善现有跨境电商体系制度，构建智能化、线上化、便利化的数字贸易生态圈，进而激活产业活力、促进其健康发展。

3. 分享与推广我国跨境电商领域的成功商业实践与制度改革经验

通过组织或参与数字贸易相关会议、论坛等方式分享与推广我国在跨境电商相关基础设施、商业模式、监管制度等方面的实践与创新经验，基于各国间相互了解与信任的增进而使其在跨境电商发展中的目标与理论更趋于一致，为各国政府、企业间深化合作奠定基础。

（二）基于各国政企间协同，促进全球数字化经济基础设施的完善

通过企业引领、政府协同等方式，发挥中国在数字经济领域的经验优势，以市场为导向，与国内外合作伙伴共同促进交易、物流、金融支付、公共服务等环节的数字经济网络基础设施及配套服务的加快建设，推进打造全球性交易、物流、支付金融和公共服务平台网络。基于此，平台方等主体在获得国际市场拓展、网络效应增强的同时，也使更多国家的贸易便利度提升，从而基于交易费用的下降使全球市场进一步拓展，全球分工合作的网络密度与效率进一步提升。此外，eWTP 还可通过多样化的培训，为合作国家提供数字贸易所需的各类人才。网络、市场以及人才的互联互通为跨境电商广度的拓展创造条件，而物流、金融、数字技术、公共服务等要素的升级与优化配置则成为跨境电商发展深度拓展的重要前提，这不仅使中小企业参与全球价值链的门槛降低，贸易成本与不确定性降低，也使供应链与产业链在效率导向下获得优化，减少了中间商及各种贸易中的中间环节与壁垒，由此使各国企业更聚焦于产品研发与品牌建设，推动其产品国际竞争力不断提升。

（三）以成功商业实践为基础，孵化与创制新的数字贸易规则和标准

在市场导向下，以完善国内跨境电商监管法律体系、政策扶持体系与跨境电商标准体系为前提，提出与传播中国方案，推进数字贸易国际规则的孵化创制工作。

1. 基于官方－非官方多元主体合作的方式促进双边贸易政策的优化与贸易规则的完善

通过政府外交方式建立与外国相关部门间的政策沟通机制，保持密切

交流，并在双边经贸合作中输出中国方案，构建更完善的双边数字贸易规则。平台方等市场主体通过企业外交的形式参与各国政府组织的政策沟通活动中，并提出企业视角的规则倡议。基于我国实践与改革经验的示范与推广，促进东道国政府更具前瞻性和针对性地完善其国内数字贸易监管体系，并积极有为地参与国际数字贸易规则的构建。

2. 积极参与 WTO、WCO 等全球性或区域性经济组织对有关跨境电商规则与标准的制定

我国以塑造包容性贸易格局、尊重现有国际规则、注重维护国家监管权与发展中国家合理诉求、优先服务电子商务范畴内的货物贸易等为核心立场，与各国政府、企业之间进行充分评估与审慎探讨，共同界定跨境电商的特征、原则等，探讨和孵化数字时代的新规则、新标准，如与电子商务直接相关的数字关境、税收政策、数据流动、信用体系、消费者保护、电子支付、跨境物流、透明度条款等。特别要反映各国中小微企业对数字贸易国际规则的诉求，帮助中小微企业和发展中国家在国际贸易体系中获得公平和普惠的发展机会。

3. 积极探索"一带一路"跨境电子商务规则标准

共建"一带一路"国家和地区在进出口关税、物流运输、包裹放行、知识产权保护、征信体系、法律法规等方面存在明显差异，加快统一规则的建立是各方发展的当务之急，也是进一步深化"一带一路"建设的重要途径。以世界海关组织《跨境电商标准框架》为基础，以我国跨境电商改革实践成果为依据，在共建"一带一路"国家和地区进一步拓展 eWTP 建设，在反复实践中使 eWTP 规则体系得以逐渐成型与完善。进而基于在共建"一带一路"国家的成功推广及其对数字贸易发展促进作用的发挥所产生的示范效应，获得更多国家和地区对 eWTP 的认可与应用，从而不断迭代形成广泛适用的 eWTP 标准化规则体系。

上述三个层次密切相关、互为依托。数字贸易规则与标准的讨论内容主要来自 eWTP 各相关方关于跨境电商各类创新模式与数字化基础设施的不断探索与实践之基础上，数字贸易规则的孵化与创制又会进一步促进数字经济商业合作和新技术的创新发展。

第三节　构建 eWTP 的主体及相关方耦合形成机制

WTO、UNCTAD、国际商会、世界海关组织、万国邮联等官方机构均致力于通过标准与规则的构建来促进跨境电商的发展。然而，目前尚无组织或论坛可以将各方有关跨境电商的观点予以汇总，并推动各个组织评估现有法规和最佳做法，进而孵化和传播促进数字贸易的规则。eWTP 的特色是公开、透明和非营利性的，它将与致力于推动国际贸易与跨境电商发展的所有利益攸关方合作，包括但不限于中小企业和商业部门、政府、国际组织（如世贸组织、国际贸易中心、贸发会议、国际商会、世界海关组织）、行业协会、商业中介组织、消费者协会、专家学者等，共同评估发展跨境电子商务的条件、完善跨境电商相关的基础设施并进行规则孵化。eWTP 作为一个由私营部门引领的公私合作平台，其推动全球数字基础设施完善与贸易规则制定的核心动力来自市场需求与数字技术驱动。

一、构建 eWTP 的核心主体与关键要素

尽管构建 eWTP 的倡议是由阿里巴巴这一平台企业发起的，但真正要实现其促进全球数字贸易普惠高质量发展的目标还需要由国际组织、各国政府、平台方、服务商、中小企业、行业组织等构成的多元化主体共同执行与推进。在具体实践层面，eWTP 的构建与推进既包含各国官方之间的传统互动，也包含各国官方行为体与非官方行为体之间，以及各国非官方行为体之间在市场驱动下所进行的商务交流、谈判、合作等活动，各主体的目标、战略与行动间具有连贯性与互补性。其中，在众多非官方主体中，大型跨境电商平台企业往往是最为核心与活跃的，其原因在于，随着数字贸易的不断发展，平台方的作用日益凸显，兼具市场竞争参与者、信息基础设施提供者、平台交易规则制定者、一揽子要素优化配置主体等多重角色，这使其具有更强烈的意愿与更强大的能力参与全球数字贸易治理，愿意更充分履行企业社会责任，并对国际公共事务发挥积极影响。平台企业

的深度参与也使得 eWTP 的构建与推进过程能更好地以市场发展为导向，且更高效、平等、互利地与各国开展跨境电商领域市场拓展、商务合作及争端问题的共同探讨与化解，并促进形成开放包容的营商环境，使各个国家的市场主体间分工合作深化且市场规模不断扩大。平台企业参与 eWTP 等公共治理可有效弥补公共部门在处理前沿经贸问题时知识信息与技术支持不足、各部门间职能权责不清、推进过程过缓等短板。

因而，eWTP 的运行建立在"政企"及"企企"间密切合作与协同互动的基础上，由此形成的正反馈机制可有效促进全球贸易朝着普惠、高质量的方向不断演进。以平台方实践探索为引领，以"政企"间与"企企"间协同为支撑而形成的跨境电商服务与监管体系提供方正是构建与推进 eWTP 的核心主体。而政府、平台企业等核心主体在构建与推进 eWTP 中职能的发挥以一揽子要素资源的获取与优化配置为前提，这些关键要素主要有：数字技术、企业家精神、公共品等。eWTP 的构建主要以数字技术为基础，以企业家精神为核心，以公共品为重要支撑，具体体现在两个方面。

（一）以数字技术的发展应用为基础

大数据、云计算、人工智能、物联网、区块链等作为底层技术为 eWTP 的搭建与运行提供技术支撑。在 eWTP 构建过程中，数字技术的发展应用将使信息基础设施与相关制度规则的构建更为高效、精准与智能。例如，人工智能使得供求匹配趋于精准化，营销、物流等各供应链环节趋向智能化；物联网技术正不断打破产业边界，使不同行业的融合发展加速；互联网平台使产业沟通模式由线性重构为实时互动的网状结构；企业"上云用数赋智"将使企业之间、产业链各环节之间的营运"摩擦"减小，决策更高效；而区块链基于安全、可追溯的交易环境构建使得信任无处不在，产品全生命周期交易过程可实现去中间人化、民主化。eWTP 还可以通过数字技术的使用加强数字共享及其合理使用，促进网络安全和隐私保护等。

（二）以企业家精神为核心

企业家作为一揽子要素配置主体，其重要地位不言而喻。eWTP 构建所引致的贸易便利度提升及营商环境的优化可促进企业家精神激活与增进，这是释放全球企业家创新潜在能力，促进大众创业、万众创新的有效途径。而企业家精神的激活与增进又是跨境电子商务普惠且高效发展的重要基础，因而全球企业家精神的丰裕度也是衡量 eWTP 成功构建与运行与否的重要指标。此处的企业家精神是指平台方、服务商、中小微企业等跨境电商生态圈内各市场主体所表现出的包括创新、创业、驾驭风险、捕捉商机、学习、敬业、合作等在内的综合素质与能力的抽象，是一种无形的、关键的高级生产要素。随着 eWTP 的构建与推进，平台提供方与使用方的企业家精神将基于以下路径获得增进。

1. 平台提供方成为构建 eWTP 的核心主体

伴随着跨境电子商务市场规模的快速扩张，涌现出各类跨境电商平台，并推动更多企业进行线上贸易，形成巨大的平台经济效应，这反过来又进一步推动跨境电子商务市场规模的扩大，形成自我强化与良性循环机制。平台企业在 eWTP 构建与完善中发挥的作用主要体现为：（1）平台提供方作为跨境电商一揽子要素的配置主体，通过促进相关要素资源的优化配置，可使更多要素主体跨时空汇聚，由此形成实时协同的价值网，它将导致企企间交易增多，以及专业化分工深化，从而使集聚网络效应增强，整体竞争力不断提升，进而引致跨境电子商务的快速、良性发展。这将成为 eWTP 构建与完善的重要前提。（2）平台企业所提供的交易平台、信息、金融、物流等要素在一定程度上具有公共品属性，这使其成为跨境电商发展相关公共品的重要提供者。在此基础上，平台企业通过与政府间加强合作沟通，将进一步促进相关信息基础设施的完善，推动相关贸易规则、政策与制度的建立。

2. 平台使用方数量日益增加是构建 eWTP 的重要前提

跨境电商平台给中小企业和发展中国家进入国际贸易领域带来发展机遇，推动更多中小型外贸企业直接参与国际贸易，并进行数字化转型升级。而 eWTP 的构建将有助于形成更加普惠、开放的全球贸易生态体系，从而使更多中小企业和个人可以便利地进入全球市场、参与全球经济，由此推动各国企业家精神的显化与拓展。企业家精神增进正是跨境电商市场规模扩大与经济福利增进的重要驱动源，由此使构建 eWTP 的阻力减小、各方合力增强，促进 eWTP 的加快构建与完善。

3. 以公共品提供为重要支撑

公共品是全球跨境电商发展的重要共享要素，既包括无形的公共品，也包括有形的公共品。对于全球跨境电商发展而言，无形的公共品主要体现为制度法规、贸易规则与道德体系，有形的公共品则主要体现为交通、通信网络、产业园区、公共服务平台等基础设施。各国政府可通过完善制度法规、贸易规则与道德体系对市场主体的行为加以规范与约束，切实加强监管，降低交易费用，还可以和市场主体间加强合作，通过多种方式促进信息基础设施的完善。在 eWTP 倡议下，基于政企双方协同互动而提供的公共品，往往成本更低，且效率更高。

二、eWTP 的主要特征

（一）开放、非强制性

eWTP 作为一个由私营部门引领的公私合作平台，其所制定与倡导的商业模式、商业规则与政策建议并不具备法律效力及强制性，但可被视为全球数字贸易领域的公共产品，具有极强的非竞争性、非排他性与正外部性，可让整个社会成员共享其成果与效用。eWTP 所倡导的商业模式、规则等可通过在更多国家市场中应用、验证、迭代而成为共识性的商业惯例与规范，从而推动全球跨境电子商务的有序、良性发展，并为官方主体制定数字贸易的相关标准与规则提供重要的范例参考。

（二）包容、普惠性

eWTP 的包容普惠性主要体现在以下几个方面：其一，eWTP 所倡导的商业模式、政策和规则的制定权与受益权并不掌握在某一个国家或某一个平台企业手中，也非通过竞争、博弈的方式进行争取，而是建立在全球跨境电商生态圈各主体共商、共治与共享之基础上，只有这样才能更好地保证数字贸易规则体系的普适性与正当性。其二，与美国主导的 FAANG 阵营的精英主义模式相比，中国的 BATJ 等企业商业模式更具普惠性，对中小企业和个人更加友好和开放，也更能激发发展中国家中小企业和基层网民积极参与并从中受益。① 其三，eWTP 更关注为落后国家创造更好的信息基础设施，助其培养数字贸易领域所需人才，并为其中小微企业和个人提供连接全体市场、获取数字红利的机会，从而进一步推进全球化进程。

（三）动态、灵活性

eWTP 的动态灵活性主要体现在以下两个方面：其一，eWTP 所倡导的跨境电商相关模式与规则并非如 CPTPP 等政府间组织或协定那样事先制定好各项规定，再由上而下予以推行，而是根据实际出现的问题与分歧来不断试错与调整，由易到难，逐层递进，谋求消减各方顾虑迟疑、增进各方利益且能达成其利益平衡的方法途径，进而在实践探索中定制双边、多边或全球层面的贸易规则（张华强，2016）。其二，eWTP 的关注内容具有较强延展性，能容纳诸多存在于现实空间和虚拟空间、涵盖货物贸易与服务贸易、兼具国家属性、跨国属性乃至无国界属性的议题（张锐等，2020）。不同国家的关注点往往因其发展阶段、技术水平与贸易结构等不同而存在巨大差异。例如，老挝、柬埔寨等欠发达国家希望借由加强国际合作促进电信、物流等基础设施建设，引入更多技术与管理经验；新加坡则试图通过其贸易谈判能力的发挥而主导制定区域跨境电商规则，巩固自己的全球贸易枢纽地位。目前中国已与 33 个国家建立双边电子商务合作机制，并签署了电子商务合作备忘录，各国对这一双边合作的关注重点与诉求也不尽相同。例如，巴基斯坦强调希望通过跨境电商促进优质产品贸易，加强与中国在物流、电子支付等领域合作；巴拿马则希望通过发展跨境电商提升其物流和旅游服务水平。因而 eWTP 在构建与运行过程中，需要因地、因时制宜，根据各方诉求、资源禀赋与国际形势等及时调整策略，方能"以拙胜巧""以慢胜快"，更好地推进各国国内与国际层面数字贸易治理体系的完善。eWTP 只有一直保持其动态、灵活等特性，才能使全球数字贸易生态系统保持活力、不断演进。

---

① FAANG 阵营包含脸书、亚马逊、苹果、奈飞和谷歌，BATJ 阵营包括百度、阿里巴巴、腾讯和京东。此处论述参考：Shi A. China's role in remapping global communication ［M］//China's media go global. Routledge, 2017：34 - 51。

三、eWTP 各相关主体的耦合机制

基于商业生态系统的理论框架，政府、贸易组织、平台方、跨境电商服务商、中小企业等都是 eWTP 这一生态系统的主要成员，共同构成一个多主体协作的复杂系统，且各主体之间的关系呈现网络、动态、共生的特征。这具体表现为：（1）网络性。各成员与要素间存在诸多不同程度的联系，其通过竞争、合作等方式形成一个相互交织的价值网络，且这一网络的密度与效率随着网络参与主体数量及跨境电商规模的扩张而持续提升，从而使网络效应不断增强。（2）动态性。eWTP 成员各自占据不同的生态位且彼此关联，且某一成员生态位的改变也将使系统内各成员的生态位与演化趋势发生变化（Iansiti et al.，2004）。（3）共生性。各成员以数字贸易普惠发展为导向构成共生关系的商业与治理共同体，其彼此依存、协同互补，通过深化合作与交互可发挥"1 + 1 > 2"的经济与社会价值。

进一步地，基于耦合理论来看，eWTP 各主体既相互独立又高度融合，基于相互联系、作用与影响等关系而彼此嵌入与融合，形成多个交互作用的子系统，进而演化成一个更多元、开放、包容的大系统（王欣，2022）。各成员之间的耦合机制主要由五大要素构成，包括目标耦合、组织耦合、机制耦合、环境耦合与价值耦合。目标耦合是 eWTP 成功构建与良性运行的基础与方向，环境耦合确保 eWTP 可顺利推进实施，组织与机制耦合是实现 eWTP 成功构建的路径与方法，而价值耦合则可体现各成员方良性协同并达成目标的运行成效。这一耦合机制如图 6.1 所示。

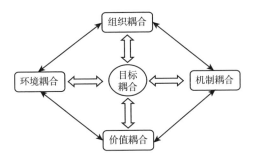

图 6.1　eWTP 各相关主体的耦合机制

（一）目标耦合

政府、企业等各主体之间的目标耦合是以各方发展动机"激励相容"①为重要前提。对于平台方、服务商及中小企业等市场主体而言，通过政企间合作而提供的有形与无形公共品，给全球跨境电商的发展创造了良好的制度环境，可有效促进各市场主体创新与创业动力的增强及能力的提升，也使消费者的购物便利度提升，实现用户效用的不断优化。对于政府及国际组织而言，跨境电商的普惠、高质量发展，有助于政府及国际组织实现其充分就业、减贫增收、经济增长、结构优化、科学发展、生态环保、节能减排、国际收支平衡等经济与社会发展的政策目标（张小蒂和曾可昕，2012）。因而在 eWTP 倡议下，"看得见之手"与"看不见之手"协同互补，宏观与微观层次在利益上激励相容，各国之间利益共生、权利共享、责任共担，这是 eWTP 倡议顺利推进且达成目标的重要前提与保障。当然，要实现 eWTP 目标耦合还需各国政府、国际组织与平台方决策者拥有开放包容的国际视野，富有社会责任感、开拓精神与国际影响力，秉持与倡导"人类命运共同体"这一全球价值观，方能在更加广阔的层面寻求各相关方之间彼此契合的目标与功能定位，基于更高效、多元的沟通而实现短期与长期目标耦合及其认同，以共同努力推动全球数字贸易普惠且高质量发展。

（二）组织耦合

组织耦合既包括信息、技术、资源等要素层面的耦合，也有组织机构层面的耦合，还有组织行为层面的耦合（王欣，2022）。在要素层面，eWTP 相关主体就促进各国数字技术、智慧物流、信息网络、金融支付、电商人才等要素的高效流动融合与共建共享，基于各要素主体优势的发挥，来促进要素资源的优化配置。在组织机构层面，可由政企各方共建官方与非官方、双边与多边、跨组织跨边界的沟通、合作机构与平台，使 eWTP 获得较为长期、稳定且持续的推进与运行。组织行为层面，eWTP 各行为主体在评估诸行动方案对个人、组织与系统的短期与长期利益影响，并进行

---

① 激励相容是指一方预期目标的实现建立在另一方利益目标的基础之上，即双方的目标具有共生性。

各方利益权衡后，规划并执行其行动路径，且在具体发展过程中依据外部形势与自身禀赋而灵活调整方案与路径。

（三）机制耦合

在 eWTP 的构建与运行过程中，需通过制度安排与约定俗成等方式演化形成一系列机制，包括沟通交流机制、分工合作机制、争端解决机制、激励约束机制等。由于数字贸易监管体系与规则的制定远落后于数字贸易实践，因而需要政企各相关方的深度合作以促进监管体系与规则的完善。跨境电商综试区、自由贸易区、数字贸易试验区等既是政策与相关法律标准孵化的平台，也是平台方、中小企业及数字贸易相关服务商开拓市场、不断进行技术、模式与市场创新的重要场域，各类机制的形成与耦合也正是以这些平台为重要载体。目前，由于数字贸易实践远远领先于规则的制定，越来越多的数字贸易政策、标准与规则的制定，需要有大量数字贸易相关企业的深度参与并献计献策。未来，政企之间还应创设更多元的合作与交互机制，以打破电子商务政策制定者与实践者之间的隔阂，双方在效率导向下基于理论与实践的协同互动，推动跨境电商相关基础与制度环境的更快迭代与优化。

（四）环境耦合

当今世界面临经济全球化、社会信息化等潮流且不可逆转，各国之间的相互联系与依存日益加深，也共同面临经济衰退风险、贸易规则失范、全球数字鸿沟扩大、网络安全等诸多挑战。eWTP 各主体实际上基于环境的耦合被系于一个命运共同体中，世界各国之间越来越显示出"一损俱损、一荣俱荣"的特点。数字经济与数字贸易对经济增长的贡献度不断提高，已成为全球经济高质量发展的重要引擎，迫切需要各国政府、国际组织与平台企业加强合作、协同配合，以构建更开放、自由、包容的营商环境。

（五）价值耦合

价值耦合是用以测度各主体间目标、组织、机制、环境耦合是否良好运行的绩效指标。eWTP 的价值耦合主要体现在以下两个方面。

1. 经济价值

（1）平台层面。eWTP 的推进引致各国跨境电商发展水平的提升及一揽子要素的优化配置，与此同时，金融、物流、信息、数字技术等要素资源的集聚及其优化配置使平台创新能力增强，也使得企业和用户的"使用者剩余"增加，由此吸引更多企业与个人进入跨境电商领域，基于网络效应的增强而使平台方的竞争优势不断提升，这一网络价值也将惠及平台内每一个交易主体。

（2）中小企业层面。eWTP 推进所引致的商业模式推广、基础设施完善以及贸易制度规则构建，使得在跨境电商领域的"干中学"环境持续优化，外贸企业基于更宽领域、更多层次且更高频次的试错而获得创新能力与试错成功率的更快提升，同时借助数字化新外贸平台加速数字化转型与迭代，实现高质量发展。同时，中小企业的利益诉求能更顺畅地表达，并经由 eWTP 平台方汇集在国内与国际社会层面获得更多关注和重视，成为全球数字贸易快速发展及其标准建设的主动参与者与受益者。

（3）用户层面。信息基础设施的完善、网购效率的提升以及供给方产品种类的增加，使需求端用户数量、消费者剩余及效用水平不断提高。同时，跨境电商领域供需各方的高效互动与精准匹配还将使产业链诸环节的运行效率大幅提升，引致用户的参与深度增加以及个性化定制对规模化生产与服务的有效替代。

（4）产业层面。跨境电商驱动产业链和供应链的数字化进程加快，供应链各环节企业间基于交易费用的下降而分工深化、协同度提升，集群经济优势与供应链优势获得增强。

（5）制度层面。平台创新能力增强及数字贸易实践的不断深化，以市场为导向推动着数字贸易相关的制度与规则体系的建立完善以及贸易环境的优化，而制度环境与贸易实践之间的良性互动又将使市场规模进一步内生拓展，由此推动全球数字贸易朝着普惠、高质量发展的方向不断演进。

2. 社会价值

"命运共同体"首先是利益共同体，当前各国间的紧密联系与相互依存程度前所未有，全球贸易的 80% 由全球价值链贡献（张俊生，2022）。"发展"既是构建人类命运共同体的目的，也是构建人类命运共同体的路径。

因而在各国主体经济价值得以共同实现的基础上，eWTP 的社会价值也将得到日益充分的发挥。此时，"人类命运共同体"逐渐成为全球各行为主体的共同价值观，各国之间基于共建、共享、共治的理念相互交流与合作不断深化；数字贸易普惠、高质量发展引致全球和平赤字、发展赤字、安全赤字、治理赤字、信任赤字、数字鸿沟减小；eWTP 的构建与良好运行可促进世界朝着更包容、更和平、更高效和更相互信任的方向持续发展。eWTP 各相关主体间耦合机制的具体运行过程如图6.2所示。

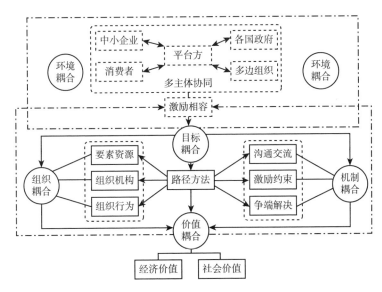

图6.2　eWTP 各相关主体间耦合机制的具体运行过程

可以看到，eWTP 各相关主体间的协同耦合将引致以下三个方面的益处：（1）内生动力足。由于各个 eWTP 主体，大企业抑或中小企业，发达国家抑或发展中国家，平台提供方抑或平台使用方，均能在 eWTP 的良性运行中表达其诉求，并获得自身利益的不断优化，因而都有较强的内生动力发挥自身比较优势而推进平台的构建与运行，以谋求更大的发展空间。（2）动态能力强。在 eWTP 这一开放、包容的全球数字贸易平台中，各主体均通过不断优化资源配置而促进商业实践深化、创新模式推广、基础设施完善、贸易规则创制等，从而使平台整体的价值创造能力、系统协同演化能力与可持续发展能力获得动态提升。（3）监督成本低。各微观经济主体的动力强、能力提升快、市场敏感度高、活力足，使得外部监督成本较低，可持续发展的实现过程较流畅。而 eWTP 相关主体对信息基础设施、跨境电商监管体系与贸易规则等层面完善所作的努力，将使这一机制的运行更为流畅，因而有望推动形成普惠、开放、可持续的全球数字贸易生态体系。

第四节　eWTP 影响全球数字贸易发展的机理分析

普惠视角下，eWTP 的构建可基于以下逻辑机理而获得动态、内生演进：由市场驱动、企业引领→"公""私"间信息渠道优化，政企协同而使数字贸易基础设施及规则体系不断完善→各要素相关方交易费用降低，分工深化，贸易主体日益增加→市场规模内生扩大，经济效率增进→全球电子贸易模式与规则不断演进与传播→"顺市场取向"制度创新的动力增强、能力提升，各相关方激励相容→普惠、开放、可持续的全球电子商务生态体系形成。因而构建 eWTP 对全球跨境电子商务发展的影响主要体现在以下两个方面。

一、基于公共品的完善促进交易费用降低

与跨境电商发展相关的公共品主要体现在数字基础设施与数字贸易相关的政策法规两个方面。

（一）基于数字基础设施的完善使交易费用降低

eWTP 各相关方开展与数字经济和电子商务领域的商业交流合作，建立与完善互联网时代的新型基础设施，如电子商务平台、金融支付、物流仓储、外贸综合服务、市场营销、教育培训等。其中，以跨境电商平台为核心，带动金融、物流、技术等要素的完善，且使其配置效率不断提升，这些要素在跨境电商开展中往往具有一定公共品属性，其不断完善将有效降低交易主体间因市场分割而造成的搜寻、匹配、物流、通关等环节的交易成本，由此基于各要素相关方交易费用降低、共生利益形成，使得诸要素主体呈现集聚融合与协同共享的特征，由此使跨境电商各环节协同度提升。

（二）基于数字贸易相关政策法规的完善使交易费用降低

在推动跨境电商发展的制度安排与政策导向上，亟须构建一种体制环境，即：既要对企业开展跨境电商提供有效激励，又要完善对其约束机制。具体而言，eWTP 将通过知识产权的清晰界定与保护、各主体间贸易壁垒的降低、电子商务有关法规的完善以及数字贸易规则的不断探索与制定，使跨境电商交易整体上更加自由、规范、公正、诚信、高效且竞争充分，使交易各方的预期明晰与稳定化，从而在有效激励各国更多企业开展跨境贸易的同时，降低交易费用，提高交易效率，使其利润空间进一步扩大。

二、基于交易费用的降低使企业家精神增进与市场规模内生扩大

企业家是一揽子要素优化的配置者，也是推动创新与市场规模拓展的关键主体。企业家要素配置才能提升是中国乃至全球跨境电商不断发展的重要驱动源。过往的研究表明，依据以分工深化与市场规模扩大良性互动为特征的发展战略，有利于企业家精神的激活与增进（张小蒂和曾可昕，2013）。从本质上看，分工内生演进得以实现的条件是其引致的生产率上升能抵销相应的交易费用增加且有余，因而分工深化与市场规模良性互动得以持续必须建立在交易费用不断降低的基础上。企业家的商务才能通常以默会型知识为主，主要通过"干中学"获得其人力资本的积累及作用的发挥，分工深化会加快这一积累，从而产生以熟能生巧为特征的要素配置能力提升。

随着跨境电商的发展，企业家配置要素的商务领域不断拓展，从国内市场向国际市场、从线下市场向线上市场延伸。而跨境电子商务由于具有较高交易效率和较大的潜在市场空间正成为促进企业家精神激活与增进的重要领域。然而，分工的深化往往会同时伴生交易费用的不断上升（杨小凯，2003），由此制约市场规模扩大与分工的进一步深化。近年来，全球经济下行压力和不确定性日益凸显，国际贸易利益纷争呈愈演愈烈之势，全球跨境电商可持续发展面临贸易壁垒增多、数字贸易规则缺乏等诸多风险挑战，亟待从制度、技术、基础设施等层面深化改革与创新，以获得跨境

电商乃至全球贸易竞争力的提升与市场空间的进一步拓展。eWTP 的构建将使数字基础设施与数字贸易相关的制度设计日臻完善，由此促进跨境电商各相关方的交易费用不断降低，从而使跨境电商领域的创业门槛下降、贸易便利度优化、市场预期明晰、"使用者剩余"增加，这正是释放全球企业家创新潜在能力，使其创业动力增强、能力提升的有效途径。基于此，全球范围内将有越来越多中小企业及个人基于各类电商平台跨时空开展分工协作，其分工的广度与深度进一步拓展，由此获得网络效应的不断增强，全球合作网络的密度与效率大幅提升，从而加快跨境电商市场规模的扩大与企业家要素配置才能更大幅度的提升。

第五节　构建 eWTP 可能面临的困难与挑战

eWTP 作为一个由私营部门提出，倡导构建公私合作的数字贸易平台以实现全球贸易普惠发展之倡议，其构建与推进的难度不言而喻。eWTP 从提出至今，不乏质疑之声，在具体运行过程中，也面临着诸多困难与挑战，主要体现在以下几个方面。

其一，阿里巴巴等平台企业虽然在全球数字贸易的实践中具有较强的竞争力与影响力，但其作为私营部门，牵头进行全球数字贸易基础设施与规则体系的完善，缺乏政府部门所具有的公信力与强制力，易使其主张仅停留在建议层面，而无法变成各国的共识与政策法规（蔡恩泽，2016）。通常情况下，区域层面及全球层面贸易规则的谈判是以政府为主体，企业往往难以参与到其中，从而缺少充分表达平台方及其他企业诉求的渠道。各国对待国际贸易的态度也往往难以剥离其经济发展现状、政治及短期经济影响等因素，目前大量数字贸易政策与规则变成了各国之间相互制约甚至制裁的工具。尤其当前美式模板、欧式模板已形成较强的影响力，甚至在一定程度上已变成"黄金标准"的趋势下，提出与推广中国理念与中国方案的难度可想而知。我国跨境电商发展新模式逐步上升为 WTO 或其他多边贸易规则尚有很长的路要走，国际规则话语权亟须提升。进行合理的机制设置以使各国市场主体可在内生利益驱动下参与到 eWTP 平台建设中，且与政府之间协同产生合力，形成多元主体间互利共生、共同演化，同时具有自增强特征的协同网络，这是 eWTP 能否成功构建并发挥作用的关键。在进行 eWTP 机制设置与管理时，应思考如何既发挥私营企业在实践探索、市场拓展、数字技术与模式创新等方面的优势与力量，又推动其在基础设施完善、贸易制度与规则改革探索等方面与政府加强沟通与磨合，基于彼此优势互补形成合力，共同促进全球合作交流与贸易规则创新，以实现贸易普惠发展的目标。

其二，eWTP 是在平台企业倡导下开始着力构建的，各个国家可能出于其国家安全或用户隐私保护等方面的考虑而不愿意将其贸易数据与阿里巴巴等私营平台企业共享，从而使平台企业无法基于各国终端用户、供应商及物流、金融等各市场主体与供应链环节数据的充分、即时获取与研判而更好地进行全球资源优化配置，并科学规划其行动路径。亚马逊、速卖通等跨境电商交易平台实质上也是大数据信息交换的中心，其为各平台使用方提供服务能力的强弱在很大程度上取决于平台获取与处理信息的效率与质量。大数据的高效流动、获取与分析也是人工智能、物联网等数字技术高效运行的必要前提，因而数据获取的难以保障亦构成 eWTP 推进的一大障碍。

其三，我国数字贸易发展存在结构性失衡。伴随阿里、京东等国内互联网企业的迅速成长，我国跨境电商在全球范围内所占市场份额不断增加。然而，在数字音乐、数字文学等数字化产品及云计算、软件服务等数字服务贸易领域的发展仍较为落后，这和美国与欧盟等国长期以来在数字服务贸易领域所形成的极强的竞争优势截然不同。我国数字贸易的主要模式是依托互联网平台发展跨境电子商务，阿里巴巴等平台企业的业务范围虽也正在向数字服务贸易领域拓展，但其在国际竞争中的市场份额与竞争力仍然较弱，且国际化经验积累不足，尚难以形成在跨境数据流动、数字产品公平待遇、中间服务提供商、个人隐私保护等与数字服务贸易高度相关议题上的"中国方案"与国际话语权，而这些恰恰是双多边层面的数字贸易规则制定中较为核心、敏感与前沿的议题，也是各国更容易产生分歧的领域。这些方面实践经验的不足与国际话语权的缺失将严重影响 eWTP 的持续运行，也将直接影响"中国方案"覆盖的广度、深度与约束力的强弱。

其四，即使是在（跨境）电商领域，相较于其他国家，我国也存在诸多不足。2021 年，联合国贸发会对 152 个国家的在线购物准备程度进行了评分，评估了各国对安全互联网服务器的访问、物流服务的可靠性、人们对互联网以及银行账户或移动金融服务的访问等指标，我国的总体指数仅排在全球第 55 位，其中，互联网普及率位列全球第 87 位，网络购物渗透率则排在第 33 位。① 这意味着，相较于发达国家，在排除了市场规模因素后，我国的电子商务发展水平实际上尚不能称为优异，而一国国内电商市场的发展程度正是其发展跨境电商的重要基础。从国内层面来看，我国跨境电商相关法律法规和政策以及跨境支付、电商信用体系建设有待于进一步完善，跨境电商的监管对象、监管范围、监管智慧化等问题仍需持续优化，国内监管体系与规则的科学及完善与否，也是 eWTP 向全球更多国家提出并传播中国方案的重要前提。此外，阿里巴巴所占市场份额与全球影响力尚不及亚马逊，因此，如何使我国平台企业竞争力进一步提升，且与其他大型平台企业在信息基础设施完善与商业规则的构建中达成合作机制以形成合力，也是 eWTP 各主体需深入思考的问题。

其五，对于平台企业而言，平台交易规模的扩大及其市场势力的提升可谓一把双刃剑。一方面，平台规模不断扩大所引致的网络效应增强可使平台内各相关主体均受益，要素资源的不断集聚使平台方的要素配置能力提升，由此赋能中小企业，使其创新能力增强，同时也使得用户效用水平日益优化，从而吸引更多的交易主体进入，使其规模经济与网络效应进一步增强。而交易规模的不断扩大也使平台企业在国际市场上的话语权与影响力获得增强。另一方面，平台经济的发展还可能使其因垄断地位的形成与提升而获得某种操控市场、扰乱公平竞争市场秩序的"特权"，进而对中小微企业与用户等弱势群体的利益维护与福利增进形成较大的负向抑制效应，这一局面的形成也将与 eWTP 旨在推动全球数字贸易普惠发展的初衷背道而驰。因此，如何在保持数字平台经济创新活力的同时，基于政府包容审慎的法治监管及大型平台方的自治等多方治理体系的构建来共同维护公平竞争的市场秩序，以使平台经济良性、健康且高效运行发展，也成为 eWTP 各主体需深入探讨与应对的问题。

其六，随着全球数字贸易生态圈演进，生态圈内协同网络获得网络广度拓展及网络密度的日趋增强，数字贸易及其产业链各环节的交易费用将

①　资料来源于联合国贸发会议发布的《2020 年企业对消费者电子商务指数报告》。

不断降低，此时数字贸易生态圈内多中心化或去中心化趋势将日益明显。而数字技术的快速发展也使得跨境电商行业模式与渠道愈加多元化，各个渠道之间的相互竞争与合作日益加强，且各种业态与模式之间还将呈现出相互融合的趋势。此时，中小企业会更注重多元化布局发展，既利用平台、独立站等多种渠道，也同时运用搜索引擎、社交媒体、短视频、直播等多种营销手段以拓展海外市场。因此，随着竞争的加剧及贸易生态的不断演化，未来可能会出现越来越多极富创新力与竞争力的平台企业及其服务商，其所占据的市场份额亦可能不断扩大，各平台企业所处的生态位势会随时发生动态调整。可以认为，eWTP 在实践层面推进信息基础的完善、电商人才的培养及商业模式与规则的推广等目标的实现，不是单个平台企业在短期内就可以做到的，且未来会越来越需要与跨境电商生态圈多平台、各主体加强合作、形成合力。因此，如何使各相互竞争的平台间基于激励约束机制等的构建与演化，形成长期协同合作关系，以共同推动信息基础设施的完善及贸易规则的兼容与统一，也是 eWTP 需面对的一大难题。

其七，近年来随着我国阿里巴巴、京东等电商平台的发展壮大，其在海外商业的行动也相较过去更为频繁，因而，在 eWTP 运行过程中，各官方与非官方主体应通过各种渠道强调 eWTP 的构建是从商业层面出发，以各方合作共赢为前提，以促进全球数字贸易普惠发展为宗旨，而非获取某种势力并构建经济等级秩序，中国更无意基于跨境电商的发展而实施任何地缘战略（张锐等，2020）。与此同时，各主体还应强调并践行"eWTP 不是 WTO 或任何全球性或区域经济组织的替代，而是一种补充"的观念，eWTP 承担的是服务、配合与跟进的使命，不能也不会喧宾夺主。

"道阻且长，行则将至，行而不辍，未来可期"，通过 eWTP 各相关主体的协同努力，以期逐步实现促进全球数字贸易普惠发展的愿景。

第七章　普惠视角下构建 eWTP 的
实现路径与具体实践

　　eWTP 作为一个由私营部门引领的公私合作平台，其所制定与倡导的商业规则与政策建议尽管并不具备法律效力及强制性，但可被视为全球数字贸易领域的公共产品，具有极强的非竞争性、非排他性与正外部性，可让整个社会成员共享其成果与效用。根据 eWTP 本身特征及当前全球数字贸易治理的格局，eWTP 适宜采用自下而上的、以市场化为主的方式进行规则创制与传播。首先从跨境电商相关企业形成并迭代其商业习惯做法起步，并基于政企协同对相关基础设施进行完善；进而不断优化其跨境电商实践，逐渐形成成熟的商业模式与监管体系并向海内外更多地区推广；在此基础上，积极参与多边协商机制，推动全球普惠型跨境电商货物贸易规则的完善与创新，并进一步促进数字贸易规则内涵的丰富与完善。因此，构建与完善 eWTP 的实现路径可包含基础层、应用层与框架层三个层面，层层递进，逐渐深入，不断推动全球普惠贸易健康有序发展。

第一节　基础层：完善数字贸易基础设施，
优化一揽子要素配置

一、完善数字化基础设施

　　2017 年，WTO 成员发表《电子商务联合声明》，重申包容性贸易发展理念，强调对发展中成员和最不发达成员的基础设施建设应纳入世贸组织"贸易援助计划"或在 WTO 内设立"电子商务促进发展计划"，以鼓励和协调发达经济体和大型发展中经济体的能力建设援助和资金支持，鼓励各国分享促进数字贸易发展的最佳做法，改善发展中经济体的数字贸易基础设施和技术条件。党的二十大报告也明确指出，"中国提出了全球发展倡议、全球安全倡议，愿同国际社会一道努力落实"。对于发展跨境电商而言，数字化基础设施不仅包括移动通信网、互联网、大数据和人工智能等数字技术，还包括基于与数字技术深度融合而构建的全球交易网络、物流网络、金融体系及公共服务网络等。这些作为跨境电子商务各交易主体的共享要素，共享程度高，共享内涵丰富，因此 eWTP 各相关方通过加快国内外数字化基础设施的完善，加强商业模式数字化创新和数字化人才培养方面的合作，让更多发展中国家可以共享我国数字基础设施建设经验及技术与人才等优势，降低各国在新型基础设施及人力资源之间的差距，以促进"数字鸿沟"弥合，帮助更多国内外中小企业获得平等、便捷参与全球数字贸易的机会，这也将进一步拓展全球市场空间。与此同时，推进发展中国家信息基础设施的建设与完善，不仅使我国数字经济相关企业的国际化程度增强，也使各市场主体基于网络效应的增强扩大盈利空间、提升国际竞争力，进而能为提升我国在数字贸易国际规则制定中的话语权创造重要前提条件。因此，在这一数字化基础设施共建的合作机制下，各微观经济主体的动力强、能力提升快，且市场敏感度高，而数字贸易的网络效应与协同效应又会强化各市场主体的动力与能力，从而可基于合作共赢使数字化基础设施共建具备可持续性。

（一）全球交易网络的优化

中小外贸企业在进入跨境电商市场时，往往要承担比国内市场更高的来自市场、政策、产业链等环节的风险与不确定性。处于交易体系核心的平台方应更好地完善其功能、整合其资源，推出并迭代与企业需求适配的一揽子服务，以有效赋能中小企业，使中小企业的市场商机发现、企业经营管理、市场风险驾驭等能力更快增强，从而获得经营绩效优化以及国际竞争力的提升。eWTP 在促进全球交易网络优化时，可作的努力主要有以下四个方面。

1. 吸引更多中国及海外卖家入驻交易平台

目前在速卖通、阿里国际站开设的店铺以中国卖家为主，近两年来逐渐向俄罗斯、土耳其、法国、西班牙等本土卖家开放，平台在各国的本土卖家数量正不断增加。以俄罗斯为例，截至 2020 年底，全球速卖通平台上的俄罗斯本土卖家已达 3.5 万个，且其中 80% 为中小企业，其营业额占该平台营业额的 25%，商品种类超 550 万个。① 接下来，速卖通、阿里国际站等平台应通过加大宣传、优化相关配套服务、加强对各国电商人才培训等方式，吸引更多国内及海外本土中小企业或个人入驻平台；进一步开放平台准入，让各国卖家可在市场驱动下自由入驻其本土或他国的速卖通或阿里国际站等平台进行创新创业，使其"干中学"绩效与市场竞争力获得迅速提升，这将使速卖通、阿里国际站等成为真正意义上兼具全球性、开放性与包容性的数字贸易平台。供应商的增加也将使得消费者、相关服务商等各类主体进一步增加，从而使平台的网络效应增强，随着分工深化、交易增多、优胜劣汰加快、供需互动增强等，各主体的正外部效应、创新效率与试错成功率不断提升。

2. 完善平台数字化外贸解决方案

数字化外贸解决方案是指，平台方以数字化精准营销为关键内容、数字化交易履约为保障措施、数字化信用资产为链接工具，以帮助中小企业解决全球数字贸易运营中遇到的各类问题，促进其运营成本降低、运营效率增进，并使中小企业核心竞争力获得不断巩固与增强。这一"优化"可朝着以下方向努力：（1）数字化精准营销。平台方可进一步为跨境电商从业主体提供相关培训及资源供给，提高从业者的店铺设计、搜索引擎优化、引流、数字化分析与运营等能力；完善交易主体标签展示，实现精准定向引流；打造智能客户管理系统，整合优质客户资源；通过充分考量各地域市场供需动态及其文化与消费习惯等，搭建多元化的营销场景。（2）完善信用评价体系。平台方通过与政府及其他相关企业合作，共建中小企业信用体系。通过整合平台内部数据、供应链各环节相关数据以及海关数据和

① 俄媒：阿里速卖通俄罗斯卖家数量达到3.5万［EB/OL］.（2021-02-18）［2024-11-30］. https://www.jiemian.com/article/5694162.html.

税务数据等信息,并基于应用场景和特定行业,构建包含供应商信息展示、沟通服务、交易转化、履约保障等能力在内的差异化、动态化信用评级指标体系,这不仅有利于平台方进一步优化其数字化营销与交易履约服务体系,也使得中小外贸企业更重视其数字化信用资产的管理与优化。(3)优化数字化交易履约服务。进一步提升外贸综合服务及代运营企业服务的专业性和质量;升级智能在线沟通工具,基于地域文化、语言、行业等的适配而提高询盘成交比率;针对跨境贸易中可能遇到的各种风险,为交易各方提供第三方担保与保障体系,以进一步基于信任机制的完善而促进交易的深化。(4)为中小企业提供更多核心商务数据及其算法。目前在第三方跨境电商平台,中小企业尚无法获悉准确的用户画像与行为数据,因而难以开展精准营销与研发,这使得越来越多品牌开始转向自主搭建独立网站,即运用独立站形式开展跨境电子商务交易以获取核心数据。因而,为增强平台自身及中小企业竞争力,平台方应逐步向平台使用方开放更多商品、同行、市场、买家等层面的数据,并进行全方位解读与呈现,使企业对市场信息研判及捕获商机的效率大幅提升,研发与营销将更为精准、高效,同时,使企业的全供应链与用户全生命周期管理能力提高,以形成柔性供应链,并不断提升用户体验。

以速卖通、阿里巴巴国际站、Lazada 等为代表的平台方,依据企业需求与市场动态优化其功能体系,并基于示范效应的发挥使各平台方的数字化外贸解决方案更趋完善,且服务效费比不断提升。目前,阿里巴巴国际站的服务体系所包含的主要内容如表 7.1 所示。与此同时,平台方还应进一步开拓更多欠发达国家和地区市场,并依据当地市场状况与地域文化等推出相应的功能,以使更多中小企业和个人可基于跨境电商实现高效购物与销售。将直播带货等新型贸易方式引入当地,使全球更多生产者可以直联海外采购商与消费者,用户体验优化、平台"使用者剩余"增加。

表 7.1　　　　　　　阿里巴巴国际站在交易环节的服务体系

服务项目		服务内容
跨境开店	出口通	平台基础会员产品,面向海外买家展示产品制造能力和企业实力
	金品诚企	经平台权威实力验证的优质供应商

续表

服务项目		服务内容
精准推广	顶级展示	将产品和企业信息通过自媒体形式全方位展现，位于搜索首页第一位
	外贸直通车	按效果付费的精准网络营销与定向引流服务，将产品展示在买家搜索的各种必经通道上
	明星展播	面向全网提供优质展位，为企业提供专属展示机会
	橱窗	在全球旺铺中做专题展示，根据公司推广需求，自行选择需推广的产品
场景营销	Brand Zone	提供严选商品及确定性服务的营销场景
	Weekly Deals	超性价比限时采购
	行业频道	以行业导购为核心，搭建行业特色导购场景，通过类目导购、趋势新品、应用场景等吸引精准海量买家
跨境供应链服务	信用保障服务	提供数据沉淀，积累信用等第三方交易担保服务体系
	外贸综合服务平台	提供通关、收汇、退税及配套的外贸融资、国际物流服务，包括出口综合服务（3＋N）和出口代理服务（2＋N）
	国际物流	货物运输平台，提供海运拼箱、海运整柜、国际快递、国际空运、集港拖车、中港运输、中欧铁路和海外仓等跨境货物运输及存储中转服务
	国际快递	快递运输平台，提供具有适当市场竞争力的价格及服务承诺
	金融服务：超级信用证	一站式服务，专业把控信用证贸易风险，提供信用证资金融通
	金融服务：网商流水贷	中小企业信用融资
	金融服务：备货融资	基于信用保障订单的低息短期贷款服务
	支付结算：PayLater	买家全新支付方式，可获最长 6 个月的货款期，卖家可安全快速收款
业务管理	客户通	客户关系管理专业 CRM 工具
	数据管家	通过数据沉淀与分析了解用户画像，调整品类，发现新商机，帮助商家开展数字化运营

资料来源：阿里巴巴公司网站、兴业证券经济与金融研究院。

3. 打造全球数字贸易博览会

平台通过定期举办采购节、线上展会等方式构建数字化营销场景，为供货商提供更多的展示机会，为采购商提供更大的选择空间。尤其在新冠疫情形势延宕反复、国际环境复杂严峻等背景下，线上展会的举办显得更为必要。eWTP 主体可通过主办或深度参与海内外各种形式的数字贸易博览会，使各国政府、平台、中小企业及跨境电商要素各相关方更便利地跨空间聚集与交流，进一步促进全球跨境电商市场的拓展以及国际合作的深化。还可将线下实体展会和线上数字展会进行联动。线下贸易展会的开展使得用户获取更多元的信息及更直观的体验，更快建立供需双方的信任机制；而基于人工智能、大数据、VR 等技术应用的线上展览会既可以使大量供给商与潜在用户快速聚集、高频洽谈，以对行业前沿与市场动态作更精准、全面的研判，还能基于贸易撮合、供需智能对接等功能的开发应用，使供需双方之间的搜寻、匹配等成本下降，并基于对工厂流水线、产品质量等内容的深度展示，促进信任机制的形成及交易的达成与持续。

4. 推动形成多模式复合的开放型全球数字贸易平台

由于单一的 B2B 和 B2C 模式难以化解批量化供给与个性化需求之间的矛盾，两类模式未来将呈现深度融合的趋势，即 B2B2C 这一新型复合模式将逐渐流行。在 eWTP 倡议下，阿里巴巴国际站及速卖通等平台可促进各方资源有效对接与全面整合，使供应链进一步优化，供需双方匹配效率提升，消费者的个性化偏好获得更好的满足，以引领 B2B2C 这一新型跨境电商模式的构建与流行。

（二）全球物流网络的优化

中国政府及核心物流企业通过持续增加对海内外物流基础设施的投入，构建现代跨境物流体系，使海内外中小企业更高效链接全球用户，从而基于物流履约效率与用户体验的不断优化，促进全球跨境电商市场进一步拓展。以菜鸟网络为例，作为阿里巴巴集团的主要子公司之一，菜鸟近年来持续加大全球物流基础设施投入和物流底层能力建设，基于智能合单、跨境集运仓、数字关务、数智化航空货站、自动化分拨中心等物流技术的运用而搭建起标准化的全球物流网络，努力为跨境电商中小企业提供从工厂到海外末端配送的高效、稳定的全链路门到门服务，其数智化物流基础设施的建设可有效推动整体物流行业的数智化转型。截至 2023 年 3 月，菜鸟已在全球布局 6 大智慧物流枢纽、15 座自动分拨中心，服务于进出口外贸的跨境仓库已突破 100 个，面积超 300 万平方米，每月有 240 多架包机用于干线运输，并和全球超过 60 个口岸合作建立智能清关系统，一张高质量的全球物流网络已然成形。① 阿里巴巴集团公布的数据显示，2021 年，菜鸟日均跨境包裹达 450 万个，实现全球 100 多个国家和地区到港、64 个国家和地区到门服务，将重点国家物流时效从 70 天提升至 10 天以内，目前已成为全球新四大跨境物流之一。② 基于菜鸟物流网络的不断完善，截至 2021 年，速卖通的"10 日达"包裹量占比已超过 80%③，已拓展至 100 多个国家和地区。2023 年，速卖通联合菜鸟推出"全球 5 日达"国际快递快线业务，截至 2024 年 9 月已拓展至 14 个国家，覆盖欧美、日韩、中东等地区，由此进一步缩短了供需各方的时空距离，使消费者购物体验增强、效用提升。

数智化全球物流网络的构建与日趋完善不仅推动了跨境物流模式创新，为跨境消费者提供差异化物流服务，有效发挥多种物流模式的聚合效应，还使全球跨境物流体系的网络效应与协同效应不断增强，从而缓解了中小外贸企业在选择跨境物流产品时高效与低价无法兼顾的难题。例如，菜鸟联合第三方物流商为全球速卖通中小企业提供经济类、简易类、标准类和快速类等多种物流服务模式，其具体特征、派送范围与时效如表 7.2 所示。与此同时，菜鸟网络将其跨境供应链整合能力与跨境电商产业集群的生产能力深度对接，为中小商家提供跨境拼箱物流模式等，基于物流资源的集约使用而使中小企业物流成本下降，并获得舱位、运价、效率等多重保障。在不断深化物流数智化的基础上，菜鸟网络作为当前全球核心的物流商之一，还积极参与区域及全球层面物流标准建设，使全球跨境物流体系更加高效、稳定。

---

① 何欣. 国际快递大提速背后，菜鸟做对了什么？［EB/OL］.（2023 – 07 – 17）［2024 – 11 – 30］. https：//finance. sina. cn/app/article/bdmini. d. html？docID = mzaywnp4985214.

② 2024 财年，菜鸟网络日均跨境包裹量逾 500 万件，已超 FedEx、DHL、UPS 三大国际物流巨头企业.

③ 吴雨欣. 速卖通总经理王明强：看到跨境出口电商风口，仍处在红利期［EB/OL］.（2021 – 04 – 14）［2024 – 11 – 30］. https：//www. thepaper. cn/newsDetail_forward_12192967.

表 7.2   **速卖通的多样化物流选择**

类别	特征	可选品种	派送范围	时效
经济类	邮政经济小包，运费成本低，目的国妥投信息不可查询，适合 2kg 以下、货值低、重量轻的商品	菜鸟超级经济	36 个国家和地区	俄罗斯 35~45 天、乌克兰和白俄罗斯 25~35 天、欧洲主要城市 35~55 天、美国和其他国家 35 天
		菜鸟超级经济 Global	183 个国家和地区	35~55 天
		菜鸟专线经济	西班牙、韩国、俄罗斯	西班牙 25~35 天，韩国 14~18 天，俄罗斯 40~50 天
		菜鸟特货专线—超级经济	159 个国家和地区	俄罗斯 35~45 天，其他国家和地区 35~55 天
		中国邮政平常小包+	205 个国家和地区	16~35 天
		4PX 新邮经济小包	242 个国家和地区	15~35 天
		中外运–西邮经济小包	西班牙	20~35 天
		顺丰国际经济小包	爱沙尼亚、拉脱维亚、立陶宛、挪威、荷兰、瑞典、波兰	15~35 天
		菜鸟超级经济–顺友	157 个国家和地区	15~35 天
		菜鸟超级经济–燕文	200 个国家和地区	16~35 天
简易类	提供邮政类简易挂号服务，可查询签收等关键信息，适合 2kg 以下、5 美元以下货物	AliExpress 无忧物流—简易	俄罗斯、西班牙、乌克兰、白俄罗斯、智利	俄罗斯和乌克兰 15~35 天，白俄罗斯 25~40 天，西班牙 21 天内，智利 30~40 天
		菜鸟特货专线–简易	俄罗斯	35~45 天
标准类	提供邮政挂号服务和专线服务，可查询全程物流信息，运费成本适中，无金额限制	AliExpress 无忧物流–标准	254 个国家及地区	16~35 天
		AliExpress 无忧物流–自提	俄罗斯全境多数大城市	普货 8~30 天，带电、化妆品和特殊货物 20~30 天
		菜鸟大包专线	俄罗斯	15~30 天
		菜鸟特货专线–标准	俄罗斯	25~40 天

类别	特征	可选品种	派送范围	时效
标准类	提供邮政挂号服务和专线服务,可查询全程物流信息,运费成本适中,无金额限制	菜鸟专线－标准	美国大陆地区	10～15 天
		无忧集运	阿联酋、沙特、巴西	阿联酋和沙特 15～23 天,巴西 38～50 天
		Aramex 中东专线	36 个国家和地区	3～6 天
		中国邮政挂号小包	176 个国家和地区	16～60 天
		E 邮包	35 个国家和地区	7～20 天
		中国 e 邮宝	10 个国家和地区	7～20 天
		速优宝芬邮挂号小包	白俄罗斯、爱沙尼亚、拉脱维亚、立陶宛、波兰、德国	16～35 天
		4PX 新邮挂号小包	248 个国家和地区	15～35 天
		燕文航空挂号小包	40 个国家和地区	10～60 天
快速类	包含商业快递和邮政提供的快递服务,时效快、可查询全程信息,运费成本较高,适合高货值商品使用	AliExpress 无忧物流－优先	176 个国家和地区	4～35 天
		菜鸟－DPEX	13 个国家和地区	4～9 天
		DPEX	14 个国家和地区	3～6 天
		EMS	98 个国家和地区	—
		E－EMS	18 个国家和地区	—
		GATI	印度	—
		顺丰国际特快	俄罗斯	7～11 天
		TNT	欧洲等地	3～6 天
		UPSExpedited	美洲和亚洲等地	3～6 天
		UPSExpeditedSaver	美洲和亚洲等地	3～6 天
		FedExIE	美洲和亚洲等地	3～6 天
		FedExIP	美洲和亚洲等地	3～6 天

资料来源:阿里巴巴公司网站、兴业证券经济与金融研究院。

(三) 全球金融体系的优化

跨境电商由于具有订单金额小、交易频次高等特点,中小企业不仅面临合规单据收集烦琐、资金结算速度慢、费用高、安全缺乏保障等问题,还需面对境外账户难获取、跨境融资难度大等困境(吴林璞,2021),亟须基于政企银各方协同合作，持续完善跨境金融服务，推进全球跨境电商金融体系优化，以提升跨境电商各相关方的资金周转与融通效率。eWTP 促进全球金融体系的优化主要实现路径有以下三条。

1. 畅通跨境支付与收结汇渠道

在全球跨境电商市场拓展及金融政策支持的双重驱动下，近年来我国银行和第三方支付机构正致力于为跨境电商提供高效便捷的结售汇和资金收付服务。银行、第三方支付机构以及跨境电商平台、贸易综合服务平台、市场采购平台等各方可深化合作，实现信息与业务互联互通，共同打通跨境电商中外汇收款、人民币结算、境内外付款等全链通路，化解跨境电商交易成本高、结算效率低、资金安全缺乏保障等多重困境，为平台中小出口企业提供全程数字化、快速高效的资金结算服务。以阿里巴巴国际站为例，其联合国内合作银行和机构，构建了一个覆盖全球 50 多个国家和地区、惠及交易、物流、海外仓等多个环节的全球本地本币支付网络，可省去境外用户兑换外币的时间与成本，使平台出口企业收款的中间费用减少，效率大幅提升，还为商家提供线上一键结汇的合规申报服务，使其合规申报的难度降低、效率明显提升。

2. 拓宽融资渠道，丰富跨境电商相关企业融资方式

平台方可联合银行及其他金融机构共同构建基于区块链等数字技术的金融服务平台，将各方连接至一个可溯源的交易记录账本，在保护各主体隐私安全的同时，实现中小企业信用体系数据的完善与共享，由此不断弱化跨境电商产业链上投融资双方信息扭曲，更及时、全面获悉中小企业运营特点与市场动态，这是投融资双方分工合作日趋深入的必要前提。基于此，银行及其他金融机构不仅能为中小企业提供保函、货押、内保外贷等多元且适配的金融产品组合与全流程外汇风险管理等服务，还能依据企业经营流水、预售订单等提供更快融资或提前收款等金融服务，由此摆脱传统金融机构在发放贷款时对抵押品的依赖，使融资效率提升。

3. 帮助更多发展中国家构建高效畅通的数字金融服务网络

目前，多数共建"一带一路"国家普遍存在数字化支付体系不完善等问题，在很大程度上制约了跨境网购的开展。电商平台方在开拓发展中国家市场的同时，也应和银行以及第三方支付平台协同，通过技术支持与业务拓展等

方式更好地培养当地人数字化支付习惯，并以市场化为导向将国内包含跨境支付、收结汇、融资保险等在内的金融创新体系向海外更多国家和地区复制。

总体来看，随着跨境电商的不断发展，跨境金融已从跨境电商收款、收单等支付相关的基础金融服务，向供应链金融、外汇、资金管理、保险、财税等综合性金融服务、增值金融服务迈进。eWTP 可通过与各国政府、银行、支付与金融机构、跨境电商平台等多方合作，并基于各自优势的发挥，构建一站式接入的跨境金融综合服务平台，全方位、全流程覆盖跨境电商产业链各环节，满足国内外中小企业金融需求，以此形成全球跨境电商金融体系优化与跨境电商市场拓展间良性互动的发展态势。

（四）公共服务网络的优化

跨境电商公共服务网络既包含由企业主导运行的外贸综合服务平台，也包括由各政府部门主导的通关服务平台和公共服务平台[①]等。目前，我国跨境电商各类型服务平台还尚未实现充分对接，各国之间的跨境电商公共服务体系更是难以兼容。因此，eWTP 可努力的创新方向在于：（1）基于商业实践创新和区块链等技术的运用，对外贸综合服务流程和数据标准进行重构，推动外贸综合服务平台规则与标准统一、申报模式简化，使其功能更趋完善、服务更具保障，由此促进外贸综合服务行业监管质效的不断提升。（2）基于政企协同机制，推动外贸综合服务平台与政务平台间逐步融合与协同，进而与跨境电商平台实现互联互通，为跨境电商中小企业构建便捷、高效的一站式公共服务网络。（3）将 eWTP 公共服务平台向海外传播与复制，并逐渐推动各国公共服务平台间业务协同，以及标准流程的兼容互认甚至统一。

2019 年 eWTP 以商业实践经验为基础，运用云计算、人工智能、区块链、物联网等先进技术建立 eWTP 公共服务平台在杭州上线，该平台整合政务与商务能力，通过对贸易规则的数字化解读、建立可操作工具，逐步建立了政府和企业之间的合规信用机制，为中小企业提供包含通关、结汇、退税、物流、交易、金融等一系列贸易便利化服务。此外，eWTP 与比利时

---

① 通关服务平台是为外贸企业进出口通关提供便利服务的系统平台，其通过将报关流程标准化，节省报关时间，同时通过企业数据与海关数据进行匹配，从而达到监管统计目的。公共服务平台则是基于国检、国税、外管局等政府部门间信息共享与业务协同，为外贸企业提供的一站式办理检验检疫、纳税退税、支付结汇等业务的平台。

海关合作开发比利时公共服务平台，让跨境包裹报关清关流程全程数字化，商家、仓库、物流公司等均可实时查询进展，不仅降低企业报关服务成本，也促进了两国海关数据共享和电商交易合规化程度提升。进一步地，eWTP 公共服务平台还将与全球 eWTP 枢纽互联互通，打造跨境贸易的数字网络，为全球中小企业提供全球贸易的公共服务网络。随着 eWTP 的全球布局的不断推进，eWTP 公共服务平台的业务范围及其所惠及企业也将不断拓展。

二、为发展中国家和中小企业进行技术与人才赋能

面对复杂、多变的国际市场环境，跨境电商领域一直面临着较大的育人与引人难题。eWTP 可探索通过政企校社多方联动建立跨境电商领域育人新模式，主要措施包括：（1）阿里巴巴、亚马逊等平台可以市场需求为导向，与高校联合培育跨境电商新型人才，使人才要素的供给增加且供需双方匹配度提高；（2）推进跨境电商人才社会化培养，以更快补齐人才缺口；（3）以跨境电商平台企业为主导，举办各类跨境电商赛事，更好地识别、激励与聚集相关人才；（4）通过数字化平台或公益形式组织开展多种形式的培训，使其受益面不断扩大。例如，eWTP 的 GDT 轻创计划旨在培育有志于进入品牌出海领域的创业者，5 期培训已培养 100 多名品牌出海项目经理和创业者。eWTP 合作框架下的阿里巴巴全球创新与发展倡议计划（AGI），将中国的数字化发展经验和阿里巴巴的经营实践经验通过工作坊及在线课程等形式向海外分享，截至 2023 年底已免费给 70 多个欠发达国家（地区）的 140 位公共政策制定者和 4000 多位企业家提供培训。[①] 受到"中国经验"的启发，这些创业者已在全球创造数百万个直接或间接的就业机会，还将通过示范效应的发挥带动其国内更多创业者或从业者参与电子商务并从中获益。

完善电子商务人才培养体系，发挥高等院校、职业院校和培训机构的作用，大力培养有针对性、实操性和高素质的复合型跨境电商人才。同时，鼓励电子商务企业与高等院校深度合作，采用订单培养和在线培养等多种灵活方式，定向满足电子商务企业人才需求。整合各方优质资源，加强横

---

① 资料来自阿里巴巴 2024 年 2 月发布的报告《阿里巴巴全球创新与发展倡议计划足迹（2017－2023）：亚非拉在关注什么？》。

向和纵向联动，积极构建多层次、多梯度的跨境电商人才培养体系，实现人才的多元联动。推动政府、企业、高校和培训机构等的跨境电子商务优质教育资源数字化和在线化，加大面向国内外的开放力度，鼓励通过网络直播授课等多种方式实现全天候跨境电商在线教育。同时，面向共建"一带一路"国家开通在线公益课堂，赋能当地市场的电子商务发展。加强与共建"一带一路"国家的国际人文交流和教育合作，推动教育国际化合作，共享优质教育资源，打造国际化人才资源服务平台，助力"丝路电商"的人才合作与发展（张剑，2022）。

与此同时，eWTP 还可建立跨境电商人才"共享"平台，全球跨境电商人力资本拥方与货币拥方之间在此汇集，使双方交易费用降低，交互效率提升。人才"共享"平台可以灵活的形式促进跨境电商领域各类型人才"柔性"流动，即通过市场买"脑袋"，不仅可使中小外贸企业的跨境电商人才来源渠道拓宽，人才层次提高（张小蒂和曾可昕，2012），还基于在人才供求双方中引入竞争机制，使双方"利益边界"趋于合理，有效激励跨境电商人才潜能的发挥，也基于人才"共享"程度的增强，使得人才使用层面的效费比大大提高。此外，截至 2022 年，eWTP 已向全球 57 个国家提供了数字技术方面的技能知识，帮助合作国家或地区进行数字转型。[①] eWTP 相关主体在基础层的实现路径可由图 7.1 表示。

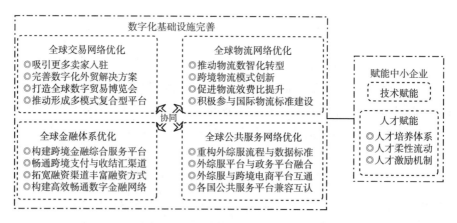

图 7.1　eWTP 在基础层的实现路径示意

---

① 杨霄. 郑州，会不会成为全国首个全球数字贸易枢纽？［N］. 大河报，2022 - 08 - 09.

第二节　应用层：加强数字贸易合作，深化实践创新及其传播

在逐步夯实各贸易伙伴国跨境电商相关基础设施的基础上，eWTP 多元行为体可进一步围绕促进全球贸易普惠发展的目标，发挥其经验模式推广、政策沟通、规则建构、国际业务拓展等方面功能，以展现提升贸易规模、建构贸易秩序、共享数字贸易红利的多重意图（张锐等，2020）。eWTP 可由点到线、从线到面地加强与国内外数字贸易相关区域合作，这不仅能推动全球跨境电商的快速、普惠式发展，也是孵化与推广数字贸易"中国方案"的关键路径。

一、多点突破

（一）推进国内 eWTP 实验区建设

选取国内典型地区建设 eWTP 实验区，使其成为规则孵化和国际合作的实验平台。在全国范围内选取跨境电商商业实践与制度改革先行地区建立 eWTP 实验区，进一步从物流网络建设、金融服务创新、贸易规则孵化等方面与该地区各相关主体开展深入合作。主要措施包括：其一，加强政企间协同合作，基于政企双主体，以市场化方式为主导推动全国数字化基础设施优化与市场规模拓展。在 eWTP 实验区，不断优化营商环境以使得该地区的企业家精神获得更快激活与增进。在跨境电商要素资源的聚集共享，以及各项扶持政策与便利化措施的双优势驱动下，不断激活与增强企业家创新与创业的活力，促使更多跨境电商各相关企业深化"干中学"，进一步在金融、物流、信息、外贸综合服务、数字技术应用等层面加强实践与创新，使相关企业进行品牌与技术升级的能力增强、动力提升，由此促进市场规模拓展、外贸结构优化。其二，收集与总结跨境电商多元主体的诉求。在 eWTP 实验区，广泛开展问卷调研，定期组织监管部门、企业、行业协会、专家学者及智库高效沟通和交流，针对各方关切的跨境电商问

题共同探讨多种解决思路与方案，使多元主体间信息交互效率大大提升，从而推动各方在商业、监管与研究等层面作出更优决策且高效推进，也使多元主体间基于协同合作而实现资源更优化配置成为可能。其三，eWTP 实验区通过国际合作、国际培训交流与论坛会议等形式，将 eWTP 实验区及全国跨境电商综试区在商业运营、制度政策创新与规则创制等方面的经验向国际组织、各国政府与企业进行传播分享，使"中国经验"获得传播的渠道拓宽、范围扩大，影响力由此不断增强。

目前，eWTP 已在杭州与义乌两地建有 eWTP 实验区，其主要创新点与特色如下。

1. eWTP 杭州实验区

作为中国"电子商务之都"①，且最早获批设立跨境电子商务综合试验区的城市，杭州在跨境电商商业运作与制度建设方面均积累了丰富的经验与改革成果。因而杭州 eWTP 实验区的建立，既是对"杭州经验"的进一步凝练与推广，也是为全球跨境电商各相关方之间深化合作交流寻找更多元的渠道与平台。eWTP 杭州实验区可孵化与倡导的"杭州经验"主要有：

（1）顶层设计架构全国复制。创立以"六大体系两大平台"（信息分享、金融服务、智慧物流、商家信用、统计数据监测及风险控制的六套系统，在线"单一窗口"和线下电子商务园区结合）为核心的跨境电商政策体系和管理制度，已向全国 165 个跨境电商综试区复制与推广应用。

（2）引领数字化监管模式创新。推出 113 条制度创新清单且已复制推广到各个全国综试区城市；实施全国首个地方性跨境电商促进条例，并设立全国首个互联网法院跨境贸易法庭，基于法律体系的完善以及执法力度与执法效率的提升使社会信用环境优化，违法、欺骗等劣行减少，促进交易各方重复合作博弈的开展；打造进口通关一体化服务平台、商品质量安全风险监测系统、跨境零售进口公共质保平台；建立起覆盖跨境电商 B2B 和 B2C 的监管业务模式，监管效率不断提升；发布全国首个"跨境电子商

---

① 2008 年 5 月 29 日，中国电子商务协会授予杭州市"中国电子商务之都"称号。

务指数"和跨境电商人才标准,使我国初步构建起跨境电商的数据监管统计、跨境电商人才培养与认证等标准体系。与此同时,全国其他跨境电商综试区在数字化监管模式创新上的成功经验也会复制与应用到杭州综试区中。

（3）优化物流、支付、税收、通关、退换货等环节交易效率与服务体系。率先打造跨境电商全球中心仓模式,实现一区多功能,降低仓储物流成本 15% ~ 20%;推出跨境电商邮路保税出口新模式,商品入区即可办理退税,化解跨境电商零售出口退税难的问题;创新跨境电商进出口退换货模式,通过拓展退货形态、精简退货流程等提高企业整体退货效率,优化用户体验;率先探索定点配送、数字清关、"保税进口 + 零售加工"等新模式;搭建全国首个跨境电商线上综合服务平台,截至 2022 年第一季度,已累计有超过 4.6 万余家企业在平台完成备案;① 搭建全球领先跨境支付结算体系,吸引全球知名跨境支付机构集聚,其中,连连、PingPong 成为全国最大的第三方跨境支付平台,服务近百万跨境电商市场主体,年交易额超 2000 亿元。② 连连还与美国运通成立合资公司,获批全国第二块银行卡清算牌照。③ 此外,杭州综试区还在全球 30 多个国家建立了 108 个跨境电商海外服务网络示范项目,涵盖海外仓储、数字营销、直播推广、知识产权、离岸公司、国际税务法律、清关代理服务、落地派送、认证认可、金融支付,以更好地化解跨境电商企业出海面临的跨境电商平台规则多变、营销推广多元、品牌培育和知识产权保护意识薄弱、清关合规和税务法律风险上升、海外仓储和售后服务不配套、末端配送和支付收款网络不健全等问题。

2. eWTP 义乌实验区

义乌作为国内首个获批跨境电商综试区的县级市,具有较强的中小企业集聚优势与供应链优势。截至 2024 年,义乌中国小商品城拥有 7.5 万个

---

① 拓空间 稳增长 形成我国外贸增长新动能［EB/OL］.（2022 - 06 - 23）［2024 - 11 - 30］. https：//dzswgf. mofcom. gov. cn/news/43/2022/6/1655948726943. html.

② 王青. 第五届全球跨境电商峰会圆满落幕 杭州综试区交出五年十大经验成果［N］. 都市快报,2020 - 11 - 26.

③ 苗艺伟. 国内第二家银行卡清算组织来了！美国运通在华合资清算公司要如何开山辟路？［EB/OL］.（2020 - 08 - 29）［2024 - 11 - 30］. https：//www. jiemian. com/article/4903365. html.

商户①、各产业链上关联着全国 210 余万家中小微企业②，而在线上市场，其跨境电商主体已超 26 万户，活跃跨境电商出口网店 4.8 万家③，内贸网商密度居全国第一，外贸网商密度位列全国第二，仅次于深圳。义乌基于"市场采购＋跨境电商"出口新模式实现线下线上市场深度融合，使其逾 500 万种单品广泛销往全球 230 多个国家（地区）。④2023 年，义乌实现跨境电商交易额 1211.6 亿元，同比增长 11.8%。⑤ 义乌外贸市场所具有的中小企业多、商品种类全、交易碎片化等特征与 eWTP 对未来全球跨境电商交易形态的预估十分契合，因此基于 eWTP 义乌实验区的建设而优化营商环境，化解中小外贸企业等交易主体在发展过程中的痛点，不仅能有效激发中小企业创新创业活力，加快其数字化转型，使更多中小企业的市场规模拓展、贸易结构优化，还有利于普惠型贸易政策与规则的孵化、创制与传播。

　　eWTP 义乌实验区主要以义乌供应链与实体市场优势为基础，基于政企协同，加强在出口规则、出口模式和出口服务基础设施等领域的创新探索，同时还试图补齐其在进口贸易发展中的短板。该实验区的创新性举措主要有：（1）义乌商城集团通过对商户广泛进行问卷调查与面对面访谈等，较全面地获悉中小企业在跨境电商交易中的主要问题与障碍，在此基础上与平台方、金融机构、政府部门等多元主体进行深入沟通与合作，以期在普惠导向下进行更为高效的贸易模式创新与制度优化。（2）在出口层面，eWTP 公共服务平台联合海关、税务等多部门，为义乌跨境电商企业提供税务、通关、结汇等合规化、数字化解决方案，使中小企业的贸易便利度提升，贸易链路更加多样化。例如，eWTP 公共服务平台通过理顺与实践"跨境电商直邮＋各地海铁联运"模式，实现"一单报全国"，可使

---

　　① 祝之君，虞倩．义乌：在"买全球"上加速破题 续写商贸发展更大奇迹 [EB/OL]．(2024 – 11 – 05) [2024 – 11 – 30]．https：//epa. comnews. cn/pc/content/202411/05/content_19014. html.

　　②④ 韩洁，于佳欣，屈凌燕．采访札记：从义乌之"小"看中国经济之大 [EB/OL]．(2023 – 09 – 21) [2024 – 11 – 30]．https：//www. news. cn/fortune/2023 – 09/21/c_1129876196. htm.

　　③ 义乌电商"跨境"后：无论地点，不舍昼夜 [EB/OL]．(2024 – 11 – 06) [2024 – 11 – 30]．https：//www. yw. gov. cn/art/2024/11/6/art_1229436591_59509222. html.

　　⑤ [朝闻天下] 见证更开放的中国 数说义乌跨境电商 [EB/OL]．(2024 – 01 – 14) [2024 – 11 – 30]．https：//tv. cctv. com/2024/01/14/VIDEbhbF0ZQzpe3UvBa4pCbP240114. shtml.

直邮出口海运时间减少 2 ~ 3 天，为企业节省报关综合费用 40% ~ 50%。与此同时，eWTP 分类监管仓在义乌的创设，可适应不同档次与标准出口货物的集拼、分拨，提高出口通关效率，使"市场采购"贸易方式获得进一步优化。（3）在进口层面，eWTP 基于平台、政府、银行等多方协同，在义乌设立数字清关口岸，大幅降低了以包裹形式进口货物通关手续的复杂性，使得通关效率提升，进口贸易业态拓展，从而使我国消费者可通过海淘平台更便利采购全球商品，消费者的多样化、个性化偏好获得更好的满足。（4）eWTP 深度参与义乌综合保税区建设。一方面，基于阿里巴巴大数据、区块链等技术优势与平台优势，形成一个中心（综保区智慧监管智慧中心）、六大数字系统（信用监管系统、收银系统、天眼系统等）、两个围网（物理和电子围网）、两个平台（区块链监管平台、eWTP 公共服务平台），探索建设全国首个"数字综合保税区"，推进区内生产、交易、流通、监管等全流程数字化。义乌综保区可进一步整合其遍布国内外的采购商、生产商、贸易商等企业家资源，以形成更高效、畅通的商流、物流、信息流，进而通过 eWTP 公共服务平台与全球各数字贸易枢纽互联互通，打造小商品数字自由贸易港。另一方面，以世界"小商品之都"商贸集聚优势为基础，通过推进"义乌小商品城"数字贸易平台与 eWTP 公共服务平台的互融互通，为产业链各环节企业提供设计生产、展示交易、仓储物流、供应链金融、关检汇税等一站式贸易综合集成服务，这不仅能赋予跨境电商进出口业务更丰富的内涵特征、业态模式与交易场景，也有助于形成以数据驱动的价值链闭环，提高产业链整体协作水平，敏捷响应国内外海量用户的个性化、定制化需求，从而使交易主体不断增加、市场规模内生拓展。① 此外，在 eWTP 框架体系下，各相关市场主体还将进行进口供应链体系建设，共同创建智慧物流枢纽，优化"义新欧"贸易大通道和航空物流通道等。

在杭州、义乌 eWTP 实验区成功构建的基础上，eWTP 应进一步与全国更多跨境电商综试区、数字贸易示范区等开展合作与对接，在更大范围内

---

① 自 2020 年 10 月上线至 2024 年 9 月，"义乌小商品城"数字贸易平台已有 5.8 万家实体商铺入驻、440 万个注册采购商，累计在线交易额超 1400 亿元，相当于再造一个"云端"的义乌市场。资料来源：方静，龚喜燕. 义乌"数实共生"释放市场更大能量 [N]. 金华日报，2024 - 09 - 13。

基于政企协同的方式开展业态模式、监管方式、技术标准、政策法规、数据流动与安全等层面的探讨、测试与推广，使 eWTP 实验区与跨境电商综试区、数字贸易示范区之间相互补充与促进，以不断深化我国跨境电商领域成熟的商业实践与治理体系创新。

（二）推进海外 eWTP 枢纽建设

深化国际合作，传播"中国经验"，主要措施包括：（1）以跨境电商平台企业为主导，运用双边方式逐个推进 eWTP 海外实验区建设，将较为成熟的中国实践经验向海外复制与传播，使海外合作国家（地区）的跨境电商数字基础设施与监管体系等获得跃迁式升级，推动其跨境电商更高质量高效率发展。（2）以市场化为导向加强与海外政企各方合作，基于各方共赢使全球贸易获得内生、普惠且可持续发展。海外 eWTP 实验区的建设，不仅可使跨境电商各相关市场主体基于市场规模拓展而获得网络效应与协同效应的增强，还将推动合作国家（地区）数字化转型加快，使更多企业与个人进入跨境电商领域并从中受益，实现贸易的普惠式发展，从而促进合作方政府实现经济增长、充分就业、结构优化、国际收支平衡等社会目标，从而获得"政""企"之间基于激励相容的内生协同。（3）推进与海外 eWTP 实验区之间在数据交互、业务互通、监管互认、服务共享等方面进行国际合作，探索双方在数字确权、关税减免、规则优化等方面的沟通合作。

目前已有马来西亚、泰国、比利时、卢旺达、墨西哥、埃塞俄比亚等 7 国参与共建 eWTP 海外枢纽。以马来西亚 eWTP 海外枢纽为例，自 2017 年来，阿里巴巴（包括蚂蚁金服、菜鸟网络和 Lazada）与马来西亚政府共建马来西亚数字自由贸易区，不断推进包含一站式外贸综合服务、物流枢纽、云计算和大数据中心、普惠金融和数字人才培养等项目建设，同时助其建立"单一窗口"，打通关税、汇兑、物流、金融、监管之间的信息壁垒，逐步实现数字化报关，优化跨境贸易流程，以助力马来西亚成为东南亚最大的数字贸易枢纽。世界银行发布的《2018 全球物流绩效指数》显示，马来西亚在跨境电商基础设施建设、售后服务、跨境程序与时间、供应链能力等方面的效率都高于东南亚平均水平。此外，eWTP 已为马来西亚培训超过 15000 名电商相关从业者、创业者和其他数字化人才，帮助越来越多马来西亚中小企业从线下到线上、从国内到国外市场不断拓展，助力其进行品牌与技术升级，使中小企业在更复杂的"干中学"中获得企业家才能的提升与经营绩效的不断优化。在比利时，eWTP 各相关主体进行了一系列创新性努力，主要包括：菜鸟网络在列日布局覆盖欧洲的智慧物流体系，基于数字技术的创新应用而提升跨境物流数智化能力，促进中欧进出口双向跨境贸易的发展，使中欧跨境商家运输时间缩短、物流成本降低；向比利时复制与推广"中国经验"，例如推出 eWTP 比利时公共服务平台、将国内的保税备货模式复制到比利时；与比利时海关推进"一单双报、便捷清关"，与比利时财政部门孵化欧盟全球增值税一站式解决方案等。在卢旺达、埃塞俄比亚等国，eWTP 通过从平台、物流、支付、人才、数字基础设施等环节对其进行资源优化配置，从而基于市场规模的拓展与营商环境的优化，使当地中小企业与个人运用跨境电商创业的动力与能力不断提升，推动其贸易与经济的普惠式发展。

二、串点成线

（一）加强海内外 eWTP 实验区及枢纽之间的合作

在推进海内外 eWTP 实验区及数字贸易枢纽建设的基础上，促进各实验区及数字贸易枢纽间在市场、物流、数字化服务、贸易规则等方面互联互通。主要实现路径有：（1）海内外 eWTP 实验区共建国际智慧物流网络，缩短供需各方时空距离，提升信息交互效率，进而推动合作国之间的供应链在效率导向下整合优化，也使需求方的选择面拓宽，由此形成跨境电商与物流良性发展的正反馈机制。例如，"义新欧"eWTP 菜鸟号铁路运输班列从义乌直达比利时，使得中欧之间的跨境电商贸易物流效率明显提升。"菜鸟号"整合 38 个国家（地区）的 95 个海外合作园区、海外仓资源，搭建跨境电商海外服务网络，也成为新冠疫情期间中欧双向物资输送的重要通道。（2）整合跨境电商生态的资源能力，打通各国家（地区）间 eWTP 公共服务平台，以形成统一、高效、便利的一揽子、一站式数字化服务网络，从而基于跨境电商在交易、物流、监管、支付等环节交易费用的不断降低使分工深化、交易主体增加，由此促进市场规模的进一步拓展。例如，马来西亚数字自由贸易区已和杭州跨境电商综试区开启互联互通，加强通关、检验、许可等方面的合作与兼容互认；义乌综保区正致力于通过 eWTP 公共服务平台与全球各数字贸易枢纽互联互通，以建设全球小商品数字自由贸易港。

（二）eWTP 与国内外供应链深度对接，促进全球产业链与供应链动态优化整合

一方面，生产效率及其敏捷性提升是企业基于跨境电商成功出海的重要前提与保障，这离不开一国供应链与产业链体系的支撑。另一方面，跨境电商使全球产业链与供应链在效率导向下获得动态优化整合，此时的产业集群不仅指关联企业的空间积聚体，也是具有分工可能的企业突破地域局限的虚拟产业积聚体。跨境电商的发展降低了交易费用，使产业集群在销售、研发及生产等环节内及环节间的要素配置效率与协同度提升，从而促进企业间分工深化，使其马歇尔外部经济效应增进（Hanlon et al.，2017；Maskell et al.，2003）。eWTP 通过与国内外产业集群之间的高效连接互动，将使这一"增进"更为显著，这主要表现在以下几个方面：（1）eWTP 各相关方通过在全球化交易、物流、支付金融和公共服务等方面进行要素优化配置，并使其共享面不断拓宽，进而沉淀为信息基础设施，使销售、研发及生产等产业链环节内及环节间的要素配置效率与协同度提升，促进企业间分工深化，使各国产业集群的生产成本与交易费用降低，集聚经济优势增强。（2）eWTP 各方联动助推产业数字化转型，不仅可通过数字化精准营销、人才培养、助力品牌升级[①]等促进更多制造型中小企业开展跨境电商，直接面对终端用户，也可使大量销售型中小企业的市场领域从销售逐步向研发、生产等产业链更多环节延伸，并基于大数据、区块链等数字技术运用而形成的整合协同与智能算法能力，促进产业链诸环节间协同度增强，由此基于产业集群与跨境电商融合发展形成生态势能日益增强的数字贸易生态圈，帮助打通全球化的供应链体系。（3）eWTP 公共服

---

① 平台企业全方位利用其系统化、技术化、数据化、智能化能力，推动中小企业成长转型，使国中小品牌更快出海。例如，每年阿里巴巴国际站"双品出海"、速卖通"鲸锐商家"、亚马逊全球开店直采大会等品牌，引导杭州跨境电商产业集群内企业进行品牌升级，推动杭州线下产业园区进行数字化转型。

务平台与各个跨境电商平台、工业互联网平台等平台间互联互通，可提供覆盖跨境电商供产销全流程的高效数字化交互服务支撑，使集群的供应链体系获得优化。（4）随着 eWTP 的商业实践及其倡导的贸易规则在国际传播与推广，数字贸易营商环境不断优化，交易主体不断增加，市场规模不断扩大，引致单边与网络效应增强。此时，全球越来越多产业集群，传统集群抑或虚拟集群之间趋向融合，全球生产网络不断扩大与完善，由此形成开放、复杂且多元的社会化协同网络，获得协同效应的增强。

因此，eWTP 通过与更多国家的产业集群对接，不仅使全球市场规模扩大、马歇尔外部经济获得增进，也使得这一协同网络内的企业家商务才能与创新绩效迅速提升，从而使 eWTP 的理念、经验与规则基于市场化导向，在更广泛、更深入的实践过程中获得加速孵化、迭代与传播。例如，eWTP 在卢旺达的合作深入其产业链上游，通过跨境电商平台使卢旺达咖啡豆种植直连中国消费者，减少中间环节与交易费用，使得跨境电商平台各相关方的"使用者剩余"获得明显增加。与此同时，eWTP 在卢旺达的合作也深入其产业链下游，义乌商城集团、阿里巴巴集团等市场主体拟通过对当地物流仓储与交易市场的完善，打造中国与东非地区中小企业贸易往来的批发分拨集散中心，辐射与影响布隆迪、刚果（金）等更多国家。此外，eWTP 还通过人才培训等方式将我国淘宝村的运行模式及相关经验复制到卢旺达，使其传统集群基于电商基因的融入而演变为新型产业集群，由此带动资金流、商流、人才流等向该地区汇集，促进相关产业的发展。

三、连线成网

依托全球网络、物流、金融等网络优势，可在 eWTP 实验区（枢纽）与部分国家供应链有效对接及不断融合的基础上，充分利用"一带一路"、RCEP 等政策与国际合作机遇，推动各国产业与跨境电商之间跨产业链与价值链重构，并基于各国数字化基础设施的完善、实践经验的推广以及贸易规则的构建，形成各国间不断开放的协同网络体系，由此获得网络效应与协同效应不断增强。

（一）加强 eWTP 与共建"一带一路"国家数字贸易合作

2018 年，速卖通平台上共建"一带一路"国家买家数占比超过 56%，其订单量和交易金额占比分别为 57% 和 49%。① 共建"一带一路"国家已成为中国跨境电商进出口主要的市场之一。目前，"一带一路"合作伙伴不断增加，RCEP 开始生效，为跨境电商发展营造了日趋开放良好的国际营商环境，也带来了巨大的国际市场需求。加强与共建"一带一路"国家的合作，可作为推进 eWTP 建设，促进我国实践经验传播与数字贸易规则创制的重要途径。eWTP 可主要从以下几个方面与共建"一带一路"国家展开数字贸易相关合作。

1. 积极参与"数字丝绸之路"建设

截至 2024 年底，中国已与 17 个国家签署"数字丝绸之路"合作谅解备忘录，eWTP 相关主体主要从数字基础设施完善、经验推广、人才培养等方面助力"数字丝绸之路"的推进。（1）深度参与数字基础设施共建。部分共建"一带一路"国家的数字基础设施较为薄弱，极大制约了其数字经济与贸易的发展。在参与共建"一带一路"国家数字基础设施建设过程中，eWTP 各主体可聚焦于各自的优势领域，例如，数字技术相关企业可深度参与光缆、蜂窝基站、大规模的互联网和电信网络建设等，提升共建国家和地区的国际网络连接能力；eWTP 的平台、技术、物流等要素相关主体可在市场化导向下加大对共建"一带一路"国家投资，以完善其金融支付、数字技术、物流仓储等基础设施；支付、金融等要素主体可与共建"一带一路"国家银行加强合作，创新支付与融资方式，拓宽投融资渠道，促进人民币跨境支付系统（CIPS）业务量与影响力的提升。在这一合作过程中，我国政府也应在海外投资建设方面设计一定的优惠政策，大力支持伙伴国数字基建，以数字基建推动各国数字贸易发展，由此导致的全球市场规模扩大与网络效应增强将使跨境电商相关方均获益（余淼杰和郭兰滨，2022）。（2）积极推广中国在电子政务、智慧城市、电商扶贫、农村电商、边贸电商方面的成功经验。平台企业

---

① 张雪. 阿里巴巴发布数字丝绸之路报告平台效应助力"一带一路"建设 [EB/OL]. (2019 – 04 – 23) [2024 – 11 – 30] http：//www. ce. cn/xwzx/gnsz/gdxw/201904/23/t20190423_31921907. shtml.

可发挥平台自身技术与模式优势，协助部分国家优化其通信网络、大数据、云计算和金融支付等数字基础设施，加强商业模式数字化创新的经验分享与合作，让更多发展中国家的农产品等可突破传统流通模式的限制，在"云端"直连全球大市场，推动农业数字化转型升级、带动更多农民就业创业和增收。（3）优化其人才培养体系以促进"数字丝绸之路"高质量发展。共建"一带一路"国家和地区数字化产业发展的人才支撑力度不足，缺乏能够对外畅通交流与合作的复合型人才。以乌兹别克斯坦为例，2019 年，乌兹别克斯坦信息通信技术专业人员在就业人口中所占比例为 0.5%，远低于欧盟 3.7% 的平均水平，这势必成为制约中国与其开展数字合作的主要瓶颈，因而中国有必要与其政、企、校等多主体在数字化相关人才培养体系构建、电商人才培育、人才流动与激励等多层面开展合作与交流。

在此基础上，eWTP 在数字技术、平台、物流、支付金融等环节的相关主体应积极促进"数字丝绸之路"国家间规则标准的会商与共识达成，从适用性与引领性出发，深度参与包括电子商务平台、智慧城市建设、支付金融系统开发、智慧物流仓储等领域商业与数字技术标准制定与推广，同时加强对当地网络信息安全保障能力评估与管理，增强其在国家安全、个人数据、商业机密等方面保护的意识与能力（刘华等，2022），由此基于"数字丝绸之路"的建设，逐步形成更具普惠性和创新性的数字贸易治理之"中国方案"，推动"一带一路"经贸规则的共建与完善。

2. 大力发展"丝路电商"

2015 年至 2024 年 9 月，我国已与 33 个国家建立"丝路电商"双边合作机制①，就各国电子商务发展共同进行政策沟通、经验分享、产业促进、地方合作、能力建设、数字化基础设施共建等多层次多领域合作。eWTP 可进一步深化"丝路电商"互利互惠合作机制，我国政府及市场主体（如阿里巴巴平台、跨境电商服务商等）不仅可以深度参与"丝路电商"各国平

---

① 33 国分别是乌兹别克斯坦、瓦努阿图、萨摩亚、哥伦比亚、意大利、巴拿马、阿根廷、冰岛、卢旺达、阿联酋、科威特、俄罗斯、哈萨克斯坦、奥地利、匈牙利、爱沙尼亚、柬埔寨、澳大利亚、巴西、越南、新西兰、智利、塞内加尔、新加坡、巴基斯坦、老挝、泰国、白俄罗斯、印度尼西亚、菲律宾、塞尔维亚、巴林、塔吉克斯坦。资料来源于全国电子商务信息服务网（https://dzswgf.mofcom.gov.cn/slds.html）。

台建设、产业对接、人才培养、市场拓展、新模式培育等，努力开拓电子商务国际合作新渠道，也应积极组织及参与各种形式的双边、多边对话交流与规则洽谈活动，与政企各方共建更高标准的跨境电商政策体系与国际经贸规则。在与"丝路电商"国家之间进行双边数字贸易规则的制定过程中，可根据各国情况积极试错，灵活调整谈判内容，在我国关心的低价值货物免关税、消费者权益保护、海外仓管理、跨境支付等议题上多提方案，在小范围的实践中找到与不同发展水平与诉求国家实现对接的有效做法。同时在各方关切但尚未形成明确方案的领域进行大胆研讨与共同实践，以"市场驱动、企业先行"的方式在各国产业链对接、数字技术合作、数字贸易相关商业模式创新、数据共享与流动等领域加快探索与合作，并提炼经验、模式与范例，推进合作国之间数字贸易规则的达成及各类标准的衔接互认。在部分国家取得一定实践成效的基础上，将实践经验与规则范例向其他"丝路电商"国或缔约国推广，逐步形成兼具引领性与普惠性的数字贸易治理与规则之"中国方案"。

（二）在 RCEP 背景下深化各成员国商业实践与规则探索

从市场空间来看，RCEP 形成了"10＋5"的跨境电子商务格局，日本与韩国可为中国提供技术与中高端工业半成品，澳大利亚及新西兰可提供工业原材料以及消费品，东盟国家可提供加工供给资源，由此形成的较为完整的产业链分工体系不仅可较好地抵御中美贸易摩擦等贸易保护主义抬头的风险，也为各国跨境电商的发展提供了较大的市场空间。从协议内容来看，RCEP 关于电子商务的章节是亚太地区达成的第一个综合性、高水平的电子商务多边贸易规则，其不仅推动协定缔约方削减或取消区域内国家原产商品关税，也促进了贸易过程中无纸化操作、电子认证与签名的互认等，使贸易便利化程度提升。RCEP 在规定各缔约方应允许跨境电子商务相关的数据在区域内自由流动的同时，也强调了对个人隐私的保护。可以看到，RCEP 更为关注发展中国家的基本国情和诉求，其对于发展中经济体而言，舒适度更高、可操作性更强（李宏兵等，2022）。

eWTP 在 RCEP 背景下深化商业实践与规则探索的主要实现路径包括：（1）eWTP 与 RCEP 缔约国加强合作。RCEP 成员国之间合作的主要方式包括研究和培训活动、能力建设、提供技术援助，以及分享信息、经验和最佳实践等，这恰恰和 eWTP 及其海内外数字贸易枢纽间的合作方式颇为契合（彭德雷和阎海峰，2022）。因此，eWTP 各相关主体可与 RCEP 缔约国在跨境电商市场开拓、数字基础设施建设与互通、产业链对接等领域加强务实合作，共建数字贸易发展生态圈，使跨境电商各相关方，尤其是中小企业与消费者能更好地享受制度与贸易红利。（2）推进 RCEP 规则在各缔约国的顺利落地实施。通过官方或商业渠道传播我国在税收减免、通关便利化、提升跨境电商监管质效等方面的创新性举措，发挥示范效应，并促进各国之间监管体系的协调互通，由此加快 RCEP 电子商务规则转换为具体的贸易政策与细则，并在各缔约国落地与执行。（3）基于 eWTP 的实践探索，促进 RCEP 数字贸易规则的优化。应注意到，RCEP 和国际上现有的高标准数字贸易规则还存在一定差距①，其在数字产品待遇、源代码、金融服务中的跨境数据流动、线上争端解决等方面尚未达成共识，并强调缔约方应就这些重要议题加强对话。eWTP 在商业企业主导下，基于政企协同共创的方式，通过深化其在国内外商业实践与制度改革，不仅可为 RCEP 相关贸易规则的完善提供渊源与范例，也将使政府、企业、社会公众等各主体之间信息交互效率提升、共生利益增强，由此形成政、企与社会公众之间多个层次的激励相容，使数字贸易规则持续优化与实施的难度降低、效率提升。（4）持续推进 eWTP 数字贸易枢纽的建设与拓展。我国应充分把握好 RCEP 的政策红利，加快打造数字贸易示范区，推动中国更好地融入亚太数字经济生态圈。我国可在马来西亚、比利时、泰国等 eWTP 数字贸易枢纽成功建设的基础上，与东盟及其他 RCEP 缔约方加强数字经济相关产业的合作，推进 eWTP 数字贸易枢纽建设，共同打造中国—东盟"数字丝路"示范区等。

在与共建"一带一路"国家及 RCEP 国家达成长期合作机制并取得一定成效的基础上，eWTP 还可逐步与更多国家和地区开展市场拓展、基础设施优化、供应链对接、监管创新与推广、技术与商业标准共建、贸易规则孵化等方面务实合作与交流，从而使双边或区域层面的数字贸易商业实践与制度规则协同发展，也使得各国政府、平台方、中小企业、服务商、用

---

① 相比较而言，RCEP 在数字本地化、数字壁垒、数字产品待遇等方面所制定的规则标准要低于 CPTPP、USMCA 和 DEPA 中的相关规则，其更多关注到发展中国家的基本国情和诉求。

户、供应链等各主体间基于良性互动而实现激励相容,进而推动数字贸易生态圈的不断演进与繁荣。因而,eWTP 在应用层的实现路径可由图 7.2 表示。

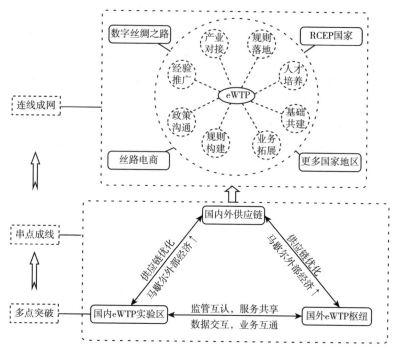

图 7.2　eWTP 在应用层的实现路径示意

第三节　框架层:eWTP 与各平台协同推进数字贸易监管体系与规则完善

互联网和数字贸易的全球属性意味着,基于 WTO 等世界性多边平台进行数字贸易规则谈判是制定数字贸易全球治理规则的最优选择,但掣肘于发达国家与发展中国家之间巨大的国情差异与数字鸿沟,制定全球层面的电子商务规则的难度过大、成本过高,因而至今尚未达成实质性数字贸易协议。鉴于此,eWTP 可"另辟蹊径",从"基础层"加强对国内外数字基础设施的完善起步,进而在"应用层"对国内外部分地区开展先行先试，进行跨境电商相关法律政策、监管服务、商业模式等方面的创新、磨合、优化与推广，逐步凝练更具普惠性与引领性的"中式方案"并扩大其国际影响力与适用范围。在此基础上，eWTP 相关主体可从"框架层"推进国内数字贸易相关制度体系的完善，进而与 WTO 等多边平台加强对全球跨境电商规则的沟通与合作，基于各方激励相容而高效推进全球数字贸易规则的制定与完善。这些从大量实践中提炼并转化形成的贸易规则，往往具备以下特征：（1）前期已通过了大量的迭代与验证，有了较好的应用基础与广泛的适用范围，且规则与实践的适配性强；（2）可执行性强，推广成本与监督成本低，推广效率高，对实践的影响与指导意义更大，持续推进与演化的实现过程较流畅；（3）在这些规则推行的基础上，微观经济主体的创新创业动力增强、能力提升，由此能更好地基于"看得见之手"与"看不见之手"的良性协同使宏观与微观层次在利益上激励相容。

一、基于政企协同推动我国数字贸易治理体系完善

各级政府部门不仅是我国制定数字贸易相关政策法规的核心主体，也是 eWTP 构建与推进的关键力量，政企间协同互动可推动"顺市场导向[①]"的数字贸易制度体系完善，从而有效化解市场失灵，促进我国跨境电商持续、高效、普惠发展。这一"协同"主要基于以下路径予以实现：（1）电商企业积极搭建或参与政企学等各方沟通与合作的平台，基于其信息优势及时向政府部门反馈跨境电商领域中小企业发展的主要问题及其合理诉求，使理论研讨、政策制度与现实发展的适配性增强。（2）政府与各平台方加强合作，推动我国数字贸易行业交易与安全规则的完善，制定我国中小企业进入与退出市场的标准，共同监督与惩治售假、失信等行为。（3）基于政府的数字化治理和平台与技术拥有方的数字化赋能，共同推进中小企业创新能力的提升及创新环境的优化。一方面，电商平台方可通过在研发成果形成、流转与应用环节加强要素共享，使中小企业的创新能力与创新绩效获得快速提

---

① "顺市场导向"的政策是指政府的引导、调控与服务职能与市场运行方向相一致，并通过一系列政策法规促进市场机制在配置资源方面的作用提升。

升；另一方面，政府通过完善相关法律法规，加强数字贸易领域知识产权保护力度，使中小企业的创新动力增强，研发投入增加。（4）构建多元协同共治、监管与发展并重的平台反垄断监管与治理机制。一方面，政府应革新反垄断判定标准、合理界定垄断行为，并构建智慧化、精准化的监管工具，对平台垄断行为进行有效约束（张蕴萍和栾菁，2021）；另一方面，在政府优化其监管框架的同时，平台方应利用自身技术与数据优势，建立自我监管与治理体系，形成政企之间协同联动的实时监管机制，以更好地优化数字贸易生态圈内各主体间合作与竞争秩序，保护中小企业与消费者的合法权益。

二、积极引领与推动双多边形式跨境电商相关贸易规则制定

我国已全面参与 WTO 电子商务规则谈判，推动在 11 个我国参与的自贸协定中设立电子商务章节，还正积极致力于引领与推动跨境电商国际贸易规则的制定，以形成与推广"中国方案"。我国在双多边层面数字贸易规则谈判中的核心主张及优化策略将在本书第十二章详细论述。我国积极引领与推动双诸边与多边形式跨境电商相关贸易规则的制定，正是以我国跨境电商政企各相关主体在实践层面不断探索努力为重要前提。其中，eWTP 在引领与推动全球跨境电商贸易规则制定方面的具体举措与努力方向主要包括：（1）中国电商平台企业积极参加多边平台组织的讨论与谈判，分享中国创新做法，推进全球数字贸易行业交易与安全规则的制定。（2）通过与各国深化商业合作与政策协同，推进与电子商务相关的多边贸易规则的达成与落地实施。（3）推动 WTO 启动与跨境电商相关的物流、金融服务自由化谈判，提出相关商业与技术标准规范，促进贸易便利化程度增强，"一揽子"要素配置效率进一步提升。

WTO、世界经济论坛等国际组织是全球商业规则标准制定的重要机构，阿里巴巴集团积极参与了上述国际组织主办的论坛和工作组工作。2018 年，eWTP、WTO 与世界经济论坛共同发起赋能电子商务的长期对话与合作机制，并举办首场活动。eWTP 基于其技术与信息优势，可充分整合来自政府、中小企业和其他各方的意见，将跨境电商实践与规则制定有效链接，使民间对话机制与官方机制双管齐下、相互补充，共同促进跨境电商贸易

规则的形成与完善（李晓龙和王健，2018）。例如，2017 年生效的 WTO 《贸易便利化协定》（TFA），使得跨境电商的通关环节更趋透明、便利、高效，而这一协定的具体付诸实施，还有赖于各国的诸职能部门与企业之间反复探讨与磨合，eWTP 在"应用层"所积累的丰富实践经验，恰恰能给其他成员将贸易规则转化为具体政策措施提供重要参考，并通过上述"长期对话机制"向更多国家和地区推广与应用。再如，2019 年，包括中国在内的 76 个 WTO 成员共同发表电子商务联合声明，启动与贸易相关的电子商务谈判。截至 2024 年 7 月，共有 91 个 WTO 成员参与了电子商务谈判，且已达成一个《电子商务协议》稳定文本，其涵盖了无纸化交易、电子合同、电子签名、电子发票、垃圾邮件、消费者保护、网络安全和电子交易框架等内容，为各国的数字贸易和数字化转型提供了一个平衡且包容的框架。① 该协议还特别关注中小微企业的利益，将帮助发展中成员和最不发达成员更好地参与全球数字经济。在协议达成后，后续还面临如何使这部分成员之间达成的诸边协议真正转化为 WTO 多边协议的难题。在这一转化过程中，eWTP 可汇集政企各方意见，通过前述"长期对话机制"等途径提交"中国方案"，以更快推进各方在难点问题上达成共识。在各谈判成员达成电子商务有关的协议后，eWTP 还可基于其商业实践与制度改革的不断协同、深化及其海内外推广与复制，加快推进 WTO 电子商务规则转换为具体的贸易政策与细则，并在各国落地与执行，使其真正转化为激活全球电子商务市场巨大潜力的制度红利，帮助各成员尤其是发展中国家成员更好地参与全球化进程并从中获益。

实际上，贸易便利化在很大程度上取决于海关监管的便利化。跨境电商海量的小包装货物，给海关监管在安全与效率方面的取舍带来了难题，一些国家海关的严格把控降低了商品流通效率（李晓龙和王健，2018），亟待从准入、安全、溯源、税收等层面进行创新并加强国际合作。世界海关组织（WCO）2016 年成立了包括政府、私营机构、国际组织、电商企业和学术机构代表在内的多方利益工作组，主要就贸易便利化和简化监管程序、

---

① 冯迪凡. 禁止对跨境数据传输征收关税！WTO 成员达成电子商务协议，美方为何不支持［N］. 第一财经日报，2024 – 07 – 30.

征税、安全、统计和分析等议题进行协调，并出台了相关标准和框架。2017~2018 年，中国海关受 WCO 委托，主导制定了《世界海关组织 AEO 互认实施指南》（以下简称《实施指南》）、《世界海关组织跨境电商标准框架》（以下简称《框架》），并获 WCO 通过。这是中国海关首次在经认证的经营者（AEO）以及海关跨境监管领域引领国际规则的制定。《框架》整理了各国最佳商业实践，清晰界定了跨境电商的特征，明确了贸易便利化的关键原则、标准与可行方案。阿里巴巴、网易等中国企业作为工作组企业成员基于自身大数据、案例和商业实践优势在有关规则形成中提出了大量具备可操作性的参考性建议（WCO，2018），从而使《框架》的内容更具创新性与务实性。在上述《实施指南》与《框架》的指导下，截至 2024 年 5 月，中国已与 28 个经济体签署 AEO 互认协议，覆盖 45 个国家（地区），互认协议签署数量和互认国家（地区）数量均居全球首位①，由此可大幅提升跨境电商企业的通关效率，增加物流、信息流的畅通度。接下来，在继续推进"市场驱动、企业先行"这一成功做法的基础上，我国还应进一步与更多国家加强通关监管合作，尤其可重点在共建"一带一路"国家、非洲、南美洲等地区发力，拓展 AEO 互认范围与程度，创新互认模式等，推动其监管质量与通关效率不断提升。

未来，eWTP 的政企各主体可进一步加强与 WCO、联合国贸易法委员会（UNCIRAL）等多边机制的对话与合作，持续分享中国商业实践与制度创新经验，积极参与到相关贸易规则与标准的制定中，以推动中国经验转化成为国际层面通用的技术标准和商务规范。

三、广泛研讨并提出数字服务贸易规则的框架体系

在数字服务贸易领域，发达经济体制定的规则体系相对较为完善，诸如美国等在数字服务贸易领域竞争力较强的国家，要求进口国给予数字产品流动更大的自由，强调数据自由流动及数字产品完全免税等，但目前包括中国在内的广大发展中国家出于国家安全、发展水平与数字产

---

① 栗翘楚. 海关总署：我国已与 28 个经济体签署 AEO 互认协议［EB/OL］. （2024 - 05 - 09）［2024 - 11 - 30］. http：//finance. people. com. cn/n1/2024/0509/c1004 - 40232325. html.

品监管机制等原因，尚难做到如此高标准的数字服务业开放。与此同时，还应注意到，跨境电商的发展与数字服务贸易实际上有着紧密的关联，这主要体现在：其一，跨境电子商务是以金融、信息、物流等一揽子要素在全球层面优化配置为重要支撑，而跨境电商的快速发展也促进了移动支付、互联网金融、智慧物流、云计算服务、网络通信服务等数字服务贸易的发展，两者相辅相成，互为促进。其二，速卖通、阿里国际站等大型跨境电商平台企业，不仅是贸易的平台，也是大数据信息交换的中心，商业数据信息的获取关系到贸易平台运行的成本、效率以及为企业提供服务的能力。倘若我国对商业、个人数据的获取和流动设置较高的国际准入门槛和监管限制，其他国家的对等措施也会制约我国电商、数字技术相关企业的国际拓展。其三，大数据、物联网、人工智能等数字技术与跨境电商的融合创新，不仅使后者的交易效率提升，商业模式与应用场景不断拓展，也通过数据流动强化了各产业间知识和技术要素共享，促使制造业、服务业紧密融合，带动传统产业数字化转型。而大部分数字技术进行分析、预测的质量与效率往往随着数据规模的扩大呈加速增长之势，数据流动的过高限制及其监管规则的缺乏将对数字技术的创新应用构成极大制约。

因此，在数字服务贸易规则构建与优化方面，平台企业可对跨境电商各相关要素主体进行广泛调研，深入了解中国数字服务贸易相关企业遇到的制度性障碍和外部壁垒及其对贸易规则的诉求。对于较敏感的议题可先在 eWTP 实验区或自由贸易试验区内进行压力测试与多方论证，待成熟后再进一步推广。应着重研究如何在保护隐私和数据安全的基础上适度放开跨境数据自由流动，以推动我国构建相对完善且高效的数字服务贸易监管体系。在此基础上，eWTP 可通过各种对话机制与 WTO、WCO 等国际组织及各国协商交流，为跨境电商平台贸易模式争取更为宽松的规则条件与政策环境。eWTP 所提出的中国方案，应从普惠贸易与发展的视角出发，更强调网络空间安全与人类网络命运共同体等主题，为更多国家，尤其是发展中国家的广大中小企业表达诉求和争取利益。eWTP 各相关主体在框架层的实现路径可用图 7.3 表示。

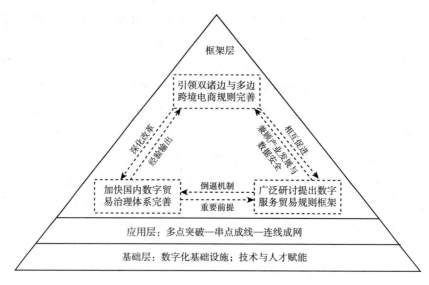

图 7.3　eWTP 在框架层的实现路径示意

第四节　进一步研究：eWTP 各主体在具体实践中的行动侧重点

eWTP 作为一个私营部门引领、市场驱动、开放透明的公私合作平台，其主体主要包括 WTO、UNCTAD、世界海关组织、各国政府、平台方、中小企业、供应商、服务商、消费者协会、行业协会、商业中介组织等，不同主体依据其自身职能开展实践工作会各有侧重，但整体上来看，各主体在行动上应具有连贯性与协同互补性。其中，大型平台企业、各国政府、WTO 等多边组织可被视为 eWTP 最核心与关键的主体，其努力方向与协同配合程度在很大程度上决定了 eWTP 能否顺利构建、推进并发挥作用，因此有必要对各核心主体的实践侧重点予以探讨。

一、平台方的行动侧重点

（一）拓展全球市场

全球贸易普惠发展主要建立在参与主体增多，以及市场规模不断拓展所引致的贸易利益增进且分配更趋均衡合理的基础上，因而对于大型跨境电商平台企业，应通过组织各相关要素主体参与构建与完善全球交易、物流、金融及公共服务网络，加强各国商业模式数字化创新和数字化人才培养方面的合作，以吸引更多中小企业与个人进入跨境电商领域进行创新创业与消费，从而不断拓展全球贸易潜力与发展空间。在此基础上，平台方可进一步打通全球化的供应链体系，促进跨境电商与全球供应网络的协同，从而基于交易费用的降低使数字贸易生态圈内各环节参与者的"生产者剩余"与"使用者剩余"均获显著增加，由此促进全球市场规模的内生拓展，网络效应进一步增强。

（二）加强平台自治，推进相关标准的建立与完善

为促进全球跨境电商行业的有序、可持续发展，平台企业应加强自治，承担起协调和监管职能，积极引领与推动构建跨境电子商务行业有关质量管理、诚信体系、质量风险防控等方面的国家与国际标准，还可牵头联合各国平台商家、服务商、上游企业、行业协会组建标准联盟，共同制定科学规范的行业标准、规则、程序等，并在 eWTP 的市场拓展中进行反复迭代、优化与推广，促进相关国际标准与规则的建立及完善。

（三）开展企业商务合作

大型数字平台企业（如阿里巴巴、京东、字节跳动等）往往具有市场参与者、关键要素提供及配置者、市场规则制定者等多重身份属性，平台方与跨境电商发展之间的相互影响机制正在日益强化，愿意对国际公共事务发挥积极影响，以加强与各国政府间的信息沟通与商务合作，争取或营造更为开放创新的营商环境（张锐等，2020）。

（四）履行社会责任，扩大国际影响力

eWTP 的构建与推进需要各国政府、国际组织与平台方决策者拥有开放包容的国际视野，富有社会责任感与国际影响力。对于大型平台企业而言，国际影响力的获取与增强不仅建立在其市场不断拓展与竞争力日益增强的基础上，还建立在其社会责任的充分履行与正外部效应的不断释放之上。新冠疫情暴发以来，阿里巴巴等平台企业通过其一揽子要素配置与全球供

应链优化等方面能力的发挥，积极为其他国家纾困。截至 2020 年 4 月，阿里巴巴公益基金会、马云基金会不仅向世界卫生组织、150 个国家和地区捐赠抗疫物资①，保证物资的及时运达，还为全球一线医护人员提供抗疫经验分享，并培训了 3000 多名非洲医生。② 《财富》杂志发布"2020 改变世界的企业"榜单，阿里巴巴基于其全球基础设施运作能力以及为全球中小企业提供的帮助，第六次上榜，位列榜单第二。平台企业在履行社会责任的同时，也使其国际影响力增强，为其进一步拓展国际市场，加强与各国政企间合作创造了更多可能性。

二、我国政府的行动侧重点

（一）建立常态化政企沟通机制

政府制定跨境电子商务相关制度与政策的有效性与及时性往往取决于其获取信息的质量、效率与全面性，但对于市场需求、技术变革、贸易壁垒等信息的捕获与研判，企业家往往更具商业敏锐性与前瞻性，因而政府应积极搭建各类型政企制度化沟通平台，尤其应加强与 eWTP 的合作，使政府获得更稳定、及时且高质量的商务信息，以更全面地评估各项决策与规则的短期与中长期影响。同时各级职能部门还应实行"开门决策"，在进行涉及数字贸易的重大决策时，应广泛征求平台企业、数字技术龙头企业、其他代表性民营企业的合理意见，提高制度、政策等与实践之间的适配度，使持续推进的实现过程更流畅与高效。这一常态化政企沟通机制的建立，也将逐步培养数字贸易领域优秀企业参与政府决策与国际规则制定的意识与能力，从而更好地促进我国实践层面的成功经验有效转化为最佳实践范例乃至国际标准与规则。

（二）加强与其他国家间有关数字贸易的沟通与合作

我国各级政府应积极组织、参与各国官方层面的交流活动，努力削弱

---

① 1 亿件！马云联合阿里公益基金会向 WHO 捐赠抗疫物资 [EB/OL]. (2020 - 04 - 21) [2024 - 11 - 30]. http://cn.chinadaily.com.cn/a/202004/21/WS5e9e803fa310c00b73c78848.html.

② 中国医疗专家"云援非"，非洲 22 国医生同场在线学习中国抗疫经验 [EB/OL]. (2020 - 04 - 29) [2024 - 11 - 30]. https://www.guancha.cn/ChanJing/2020_04_29_548728.shtml.

和消除各国间的贸易壁垒，并搭建各国政府与企业间沟通合作的桥梁，促进合作广度与深度的拓展。目前，我国已与 33 个国家建立"丝路电商"双边合作机制，在我国平台、技术、物流等相关要素主体对外开展数字化基础设施共建时，政府应给予相应的产业政策扶持与激励，同时基于政府对教育资源的组织与整合能力，为国外官员、企业家与从业者提供多层次的跨境电商公益性培训。我国各级政府还可通过举办多种形式的跨境电商发展政企交流会，促进各国政企间信息的高效交互及其跨国合作的不断深入。例如，2019 年 6 月，中俄两国元首见签阿里巴巴集团在俄新设合资项目，两国电子商务领域的领军企业达成长期合作机制，共同打造覆盖俄罗斯和独联体国家的电商平台。①

（三）积极参与数字贸易谈判，提出中国主张

我国政府应把握数字贸易规则设计与实践创新之间的平衡，从我国商业实践与政策法规创新中进一步提炼与优化"中国方案"，并在双诸边及多边数字贸易规则谈判中根据各国不同诉求与发展状况而设计不同的谈判内容与策略，以提升我国数字贸易治理领域话语权，推动形成更具普适性、包容性的全球数字贸易规则体系与贸易格局。eWTP 倡议背景下数字贸易国际规则的"中国方案"的主要内涵、优化策略与行动路径将在第十二章进行详细论述。

三、WTO 等多边组织的行动侧重点

为更好地推进构建更具普惠性的贸易规则，WTO 等各类多边组织可与 eWTP 建立长期沟通与合作机制，深化其沟通与合作的广度与深度。2018 年，eWTP、WTO 与世界经济论坛共同发起赋能电子商务的长期对话与合作机制，未来随着 eWTP 国际影响力的提升，在各方的共同努力下，世界海关组织、联合国贸发会议等更多国际组织可以与 eWTP 建立长期沟通与合作机制。在这一合作机制下，eWTP 可有效整合来自政府、中小企业和其他

---

① 中俄两国元首见签阿里巴巴集团在俄新设合资项目［EB/OL］.（2019－06－06）［2024－11－30］. http：//www.zcom.gov.cn/art/2019/6/6/art_1389625_34576594.html.

各方的意见，充分展示我国在国内外信息基础设施建设、商业模式推广与人才培养中的成功经验，为世贸组织的"贸易援助计划"或"电子商务促进发展计划"提供具体的实践参考与行动路径。WTO、WCO 等多边组织也可在数字贸易相关规则与标准制定中引入更多在数字技术、电商平台、物流等领域龙头企业的参与，以使贸易规则与商业实践之间的匹配度增强、推广成本与监督成本降低，由此加快形成更具普适性、包容性的全球数字贸易规则体系。

第八章　eWTP 倡议下跨境电商与普惠贸易发展的实证研究

　　发展跨境电商已成为重塑全球新贸易格局的关键途径，跨境电商的发展可促进全球贸易朝着普惠且高质量的方向演进，但与此同时，全球跨境电商可持续发展面临贸易壁垒增多、信息基础设施落后、数字贸易规则缺乏或碎片化等诸多风险挑战，亟待从制度、技术、基础设施等层面深化改革与创新，以获得跨境电商乃至全球贸易竞争力的提升与市场空间的进一步拓展。在此背景下，构建 eWTP 的倡议应运而生。自 2016 年以来，在 eWTP 倡议下，基于政企协同的方式，我国一直不断探索跨境电商的各类创新模式，总结与传播我国跨境电商领域商业实践与监管体系改革中的成功经验，并以市场为导向加快国内外数字化基础设施的完善，加强商业模式数字化创新和数字化人才培养方面的合作；同时，通过在国内外进行 eWTP 实验区与数字贸易枢纽的建设，推动跨境电商商业网络与数字生态圈的发展与繁荣，促进全球"数字鸿沟"弥合，帮助更多发展中国家和国内外中小企业获得平等、便捷参与全球跨境电商贸易的机会，使全球市场空间进一步拓展。但目前尚未有研究对这一倡议提出以来对跨境电商及全球贸易所产生的影响进行实证检验，因而本章基于 eWTP 倡议的提出与推进开展准自然实验，借助多种方法识别处理组，采用双重差分方法，对 eWTP 倡议下跨境电商与中国双边贸易发展的关系进行经验检验，重点关注 eWTP 倡议如何影响双边贸易的普惠发展。首先，以 eWTP 倡议下我国与全球 119 个主要贸易伙伴间的双边贸易情况进行经验检验，然后，进一步基于阿里巴巴所发布的跨境电商连接指数对 eWTP 推行以来，我国与 59 个共建"一带一路"贸易伙伴国之间的双边贸易情况进行实证分析。

第一节　实证设定与经验结果分析

一、实证分析框架

为从经验上检验 eWTP 倡议下跨境电商对双边进出口贸易发展的影响，构建如下广义双重差分（GDID）框架（Pierce et al., 2016；Liu et al., 2016）：

$$\ln trade_{it} = \beta_0 + \beta_1 Post_i \times Treat_i + X\eta + \mu_i + V_t + \varepsilon_{it} \qquad (8-1)$$

其中，i 表示中国贸易伙伴，t 表示年份，$trade_{it}$ 表示中国与 i 国在第 t 年的出口或进口额。$Post_i \times Treat_i$ 为核心解释变量，代表一国跨境电商的发展程度，主要用各国 B2C 电商指数测度。$Post_i$ 为 eWTP 倡议推行时间的虚拟变量，由于 eWTP 从提出到具体推行有一定时滞性，故以 2017 作为其实施的起始年份，2017~2020 年取值为 1，2014~2016 年取值为 0。$Treat_i$ 是国家处理组的识别变量，以各贸易伙伴国 2015 年的 B2C 电商指数进行测度。因为 eWTP 的相关倡议开始落地推行后，跨境电商发展程度更高的国家所受影响也将更大，从而使双边贸易增长更为显著；而运用 eWTP 倡议落地推行前的贸易伙伴国电商发展指数，在一定程度上可避免处理组识别方法的内生性，因为该指数外生于 eWTP 倡议的提出与推行（张洪胜和潘钢健，2021）。X 是控制变量向量，主要包括两国地理距离、贸易伙伴人口规模、贸易伙伴国的贸易开放程度、贸易伙伴国人均 GDP、我国对贸易伙伴国历年进口关税率、贸易伙伴国对我国的进口关税率、贸易伙伴通货膨胀率、贸易伙伴国每百人固定电话使用情况等。式（8-1）中还包含了国家固定效应 μ_i 与时间固定效应 V_t。β_1 是本章关注的核心参数，其含义为，跨境电商发展程度较高的国家相对于跨境程度较低的国家（一重差分）在 eWTP 倡议开始实行后相对于之前（二重差分），相关举措对双边贸易规模的影响方向与程度。所使用的数据主要来源于联合国贸发会议发布的历年《全球 B2C 电商指数》、联合国 Comtrade 数据库、世界银行的世界发展指标数据库、CEPII 的 GeoDist 数据库以及中国统计年鉴等。

二、基准回归分析

基准回归结果如表 8.1 所示，无论是应用固定效应还是随机效应，各模型中双重差分项的系数符号均为正，并且在 1% 的水平上通过显著性检验，表明 eWTP 相关举措的推行显著拓展了我国出口与进口的双边贸易规模。以固定效应模型来看，列（1）和列（3）的交叉项系数分别为 0.0207 和 0.0304，表明跨境电商发展水平较高的国家相对于跨境电商发展水平较低的国家，在 eWTP 相关举措推行后，我国的出口贸易规模与进口贸易规模分别平均提升了 2.07% 和 3.04%。这表明 eWTP 相关举措的实施促进了我国与贸易伙伴国之间跨境电商相关业务的开展，跨境电商也正日益成为各国跨越贸易壁垒、激活贸易潜力的重要方式。还可以看到，$Post \times \ln CBEC15$ 对我国进口贸易的促进作用大于出口贸易，这表明 eWTP 相关主体通过参与国外信息基础设施建设与数字化人才培养等，使更多国家尤其是落后国家及其中小企业基于跨境电商的发展而获得平等、高效参与全球贸易的机会，使贸易伙伴国的出口市场拓展，贸易福利增进。需要指出的是，近年来我国与贸易伙伴双边贸易的发展不仅受到 eWTP 倡议的影响，还受到了自 2012 年以来频繁出台的各类跨境电商政策、制度改革及我国互联网快速发展的积极影响，故本章除了使用随机效应模型外，还使用了固定效应模型，年份固定效应应该已将研究周期内我国相关政策、制度改革及互联网发展等因素的影响予以吸收，以使模型结果尽可能反映真实的发展状况。

表 8.1　　　　　　　　　　基准回归结果

项目	（1） $\ln Export$	（2） $\ln Export$	（3） $\ln Import$	（4） $\ln Import$
$Post \times \ln CBEC15$	0.0207 *** （4.49）	0.0183 *** （5.24）	0.0304 *** （3.45）	0.0409 *** （6.19）
$\ln Pop$	0.655 ** （2.42）	0.927 *** （16.99）	2.259 *** （4.23）	1.244 *** （13.96）
$\ln Partnertariff$	0.000115 （0.01）	−0.00259 （−0.21）		
$\ln Pergdp$	0.633 *** （9.41）	0.614 *** （14.64）	0.973 *** （7.54）	0.967 *** （13.55）

续表

项目	(1)	(2)	(3)	(4)
	ln*Export*	ln*Export*	ln*Import*	ln*Import*
ln*Distance*	0	− 0.456 ***	0	− 0.385
	(0.000)	(− 3.08)	(0.000)	(− 1.61)
ln*Tradeopen*	0.501 ***	0.522 ***	1.293 ***	1.162 ***
	(7.02)	(8.39)	(9.25)	(9.93)
ln*Chinatariff*			− 0.0342 ***	− 0.0333 ***
			(− 2.82)	(− 2.83)
cons	− 5.690	− 5.989 ***	− 39.32 ***	− 18.59 ***
	(− 1.17)	(− 3.04)	(− 4.12)	(− 5.73)
N	813	813	818	818
模型类型	FE	RE	FE	RE
Overall R^2	0.673	0.743	0.582	0.680

注：括号内为 t 统计量，＊、＊＊、＊＊＊分别表示在10%、5%、1%的水平上显著。

三、稳健性检验

（一）加入新的控制变量

在原有模型基础上，逐步引入贸易伙伴国通货膨胀率（$Inflation_{it}$）、每百人固定电话使用情况（$Fixphone_{it}$）等新的控制变量，以检验基准结果的稳健性。其中，$Fixphone_{it}$可控制贸易伙伴国的互联网与通信技术发展水平等因素，以使回归结果更好地反映 eWTP 倡议推行与跨境电商发展本身所带来的贸易增长效应。回归结果如表 8.2 所示，可以看到，在逐步引入新的控制变量后，$Post_i × CBEC15$ 对双边贸易的开展仍然有着显著的正向影响，表明回归结果是较为稳健的。

（二）替换国家识别处理组变量

分别使用2014 年和2016 年各国的 B2C 电商发展指数作为国家识别处理组变量进行经验检验，回归结果如表 8.3 所示，核心解释变量 $Post_i ×$ $Treat_i$ 的影响系数依然显著为正。此外，还以 2015 年贸易伙伴国互联网渗透（ln$Internet_{it}$）与网络就绪度（ln$Netread_{it}$）作为国家处理组识别变量，回归结果报告在表 8.4 中，核心解释变量的影响系数依然显著为正。以上经验分析结果均表明研究结论是较为稳健可靠的。

表 8.2

稳健性检验（加入新的控制变量）

项目	(1) lnExport	(2) lnExport	(3) lnExport	(4) lnExport	(5) lnImport	(6) lnImport	(7) lnImport	(8) lnImport
Post × lnCBEC15	0.0221*** (4.25)	0.0180*** (4.75)	0.0202*** (3.95)	0.0212*** (5.39)	0.0314*** (3.19)	0.0377*** (5.25)	0.0313*** (3.14)	0.0394*** (5.16)
lnPop	0.553* (1.86)	0.945*** (16.59)	0.840*** (2.75)	0.991*** (18.71)	1.823*** (3.17)	1.257*** (13.85)	1.752*** (2.90)	1.259*** (14.22)
lnPartnertariff	-0.00159 (-0.13)	-0.00305 (-0.25)	0.000268 (0.02)	-0.00160 (-0.13)				
lnPergdp	0.654*** (9.43)	0.621*** (14.29)	0.684*** (9.92)	0.595*** (13.55)	1.000*** (7.58)	0.977*** (13.40)	0.997*** (7.37)	0.954*** (12.19)
lnDistance	0 (0.000)	-0.408*** (-2.63)	0 (0.000)	-0.343** (-2.41)	0 (0.000)	-0.369 (-1.52)	0 (0.000)	-0.367 (-1.57)
lnTradeopen	0.535*** (7.25)	0.553*** (8.65)	0.612*** (8.30)	0.597*** (9.47)	1.378*** (9.67)	1.261*** (10.56)	1.383*** (9.41)	1.252*** (10.31)
lnInflation	-0.0399*** (-3.75)	-0.0404*** (-3.83)	-0.0400*** (-3.85)	-0.0418*** (-4.03)	-0.0357* (-1.77)	-0.0357* (-1.79)	-0.0370* (-1.83)	-0.0363* (-1.80)
lnFixphone			-0.00438 (-0.13)	0.0386 (1.37)			-0.0217 (-0.33)	0.0428 (0.79)
lnChinatariff					-0.0447*** (-3.45)	-0.0471*** (-3.77)	-0.0451*** (-3.46)	-0.0478*** (-3.77)
cons	-4.250 (-0.81)	-6.874*** (-3.34)	-9.539* (-1.76)	-8.215*** (-4.31)	-32.71*** (-3.19)	-19.40*** (-5.87)	-31.48*** (-2.93)	-19.30*** (-6.00)
N	725	725	718	718	727	727	720	720
模型类型	FE	RE	FE	RE	FE	RE	FE	RE
Overall R^2	0.598	0.742	0.717	0.768	0.629	0.673	0.630	0.676

注：括号内为 t 统计量，*、**、*** 分别表示在 10%、5%、1% 的水平上显著。

表 8.3　稳健性检验（国家处理组识别变量替换年份）

项目	以2014年 CBECindex 为国家处理组识别变量				以2016年 CBECindex 为国家处理组识别变量			
	(1)	(2)	(3)	(4)	(5)	(6)	(7)	(8)
	lnExport	lnExport	lnImport	lnImport	lnExport	lnExport	lnImport	lnImport
$Post \times \ln CBEC14$	0.0219 ***	0.0193 ***	0.0327 ***	0.0431 ***				
	(4.61)	(5.34)	(3.59)	(6.29)				
$Post \times \ln CBEC16$					0.0208 ***	0.0184 ***	0.0312 ***	0.0415 ***
					(4.50)	(5.26)	(3.53)	(6.25)
$\ln Pop$	0.647 **	0.926 ***	2.222 ***	1.243 ***	0.664 **	0.927 ***	2.242 ***	1.243 ***
	(2.40)	(16.75)	(4.18)	(13.81)	(2.46)	(16.96)	(4.21)	(13.95)
$\ln Partnertariff$	0.000334	-0.00223			0.000275	-0.00244		
	(0.03)	(-0.18)			(0.02)	(-0.20)		
$\ln Pergdp$	0.630 ***	0.613 ***	0.967 ***	0.965 ***	0.632 ***	0.613 ***	0.968 ***	0.966 ***
	(9.38)	(14.53)	(7.50)	(13.43)	(9.40)	(14.62)	(7.50)	(13.53)
$\ln Distance$	0	-0.457 ***	0	-0.386	0	-0.456 ***	0	-0.384
	(0.000)	(-3.05)	(0.000)	(-1.60)	(0.000)	(-3.07)	(0.000)	(-1.61)
$\ln Tradeopen$	0.498 ***	0.520 ***	1.285 ***	1.160 ***	0.501 ***	0.521 ***	1.289 ***	1.161 ***
	(6.98)	(8.38)	(9.20)	(9.92)	(7.01)	(8.38)	(9.23)	(9.92)
$\ln Chinatariff$			-0.0345 ***	-0.0337 ***			-0.0342 ***	-0.0334 ***
			(-2.84)	(-2.87)			(-2.82)	(-2.84)
$cons$	-5.507	-5.950 ***	-38.63 ***	-18.54 ***	-5.815	-5.990 ***	-38.99 ***	-18.58 ***
	(-1.14)	(-2.99)	(-4.06)	(-5.66)	(-1.21)	(-3.04)	(-4.10)	(-5.72)
N	813	813	818	818	813	813	818	818
模型类型	FE	RE	FE	RE	FE	RE	FE	RE
$Overall$ R^2	0.670	0.743	0.584	0.680	0.676	0.743	0.583	0.680

注：括号内为 t 统计量，**、*** 分别表示在 5%、1% 的水平上显著。

表 8.4　稳健性检验（以互联网渗透与网络就绪度作为国家处理组识别变量）

项目	以2015年 Internet 为国家处理组识别变量				以2015年 Netread 为国家处理组识别变量			
	(1)	(2)	(3)	(4)	(5)	(6)	(7)	(8)
	lnExport	lnExport	lnImport	lnImport	lnExport	lnExport	lnImport	lnImport
Post × lnInternet15	0.0221 *** (4.78)	0.0200 *** (5.50)	0.0321 *** (3.62)	0.0431 *** (6.27)				
Post × lnNetread15					0.0502 *** (3.86)	0.0509 *** (5.39)	0.0963 *** (3.85)	0.114 *** (6.27)
lnPop	0.678 *** (2.61)	0.927 *** (17.36)	2.282 *** (4.40)	1.245 *** (14.21)	0.939 *** (3.29)	0.945 *** (16.28)	1.878 *** (3.35)	1.230 *** (13.43)
lnPartnertariff	0.000849 (0.07)	-0.00204 (-0.16)			0.000971 (0.08)	-0.00223 (-0.19)		
lnPergdp	0.637 *** (9.63)	0.612 *** (14.80)	0.980 *** (7.70)	0.969 *** (13.73)	0.681 *** (10.12)	0.647 *** (14.89)	0.924 *** (7.09)	0.965 *** (13.13)
lnDistance	0 (0.000)	-0.457 *** (-3.15)	0 (0.000)	-0.385 (-1.64)	0 (0.000)	-0.485 *** (-3.06)	0 (0.000)	-0.408 * (-1.66)
lnTradeopen	0.501 *** (7.06)	0.519 *** (8.36)	1.291 *** (9.27)	1.154 *** (9.87)	0.518 *** (7.05)	0.517 *** (8.17)	1.216 *** (8.39)	1.130 *** (9.38)
lnChinatariff			-0.0328 *** (-2.71)	-0.0315 *** (-2.68)			-0.0339 *** (-2.80)	-0.0351 *** (-2.98)
cons	-6.105 (-1.31)	-5.974 *** (-3.09)	-39.75 *** (-4.29)	-18.58 *** (-5.81)	-10.88 *** (-2.13)	-6.340 *** (-3.04)	-32.32 *** (-3.22)	-18.01 *** (-5.41)
N	813	813	818	818	792	792	800	800
模型类型	FE	RE	FE	RE	FE	RE	FE	RE

注：括号内为 t 统计量，*、**、*** 分别表示在10%、5%、1% 的水平上显著。

第二节 异质性分析

按贸易伙伴国的人均 GDP 情况平均分为两组，分别命名为较低收入组与较高收入组，进行回归分析的结果报告在表 8.5 中。结果显示，跨境电商对低收入组和高收入组的影响都显著为正，且无论是出口贸易还是进口贸易，eWTP 倡议的推行与跨境电商的发展更有利于扩大我国与低收入国家的双边贸易规模，这也在一定程度上证实了 eWTP 倡议与跨境电商可促进贸易普惠式发展的特征。

表 8.5   异质性检验结果

项目	(1) ln$Export$ 低收入组	(2) ln$Export$ 高收入组	(3) ln$Import$ 低收入组	(4) ln$Import$ 高收入组
$Post \times \ln CBEC15$	0.0308 *** (4.61)	0.0301 *** (7.33)	0.0625 *** (4.56)	0.0543 *** (7.23)
lnPop	0.824 *** (8.65)	0.973 *** (14.50)	1.282 *** (9.17)	1.167 *** (10.22)
ln$Partnertariff$	− 0.0177 (− 0.35)	− 0.00386 (− 0.36)		
ln$Distance$	− 0.577 ** (− 2.27)	− 0.316 * (− 1.72)	0.0719 (0.20)	− 0.680 ** (− 2.18)
ln$Tradeopen$	0.398 *** (4.52)	0.409 *** (4.20)	1.024 *** (5.86)	0.810 *** (4.54)
ln$Fixphone$	0.106 *** (2.81)	0.112 ** (2.00)	0.229 *** (3.23)	0.0923 (0.91)
ln$Chinatariff$			− 0.0341 * (− 1.84)	− 0.0441 *** (− 2.63)
$cons$	1.937 (0.57)	− 1.821 (− 0.84)	− 15.79 *** (− 3.13)	− 3.777 (− 1.02)
N	409	397	396	415

项目	(1)	(2)	(3)	(4)
	ln*Export*	ln*Export*	ln*Import*	ln*Import*
	低收入组	高收入组	低收入组	高收入组
模型类型	FE	RE	FE	RE
Overall R²	0.647	0.811	0.578	0.577

注：括号内为 t 统计量，*、**、*** 分别表示在 10%、5%、1% 的水平上显著。

第三节 影响机制分析：基于物流绩效与金融支付能力

构建 eWTP 的倡议提出以来，各相关方的核心行动方向之一在于和各国开展数字经济、电子商务领域的商业交流合作，建立与完善互联网时代的新型基础设施，如推动各合作国电子商务平台、金融支付、物流仓储、外贸综合服务、市场营销、教育培训等要素领域的优化。其中，以跨境电商平台为核心带动金融、物流、技术等要素的完善，将有效降低交易主体间因市场分割而造成的搜寻、匹配、物流、通关等环节的交易成本。其中，平台方最为核心的贡献可能在于：其一，通过持续增加对海外物流基础设施的投入，构建现代跨境物流体系，使海内外中小企业更高效链接全球用户，从而基于物流履约效率与用户体验的不断优化，促进全球跨境电商市场进一步拓展；其二，基于政企银各方协同，持续完善跨境金融服务，帮助更多发展中国家构建高效畅通的数字金融服务网络，推进各国跨境电商金融体系优化，提升跨境电商各相关方的资金收付与融通效率。因此，本章拟从物流绩效、金融支付能力两个层面进一步探索 eWTP 倡议下跨境电商影响我国双边贸易的作用机制。以各贸易伙伴国物流绩效指数（LPI）测度其物流的效率与能力，数据主要来自世界银行 WDI 数据库，基于数据的可得性，同时避免内生性，以世界银行发布的 2014 年物流绩效指数①（ln*LPI*14）作为

---

① 物流绩效指数（LPI）主要从追踪货物能力、清关效率、物流服务质量、物流基础设施、物流时效、物流价格竞争力等多个方面对各国的物流发展状况进行了测度，能较好地反映一国在开展国际贸易时的物流能力与效率。该数据由世界银行每两年公布一次。

各国在 eWTP 倡议提出前物流效率的测度指标。同时以由美国传统基金会发布的"金融自由度"① （ln*Finance*）测度各国金融与支付领域的发展状况。同样，为避免内生性，以 2015 年金融自由度数据来测度 eWTP 倡议提出前各国的金融与支付领域的发展状况。

表 8.6 报告了相关的实证回归结果，列（1）和列（2）中 *Post* × ln*CBEC*15 的影响系数均显著为正，列（1）出口模型中双重交叉项与物流绩效的三重交叉项的系数为正，且通过显著性检验，表示 eWTP 倡议的推行对中国与跨境电商发展较好，且物流能力较强国家的出口贸易规模扩大的作用更大，也反映出跨境电商发展与物流绩效之间呈现良性协同，且相互依赖与增强的关系。与此同时，还可以看到，列（1）和列（2）中 *Post* × ln*Lpi*14 的系数也显著为负，这意味着：eWTP 倡议提出并推行以来，其对物流绩效较弱的国家与中国的进出口贸易有着更大的促进作用，这与预期也是一致的。eWTP 的相关主体通过数智化全球物流网络的构建与日趋完善，使全球跨境物流体系的网络效应与协同效应不断增强，进而使贸易伙伴国的跨境物流成本下降、物流效率提升。

表 8.6 作用机制的经验分析结果

项目	引入 ln*Lpi*15		引入 ln*Financei*15	
	（1）	（2）	（3）	（4）
	ln*Export*	ln*Export*	ln*Import*	ln*Import*
Post × ln*CBEC*15	0.297 *** （2.92）	0.624 *** （3.88）	0.0342 （0.31）	0.732 *** （4.13）
Post × ln*Lpi*14	− 2.975 *** （− 6.98）	− 2.915 *** （− 4.41）		
Post × ln*CBEC*15 × ln*Lpi*14	0.494 *** （5.00）	0.218 （1.41）		
Post × ln*Finance*15			− 0.649 *** （− 6.76）	− 0.494 *** （− 3.26）

---

① 金融自由度的指标体系涵盖政府对银行服务和其他金融服务的管制程度、金融服务公司开业和运营的难易程度、政府对信贷资金分配影响的大小等指标，能较好地反映一国金融领域的开放程度与发展状况。

续表

项目	引入 lnLpi15		引入 ln$Financei$15	
	（1）	（2）	（3）	（4）
	ln$Export$	ln$Export$	ln$Import$	ln$Import$
$Post \times$ ln$CBEC$15 $\times$ ln$Finance$15			0.161 *** （4.64）	− 0.0456 （− 0.84）
lnPop	0.960 *** （39.23）	1.193 *** （30.82）	0.951 *** （39.23）	1.175 *** （30.72）
ln$Partnertariff$	− 0.0950 *** （− 3.46）		− 0.0957 *** （− 3.44）	
ln$Pergdp$	0.468 *** （15.84）	1.017 *** （21.74）	0.437 *** （15.19）	1.009 *** （22.36）
ln$Distance$	− 0.392 *** （− 6.34）	− 0.511 *** （− 5.29）	− 0.345 *** （− 5.18）	− 0.404 *** （− 3.93）
ln$Tradeopen$	0.525 *** （7.51）	0.874 *** （7.98）	0.526 *** （7.48）	0.882 *** （8.03）
ln$Chinatariff$		− 0.214 *** （− 7.66）		− 0.222 *** （− 7.88）
$cons$	− 5.697 *** （− 5.73）	− 15.79 *** （− 10.02）	− 5.698 *** （− 5.57）	− 16.41 *** （− 10.18）
N	813	818	806	811
模型类型	OLS	OLS	OLS	OLS
adj. R^2	0.761	0.705	0.753	0.697

注：括号内为 t 统计量，*** 表示在 1% 的水平上显著。

　　表 8.6 中列（3）中 $Post \times$ ln$CBEC$15 $\times$ ln$Finance$15 三重交叉项的系数显著为正，表示 eWTP 倡议的推行对跨境电商发展水平较高，且金融自由度较高的国家与中国开展出口贸易的促进作用更大，eWTP 倡议下贸易伙伴国跨境电商发展与金融支付领域的创新呈现良性协同的关系，共同促进贸易伙伴国出口市场的拓展。还可以看到，列（3）和列（4）中 $Post \times$ ln$Finance$15 的影响系数均显著为负，这表明，在不考虑跨境电商发展水平的前提下，eWTP 倡议的推行实际上对我国与金融发展较弱国家的进口规模

拓展的促进作用要比金融发展水平较完善的国家分别高出 0.649% 和 0.494%，这正和预期相一致。目前，多数发展中国家普遍存在数字化支付体系不完善、跨境电商中小企业融资效率低等问题，在很大程度上制约了跨境电商的开展，我国支付宝、连连支付等金融市场主体近年来致力于帮助更多发展中国家构建高效畅通的数字金融服务网络，将国内包含跨境支付、收结汇、融资保险等在内的金融创新体系向海外更多国家和地区复制，从而使 eWTP 倡议推行前金融支付体系较为落后的国家的金融状况得到明显改善，并且，由于金融环节交易费用的降低，其在双边贸易中的发展潜力获得更大程度的激活与拓展。

通过作用机制的经验分析发现，eWTP 倡议下的跨境电商发展会带来以下双重效应：一方面，eWTP 倡议的推行对跨境电商发展水平较高且物流、金融等市场发展较完善的国家与中国开展双边贸易的促进作用更大。eWTP 的推行会通过强化物流、金融等信息基础设施与跨境电商的良性协同机制，促进跨境电商领域先发国家贸易规模的扩大，增进其比较利益，即其可表现为贸易集约边际的拓展。另一方面，eWTP 又会基于各相关主体积极参加发展中国家数字化基础设施的共建，使其中小企业与个人能更平等、便捷参与全球贸易，使其贸易规模相较于原本数字化基础设施较为完善的国家而言，有着更显著的增长，即其可表现为贸易广延边际的拓展。

第四节　进一步研究：eWTP 倡议下的企业家精神增进

跨境电子商务由于具有较高交易效率和较大的潜在市场空间，正成为促进企业家精神激活与增进的重要领域。随着跨境电商发展，企业家配置要素的商务领域不断拓展，从国内市场向国际市场、从线下市场向线上市场延伸，其基于更宽领域、更多层次且更高频次的试错而获得创新创业成功率的日益提高，其创新能力不断提高，中小企业的存活率亦不断上升。调查表明，在全球互联网平台上进行贸易的中小企业的存活率为 54%，比离线企业高出 30%（盛斌和高疆，2020）。但企业家商务才能的发挥与其所处的市场环境高度相关，市场中障碍越少、制度规则与基础设施等越完善，企业家才能获得激活与提升就越显著。可以看到，当前跨境电商所面临的贸易壁垒增多、信息基础设施落后、数字贸易规则碎片化等将对企业家商务才能的发挥产生极大的负向抑制效应。eWTP 的构建将促进数字基础设施与数字贸易相关的监管体系不断完善，使跨境电商各相关方的交易费用降低，由此引致跨境电商领域的创业门槛下降、贸易便利度优化、市场预期更明晰、"使用者剩余"增加，这正是释放全球企业家创新潜在能力，使其创业动力增强、能力提升的有效途径。基于此，全球范围内将有越来越多中小企业及个人基于各类电商平台跨时空开展分工协作，其分工的广度与深度进一步拓展，由此获得网络效应的不断增强，从而加快跨境电商市场规模的扩大与企业家要素配置才能更大幅度的提升。

因而拟将模型式（8-1）中的进出口贸易规模替换为企业家精神变量，以检验 eWTP 倡议、跨境电商、企业家精神三者之间的关系。企业家精神这一变量以每年我国与各贸易伙伴开展对外贸易的企业数衡量，包括出口企业数（$Exportent_{it}$）和进口企业数（$Importent_{it}$）两个指标，分别对应着我国的出口贸易与进口贸易模型。$Exportent$ 和 $Importent$ 2012～2018 年数据来自我国海关数据库，经整理而获得。跨境电商的发展不仅可促进我国外贸领域企业家精神的增进，也将使贸易伙伴国的企业家数量增加、才能不断提升。囿于数据的可得性，暂无法获得各贸易伙伴国与我国开展双边贸易的企业数量，但我国外贸环节企业家精神的增进，也将基于跨境电商生态圈内各主体间的良性协同与交互，对贸易伙伴国的现有创业者及潜在创业者形成较好的示范效应，促进其企业家创业积极性的增强。

回归结果如表 8.7 所示，在出口与进口贸易模型中，$Post \times \ln CBEC15$ 的影响系数均显著为正，这表明，eWTP 倡议的提出与推行使我国与跨境电商发展程度更高国家之间开展外贸的创业积极性获得了更显著增强，eWTP 倡议的推行基于数字基础设施建设及数字贸易相关监管体系的构建，使搜寻、匹配、物流、通关等环节的交易成本降低，全球交易网络不断拓展，这不仅使创业门槛下降，企业家的商务才能获得更快提升，也使其盈利空间扩大，各国创业者基于跨境电商进行创新创业的动力与能力都获得不断增强。

表8.7 影响企业家精神的经验分析结果

项目	(1)	(2)	(3)	(4)
	ln*Exportents*	ln*Exportents*	ln*Importents*	ln*Importents*
$Post \times \ln CBEC15$	0.0180 *** (4.90)	0.0124 *** (4.50)	0.0496 *** (9.20)	0.0608 *** (13.63)
ln*Pop*	0.134 (0.47)	0.509 *** (11.07)	3.141 *** (7.46)	0.653 *** (9.54)
ln*Partnertariff*	− 0.00112 (− 0.08)	− 0.00806 (− 0.58)		
ln*Pergdp*	0.288 *** (4.96)	0.473 *** (13.10)	− 0.0216 (− 0.25)	0.514 *** (9.40)
ln*Distance*	0 (0.000)	− 0.285 ** (− 2.29)	0 (0.000)	− 0.788 *** (− 4.29)
ln*Tradeopen*	− 0.0455 (− 0.75)	0.0376 (0.70)	0.203 ** (2.25)	0.226 *** (2.60)
ln*Chinatariff*			0.00765 (1.12)	0.0197 *** (2.65)
cons	− 9.283 * (− 1.86)	− 14.87 *** (− 9.02)	− 59.28 *** (− 8.07)	− 16.11 *** (− 6.54)
N	580	580	586	586
模型类型	FE	RE	FE	RE

注：括号内为 t 统计量，＊、＊＊、＊＊＊分别表示在 10％、5％、1％的水平上显著。

　　企业家精神的增进不仅是激活各国贸易发展潜力的重要影响因素，也是促进全球贸易普惠发展的重要途径。为对其进行验证，本书将以企业家精神为变量的模型依据人均 GDP 的中位数分为两组进行经验检验，结果如表 8.8 所示。由表 8.8 可知，无论是在出口还是进口贸易中，eWTP 倡议推行后，跨境电商的发展所引致的创业积极性增强在我国与低收入国家的双边贸易中更为明显，尤其是在我国的进口贸易中，这一差异尤为显著。由于外贸进出口双方有着极强的交互性特征，我国在外贸领域企业家精神的增进也同时意味着，贸易伙伴国尤其是低收入国家及其中小微创业者跨境电商领域的创业动力与"干中学"绩效也正获得更快提升，这再一次体现出了跨境电商与 eWTP 倡议可引致贸易普惠式发展的特征。

表 8.8 不同收入水平下影响企业家精神的经验分析结果

项目	（1）ln*Exportents* 低收入组	（2）ln*Exportents* 高收入组	（3）ln*Importents* 低收入组	（4）ln*Importents* 高收入组
$Post \times \ln CBEC15$	0.0198 ** (2.47)	0.0164 *** (5.55)	0.0643 *** (5.92)	0.0386 *** (6.94)
ln*Pop*	−0.183 (−0.37)	0.686 ** (2.37)	2.801 *** (4.20)	3.125 *** (5.75)
ln*Partnertariff*	0.0148 (0.30)	−0.00145 (−0.16)		
ln*Pergdp*	0.362 *** (3.58)	0.232 *** (3.85)	−0.169 (−1.25)	0.273 ** (2.41)
ln*Distance*	0 (0.000)	0 (0.000)	0 (0.000)	0 (0.000)
ln*Tradeopen*	−0.0231 (−0.25)	−0.0563 (−0.80)	0.172 (1.38)	0.0513 (0.37)
ln*Chinatariff*			0.0118 (1.25)	−0.00778 (−0.78)
cons	−4.972 (−0.57)	−17.32 *** (−3.43)	−54.14 *** (−4.62)	−59.60 *** (−6.31)
N	297	283	291	295
模型类型	FE	FE	FE	FE
Overall R^2	0.136	0.403	0.506	0.539

注：括号内为 t 统计量，** 、*** 分别表示在 5%、1% 的水平上显著。

第五节 基于共建"一带一路" 国家数据的经验分析

2019 年，速卖通平台上共建"一带一路"国家买家数占比超过 60%，共建"一带一路"交易总额占速卖通交易总额 50%。共建"一带一路"国家不仅是中国跨境电商进出口的主要市场之一，也是 eWTP 各相关主体开展实践经验传播、基础设施共建与数字贸易规则创制的重点区域。因而有必要在前述研究的基础上,进一步以共建"一带一路"主要国家为研究对象,实证检验 eWTP 倡议的推行对我国与共建"一带一路"贸易伙伴国双边贸易发展的影响。以阿里巴巴编制的跨境电商连接指数(ECI)作为国家处理组识别变量,其综合考量该国与中国之间的跨境电商规模(绝对值)、跨境电商渗透率(潜力值)两项指标,可较好地反映中国与共建"一带一路"国家在跨境电商贸易方面的衔接紧密水平(马述忠等,2019)。其他变量的设定与测度均与前述模型式(8-1)相同。选取 59 个共建"一带一路"国家为研究对象,研究周期为 2013 ~ 2020 年,以更好地考察 eWTP 倡议推行前后我国与共建"一带一路"国家双边贸易发展的情况及其影响机制。经验分析结果如表 8.9 所示,无论采取固定效应还是随机效应模型,双重差分项 $Post \times \ln ECI$ 的影响系数均显著为正。从固定效应模型的结果来看,相较于与我国跨境电商连接程度较低的国家,与中国在跨境电商行业贸易活跃的国家在 eWTP 相关举措推行后,其向中国进口与出口的贸易规模分别拓展了 0.0826% 和 0.15%。这反映出在各国数字鸿沟扩大、且传统贸易日渐式微的背景下,eWTP 倡议在商业模式推广、监管体系与规则孵化、信息基础设施共建等方面举措的实行有利于贸易空间的扩展,促进了跨境电商及相关产业的快速发展,已成为全球贸易变革与发展的新引擎。

表 8.9　　　　基于共建"一带一路"国家数据的经验分析结果

项目	(1)	(2)	(3)	(4)
	ln*Export*	ln*Export*	ln*Import*	ln*Import*
$Post \times \ln ECI$	0.0826 *** (5.28)	0.0867 *** (5.66)	0.150 *** (5.15)	0.151 *** (5.24)
ln*Pop*	1.813 *** (5.82)	1.111 *** (18.13)	2.968 *** (5.00)	1.437 *** (12.28)
ln*Partnertariff*	0.0734 ** (2.26)	0.0514 (1.63)		
ln*Pergdp*	0.770 *** (9.32)	0.745 *** (11.45)	0.945 *** (5.95)	1.068 *** (8.67)
ln*Distance*	0 (0.000)	- 0.745 *** (-3.21)	0 (0.000)	- 0.546 (-1.24)

续表

项目	(1)	(2)	(3)	(4)
	ln*Export*	ln*Export*	ln*Import*	ln*Import*
ln*Tradeopen*	0.744 *** (8.46)	0.692 *** (8.57)	1.003 *** (5.93)	1.000 *** (6.40)
ln*Chinatariff*			−0.0154 (−0.65)	−0.0267 (−1.15)
cons	−26.90 *** (−4.96)	−8.625 *** (−3.46)	−49.44 *** (−4.78)	−20.87 *** (−4.38)
N	455	455	457	457

注：括号内为 t 统计量，** 、*** 分别表示在 5%、1% 的水平上显著。

　　企业家要素配置才能提升是跨境电子商务及全球贸易不断发展的重要驱动源。进一步地，以企业家精神为被解释变量进行经验分析，探讨双重差分项 $Post \times \ln ECI$ 对外贸领域企业创业积极性与能力的影响。企业家精神这一变量以每年我国与 59 个共建"一带一路"国家开展对外贸易的企业数来衡量，包括出口企业数（$Exportent_{it}$）和进口企业数（$Importent_{it}$）两个指标，分别对应着出口贸易与进口贸易模型。经验分析结果报告如表 8.10 所示，可以看到，无论采用固定效应还是随机效应模型，模型中双重差分项 $Post \times \ln ECI$ 的系数均显著为正，这表明，相较于与我国跨境电商连接程度不够强的国家，与我国跨境电商往来密切的国家在 eWTP 的相关举措推行后，中国对其出口与进口领域的创业企业数均有明显增加，且在进口环节的增加值更高。eWTP 在市场拓展、商业模式推广、信息基础设施的共建以及一揽子要素优化配置等举措的落地，使中国与共建"一带一路"国家的跨境电商连接更为紧密，由此不断激活与增强双方创业者进行创新创业的动力与能力，使其国际贸易规模内生扩大。

表 8.10　　　"一带一路"背景下影响企业家精神的经验分析结果

项目	(1)	(2)	(3)	(4)
	ln*Exportent*	ln*Exportent*	ln*Importent*	ln*Importent*
$Post \times \ln ECI$	0.0258 *** (2.91)	0.0314 *** (3.43)	0.146 *** (7.11)	0.156 *** (6.82)

续表

项目	(1) ln*Exportent*	(2) ln*Exportent*	(3) ln*Importent*	(4) ln*Importent*
ln*Pop*	1.827 *** (8.70)	0.744 *** (14.73)	4.505 *** (9.11)	0.884 *** (11.66)
ln*Partnertariff*	0.0781 *** (4.31)	0.0639 *** (3.41)		
ln*Pergdp*	0.421 *** (8.87)	0.449 *** (10.42)	0.170 (1.50)	0.508 *** (5.70)
ln*Distance*	0 (0.000)	0.282 (1.45)	0 (0.000)	-0.0462 (-0.16)
ln*Tradeopen*	0.418 *** (8.28)	0.383 *** (7.60)	0.450 *** (3.74)	0.555 *** (4.63)
ln*Chinatariff*			0.0437 *** (2.97)	0.0686 *** (4.28)
cons	-26.23 *** (-7.29)	-11.11 *** (-5.38)	-70.15 *** (-8.26)	-14.14 *** (-4.59)
N	346	346	346	346
R^2	0.432		0.410	

注：括号内为 t 统计量，* 、** 、*** 分别表示在 10% 、5% 、1% 的水平上显著。

第六节　结论与启示

　　跨境电商的核心特征之一在于促进了国际贸易的普惠式发展，eWTP 倡议的推行则让这一普惠特征更为显著。基于经验分析可以发现，eWTP 倡议下的普惠贸易主要体现在以下几个方面：其一，eWTP 的推行对我国进口贸易的促进作用大于出口贸易，且对低收入国家与我国开展双边贸易的促进更为明显。eWTP 相关主体通过参与国外信息基础设施建设与数字化人才培养等，使更多国家尤其是落后国家及其中小企业基于跨境电商的发展而获得平等、高效参与全球贸易的机会，使贸易伙伴国的出口市场拓展，贸易福利增进。其二，更多创业者进入外贸领域进行创新创业。以跨境电商平台为核心所带动的金融、物流、技术等要素的优化配置与不断完善，将有效降低交易主体间因市场分割而造成的在搜寻、匹配、物流、通关、支付等环节的交易成本，从而促进分工深化，贸易主体日益增加，使平台内企业家的商务才能更快提升，"干中学"绩效获得更快增进。其三，eWTP 相关举措的推行对原本物流效率与金融能力较弱的国家与中国开展双边贸易有着更显著的促进作用。其原因在于，eWTP 各相关方以市场为导向，通过推进国内外数字化基础设施的完善，加强商业模式数字化创新和数字化人才培养方面的合作，可有效促进数字鸿沟的弥合，使更多发展中国家的产品在性价比、个性化等方面的比较优势获得彰显，并顺利转化为比较利益的增进。其四，外贸领域的企业家精神增进，尤其是与低收入国家开展贸易领域的企业家创新创业积极性获得更快提升。eWTP 倡议下的跨境电商发展，不仅使中小企业参与全球价值链的门槛降低，贸易成本与不确定性降低，也使供应链与产业链在效率导向下获得优化，减少了中间商及各种贸易中的中间环节与壁垒，由此将使各国企业更聚焦于产品研发与品牌建设，推动其产品国际竞争力不断提升，使全球贸易向高质量发展的方向演进。

通过电子商务发展、数字技术应用、数字基础设施合作、分享商业实践和最佳范例等，优化全球营商环境，帮助中小微企业和发展中国家在国际贸易体系中获得公平和普惠的发展机会，不仅可促进数字鸿沟的消减和贫富差距的缩小，也使我国数字贸易相关企业的国际竞争力与国际化程度增强，各方可基于共商、共建、共享推进国际贸易的普惠式发展。在此基础上，基于数字红利的共享将促进各个国家尤其广大发展中经济体普遍共识的达成，为提升我国在数字贸易国际规则制定中的话语权创造重要前提条件。

第九章　eWTP背景下中国数字贸易普惠高质量发展的仿真研究

　　前文已对跨境电商影响全球贸易普惠高质量发展的机理进行了深入分析，也对普惠视角下构建 eWTP 的机理与实现路径进行了细致的研究，eWTP 的成功构建将对全球数字贸易的普惠、高质量发展产生重要影响。随着 eWTP 的持续推进，各相关主体及影响因素之间将通过相互耦合形成一个有机整体，共同影响数字贸易的发展路径。本章引入系统动力学这一研究方法，从系统的角度对 eWTP 背景下数字贸易普惠高质量发展的路径进行探究，并利用 Vensim 软件进行建模仿真，考察模型中各个变量对于模型整体的影响。

第一节　建模基础

一、系统动力学适用性

　　利用系统动力学方法可以较好地对构建 eWTP 的机理及其对数字贸易普惠高质量发展的影响路径进行研究，具体原因如下：
　　（1）eWTP 构建及其对数字贸易发展的影响，是一个复杂的、动态的过程，不仅受到多主体多因素的影响，而且随着时间的推移也在不断变化。利用系统动力学，可以有效地针对相关因素之间的因果关系进行分析，并且能够方便地观测到变量随时间推移的变化情况，有助于对 eWTP 构建背景下数字贸易普惠且高质量发展的路径进行分析与总结。

（2）在系统动力学中应用到多种变量方程，利用数学方程对不同变量之间的相关关系进行严密的逻辑推理，能够客观真实地反映模型中的变量关系，使得系统动力学具有相当完整的逻辑性与严谨性。

（3）现有研究大多对数字贸易的影响因素与经济效应进行实证分析，但这一研究方法不能很好地分析系统中相关变量之间的逻辑关系。通过采用系统动力学对系统中相关影响因素的逻辑关系进行探究，则可较好地化解这一问题（陶正鹏，2022）。同时，系统动力学着重于反映系统变量的发展趋势，对于数据的精确程度要求较低，一定程度上解决了既往研究中对于数据获取的难题。

（4）在系统动力学中可以方便地调整不同变量的参数，并观察不同参数下的模型变化情况，从而使得控制变量方法的研究变得便捷可行。因此，可运用系统动力学方法探索与验证 eWTP 多主体的决策与政策制度等因素对普惠贸易高质量发展的调节作用，比较不同决策冲击的综合绩效与长期动态变化趋势，优选策略方案，为引导 eWTP 内生演进提出可行的实现路径与对策建议。

二、系统目标

在利用系统动力学进行建模之前，首先需要厘清系统目标，从整体上对模型构建的目的进行分析。前已述及，构建 eWTP 的主体主要包括平台方、中小企业、消费者、产业链各企业、政府组织等，因此，本书拟从平台支撑、用户价值创造、产业协同、制度环境支持四个维度构建 eWTP 背景下我国数字贸易普惠高质量发展模型。根据第二章所阐述的影响机理，绘制 eWTP 背景下数字贸易普惠高质量发展的作用机制，如图 9.1 所示。依据前述机理分析可知，数字贸易的普惠高质量发展主要体现在以下三个维度：（1）平台交易规模拓展；（2）中小外贸企业数量增加、创新能力增强；（3）消费者数量增加且效用优化。

本章的研究目标包括以下三点：

（1）对 eWTP 背景下多主体相互作用共同影响数字贸易发展的主要因素进行系统性的分析，并对系统中因素的相互关联关系进行梳理，构建逻

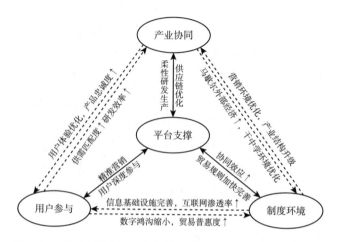

图 9.1　eWTP 背景下数字贸易普惠高质量发展的四大子系统

辑严谨的系统模型。

（2）以我国数字贸易为研究对象，将我国数字贸易发展的相关数据输入模型，通过对模型的模拟以及真实性检验验证模型的有效性，并观察模型相关变量的发展情况。

（3）通过改变模型中变量的数值，观察不同环境下模型的变化情况，以探究不同实际情境对于数字贸易发展路径的影响，为促进数字贸易高质量发展提出合理性建议。

第二节　系统动力学模型构建

一、绘制系统因果关系图

利用系统动力学 Vensim 软件绘制 eWTP 背景下数字贸易发展因果关系图，直观地展现整个系统的因果关系。

（一）基于跨境电商平台支撑子系统的数字贸易发展

平台支撑子系统中各因素影响数字贸易发展的因果关系如图 9.2 所示。可以看到，首先，随着跨境电子商务的快速发展，金融、物流、信息、数字技术、外贸综合服务、网络营销等一揽子要素的优化配置不仅引致了平台创新能力的增强，也通过赋能大量外贸领域的创业者使其创业的动力增强、能力提升，由此引致平台中小企业数量的增加以及平台中小企业创新能力的优化。其次，平台中小企业的创新能力主要受到平台交易规模、平台中小企业数量及其自身数字化应用水平等因素的影响。一方面，数字技术的应用使得平台外贸企业研发、营销更为精准化，生产与运营管理更为柔性化，从而使其研发效率与创新能力提升；另一方面，大量交易主体跨越空间局限在各类跨境电商平台集聚，使国际市场竞争加剧，优胜劣汰加快，这将倒逼各外贸企业加大创新投入，推出更多与自身禀赋及市场需求相匹配的个性化产品与服务，以促进其自身议价能力的提升。平台交易规模的日益扩大使得个性化、小众化商品的潜在市场规模拓展、总利润提高，中小企业提供多样化商品的动力进一步增强，由此有效化解中小企业模仿盛行、同质化竞争严重的困境，使差异化竞争格局形成。此外，数字技术作为数字贸易发展的重要引擎，其快速发展与应用不仅可推动物流、金融等一揽子要素的优化配置以及平台创新能力的增强，还将使平台内中小外贸企业的数字化水平提升，由此促进其创新能力的优化。

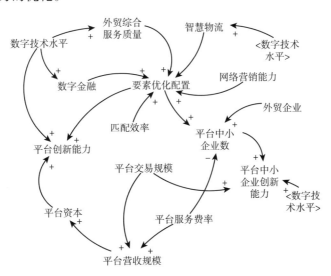

图9.2 基于跨境电商平台支撑子系统的数字贸易发展因果关系

（二）基于用户参与子系统的数字贸易发展

用户参与子系统中各因素影响数字贸易发展的因果关系如图 9.3 所示。可以看到，在跨境电商市场中，用户人数主要受互联网用户规模、用户效用水平的影响。全球信息基础设施的日益完善将促进互联网用户规模的扩大，这是跨境电商用户人数增加的重要前提，而用户效用水平的提升又将通过口碑传播等方式吸引更多新用户进入跨境电商平台中参与消费。平台内用户的效用水平主要受平台中小企业创新能力和网购交易成本两个因素的影响。一方面，随着外贸企业创新能力的提升，其将通过对各利基市场需求的研判而对其产品与服务的设计、品质、样式、性能、性价比、用户体验等方面进行不断迭代与优化，并及时推出更新颖、丰富的个性化、小众化商品，从而更好地满足消费者对多样性偏好的追求，使其整体的效用水平动态提升；另一方面，随着物流效率、搜寻匹配效率的不断提升，用户跨境网购的交易成本也随之日益降低，从而使网购的效费比提升、购物体验优化。

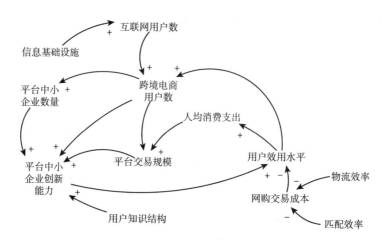

图 9.3 基于用户参与子系统的数字贸易普惠高质量发展因果关系

（三）基于产业协同子系统的数字贸易发展

产业协同子系统中各因素影响数字贸易发展的因果关系如图 9.4 所示。平台中小企业创新能力的提升不仅受平台中小企业数量的影响，还会随着供应链优势及电商集群优势的增强而提升。而供应链优势主要受到民营企业创新能力、传统集群优势、电商集群优势等因素的影响，在各因素协同作用下形成我国国内强大的供应链体系，使平台中小企业能根据需求进行柔性定制和快速反应。民营经济作为我国经济增长、就业创造和科技创新的主力军，民营企业创新能力的增强主要受政策支持、传统集群优势、平台中小企业创新能力等因素的影响。其原因在于：一方面，产业集群内交易主体可通过深化企业间分工来促进信息有效传导，以及技术与管理知识的溢出效应增强，由此基于马歇尔外部经济的增强使集群内中小企业的创新能力提升。与此同时，政府可通过财税支持、人才引进与培训、知识产权保护体系的完善等政策机制来促进民营企业创新能力与动力的增强。例如，政府通过财税扶持可适度补贴企业进行技术创新所面临的高额沉没成本和溢出效应，激励企业创新积极性；而知识产权相关法律法规和政策制度的完善及执行力度的加强，可激活企业自主创新的内生动力与潜能，从而使上述"溢出效应"可持续，避免落入相互模仿抄袭的"囚徒困境"中。另一方面，平台中小企业基于对市场需求动态的即时研判，对产品研发参数与营销策略所作的创新也将促进产业链上各环节企业深化分工协作与要素优化配置，从而使更多民营企业的创新能力增强，整个产业链的运行效率大幅提升。

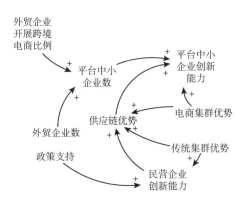

图9.4 基于产业协同子系统的数字贸易普惠高质量发展因果关系

（四）基于制度环境支持子系统的数字贸易发展

跨境电子商务作为新兴市场业态，在发展中尚有大量的制度建设需要。

在国内层面，政府通过完善电子商务有关的法规与道德体系，使市场交易整体上更加规范、公正、诚信，交易各方的预期明晰并可充分竞争，从而在有效激励企业家优化要素配置与提升生产率的同时，降低交易费用，提高交易效率。在国际层面，各国加强贸易合作与沟通，进一步提升外贸开放水平，降低数字贸易壁垒，使数字贸易便利化程度不断提升。政府支持子系统中各因素影响数字贸易发展的因果关系如图 9.5 所示。

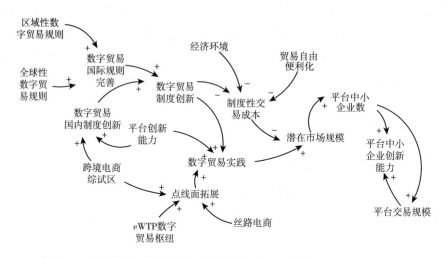

图 9.5　基于制度环境支持子系统的数字贸易普惠高质量发展因果关系

由图 9.5 可知，与数字贸易发展相关的制度性交易成本主要受到经济环境、贸易自由便利化程度、数字贸易制度创新等因素的影响。制度性交易成本的下降将引致全球潜在市场规模的拓展，从而促进国际分工深化，使更多中小企业进入跨境电商市场进行创新创业。与此同时，数字贸易制度创新与市场环境的优化将主要从数字贸易国内相关制度创新、国际贸易规则完善、数字贸易实践三个层次予以推进。其中，国内数字贸易制度创新主要通过各级政府部门与平台方等主体紧密协作，以跨境电商综试区等为载体在商业模式、政策法规、管理制度与监管模式等方面展开试验与创新，以市场为导向加速国内数字贸易制度规则的完善。而国际层面的数字贸易规则包括全球性与区域性规则两个方面，囿于各国国情、目标、数字贸易发展水平的差异以及数字鸿沟所引致的经济发展程度不同，目前 WTO 体系下数字贸易规则谈判进展缓慢，全球性数字贸易规则尚属空白，各国难以在短期内形成统一的国际数字贸易规则。在多边谈判难以取得突破的情况下，很多国家转向区域和双边贸易协定谈判，近年来区域层面的数字贸易协定则在积极签署与推进中。但整体来看，数字贸易国际规则的构建仍严重滞后于贸易实践。而我国数字贸易实践则主要基于政企协同而建立跨境电商综试区、eWTP数字贸易枢纽、"丝路"电商等方式推动全球市场拓展，以及海内外更多国家的要素资源优化配置，同时还能将我国数字贸易领域较为成熟的商业模式与监管体系向海外输出，由此促进国际层面跨境电商相关法律政策、监管服务、商业模式等方面的创新、磨合、优化与推广，从而有利于推进全球数字贸易规则的制定与完善。与此同时，国内与国际层面数字贸易制度完善所引致的制度性交易成本的降低，还能使数字贸易实践的广度与深度进一步拓展，并基于与"丝路"电商、eWTP贸易枢纽等实践路径的良性互动，推动数字贸易市场规模的不断扩大。

基于政府与平台企业双主体所进行的海外数字贸易"点线面"拓展主要包括eWTP数字贸易枢纽、"丝路"电商建设等途径。其中，eWTP枢纽作为促进数字贸易实践不断深化的重要抓手，其数量的增加及建设的推进不仅有助于当地数字贸易相关要素资源的配置优化，使海外合作国家（地区）的跨境电商数字基础设施与监管体系等获得跃迁式升级，推动其跨境电商更高质量高效率发展，还能基于各个枢纽之间在市场、物流、数字化服务、贸易规则等方面互联互通，以及各个eWTP枢纽与更多国家的各个产业间深度对接，从而基于各国跨境电商在交易、物流、监管、支付等环节交易费用的不断降低而使分工深化、交易主体增加，由此促进市场规模的进一步拓展。而"丝路"电商的建设不仅有利于相关共建"一带一路"国家数字基础设施的完善，也使其与我国在规划对接、经验分享、产业促进、能力建设等层次可展开深入合作。eWTP相关主体基于互利互惠的合作机制深度参与"丝路"电商，有利于凝练与传播eWTP理念与实践经验，推广中国在电商扶贫、农村电商、边贸电商方面的成功做法。

eWTP背景下中国数字贸易普惠高质量发展整体的因果关系图如图9.6所示，各个子系统之间相互协同耦合，共同影响数字贸易的普惠高质量发展。

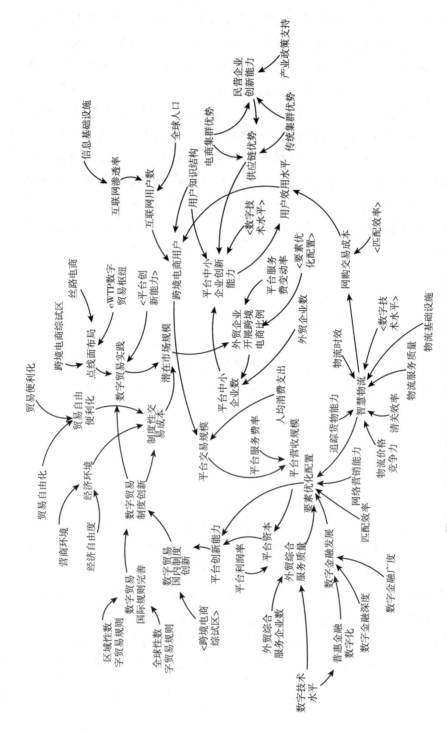

图 9.6 eWTP 背景下中国数字贸易普惠高质量发展的因果关系

对图 9.6 中的因果反馈关系进行分析，主要包括以下三条反馈回路：

反馈回路 1：平台创新能力→＋数字贸易实践→＋潜在市场规模→＋外贸企业开展跨境电商比例→＋平台中小企业数→＋平台中小企业创新能力→＋用户效用水平→＋跨境电商用户→＋平台交易规模→＋平台营收规模→＋平台资本→＋平台创新能力。[①] 这是一路正反馈回路。平台创新能力增强所引致的一揽子要素优化配置效率提升使得政府、平台方、各相关企业拓展市场的能力与动力增强，从而推动政企各方深化数字贸易实践，数字贸易潜在市场规模不断拓展，由此吸引更多中小外贸企业进入跨境电商平台进行创新创业，这使得平台的营收规模扩大，平台资本获得积累，由此形成平台方的盈利机制与再创新投入保障机制，实现各相关方的良性循环。

反馈回路 2：平台创新能力→＋数字贸易国内制度创新→＋数字贸易制度创新→＋数字贸易实践→＋潜在市场规模→＋外贸企业开展跨境电商比例→＋平台中小企业数→＋平台中小企业创新能力→＋用户效用水平→＋跨境电商用户→＋平台交易规模→＋平台营收规模→＋平台资本→＋平台创新能力。这是一条正反馈回路。平台创新能力的增强使其能更好地参与到数字贸易规则与制度的优化中，各平台方在拓展市场与推进跨境电商综试区中的成功实践可为国内数字贸易制度的加快创新与完善提供更多经验与示范，使得数字贸易制度以市场为导向获得更为高效、精准的优化。进一步地，数字贸易相关制度的优化又将为数字贸易的发展提供更全面的制度保障，从而基于平台、中小企业及用户各方的良性互动，使数字贸易朝着普惠且高质量发展的方向演进。

反馈回路 3：平台创新能力→＋数字贸易国内制度创新→＋数字贸易制度创新→＋制度性交易成本→＋潜在市场规模→＋外贸企业开展跨境电商比例→＋平台中小企业数→＋平台中小企业创新能力→＋用户效用水平→＋跨境电商用户→＋平台交易规模→＋平台营收规模→＋平台资本→＋平台创新能力。这是一条正反馈回路，它表明数字贸易的创新不仅能通过加快数字贸易实践的深化而促进潜在市场规模的扩大，还能通过制度性交易成本的下降使数字贸易的盈利空间拓展，由此在利益导向下吸引更多交易主体

---

① 反馈回路中的"＋"表示正向影响。

进入跨境电商市场创业，使其创业创新的活力增强、能力提升。

二、关键变量的原因结构树

绘制原因结构树可以更清晰地认知关键变量的相关影响因素，从而为后续更好地建立水平变量、辅助变量及常量变量之间的动态等式作好准备。前已述及，数字贸易的普惠高质量发展主要体现在以下几个维度：（1）平台方的营收规模拓展、创新能力增强；（2）平台中小外贸企业增加、创新能力增强；（3）跨境电商用户增加且效用优化；（4）数字贸易制度性交易成本下降且市场规模拓展。下面拟对这些关键变量的原因结构树进行绘制与分析。

如图 9.7 所示，平台营收规模主要受跨境电商交易规模与平台服务费率两个因素的影响，由两者的乘积决定。其中，平台交易规模主要由人均消费支出与跨境电商用户数决定。第三方跨境电商平台代替了传统的渠道商连接供给与需求方，主要通过向供应商收取交易佣金和服务费为供需双方提供中介服务，以有效降低信息的不完全性与非对称性。交易佣金作为第三方跨境电商平台的主要收入来源之一，其服务费率的适度提高可促进平台营收规模的扩大，由此使平台资本及其创新能力获得提升。

图 9.7　平台营收规模的原因结构树

平台创新能力的原因结构树如图 9.8 所示，其主要受跨境电商相关要素优化配置效率与平台资本的影响。平台资本的积累主要由其历年利润率及平台营收规模的剩余决定。跨境电商相关的一揽子要素主要包括金融、物流、信息匹配、网络营销、外贸综合服务等，这些要素的供给增加与服务效率提升往往离不开数字技术的发展应用。例如，人工智能与物联网技术在物流领域的运用有助于实现物流系统自动化，提升物流运输效率，有效增强物流、仓储、配送与补货等各个环节内及环节间的便捷性、安全性及协同度；区块链技术在外贸综合服务企业中的应用，有利于构建全景式外贸全流程信用体系，提高信息透明度与匹配效率，使外贸综合服务的质量大幅提升。各要素资源的优化及其协同配合将使平台在跨境开店、精准推广、场景营销、交易履约、业务管理等方面的服务效率与创新能力进一步提升。随着要素资源的迭代升级以及平台创新能力的日益增强，跨境电商的应用场景、产品种类、市场边界都将进一步拓展，从而可能不断创造出新业态与新模式。

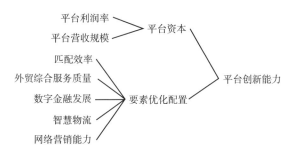

图 9.8　平台创新能力的原因结构树

从图 9.9 可以看到，平台中小企业的数量主要由外贸企业数、外贸企业开展跨境电商比例等因素共同决定。外贸企业开展跨境电商比例主要受到平台服务费变动率、潜在市场规模、跨境电商相关要素配置效率等影响，其中，平台创业者所获得的技能培训及其一揽子要素优化配置效率的提升将使其创业门槛下降，试错成功率提升。例如，平台通过将更多行业动态与市场趋势等信息传递给中小企业，使其更好地了解当地的文化特征和用户需求，因地制宜地去设计产品，并采取本土化的渠道布局；平台为供应商提供互联网平台接入、商品展示、接收订单的渠道，大幅度降低了中小微企业参与国际贸易面临的固定成本，实现了平台规模效应（盛斌等，2021）；平台方通过赋能中小企业，为其提供物流、售后、客服、运营等运营全流程体系，使中小企业更聚焦于产品及营销的迭代创新中。平台服务费用的增加意味着渠道成本的上升，从而削弱平台中小企业的创业积极性。此外，由制度性交易成本下降与数字贸易实践深化而引致的潜在市场规模扩大，则意味着有更多的分工可能性与市场商机涌现，从而使平台内中小企业的创新创业活力增强、盈利空间上升。

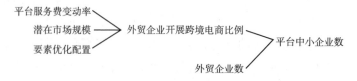

图9.9   平台中小企业数的原因结构树

如图9.10所示，平台中小企业的创新能力受到来自供应链、用户、平台方及数字技术等多层面诸多因素的影响。在供应链层面，以马歇尔外部经济为特征的电商集群优势与供应链优势增强可使平台中小企业基于企业间分工深化与产业链各环节间协同等获得创新效率与竞争力的提升。在用户层面，互联网及电商平台使得用户之间、用户和企业之间的交互增强，由此促使用户更好地参与到产品的研发与优化等环节中，这一多样化且高效的信息传递方式促进了相关产品与服务的更新迭代，也使得研发效率提升。在这一过程中，用户规模知识结构的优化将使这一信息交互的广度与深度拓展，使更多高质量的市场信息更高效地传导至生产与销售等各环节企业中，从而促使创新成功率进一步提升。此外，对于平台中小企业而言，数字技术的创新应用不仅可使其以低成本与高效率实现供需精准匹配，提高企业生产效率和精准服务能力，还能使各个企业之间、产业链各环节之间的运营摩擦减小，决策更高效精准。

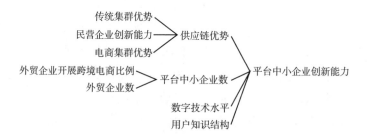

图9.10   平台中小企业创新能力的原因结构树

如图9.11所示，跨境电商用户效用水平主要受到平台中小企业创新能力与网购交易成本两方面因素的影响。而用户在网购中的交易成本则主要由匹配效率与物流效率等因素决定。

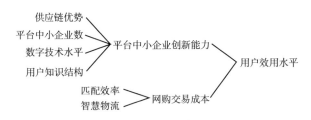

图9.11　跨境电商用户效用水平的原因结构树

　　跨境电商用户数的原因结构树如图9.12所示。一方面，信息基础设施完善所引致的全球互联网用户规模的扩张将使更多人运用可跨越时空局限且获得交易成本节约的跨境电商平台购物；另一方面，用户效用水平的增强不仅可使用户对跨境网购平台的使用忠诚度提升、消费金额增加，也会基于平台内高效的信息传递方式而形成口碑效应，从而进一步促进用户规模的扩大。

图9.12　跨境电商用户数的原因结构树

　　数字贸易制度性交易成本的原因结构树如图9.13所示，其主要受数字贸易制度创新、经济环境、贸易自由便利化等因素的影响，这三个层面的因素交互作用共同推进数字贸易制度环境的优化与交易成本的降低。

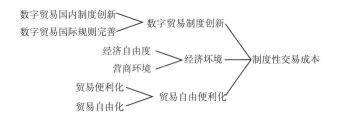

图9.13　数字贸易制度性交易成本的原因结构树

　　数字贸易潜在市场规模的原因结构树如图9.14所示，其主要受制度性交易成本与数字贸易实践等因素的影响。其中，数字贸易实践中的"点线面"布局不仅包括国内层面以跨境电商综试区建设为代表的制度试验与市场开拓，也包括国际层面政企各方协同开展的"丝路"电商、eWTP数字贸易枢纽建设，而这些都离不开以平台方为核心的诸要素创新能力提升，同时也离不开国内外数字贸易制度创新所提供的有力的制度保障。

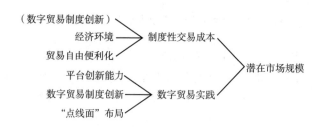

图9.14　数字贸易潜在市场规模的原因结构树

注：（ ）表示变量为隐性变量。

三、系统存量流量关系

为进一步对系统进行研究，需要在因果关系图的基础上加入水平变量、速率变量、辅助变量及常量等，构建系统存量流量图。使用系统动力学专业软件Vesnsim构建模型，所构建的系统存量流量关系如图9.15所示。以我国为例，研究eWTP背景下我国数字贸易普惠高质量发展的整体路径。模型仿真时间设定为2011~2030年，仿真步长为1年。其中2011~2020年数据用于系统参数确定检验，2021~2030年数据用于系统仿真预测。通过反复调试、检验、改进，保证模型信度和效度，使其相对准确全面反映数字贸易发展的真实状况（钟永光等，2009）。

四、参数方程构建

eWTP背景下我国数字贸易普惠高质量发展模型是由平台支撑、用户价值创造、产业协同、制度环境支持四个子系统结合而成的具备关联性与动态性的复杂开放系统。下面将分别针对四个子系统进行结构方程的建立以及参数分析，以完成对存量流量图模型的构建。

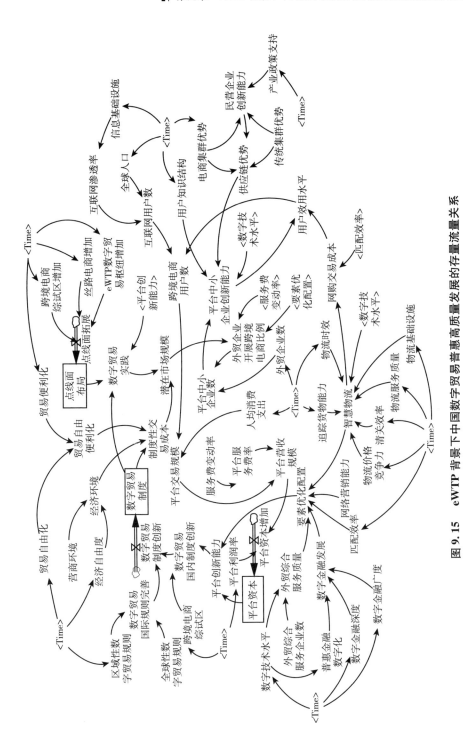

图 9.15　eWTP 背景下中国数字贸易普惠高质量发展的存量流量关系

（一）平台支撑子系统

跨境电商平台支撑子系统的存量流量关系如图9.16所示。由于跨境电商出口在我国跨境电商总交易额占比约80%，因此为简便起见，在平台支撑子系统中，主要讨论我国跨境电商出口市场的交易状况，且有关跨境电商平台的数据，主要以阿里巴巴旗下的B2C跨境电商平台速卖通为研究对象。

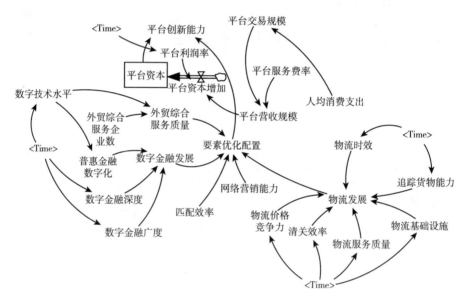

图9.16 平台支撑子系统的存量流量关系

"数字金融发展水平"主要由普惠金融数字化程度、数字金融深度以及数字金融广度3个指标共同决定（郭峰等，2020）。2011~2021年数据来自"北京大学数字普惠金融指数"，后续2022~2030年数据基于SPSSAU软件，采用灰色预测法预估获得。① 我国历年数字金融发展水平由上述3个指标的均值决定。

参照孙黎和许唯聪（2021）的做法，"数字技术水平"由历年我国高技术产业—技术引进经费支出、高技术产业—技术改造经费支出、技术市

---

① 下文部分变量2022~2030年的数据均采用此方法预测获得。

场技术流向地域（合同金额）、R&D 经费内部支出—计算机及办公设备制造业、R&D 经费内部支出—电子及通信设备制造业等 5 个指标的加总值测度，数据来自《中国科技统计年鉴》《中国高技术产业统计年鉴》。单位为亿元。

我国"普惠金融数字化"程度随着数字技术水平的提升而增加。通过 Eviews 回归分析，可以发现二者呈现较好的对数拟合关系，模型拟合优度为 91.47%，其回归方程如下：

$$普惠金融数字化 = 249.91 \times \ln(数字技术水平) - 2044.64 \qquad (9-1)$$

"匹配效率"的高低主要取决于搜寻与获取成本的大小，而 ICT 作为数字基础设施，其出口强度越大，意味着信息获取与匹配能力越强。因而参照张洪胜等（2021）做法，采用我国历年信息通信技术（ICT）服务出口强度（ICT 服务出口占服务总出口比重）测度一国匹配效率的大小。我国历年 ICT 服务出口相关数据来自世界银行 WDI 数据库。

"网络营销能力"设定为常量，以 2021 年线上展会数量的场数来测度。2021 年，中国境内线上展总计举办 714 场，故取值 714。

我国"智慧物流水平"不仅取决于物流业本身的绩效水平，也与数字技术的发展密切相关。物流绩效主要由物流价格竞争力、清关效率、物流服务质量、物流基础设施、物流时效以及追踪货物能力等 6 个指标构成，其数据来自世界银行 WDI 数据库物流绩效指数。"智慧物流水平"的计算公式设定如下：

$$\begin{aligned} 智慧物流水平 = &[(物流价格竞争力 + 清关效率 + 物流服务质量 \\ &+ 物流基础设施 + 物流时效 + 追踪货物能力) \div 6] \\ &\times 数字技术水平 \div 10000 \qquad (9-2) \end{aligned}$$

为简便起见，"外贸综合服务企业数"设定为常量。2020 年，我国外贸综合服务企业超过 1500 家[①]，故将"外贸综合服务企业数"取值 1500。

"外贸综合服务质量"不仅随着外贸综合服务企业的增加及其竞争的加剧而不断优化，也将随着区块链、人工智能等数字技术的发展与应用而获

---

① 郎佳慧. 商务部：加快发展外贸新业态新模式 赋能贸易高质量发展［EB/OL］. http://www.chinanews.com.cn/cj/shipin/cns/2021/07-12/news894417.shtml，2021-07-12。

得提升，因此其计算公式设定如下：

$$外贸综合服务质量 = 外贸综合服务企业数 \times 数字技术水平 \div 10^6$$

$$(9-3)$$

"要素优化配置"指标主要反映的是跨境电商相关的信息、物流、营销、金融、外贸综合服务等一揽子要素资源的优化配置效率，因此主要由外贸综合服务质量、数字金融发展、网络营销能力、匹配效率与物流发展等 5 个指标共同决定，其计算公式如下：

$$要素优化配置 = 外贸综合服务质量 \times 数字金融发展 \times 网络营销能力$$
$$\times 匹配效率 \times 物流发展 \div 10^7 \qquad (9-4)$$

"平台交易规模"由历年阿里巴巴速卖通平台的交易额来衡量，数据主要来源于阿里巴巴历年财报及艾瑞咨询。单位为亿元。公开资料显示，速卖通平台的大部分类目的佣金是 8%[①]，这意味着平台佣金约占交易金额的 8%，故初始时的"平台服务费率"设定为 0.08。对于第三方跨境电商平台而言，收取交易佣金是其最主要的收入来源。假定收取交易佣金作为平台营业收入的唯一来源，并将"平台营收规模"的计算公式设定为：

$$平台营收规模 = 平台服务费率 \times 平台交易规模 \qquad (9-5)$$

"平台利润率"通过阿里巴巴历年的营业利润率来估算，数据来源于历年阿里巴巴财报。

"平台资本增加"主要通过平台营收的利润积累来获取，其计算公式如下：

$$平台资本增加 = 平台营收规模 \times 平台利润率 \qquad (9-6)$$

因此"平台资本"可表示为平台资本增加的积分函数，初始值设定为 10 亿元，其关系式为：

$$平台资本 = integ(平台资本增加,10) \qquad (9-7)$$

"平台创新能力"不仅取决于平台资本的积累及其创新投入的增加，还

---

① 速卖通各类目的佣金收费标准是不同的，大部分类目的佣金是 8%，部分类目为成交总金额的 5%。资料来源于雨果跨境平台，https://www.cifnews.com/help/ungas。

取决于跨境电商相关一揽子要素优化配置效率的提升，因此其计算公式设定如下：

$$平台创新能力 = 平台资本 \times 要素优化配置 \div 100 \qquad (9-8)$$

（二）用户价值创造子系统

跨境电商用户价值创造子系统的存量流量关系如图 9.17 所示，在这一子系统中，跨境电商用户主要是指来自全球各国的跨境电商领域消费者。其中，全球"信息基础设施"以各国的网络就绪度的均值来衡量，数据来自历年世界经济论坛所发布的《全球信息技术报告》。网络就绪度主要从三个方面测度各国有效利用信息通信技术的成熟度：信息通信技术在整体商业、监督和基础设施方面的环境；个人、企业和政府使用并获益于通信技术的准备就绪度；实际使用最新信息通信技术的情况。

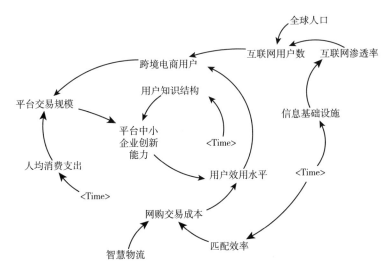

图 9.17　用户价值创造子系统的存量流量关系

全球"互联网用户数"和"全球人口"数据通过世界银行 WDI 数据库获得，两者相除可以得到历年全球互联网渗透率的数值。互联网渗透率主要受到全球信息基础设施完善程度的影响。通过回归分析，可以发现全球"互联网渗透率"与"信息基础设施"之间呈现较好的拟合关系，其回归模型的拟合优度为 98.45%。可以得到其公式为：

$$互联网渗透率 = if\ then\ else(信息基础设施 < = 4.8761,$$
$$3.1553 \times \ln(信息基础设施) - 3.9991,1) \qquad (9-9)$$

全球"用户知识结构"由各国人口受教育年限的均值来测度，数据来自联合国教科文组织。用户知识结构的提升往往意味着供需双方沟通效率与互动信息质量的提升，且能通过用户需求与建议的实时反馈来促进平台中小企业创新效率的提升及创新能力的增强。

"网购交易成本"主要受到供需双方之间匹配效率以及物流发展水平的影响，因而其计算公式设定为：

$$网购交易成本 = 100 \div (智慧物流 \times 网购交易成本) \qquad (9-10)$$

跨境电商"用户效用水平"主要受到平台中小企业创新能力以及网购交易成本两个因素的影响。平台中小企业创新能力的提升意味着供给方所提供商品种类的增加，从而能更好地满足消费者对多样化偏好的追求；而网购交易成本的下降将使网购的效率提升，购物体验不断优化。因而"用户效用水平"的计算公式为：

$$用户效用水平 = \ln(平台中小企业创新能力 / 网购交易成本)$$
$$(9-11)$$

"跨境电商用户数"以历年全球速卖通平台用户数估算。可以看到，互联网用户的增加将使更多人可以便利地在跨境电商平台开展网络购物，而用户效用水平的提升将通过口碑传播等方式使更多人选择进入跨境电商平台购物，从而使跨境电商平台的用户加速增长。因而"跨境电商用户增加"主要受到互联网用户数与用户效用水平两个因素的影响。利用 Eviews 软件建立二元线性回归方程进行回归拟合分析，得到"跨境电商用户增加"的回归方程如公式（9-12）所示，各解释变量均通过显著性检验，模型拟合优度为 98.76%。

$$跨境电商用户增加 = \max(0.1261 \times 互联网用户数 + 0.00797$$
$$\times 用户效用水平^2 - 0.0041 \times 互联网用户数$$
$$\times 用户效用水平 - 3.1237,0) \qquad (9-12)$$

其中，用户效用水平与互联网用户数交互项的影响系数为负，其可能的原因在于，在跨境电商发展初期，由于信息渠道尚不畅通，用户效用水平的提升并未能有效促进互联网用户规模的扩大。

由于平台交易规模等于跨境电商用户数乘以人均消费支出，可由此获得跨境电商市场中历年"人均消费支出"的数据。

（三）产业协同子系统

跨境电商相关产业协同子系统的存量流量关系如图 9.18 所示，主要用以刻画我国跨境电商平台中小企业及其相关支撑产业发展的整体路径。其中，"电商集群优势"以我国历年淘宝村数量来测度①，数据来自历年阿里巴巴发布的《中国淘宝村研究报告》。"产业集群优势"设定为常量。2022 年，我国省级以上产业集群共 783 个，故将"产业集群优势"取值 783。

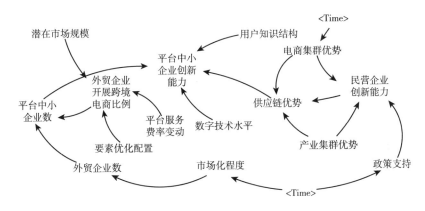

图 9.18　产业协同子系统的存量流量关系

以中小企业为主的民营经济已成为中国经济发展的主要推动力，民营企业的创新能力不仅随着产业集群与电商集群优势的增强而提升，也随着政策支持的增强而提升。政府不仅可通过完善知识产权保护、降低税费负担等措施推动民营企业创新动力提升，也可通过商业、贸易、财政、金融、投资等维度自由度的提升，促进民营企业创新活力的增强，而这些指标均在美国传统基金会发布的历年各国经济自由度指数中有所涵盖，故运用我

---

① 2021 年，我国电商集群数为 7023 项，因无法通过现在的数据较准确预测未来的状况，故假设 2022～2030 年的数据与 2021 年相同，故在运用表函数形式将数据输入 Vensim 模型时，将 2022～2030 年的电商集群数也默认设定为 7023。

国经济自由度指数来衡量我国政策对民营企业创新的政策支持力度。"民营企业创新能力"以我国历年规模以上私营企业的专利申请量测度。通过 EViews 回归分析，可以发现民营企业创新能力、产业集群优势、电商集群优势以及政策支持这四者之间呈现较好的拟合关系，其回归方程如（9-13）所示，模型拟合优度为 96.14%。

$$民营企业创新能力 = 0.0063 \times（产业集群优势 + 电商集群优势）$$
$$+ 0.5098 \times 政策支持 - 16.18 \qquad (9-13)$$

"供应链优势"不仅体现为研发、生产及销售等各环节内企业间创新能力的增强，也体现为各环节企业间协同能力的提升，因而拟用电商集群优势、产业集群优势及民营企业创新能力 3 个指标的乘积共同测度"供应链优势"，其计算公式如下：

$$供应链优势 = 民营企业创新能力 \times 产业集群优势 \times 电商集群优势 /10^4$$
$$(9-14)$$

作为跨境电商产品供给方的平台中小企业，其创新能力的提升不仅可来自供应链、数字技术、用户参与等多个层面，平台中小企业的增加也能通过技术信息的加速流动与竞争的加剧来促使诸企业创新能力的提升，通过加快个性化创新而形成差异化竞争格局，由此使其竞争力增强。因此，跨境电商"平台中小企业创新能力"的计算公式可表示为：

$$平台中小企业创新能力 =（供应链优势 \times 数字技术水平 \times 用户知识结构$$
$$\times 平台中小企业数）\div 1000 \qquad (9-15)$$

"潜在市场规模"主要是指目前我国跨境电商所可能实现的最大市场规模，因此以我国货物贸易进出口总额来测度。"外贸企业开展跨境电商比例"这一变量主要受到潜在市场规模、要素优化配置及平台服务费率变动等因素的影响。潜在市场规模的扩大将使外贸企业开展跨境电商贸易的动力增强，平台服务费率的降低使其可盈利空间进一步拓宽，跨境电商相关一揽子要素优化配置效率的提升则使企业家的商务才能获得更快提升，由此推动我国出口复杂度与外贸产业结构的优化升级。"外贸企业开展跨境电商比例"以跨境电商行业渗透率来测度，数据来源于历年网经社电子商务研究中心发布《中国跨境电商市场数据报告》。通过回归分析，可以发现上述变量之间呈现较好的拟合关系，其回归方程如（9－16）所示，模型的拟合优度为93.01%。

$$外贸企业开展跨境电商的比例 = min(0.0521 \times ln(要素优化配置)$$
$$+ 0.0286 \times ln(潜在市场规模)$$
$$- 0.05 \times 服务费变动率,1) \qquad (9-16)$$

"外贸企业数"以每年开展进出口贸易的企业数测度，数据来源于历年海关数据库。由于未能准确获取速卖通平台历年的开店企业数，因而运用以下方式来估算"平台中小企业数"：

$$平台中小企业数 = 外贸企业数 \times 外贸企业开展跨境电商比例$$
$$(9-17)$$

（四）制度环境支持子系统

政府支持子系统的存量流量关系如图9.19所示，这一子系统的核心主体不仅包含各国政府，也包括WTO、世界海关组织等国际经济组织，还包括中小企业、平台企业、行业协会、商业中介组织等，它们共同努力不仅推动了数字贸易国内外制度的完善，也通过eWTP数字贸易枢纽的建设、"丝路"电商国家的增加及跨境电商综试区的不断推进，从国内外点、线、面等多层次推进了数字贸易实践的深化。

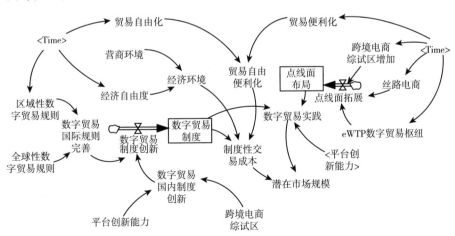

图9.19　政府支持子系统的存量流量关系

　　"区域性数字贸易规则"以每年各主要国家（地区）之间新签订的包含数字贸易规则的区域贸易协定数量来测度①，数据来自 WTO 数据库。尽管 WTO 电子商务谈判已于 2021 年底在无纸化交易、电子签名和验证等领域取得实质性进展，但目前尚未达成协议，因此将"全球性数字贸易规则"视为常量，取值为 0。由于全球性数字贸易规则的重要性要远远高于区域性规则，将其初始影响系数设定为 10。"数字贸易国际规则完善"的计算公式设定如下：

数字贸易国际规则完善 = 区域性数字贸易规则 + 10 × 全球性数字贸易规则

$$(9-18)$$

　　"数字贸易国内制度创新"拟用当年我国国务院、海关总署、商务部、国家发展改革委、税务总局、跨境电商综试区政策以及其他部门出台的数字贸易相关的行业支持政策与法律法规条款等数量测度。数字贸易实践通常大大领先于数字贸易规则的制度，我国数字贸易制度创新也在很大程度上是由数字贸易实践发展所推动的，而数字贸易的实践则是建立在平台创新能力提升与跨境电商综合试验区不断拓展的基础上。通过回归分析，可以发现我国数字贸易国内制度创新程度与平台创新能力、跨境电商综试区三者之间者呈现较好的拟合关系，且各解释变量均显著，其回归方程如式（9-19）所示，模型拟合优度为 80.44%。这意味着，平台创新能力的提升不仅能直接推动我国国内数字贸易制度的优化，也能通过深度参与跨境电商综试区的建设，形成合力共同推动相关部门完善数字贸易制度与规则。

数字贸易国内制度创新 = 2.291 × ln(平台创新能力)
　　　　　　　　　　 + 0.55 × ln(平台创新能力) × ln(跨境电商综试区)
　　　　　　　　　　 + 5.2309

$$(9-19)$$

　　对于我国而言，"数字贸易制度创新"的计算公式可设定为：

数字贸易制度创新 = 数字贸易国际制度完善 + 数字贸易国内制度创新

$$(9-20)$$

---

　　① 2021 年，各主要国家（地区）之间新签订的包含数字贸易规则的协定共计 7 项，故在运用表函数形式将数据输入 Vensim 模型时，将 2022～2030 年的协定数也默认设定为 7 项（亦可称为均衡值状态）。

因此,"数字贸易制度"可表示为数字贸易制度创新的积分函数,初始值设定为 3 个,其关系式为:

$$数字贸易制度 = integ(数字贸易制度创新, 3) \qquad (9-21)$$

全球"经济环境"由全球营商环境与经济自由度两个指标的均值测度。全球营商环境数据来源于历年世界银行全球营商环境报告,取各国平均值发现,2011~2020 年的全球营商环境均值几乎未发生变化,故设定为常量,取值为 60.74。"经济自由化"由美国传统基金会所发布的历年全球各国经济自由度指数的均值来估算。

"贸易自由便利化"主要从贸易自由化与贸易便利化两个维度来进行测度。其中,"贸易便利化"数据来自世界经济论坛发布的全球贸易便利化指数(ETI),由各国的 ETI 指数平均值测度。ETI 指数将贸易便利化因素分为四类,包括市场准入、边境管理、基础设施、商业环境。"贸易自由便利化"的计算公式如下:

$$贸易自由便利化 = 贸易便利化 \times 贸易自由化 \div 100 \qquad (9-22)$$

"数字贸易实践"主要受到平台创新能力、数字贸易制度、全球数字贸易"点线面"布局状况等因素的影响。数字贸易点线面布局主要是指我国及他国政府、eWTP 相关主体在国内外所进行的数字贸易实践探索与布局。历年数字贸易点线面拓展状况拟运用当年新增的国内跨境电商综试区数、"丝路"电商国家数量以及 eWTP 数字贸易枢纽数测度。其中,跨境电商综试区和"丝路"电商可视为推动数字贸易实践深化的重要节点,而 eWTP 数字贸易枢纽则是"串点成线"甚至"连线成网"的关键环节,其在数字贸易市场拓展中发挥着更为核心的作用,故将其作用系数设定为 5。"数字贸易实践"的计算公式设定如下:

$$数字贸易实践 = \ln(平台创新能力) \times 数字贸易制度 \times 点线面布局 \div 100$$
$$(9-23)$$

数字贸易"制度性交易成本"主要由数字贸易制度、经济环境与贸易自由便利化程度决定,其计算公式设定如下:

$$制度性交易成本 = \ln[10^6 \div (数字贸易制度 \times 经济环境 \times 贸易自由便利化)]$$
$$(9-24)$$

"潜在市场规模"的扩大不仅建立在数字贸易实践不断深化的基础上，完善的制度设计及交易相关环节成本的降低也将推进数字贸易领域的分工深化与国际市场拓展。通过回归分析发现，潜在市场随着制度性交易成本的下降以及数字贸易实践的深入而扩大，三者呈现较好的拟合关系，其回归方程如式（9-25）所示。各解释变量均通过显著性检验，模型拟合优度为 79.60%。

$$
\begin{aligned}
潜在市场规模 &= 0.00402 \times 数字贸易实践 \\
&\quad - 7.6346 \times \ln(制度性交易成本) \\
&\quad + 37.6427
\end{aligned}
\tag{9-25}
$$

第三节　模型仿真分析

在模型构建完成后，利用模型针对 eWTP 背景下的我国数字贸易普惠高质量发展的研究主要从两方面进行。一方面，通过对模型进行仿真分析，预测相关变量在未来一段时间的发展趋势，观察我国数字贸易的演进状况；另一方面，通过改变模型中单个或多个指标的参数，模拟现实中不同因素影响下对数字贸易发展的影响情况，为提出可行的促进我国数字贸易普惠高质量发展建议提供理论支持。

一、仿真结果分析

从整体的角度，对模型的仿真结果进行分析。顺着模型的逻辑路线，选取关键变量进行分析，从而细致地对模型整体的仿真结果进行梳理。

（一）平台相关指标的仿真结果

如图 9.20 所示，跨境电商相关数字金融、智慧物流、信息匹配、外贸综合服务等要素均随着时间不断优化，这为跨境电商要素优化配置效率提升及平台的创新能力增强提供了重要的保障。

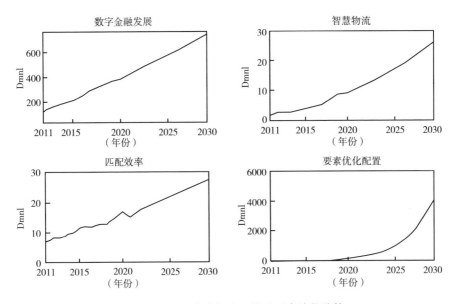

图 9.20 跨境电商相关一揽子要素演化趋势

如图 9.21 和图 9.22 所示，跨境电商用户的持续增加引致平台交易规模及其营收规模扩大，盈利能力的增强为平台更好地优化与迭代其在营销、支付、管理等环节的服务效率提供了资金支持，进而基于其对数字贸易生态圈持续优化经验的积累而深度参与国内外数字贸易制度与市场开拓。

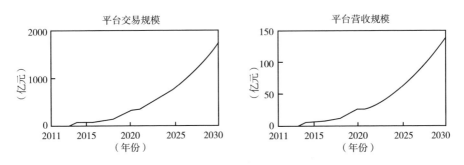

图 9.21 跨境电商平台交易规模与营收规模的演化趋势

如图 9.23 所示，受到全球人口增加及信息基础设施等因素的影响，全球互联网用户规模一直在动态扩大中，这也成为跨境电商用户持续增加，且用户参与跨境电商交易的深度与广度持续拓展的重要前提。

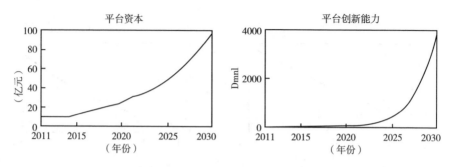

图9.22　跨境电商平台资本规模与创新能力演化趋势

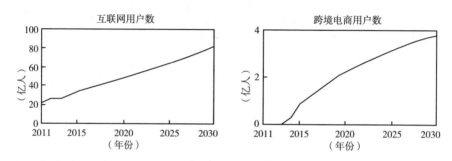

图9.23　全球互联网用户及我国跨境电商用户规模演化趋势

（二）跨境电商用户相关指标的仿真结果

跨境电商用户的效用水平主要受到网购交易效率与平台中小企业创新能力影响，而网购成本的持续下降及平台中小企业以用户多样化、个性化需求为导向进行创新之能力的增强也使得用户的购物体验优化，效用水平整体呈上升趋势。由图9.24可以看到，跨境电商用户的效用水平在2011～2020年呈较为快速的增长趋势，而在2021～2030年这一增长更为平缓，这表明，持续网购交易效率与多样化创新能力促进用户效用水平提升与用户规模扩大的空间在日趋缩小，当前的跨境电商平台可能需要通过新业态、模式与技术的创新应用进一步优化用户效用，进而激活新的市场潜力与增长空间。

（三）产业协同相关指标的仿真结果

如图9.25所示，受到全球市场规模扩大及一揽子要素配置效率提升等因素的影响，外贸企业中运用跨境电商拓展海外市场的比例正在不断增加，

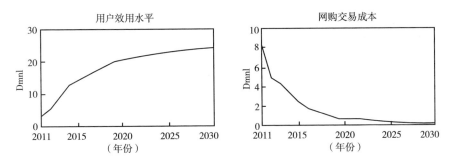

图 9.24　跨境电商用户效用水平及其网购交易成本的演化趋势

跨境电商正在成为企业开展对外贸易的主流甚至核心的交易方式。与此同时，跨境电商供需双方规模的扩大及其良性互动，使得平台中小企业基于单边与双边网络效应的增强而获得的创新能力不断提升，而中小企业对数字技术的创新应用则使这一"提升"更为高效与精准。

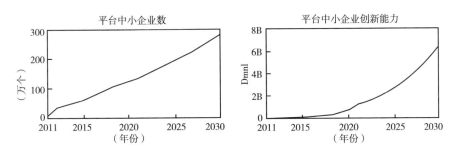

图 9.25　跨境电商平台中小企业数及其创新能力的演化趋势

（四）制度环境相关指标的仿真结果

数字贸易制度与市场环境的演化趋势如图 9.26 所示，全球数字贸易制度创新与实践拓展在 2017 年前进展都较为缓慢，2017 年以后则呈现明显加速的态势，这也使得全球数字贸易的潜在市场规模的增速在 2018 年后开始加快。还可以看到，国内外数字贸易规则的创新引致我国数字贸易制度体系日趋完善，尤其 90 个 WTO 成员通过参与 WTO 框架下和贸易相关的电子商务诸边谈判，已于 2023 在促进数字贸易便利化、开放数字环境以及增强商业和消费者信任等领域就 13 个议题达成共识，全球数字贸易规则构建的开启与推进将进一步促进全球数字贸易制度体系的完善，从而推动数字贸易制度层面交易成本与贸易壁垒的降低，使市场预期更为明晰稳定。同时，在政企双主体背景下，数字贸易制度完善与数字贸易实践之间的良性互动也将使全球数字贸易规模呈螺旋上升的态势。

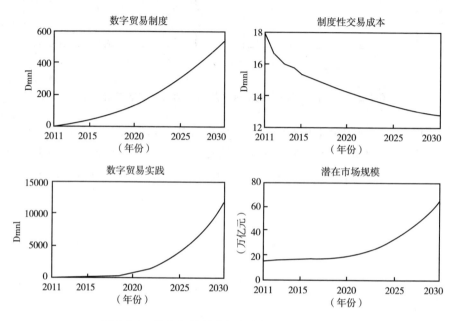

图9.26　数字贸易制度与实践相关指标演化趋势

二、控制变量仿真实验

为了能够有效地分析各变量对全球数字贸易发展的影响，以提出促进数字贸易普惠高质量发展的建议，本章拟针对模型中不同变量的数值进行修改，从而观察不同影响因素下数字贸易模型整体的变化情况。

（一）单个变量仿真实验

1. 平台服务费率仿真实验

平台服务费作为第三方跨境电商平台的主要营收来源，其费率的提高一方面可使平台资本增加，为平台再创新投入的增加提供更好的盈利机制；但另一方面，平台服务费率的提高又会挤占平台内外贸企业的利润空间，尤其在当前跨境电商市场竞争激烈且国际贸易面临诸多不确定性的条件下，部分盈利能力较弱的企业退出平台，部分企业会寻求并进入服务费率更低的平台或者自建独立站，这使得原来平台的中小企业数减少。因而，有必要通过仿真实验探讨平台服务费率对跨境电商整体发展路径的影响。实验设计了平台服务费分别降低20%（方案一）、降低40%（方案二）和增加20%三种方案。

由图9.27可以看出，随着平台服务费率的提高，平台资本积累的增加越来越快，并促进其平台方创新能力的增强，由此加快了国内外跨境电商市场的成功拓展，并基于平台方深度参与跨境电商综试区等建设，促进了数字贸易制度法规的加快孵化与迭代，从而推动数字贸易制度的完善。

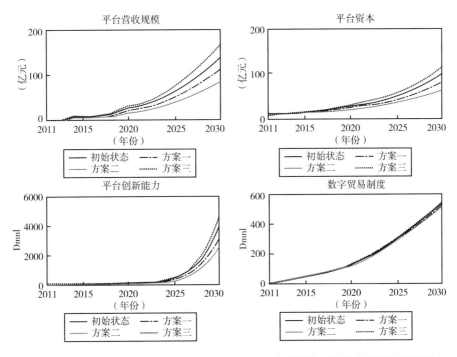

图9.27　平台服务费率对平台营收、平台资本、平台创新能力与数字贸易制度的影响

由图9.28中各变量在初始状态及三个方案中的变动趋势可知：一方面，由平台服务费率上升所引致的数字贸易制度的完善使得潜在市场规模进一步扩大，由此吸引更多中小企业进入跨境电商市场创业；另一方面，平台服务费率的上升又会基于利润空间的压缩而使部分企业退出跨境电商市场，且后者对平台中小企业创业积极性的影响更为明显。近年来，日益增长的流量成本与运营费用提升了跨境商家在第三方平台的销售成本，促使大量 B2C 中小企业开始通过建设独立站而开展跨境电商出口交易，以自主运营提升品牌影响力，而平台中小企业数量的减小又会反过来削弱平台的网络效应与创新能力。总体而言，平台交易费率上升有利于平台创新能力的增强及数字贸易制度的更快完善，但也会引致中小企业创业与创新动力与能力的抑制与削弱。因此，平台方应综合考虑对供给方、数字贸易制度、平台自身等层面的影响来制定适宜的服务费率。

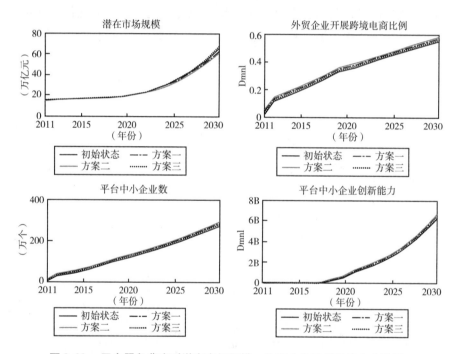

图 9.28　平台服务费率对潜在市场规模、外贸企业开展跨境电商比例、平台中小企业数及其创新能力的影响

2. 网络营销能力仿真实验

跨境电商领域的营销能力主要不仅体现在本土化语言与界面的交互中，也体现在搜索引擎、电子邮件、短视频、社交媒体、网红直播等营销手段的运用上，更体现在场景化营销、精准推广、数字展会等方面技能的掌握上，是衡量跨境电商平台服务质量的核心指标之一。网络营销能力的提升可促进企业价值的有效传递及交易的达成，使平台使用方的效费比提升，"使用者"剩余增加。实验拟通过将网络营销能力分别增加 10%（方案一）、20%（方案二）与 30%（方案三），考察不同网络营销能力下对于模型各变量的影响情况。

由图 9.29 可知，网络营销能力提升可更好地促进跨境电商相关要素优化配置效率与平台创新能力的提升，而平台创新能力的提升也将使其更好地参与到数字贸易制度构建与实践深化当中，进而推动潜在市场规模的扩大。但也可以看到，仅通过改变网络营销能力所引致的数字贸易制度与实践演进的变动幅度较小，这也说明仅通过单一要素资源的配置效率提升来推动数字贸易制度环境的提升是远远不够的，还需要多要素、多主体的协同配合。

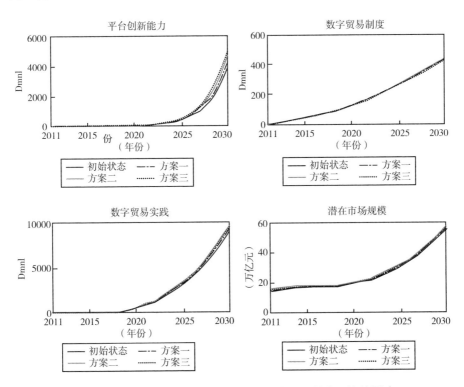

图 9.29　网络营销能力对平台创新与数字贸易制度环境的影响

由图 9.30 可知，对于平台内中小企业而言，跨境电商领域网络营销能力的增强既能通过潜在市场规模的扩大来吸引更多中小企业进入跨境电商平台进行创业，也能通过促进其要素优化配置效率的提升使其创新创业能力提升。同时也可以看到，网络营销能力提升所引致的平台中小企业创业动力与能力提升的增幅也同样较小，其可能的原因在于，跨境电商作为整合了包括物流、金融、信息、营销、管理等"全产业链"要素资源在内的新型交易模式，只能各项要素共同发展及相互配合，方能更好地吸引更多交易主体进入平台，从而使数字贸易更好地实现普惠式发展。

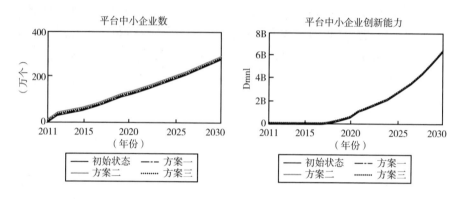

图 9.30   网络营销能力对平台中小企业数量及其创新能力的影响

3. 全球性数字贸易规则仿真实验

目前，尚未形成被世界各国广泛认可的多边数字贸易规则，仅仅依靠双边或者区域的自由贸易协定来制定全球电子商务规则不仅效率不高，也导致数字贸易领域的全球治理更加碎片化，这与互联网和数字贸易的全球属性极不相称。本实验的方案设计是：初始状态下数字贸易规则数为零，在数字贸易规则每年增加 2 项（方案一）、5 项（方案二）及 10 项（方案三）的三种情形下，观察全球数字贸易在制度环境、平台创新、中小企业创新创业等层面的变化，由此判断全球性数字贸易规则对数字贸易系统演化的影响。

从图 9.31 可以看到，方案三更有利于数字贸易制度与市场环境的更好演进，这意味着全球性数字贸易规则的加快构建不仅可使全球数字贸易制度体系优化，也将基于制度与规则层面阻力的减小及市场预期的明晰而推动全球数字贸易实践的深化，进而基于制度与实践的良性互动与融合而促进数字贸易潜在市场规模的不断拓展，从而有利于全球数字贸易的高质量发展。还可以发现，在仿真分析中，尽管受到数字贸易制度持续优化的正向影响，数字贸易实践在 2017 年前的数值仍然趋近于零，其原因在于，在此之前，基于政府、平台等多方协同而开展的国内跨境电商综试区、国内外 eWTP 枢纽及"丝路"电商建设尚处于研讨或起步阶段。2017 年后，在构建 eWTP 倡议的背景下，政企各方才真正开始从点、线、面等多层面进行数字贸易市场拓展与布局。由图 9.31 中全球数字贸易规则对潜在市场规模影响的演化趋势可以看出，只有在制度与实践共同推进的背景下，数字贸易的潜在市场规模才能获得持续且快速地拓展。

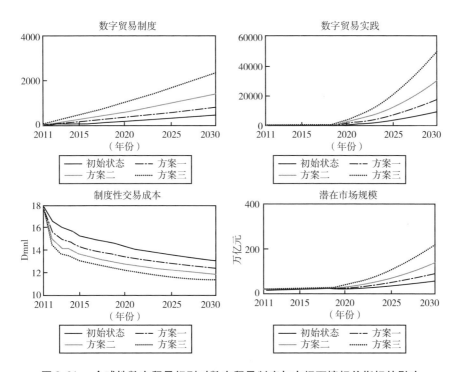

图 9.31　全球性数字贸易规则对数字贸易制度与市场环境相关指标的影响

由图 9.32 可知，全球性数字贸易规则的优化促进了潜在市场规模的扩大，在利益导向下更多中小企业进入跨境电商市场创业，同时，网络效应的增强使各中小企业的创新能力获得提升。自 2017 年开始的数字贸易实践层面的点线面拓展也使平台内中小企业的创业动力与创新能力获得了更为显著的增强。

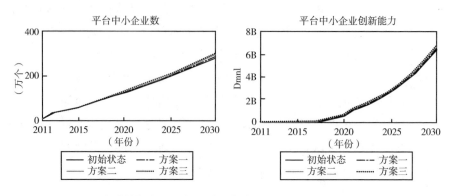

图 9.32   全球性数字贸易规则对平台中小企业数及其创新能力的影响

4. eWTP 数字贸易枢纽仿真实验

国内外 eWTP 数字贸易枢纽的建设不仅有利于各国信息基础设施与监管体系的完善，还将基于各数字贸易枢纽内部之间及其与更多国家与地区间在规则探索、要素优化、市场开拓等加强合作而促进全球数字贸易更高质量发展，因而也是孵化与推广数字贸易"中国方案"的关键路径。实验拟将历年新增的 eWTP 数字贸易枢纽分别增加 2 个（方案一）、5 个（方案二）、10 个（方案三），观察 eWTP 数字贸易枢纽的建设对模型各变量的影响情况。

由图 9.33 可知，国内外 eWTP 数字贸易枢纽的加快建设，通过与国内外相关区域加强数字贸易合作促进了数字贸易潜在市场规模的拓展，这不仅使网络效应与协同效应增强，还将推动合作国家（地区）数字化转型加快，使更多企业与个人进入跨境电商领域创业与创新，从而实现数字贸易的普惠高质量发展。未来，各 eWTP 数字贸易枢纽之间还将通过在数据交互、业务互通、监管互认、服务共享等方面加强国际合作，促进其在市场、物流、数字化服务、贸易规则等方面互联互通，从而基于跨境电商在交易、物流、监管、支付等环节交易费用的不断降低，深化分工与增加交易主体，由此促进市场规模的动态拓展，使全球数字贸易朝着普惠高质量方向进一步演进。

5. 电商集群优势仿真实验

在数字贸易演化系统中，大批中小企业通过空间集聚或虚拟产业集聚

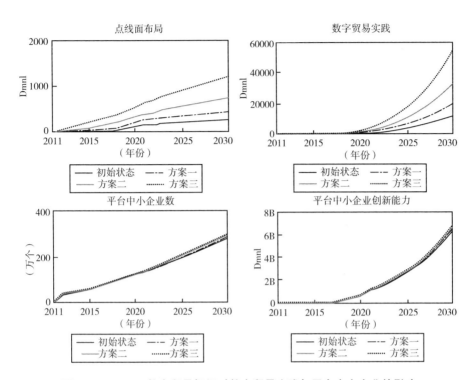

图9.33　eWTP数字贸易枢纽对数字贸易实践与平台中小企业的影响

等形式所形成的电商集群，可促进一揽子要素的汇聚、流动与共享，加速知识创造与应用，且推进基础设施完善等，由此产生较为显著的马歇尔外部经济增进。因此，电商集群的形成与壮大将促进平台中小企业创新能力的增强，使其竞争力获得更快提升。实验拟通过将历年电商集群数分别增加10%（方案一）、20%（方案二）和30%（方案三），观察电商集群优势的变动对平台创新能力与用户效用的影响。

　　由图9.34可知，电商集群数的增加基于供应链优势增强使平台内中小企业创新能力不断增强，且这一"增强"随着马歇尔外部经济的发展呈加速趋势。跨境电商与电商集群及传统产业集群的不断融合，强化了产业链各环节企业间竞争与合作，并基于其整合协同与智能算法能力，促进产业链诸环节间协同度增强，由此实现多元化需求反哺柔性研发与生产，并推动各产业链与价值链在效率导向下重构，促使我国外贸企业创新能力的增强，以及出口复杂度与外贸产业结构的优化升级。

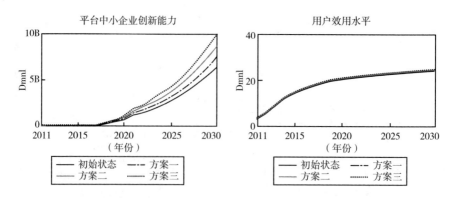

图 9.34   电商集群优势对平台中小企业创新能力与用户效用的影响

6. 数字技术水平仿真实验

数字技术的应用正基于供求关系、决策能力、信任机制、生产方式与监管质效等重塑而大大降低交易费用，引致诸要素协同度不断提升，也使得传统贸易与跨境电商向数字化、智能化方向演进。实验拟通过将历年数字技术水平分别增加10%（方案一）、20%（方案二）和30%（方案三），观察数字技术水平的变动对数字贸易系统演化的影响。

由图9.35可知，数字技术创新及其在跨境电商领域应用程度的不断提升使一揽子要素配置效率获得指数级提升，进而也使得平台方在营销、管理、运营等层面的创新能力不断增强。数字技术对跨境电商相关主体的影响主要表现为：人工智能使得营销、物流、金融等各供应链环节更加高效与智能，也使得各类供求关系的匹配与预测趋于精准化；物联网技术可基于产品溯源系统的构建而形成良性健康的竞争生态，还能有效提升物流、仓储、配送与补货等各个环节内及环节间的便捷性、安全性及协同度；区块链技术有利于构建全景式外贸全流程信用体系，提高信息透明度与匹配效率，大幅增加交易各方违法违约成本。

由图9.36可知，数字技术水平的提升及其在贸易领域的创新应用，有利于更好地推进数字贸易制度体系的完善及数字贸易实践的深化。对于政府而言，通过与数字技术相关企业、平台方等关键主体加强合作可更好地推动政府治理的创新，不仅能以市场为导向促进外贸行业标准与制度体系的加快完善，还可使其对外贸行业的监管质效提升，监管机制优化，从而

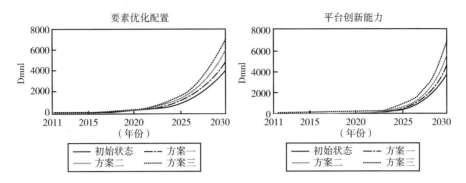

图9.35　数字技术对要素优化配置与平台创新能力的影响

有效提升执法力度和执法效率，使社会信用环境优化。与此同时，数字技术水平的提升还使各国在推进"点线面"布局时可以更好地完善数字技术基础与制度及监管体系，从而基于交易费用的降低促进潜在市场规模的不断扩大。

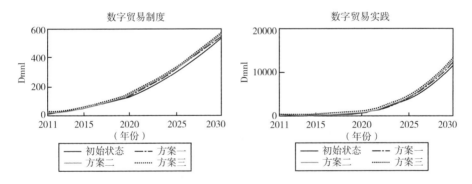

图9.36　数字技术对数字贸易制度和实践的影响

　　如图9.37所示，数字技术水平的提升对平台中小企业创业数的增加有较明显的影响，表明数字技术在跨境电商领域的创新应用可提升一揽子要素优化配置效率，进而促进出口企业的要素丰裕度优化以及诸要素间协同与共享程度增强。平台中小企业可基于数字技术的运用获得 ERP 管理、数据分析运营、视频及网页制作等方面能力的提升，这不仅使创业门槛降低，方便更多市场主体尤其小微企业参与国际贸易并从中获益，也使企业间分工的广度与深度进一步拓展，由此形成的国际分工网络将使企业家之间的示范效应与默会知识外溢更为显著，这意味着中小企业家的一揽子要素获取与配置才能可获得更快显化与提升，从而使平台中小企业的创新能力增强。还可以看到，相较于平台中小企业数的增加，数字技术水平的提升对平台中小企业创新能力增强的影响更为显著，其主要原因在于，大数据、云计算等技术在企业研发、生产、流通、营销等各环节的创新应用，将使有商业价值的信息更快显现，创新的市场风险降低，企业研发、营销更为精准，由此从数字技术应用与市场规模拓展两个层面缓解规模生产与消费者多样性偏好间的"两难冲突"，使中小企业创新能力与动力增强。

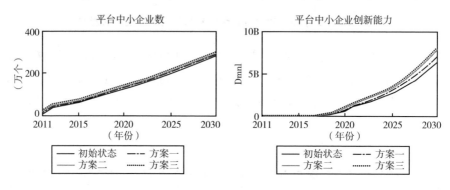

图 9.37　数字技术对平台中小企业数量与创新能力的影响

如图 9.38 所示，数字技术水平的提升对跨境电商平台用户效用及其用户规模会产生一定的正向促进作用。数字技术的创新应用主要基于网购交易成本的下降及平台中小企业多样化、个性化创新能力的提升而使用户的网购体验不断优化，而用户效用水平的提升又会基于互联网平台高效的信息交互机制，通过口碑传播方式吸引更多用户参与到跨境电商市场中来。因此在传播渠道上，中小企业应更好地利用社交媒体、"红人"和意见领袖等方式，实现基于高质量内容与口碑的精准传播。此外，由于数字技术往往以海量数据的获取与研判为前提，市场主体的增加及交易规模的扩大将使数字技术分析、预测的质量与效率呈现指数级数增长。因此，未来随着数字贸易生态系统的不断演进，数字技术在其中所发挥的价值将不断递增，由此基于平台、企业、用户、政府、产业、技术方等各方的协同互动，全球数字贸易将愈加朝着普惠、高质量的方向不断演进。

7. 信息基础设施仿真实验

全球信息基础设施的建设与日益完善，将使用户对互联网的使用成本

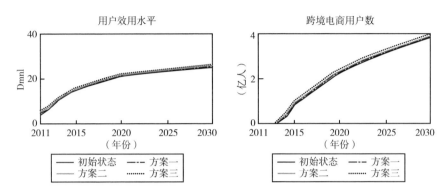

图 9.38　数字技术对用户规模及其效用水平的影响

持续降低，体验大幅上升，从而使互联网渗透率有效提升。互联网用户的增加所引致的跨境电商用户规模扩大及其交互频率与参与深度的增强正是全球数字贸易实现包容、普惠式发展的重要前提。实验拟通过将历年信息基础设施水平分别增加 5%（方案一）、10%（方案二）和 15%（方案三），观察信息基础设施完善程度的变动对数字贸易系统演化的影响。

由图 9.39 可知，信息基础设施的完善可带来互联网用户规模的大幅增长，进而基于与网购效用水平提升的协同促进跨境电商用户规模的快速增长。可以看到，假如全球信息基础设施的完善程度在现有水平上整体提升 5%（方案一），那么全球有望在 2028 年左右实现互联网渗透率达 100%，使全球人口均成为互联网用户。而如果全球信息基础设施的完善程度在现有水平上提升 10% 的话（方案二），全球互联网渗透率有望在 2023 年就达到 100%，因此信息基础设施的优化将使得"人人皆网民"的时代加速到来。还应注意到，随着信息基础设施的完善，跨境电商用户规模呈现先减后增的趋势，其可能的原因在于，跨境电商用户的增加不仅取决于全球互联网用户的规模，还取决于现有的跨境电商用户效用水平的高低，后者通过口耳相传、网络传播等方式所产生的口碑传播褒扬效应与负面效应影响现在及潜在跨境电商用户的决策行为。2012～2015 年，良莠不齐的跨境电商产品与服务质量以及失范的监管体系未能与日益完善的网络设施和相关软硬件技术相匹配，这使跨境电商用户的购物体验下降，部分用户退出跨境电商市场，也基于口碑传播抑制了部分潜在用户进入，从而造成用户规模不升减降的局面。近年来，随着平台自治及政府监管的日益加强与完善，网络购物环境不断优化，从而基于用户效用水平提升与信息基础设施完善间的良性互动使得跨境电商用户规模扩大且深度参与网络交易。

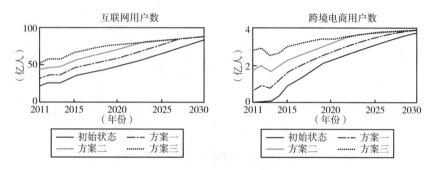

图 9.39 信息基础设施对互联网用户及跨境电商用户规模的影响

由图 9.40 可知，信息基础设施的优化通过对互联网用户及跨境电商用户规模的影响，改变着平台交易规模及其资本积累的演化趋势。在 2015 年以前，跨境电商平台竞争失序及监管失范等问题的存在使得平台交易规模出现先增后减的趋势，而这一趋势在信息基础设施优化的仿真实验中被进一步放大；之后，从 2015 年开始，数字贸易监管体系的构建与完善促进了交易各方重复合作博弈的开展，从而使信息基础设施与平台交易规模间呈现正向的相随变动。进一步地，信息基础设施完善所引致的平台资本增加也使平台方创新能力增强，从而能更好地参与到行业标准与规则的创制与改进中，使数字贸易制度优化，进而基于数字贸易制度与实践的协同互动及制度性交易成本的降低推动潜在市场规模不断扩大，使得开展跨境电商交易的外贸企业有所增加。但由于目前参与跨境电商交易的中小企业的数量更主要受到要素优化配置效率提升的影响，信息基础设施完善所引致的潜在市场规模扩大对外贸企业开展跨境电商交易比例增幅的影响还较小。这也在一定程度上说明，目前平台中小企业数量的增长并未与潜在市场规模的拓展同步，尚有较大的潜在市场需求有待更多的中小企业去发现与捕捉，未来全球跨境电商市场还有较大的拓展空间。

（二）多个变量仿真实验

进一步地，根据现实数据和相关约束条件，运用 Vensim PLE 软件对数字贸易实践层面及制度环境等两个层面选取多个变量进行仿真，以探讨平

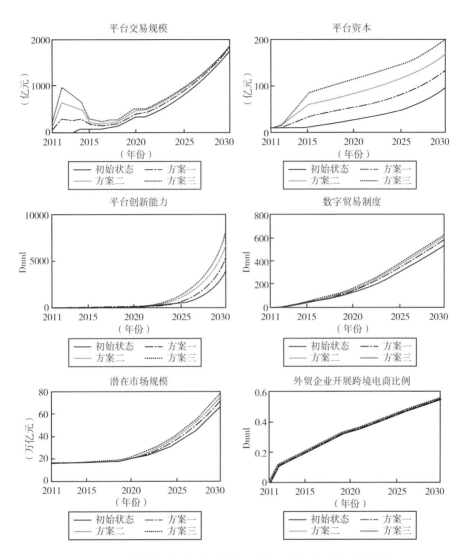

图 9.40　信息基础设施对平台方、制度环境与中小企业的影响

台方、政府及其他主体在数字贸易制度创新与实践深化等不同层面所作的努力如何影响数字贸易系统的演化。

1. 数字贸易实践层面的多变量仿真

　　数字贸易实践深化的路径既包括平台方及诸相关要素主体所作的一揽子要素优化配置与创新，也包括平台方、政府等相关主体深度合作对国内外数字基础设施与监管体系不断完善及市场开拓所作的实践探索。实验拟通过多变量仿真对两个层面实践影响数字贸易系统的演化展开仿真研究，仿真方案设计如表 9.1 所示。方案一和方案二主要用于观测跨境电商相关要素资源的优化对全球数字贸易演化路径的影响。方案三和方案四则主要用于观察基于政企协同所作的点线面拓展对全球数字贸易演化的影响。方案五和方案六则是观察两条数字贸易实践路径同步获得优化的情形下全球数字贸易的发展状况。

表 9.1　　　　　　　　　　数字贸易实践层面的多变量仿真方案

方案	匹配效率	网络营销能力	外综服企业数	eWTP 数字贸易枢纽增加	跨境电商综试区增加	丝路电商国增加
方案一	+10%	+10%	+10%	不变	不变	不变
方案二	+20%	+20%	+20%	不变	不变	不变
方案三	不变	不变	不变	+2	+10%	+1
方案四	不变	不变	不变	+5	+20%	+2
方案五	+10%	+10%	+10%	+2	+10%	+1
方案六	+20%	+20%	+20%	+5	+20%	+2

如图 9.41 所示，对于要素优化配置效率与平台创新能力两指标，方案二和方案六提升幅度最大，而方案三、方案四和初始状态中的演化路径位于所有方案路径的最下方，这表明以信息匹配、网络营销、外贸综合服务为代表而形成的跨境电商一揽子要素优化配置与相互协同是平台创新能力增强的主要来源。而要素优化配置所引致的平台创新能力提升也使得政企间紧密协同，并推动国内数字贸易制度与标准的加快孵化与推行，从而使制度性交易成本获得更快地下降。2025 年以后，制度性交易成本的各个演化路径逐渐趋近并重叠，这表明政企间不管在数字贸易实践还是制度创新层面所作的努力均能推动数字贸易制度性交易成本的不断降低，使其处于动态优化的最优路径中。值得注意的是，在图 9.41 的制度性交易成本的演化趋势中，方案四的趋势线位于最上方，且在 2017 年后快速与其他方案的趋势线逼近，其可能的原因在于，不管是国内层面的跨境电商综试区，还是国际层面的 eWTP 数字贸易枢纽、"丝路"电商建设，其市场开拓与创新等商业行为通常大大领先于当地数字贸易规则体系的构建，往往是从跨境

电商企业形成并不断迭代其商业习惯做法起步，基于政企协同对当地平台、物流、金融、数字技术等要素市场进行完善。在这一过程中，数字贸易壁垒的高企以及制度规则的缺位可能使得平台方等相关市场主体遭遇大量制度性障碍与困难，致使数字贸易实践的深化受阻。而随着国内及国际层面"点线面"布局的深入，政企间不断试错与创新，逐渐形成较为成熟完善的商业模式与监管体系并向海内外更多地区推广，从而推动更多国家数字贸易规则的加快完善与创新，使数字贸易交易成本不断下降。

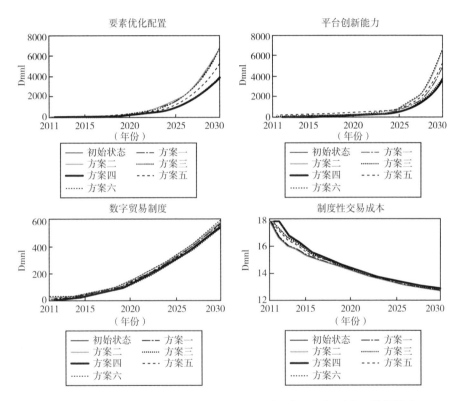

图9.41 数字贸易实践层面的多变量优化对平台创新与制度环境的影响

由图9.42可以看到，潜在市场规模在方案六中的增幅最大，其次为方案四，而方案一、方案二和初始状态中的潜在市场规模增长则相对较为缓慢。这表明相较于国内数字贸易制度创新，"点线面"拓展对潜在市场规模的影响最大。要素优化配置虽然可引致国内数字贸易制度的创新及制度性交易成本的降低，但国际市场的拓展仍主要需依赖以平台方为核心的市场主体通过与国内外相关区域加强数字贸易合作来更快速地改进当地的信息基础设施，促进相关要素资源的流动、共享与优化配置，从而基于交易、物流、金融等诸多环节交易成本的下降而引致市场规模的内生扩大。还可以看到，在图 9.42 的四个仿真图中，2017 年前诸指标在各方案中的演化路径图差异性很小，而在 2017 年后，其差异则逐渐扩大，可能的原因在于，2017 年前掣肘于全球或区域层面数字贸易制度规则缺失所引致的制度性交易成本与风险的高企，使中小企业难以有效开展跨境电商交易，而这一问题随着 2017 年以来区域层面数字贸易制度规则的不断构建与完善而有所缓解，贸易准入门槛下降，从而使数字贸易实践层面相关举措的实施效果更加明显。值得注意的是，平台中小企业数及其创新能力这两项指标在方案六中的增幅均最为显著，这表明只有从要素优化配置及"点线面"拓展两个路径"双管齐下"，方能更好地推进全球数字贸易的普惠且高质量演进。

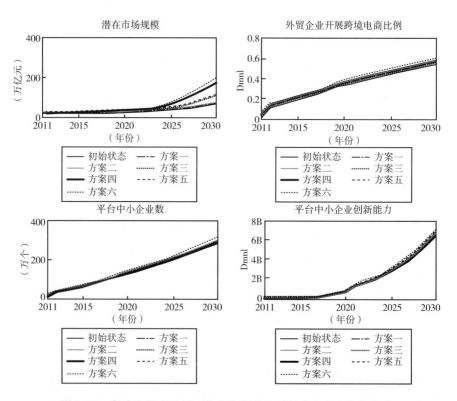

图 9.42　数字贸易实践层面的多变量优化对平台中小企业的影响

2. 制度与市场环境层面的多变量仿真

政府及相关组织机构通过对数字贸易制度与市场环境的优化，也可有效推动整个数字贸易系统的更高效演化。其中，制度与政策层面的测度指标主要包括全球性数字贸易规则、区域性数字贸易规则、产业政策支持等3个，市场环境的测度指标主要包含信息基础设施、贸易便利化与营商环境等3个。基于这6个指标的多变量仿真方案如表9.2所示。方案一和方案二主要观察数字贸易制度与相关政策的优化对全球数字贸易演化路径的影响，方案三和方案四主要观察相关信息基础设施与贸易环境的优化对全球数字贸易演化路径的影响，方案五和方案六则观察在制度与市场环境都同步获得优化的情形下全球数字贸易的演化状况。

表9.2　　　　　　　　　　制度与市场环境层面多变量仿真方案

方案	全球性数字贸易规则	区域性数字贸易规则	产业政策支持	信息基础设施	贸易便利化	营商环境
方案一	+2	+10%	+10%	不变	不变	不变
方案二	+5	+20%	+20%	不变	不变	不变
方案三	不变	不变	不变	+10%	+10%	+10%
方案四	不变	不变	不变	+20%	+20%	+20%
方案五	+2	+10%	+10%	+10%	+10%	+10%
方案六	+5	+20%	+20%	+20%	+20%	+20%

如图9.43中数字贸易国内制度创新的演化趋势所示，方案四、方案六的演化路径相同且位于图的最上方，这表明国内数字贸易制度创新主要受到信息基础设施完善等市场环境因素的影响，且由于近年来我国在跨境电商监管、贸易便利化等层面的制度创新与政策扶持领先于大多数国家，因而目前受国际层面的数字贸易制度状况的影响较小。信息基础设施完善引致跨境电商用户增加及交易规模的扩大，进而引发平台资本积累增加及其创新能力增强，从而基于平台与政府双主体互动模式推动我国数字贸易制度创新与实践的深化。由图9.43中制度性交易成本的演化趋势可以看到，位于下方的演化路径分别为方案二、方案六、方案一、方案五，其相较于方案三、方案四和初始状态中的制度性交易成本出现了断崖式下跌，这也反映出数字贸易国际规则的缺失是当前交易成本高企与国际分工不足的主

要原因，而数字贸易规则的加快构建与完善则是促进制度性交易成本下降的关键。此外还可以看到，数字贸易实践与潜在市场规模在方案六中的增长速度较快，位于图形最上方，其次则为方案二。这表明在不断推动数字贸易国际规则优化的同时，通过信息基础设施完善、贸易便利化程度提升等措施的运用可以促进数字贸易实践的进一步深化，而数字贸易实践的深化又反过来驱动数字贸易制度规则的更高效构建与完善。我国以 eWTP 数字贸易枢纽、"丝路"电商为代表的数字贸易实践往往从"基础层"加强对国内外数字基础设施的完善起步，进而在"应用层"对国内外部分地区开展先行先试，进行跨境电商相关法律政策、监管服务、商业模式等方面的创新、磨合、优化与推广，从而使中国方案的国际影响力不断提升。

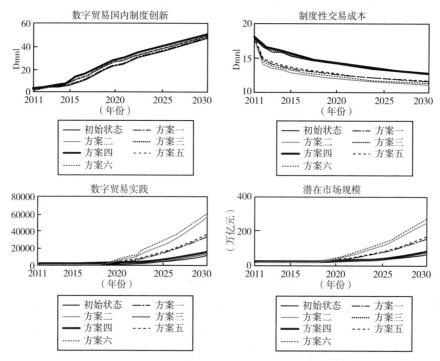

图 9.43　制度与市场环境层面多变量优化对制度性交易成本、
数字贸易实践及潜在市场规模的影响

　　由图 9.44 可知，方案二和方案六对平台中小企业数量及其创新能力提升的影响最为显著，这一方面是因为数字贸易潜在市场规模的快速扩大引致商机增多，吸引了众多中小创业企业涌入，使其创新创业的动力增强；

另一方面则是受到政府相关政策支持的影响。对于数字贸易相关产业链各环节企业而言，政府不仅可通过完善知识产权保护、降低税费负担等措施推动民营企业创新动力提升，也可通过在商业、贸易、财政、金融、投资等维度自由度的提升来促进民营企业创新活力的增强。政府的相关政策支持也是民营企业转方式、调结构，加快进行数字化、智能化、绿色化的关键助力所在，由此基于供应链优势的增强而促进跨境电商平台中小企业创新能力的更快提升。还可以看到，跨境电商用户数和平台创新能力的演化趋势中，方案四和方案六均位于最上方，这也表明市场环境与基础设施的优化是跨境电商参与主体不断增加的主要源泉，从而引致全球分工网络拓展与市场规模内生扩大，获得网络效应的不断增强，这也正是跨境电商平台创新动力与能力提升的主要来源。

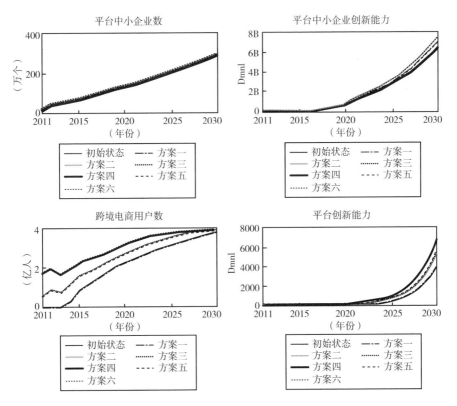

图 9.44　数字贸易制度与市场层面的多变量优化对平台中小企业、用户、平台方的影响

第四节　仿真结论与启示

本章的仿真实验总体上可得到以下结论与启示：

（1）全球数字贸易是一个动态的、复杂的系统，其发展受到众多相关因素的影响。数字贸易系统主要包括平台、中小企业、消费者、政府组织等核心主体，这也恰恰是推进 eWTP 建设的关键主体。因而随着 eWTP 倡议的提出与推进，各相关主体及影响因素之间可相互耦合形成一个有机整体，共同影响数字贸易的发展路径。通过运用 Vensim 软件进行建模仿真，本章探讨与验证了 eWTP 倡议背景下我国数字贸易普惠且高质量发展的路径与效应。研究发现，eWTP 倡议背景下全球数字贸易系统中平台、产业、制度环境与用户基础等多个子系统的协同优化和相互促进，可形成驱动全球数字贸易普惠高质量发展的不竭源泉。

（2）通过仿真分析发现，在 eWTP 各主体的共同作用下，全球数字贸易系统的发展可分为四个阶段，且这四个阶段相互关联，层层递进，使数字贸易发展具有动态与内生性。其一，起步阶段。数字技术发展及信息基础设施的完善，一方面使得跨境电商所需一揽子要素的优化配置效率获得极大提升，从而使跨境电商从业者在物流、信息、支付、融资、履约等环节内的交易费用下降，创业门槛下降，由此吸引更多中小微企业与个人进入跨境电商领域；另一方面也使得互联网用户及跨境电商用户数日益增加，网络消费规模不断扩大。其二，发展阶段。中小企业的数字化进程加快，供应链各环节企业间分工深化、协同度提升，集群经济优势获得增强，从而使跨境电商平台中小企业的创新能力提升。在数字技术的推动下，跨境电商系统将向供应链协同与一体化发展，产业链诸环节间交易费用降低、协同度提升，促进要素密集度优化和价值链增值，由此，基于网购效率的提升及购物体验的不断优化，用户规模扩大，跨境电商交易规模也随之动态拓展。其三，拓展阶段。跨境电商市场中交易主体增加及其分工深化引致市场规模扩大，从而使供需双方良性互动且不断融合，其单边与双边网络效应均获得增强，这也是平台方市场势力动态提升的主要来源。交易规模扩大与要素配置效率提升所引致的平台创新能力增强，不仅能更好地赋能平台中小企业，使其贸易便利度与使用者剩余进一步增加，还能基于政企协同更深度地参与到数字贸易制度创新、数字贸易实践深化及我国商业模式与监管体系的海内外推广中。而相关基础设施与数字贸易规则的完善，可形成强链接、低成本的全球网络化协同体系，使潜在市场规模扩大，从而更进一步激发与增强全球企业家的内生动力与活力，也使企企间分工模式由价值链加速向价值网演进。其四，成熟阶段。跨境电子商务的发展最终将演化为一个又一个数字贸易生态圈，进而使平台、物流、金融、数字技术等要素与服务沉淀为社会化共享的基础设施，不同规模与行业的企业基于多元化数字贸易生态圈的深度嵌入与交互而形成融合创新的全产业新生态，促使生态势能与竞争力不断增强。

（3）数字贸易的普惠高质量发展主要体现在以下几个方面：其一，平台层面。金融、物流、信息、数字技术等要素资源的集聚及其优化配置使平台创新能力增强，也使得企业和用户的"使用者剩余"增加，由此吸引更多企业与个人进入跨境电商领域，并基于网络效应的增强使平台方的竞争优势不断提升。其二，中小企业层面。在跨境电商领域，外贸企业基于更宽领域、更多层次且更高频次的试错而获得创新能力与试错成功率的更快提升，同时借助互联网平台加速数字化转型与迭代，实现高质量发展。中小企业的利益诉求能更顺畅地表达，并经由平台方汇集，在国内与国际社会层面得到关注和重视，成为全球数字贸易快速发展及其标准建设的主动参与者与受益者。其三，用户层面。信息基础设施的完善及网购效率的提升使需求端用户数量、消费者剩余及效用水平均不断提高。其四，产业层面。跨境电商驱动产业链和供应链的数字化进程加快，供应链各环节企业间基于交易费用的下降而分工深化、协同度提升，集群经济优势与供应链优势获得增强。其五，制度环境层面。平台创新能力增强及数字贸易实践的不断深化，以市场为导向推动着数字贸易相关的制度与规则体系的建立完善以及贸易环境的优化，而制度环境与贸易实践之间的良性互动又将使市场规模进一步内生拓展。

（4）在 eWTP 相关主体的协同作用下，中小企业将深度嵌入多元化数字贸易生态圈，并在全球范围内进行资源高效配置与价值创造，实现创新能力的动态提升，还能基于平台与数字技术实现实时动态的全局优化，由此形成各个产业交互赋能、融合创新的全产业新生态。与此同时，跨境电商用户还将日益深度参与到企业的研发与营销中，使用户忠诚度与创新效率不断提升。未来，随着平台、中小企业、用户、政府等各主体之间协同网络的广度与密度不断增强，交易费用还将不断降低，从而使各个市场主体都逐渐演化为生态体系内平等且深度交互的中心。因此，包括跨境电商在内的数字贸易可成为推动全球经济增长、弥合全球数字鸿沟、缩小贫富差距的新引擎，eWTP背景下全球数字贸易的高质量发展可以期待。

第十章 中国经验 I：基于数字商务 与产业集群外部经济协同 演化促进产业数字化转型

产业集群是现代产业发展的重要组织形式，也是区域经济发展与国际经济竞争的战略性力量（Hanlon et al.，2017）。改革开放以来，我国大批民营中小企业通过空间集聚形成企业间分工网络来降低交易费用与不确定性，促进要素流动与共享，加速知识创造与应用，改进基础设施，由此形成以马歇尔外部经济为特征的集群经济（邵朝对和苏丹妮，2019；Maskell et al.，2003）。马歇尔外部经济是指集群企业的平均成本随着集群整体产出增加而下降，这是集群竞争力的主要来源（韩峰和柯善咨，2012），其对经济持续高速增长起着重要支撑作用。然而随着经济全球化的深入和科技的不断进步，我国传统产业面临深度调整，部分产业集群的竞争力有所下降，创新不足、低端锁定等问题凸显，新的竞争优势却尚未形成，亟待通过数字化转型以获得创新能力的增强与市场空间的进一步拓展。全球经济数字化是大势所趋，数字产业化正驱动着信息技术创新加快，使新业态新模式不断出现，并基于数字技术的应用而对传统产业进行全方位、全链条改造，推动经济形态向分工更深化、结构更合理、空间更广阔的阶段演进。

数字商务正是驱动数字经济形成与发展的重要引擎。数字商务作为数字经济最活跃最集中的表现形式，不仅是数字及数字化产品的流通和消费方式，还推动着生产方式的数字化转型。数字商务的快速发展，正导致市场格局重构和经济生态环境的剧烈变化。根据国家统计局发布的数据，2019 年我国 GDP 增速为 6.1%，社会消费品零售总额同比增长 8.0%，与此同时我国电子商务交易规模达 34.81 万亿元，同比增长 16.2%。根据商务部发布的数据，截至 2019 年，我国消费品电商市场规模占社会消费品零售总额尚只有 20.7%，电子商务在大宗商品、跨境贸易、社会服务等领域虽十分活跃，但市场规模尚小，这表明我国电子商务的拓展空间仍然非常大。随着大数据、人工智能、物联网等新技术的发展应用，电子商务加速向实体经济渗透，以数据深度挖掘和融合应用为主要特征的智慧化，使电子商务逐渐向数字商务演进，由此促进新的商业模式与业态不断出现，进一步颠覆、重构商业生态，助力我国数字经济的加快发展。值得关注的是，数字商务作为数字经济的重要抓手，其持续快速发展将对集群经济产生哪些影响？两者是否可实现协同演化？集群外部经济能否获得可持续增进，如果可以，背后的演化机理与实现路径又是如何？这些都是中国产业集群发展目前面临的紧迫问题。

许多学者从理论与实证角度论证了数字技术对商业模式变革与产业集群发展的影响。经济全球化及网络的应用使区域集群的优势逐渐弱化（Christina et al.，2003）。数字技术正营造一个更开放的商业生态，推动商业模式的数字化转变与经济形态的不断创新（Berman，2012）。新一代信息技术可降低集群交易成本，提高信息匹配度，促进知识溢出，进而催生虚拟集聚这一产业组织新形态（Monlina et al.，2001；Adebanjo，2010；王如玉等，2018）。互联网技术可提高产业集群构成要素的性能、优化集群内部结构及其与外部环境的互动关系（柳洲，2015），其广泛应用使集群的要素共享与能力协同度增强，有利于产业结构升级（姜睿清等，2016）。也有部分研究开始关注电子商务对产业集群的影响及其联动效应，主要探讨电子商务如何促进传统产业集群升级（梅燕和蒋雨清，2020）。电子商务有助于产业集群扩大市场容量，提升集群企业的协作水平与竞争强度（毛园芳，2010），电子商务产业集聚可促进当地传统产业集群演化。电子商务与产业集群可实现良性联动发展（但斌等，2010），跨境电商与产业集群间协同可促进产业集群与对外贸易转型升级（李芳等，2019）。可以看到，目前对数字商务与产业集群协同发展的研究并不多见，鲜有文献具体探究数字商务在不同阶段驱动集群经济发展及其内涵与特征演化的内在机理，两者的协同发展如何促进传统产业集群的数字化转型也有待深入研究。鉴于此，本章拟从马歇尔外部经济视角切入，探讨数字商务与中国集聚经济协同演化的机理，这为解析与促进我国产业集群竞争力提升、数字技术与产业的深度融合、推动数字经济高质量发展提供了创新性的理论框架与政策建议，因而具有重要的理论价值与实践意义。

第一节　基于数字商务发展的中国产业集群外部经济特征分析

一、数字商务的内涵及主要特征

电子商务是指基于互联网等技术的运用，在全球范围内进行的商务贸易活动。而数字商务不仅是将现代信息技术和商务结合，还会将数据的价值应用于商业中，使商业流程智能化、有机化。从整体来看，数字商务主要具备以下几方面特征：（1）综合性。数字商务形成了以数据驱动为核心，以互联网平台为支撑，以产业融合为主线的数字化、网络化、智能化、融合化发展模式，同时整合了包括物流、金融、信息、技术、管理等在内的"全产业链"要素资源。（2）动态性。数字商务的市场领域从销售逐步向研发、生产等产业链更多环节延伸，并导致诸环节间协同度增强，以及传统产业与新兴产业间相互竞争与融合，由此促使市场格局重构及分工不断深化。（3）精准性。数字商务能够在市场需求个性化、复杂化、动态化的情景下，弱化市场扭曲，以低成本与高效率实现供需精准匹配，提高企业生产效率和精准服务能力。（4）内生性。数字商务具有显著的网络效应，参与主体的增加及其交互形式的多元化引致网络价值扩大，从而使各参与方获得市场规模扩大与要素配置才能提升之间的良性循环。

二、数字商务使集聚经济呈现新的特征

在数字技术赋能下，数字商务使集聚经济呈现新的特征，主要体现在以下四个方面。其一，数字商务使得产业链与价值链在效率导向下获得动态优化整合，此时产业集群不仅是关联企业的空间积聚体，也是具有分工可能的企业突破地域局限的虚拟产业积聚体，实体空间融合发展的趋势越

发明显。其二，信息技术的发展应用使信息渠道不断拓宽与优化，有效信息被发现、传播与利用的效率大幅提升，从而使诸企业家的要素配置才能显著提升。其三，信息、物流等要素的共享程度更高，社会收益率递增更明显。其四，激烈的竞争使高效率企业所获激励更显著，且集群内领头企业的示范效应更强、辐射范围更广。由此可以初步认为，相较于传统产业集群，数字商务将使产业集群获得更显著的马歇尔外部经济增进。

第二节　数字商务与产业集群外部经济协同演化的机理探析

产业集聚实质上是诸要素资源的集聚，而数字商务的快速发展不断促进金融、物流、管理等要素集聚与优化，这一"优化"可沿着"要素配置效率提升—要素共享平台构建—协同网络形成—生态圈演进"的路径影响产业集群的内涵与发展，由此促进集群外部经济增进。且这四个层面相互关联，层层递进，使集群外部经济增进具有动态性与内生性。其在不同阶段的影响机理主要体现在以下几个方面。

一、起步阶段：数字商务基于一揽子要素配置效率提升促进集群外部经济增进

（一）协同演化机理

在数字商务发展初期，电子商务是其最主要也最为活跃的表现形式。电子商务发展推动传统产业与数字技术融合，成为促进数字商务融合水平不断提升的有力抓手。电子商务的快速发展促进了电商平台、物流、金融、信息等新型基础设施的完善，并使得诸要素配置效率提升，这一"提升"是产业集群在效率导向下动态演化与转型升级的重要前提。

1. 电商平台的要素配置优化

电商平台主要包括企企间交互平台与网络零售平台等多种类型。

（1）企企间交互平台（B2B）。一方面，供应链诸环节企业跨越时空局

限在各行业电商平台集聚，以寻求市场拓展。它们依据市场需求动态进行分工协作与要素优化配置，使得产业链各节点的协同度增强，运行效率大幅提升，有利于企企间实现高效匹配，从而使行业内的采购、分销体系不断优化。另一方面，由大量企业所构建的网状实时协同的价值网，将导致企企间交易增多与专业化分工深化，从而使集聚网络效应增强，整体竞争力不断提升。

（2）网络零售平台（B2C、C2C与C2B等）。网络零售平台的构建使得供给方可"无缝"对接终端用户，大量交易数据的即时获取与利用，促进企业不断发展与自身禀赋及市场需求相匹配的相对先进适宜技术，使创新的市场风险降低，用户体验与品牌忠诚度增强，商务创新与技术创新更紧密地融为一体。与此同时，新的电商平台、模式及相关技术不断产生，进一步推动要素优化配置与供应链运营效率提升。当前直播电商、社交电商等新型网购模式越发盛行，其优势主要体现为：消费者可获取更多元的信息及更直观的体验，尤其有利于内含丰富默会知识产品的销售，使服务要素比例提高，从而获得某种非价格竞争优势；基于供需双方人格化信息的了解建立的信任机制，更易于达成交易且实现重复博弈，从而使用户忠诚度提升，市场规模拓展；销售端可更好地直连生产与研发端，使供应链不断优化，市场渠道的效费比提升。

2. 物流领域的要素配置优化

电子商务的快速发展使物流体系不断完善，由此缩短了供需各方的时空距离，这不仅使诸企业的有效辐射范围扩大，更多商机涌现，同时基于市场竞争的加剧，推动供应链在效率导向下整合优化。便捷高效的物流体系使需求方的选择面扩大，消费者效用提升，由此形成电子商务与物流良性发展的正反馈机制。国家统计局数据显示，2020年中国快递业务量超833亿件，连续7年居世界第一，近5年平均增长率达32.5%。与此同时，现代信息技术正从销售物流领域向生产物流、采购物流等全链条渗透，助力物流业务在线化和流程可视化，增强全供应链协同管理能力。利用数字技术构建的智能物流体系，正通过平台化资源集聚、智能调度、全链协同，为产业链诸环节企业提供高效的一揽子物流供应链服务，由此发挥物流枢纽集聚和辐射功能，扩大产业边界，吸引全球要素资源并进行更优化配置，从而创造更开放高效的产业体系，推动供应链实现全程数据化、智能化。

中国企业家为促进电子商务的发展，对物流领域的要素配置优化进行了多种创新性尝试。以京东为例，其物流系统由仓储、运输、配送三阶段构成，一方面，通过构建分阶段自主物流体系，京东实现了货物的快速准确送达与售后服务的不断完善，由此进一步激活了电商市场潜力。另一方面，京东已初步构建智慧物流系统，将人、货、场和仓储、运输、配送链条打通，实现一体化运作。京东5G智能物流示范园区，已全面实现自动驾驶、自动分拣、自动巡检的整体调度管理。京东智能仓储解决方案可使仓内盘点效率提升10倍以上，仓库运营的整体效能将增长300%。京东高效运作的物流系统不仅能增强其电商平台的市场竞争力，也基于与各产业间融合发展而具有显著的社会效益。以京东物流的数智化社会供应链为例，其正在与多方合作，助力物流行业的数字化转型，以推动中国社会化物流成本在10年内降至目前的10%以内，比肩欧美等发达国家。

3. 金融领域的要素配置优化

电子商务与金融的相互融合与促进已然成为重要趋势。网络支付是开展电子商务的必要条件，支付宝等第三方支付平台基于安全、便捷的支付及支付担保业务的提供，有效化解了电商交易双方在时空上分离且缺乏信任而引致的"囚徒困境"，由此促进了线上交易各方长期合作博弈的开展。与此同时，电子商务中的交易信息与其他网络信息所共同构成的大数据，可全方位地对个人与企业信用进行动态评价，实时甄别信用风险，从而可为融资各方提供信用评价、担保与金融中介等服务。进一步地，电商平台企业及其他金融机构基于数字技术的运用，可向金融产品开发、交易融资及小额存贷款等数字金融领域拓展，由此摆脱传统金融机构在发放贷款时对抵押品的依赖，极大改善小微企业的信贷约束。数字金融运营效率的提高有效降低了平均贷款成本，尤其使小微企业的贷款利率下降，融资效率提升。以蚂蚁金服为例，其借款信贷服务的风险率在1%以下。截至2017年，蚂蚁金服在全国800多个贫困县给予30余万小微企业发放贷款，不良率约1.7%。① 2019年，蚂蚁金服全年累计服务小微客户1656万户，同比

---

① 胡艳明．彭蕾：蚂蚁的借款信贷金融服务风险率在1%以下 ［EB/OL］．（2017 – 12 – 18）［2024 – 11 – 30］．https://www.eeo.com.cn/2017/1216/319117.shtml.

增长72%，还使得企业贷款综合成本同比下降0.8个百分点。[①]

4. 信息领域的要素配置优化

电子商务的快速发展使商务信息大量涌现，同时基于大数据、云计算等技术的创新应用，信息被获取、编码与利用的效率大幅提升，信噪比增强，使有商业价值的信息更快速显化，从而使企业研发、营销更为精准化，生产与管理更为柔性化，从技术上缓解规模生产与消费者多样性偏好的"两难冲突"、化解传统集群中模仿盛行、同质化竞争严重的困境，使中小企业的差异化竞争格局形成，有助于更多中小企业成为细分市场"专精特新"的"隐形冠军"（张小蒂和曾可昕，2014）。与此同时，基于对社交流量、支付、物流的整合协同能力，以及对各环节数据的智能算法能力，不仅可更好地去掉中间环节，优化供应链，还使得智能可覆盖整个产业链，价值创造逻辑与商务流程被重塑，产业集群内诸环节的运行效率大幅提升。这一信息传递模式的演化使电商平台与产业链各方建立起数字化连接，从而可实现价值链从B2C向C2B的逆转，形成个性化定制对规模化生产与服务的有效替代。

5. 管理要素优化配置

作为一揽子要素优化配置者的企业家，是推动创新与市场拓展的关键主体；企业家要素配置才能提升则是中国电子商务及集群经济不断发展的重要驱动源。企业家主要通过"干中学"获得经验的积累与自身人力资本的提升。一方面，电子商务的发展使得创业门槛大幅下降，由此引致的市场竞争加剧及优秀企业家示范效应增强，可使集群内企业家的商务才能获得更快提升，其创新创业的动力不断增进。另一方面，在电子商务中，企业家可在更大的时空范围内进行更高频且多元的试错与纠偏，从而获得"干中学"绩效的迅速提升，数字技术的加持以及诸要素资源的优化则使这一"提升"更为显著。

（二）集群经济的内涵演化

在这一阶段，电子商务的发展速度要远远快于产业集群，电子商务快

---

① 赵小燕. 蚂蚁金服井贤栋：网商银行要为小微雪中送炭2万亿［EB/OL］.（2020 - 03 - 06）［2024 - 11 - 30］. https://www.chinanews.com/cj/2020/03 - 06/9116366.shtml.

速发展所引致的要素集聚与配置优化，将推动产业集群的市场拓展与转型升级，使得集群经济的内涵发生以下变化：其一，传统集群通过融入具有电商基因的新产品、新业务或新模式，演变为新型产业集群（柳洲，2015）。例如，地方集群与阿里巴巴合作打造的浙江织里产业带、虎门服装产业带、义乌国际商贸城等大量阿里产业带与专业市场等，助力传统产业集群基于电子商务获得更快发展。其二，在相同或类似产品或产业内的电子商务从业者不断聚集，形成淘宝村、淘宝镇、电商产业园区等典型的电子商务产业聚集现象，由此进一步带动资金流、商流、人才流等向该地区汇集，促进相关产业的发展（Qi et al.，2019）。据阿里研究院《2020 中国淘宝村研究报告》，2020 年全国共形成 5425 个淘宝村，1756 个淘宝镇，广泛分布于全国 28 个省份，网店实现交易额 1 万亿元。其三，众多企业与个人跨越空间局限在 B2B 或网络零售平台集聚，形成虚拟电商集群，比如京东、淘宝、阿里 1688 等平台的消费与生产集聚模式。阿里巴巴年报显示，2020 财年阿里中国零售的市场交易额达 6.589 万亿元，线上卖家超 1100 万家，活跃消费者达 7.26 亿，成全球最大移动经济实体。

二、发展阶段：数字商务基于要素共享平台构建促进集群外部经济增进

（一）协同演化机理

传统集群以中小企业为主，由于资源禀赋与经验积累不足，集群企业容易面临诸多问题，影响其马歇尔外部经济增进。这主要体现在：其一，在销售环节，传统线下销售渠道容易受运营成本较高和交易费用不断上升等因素制约，尤其开展国际贸易可能面临的较高成本与风险等构成中小企业进入国际市场的过高门槛。实际上，在同一集群内，销售渠道在一定程度上具有某种公共品属性，其正外部性较强。市场渠道的不畅势必使交易费用增加，从而阻碍集群企业间分工深化与市场规模拓展。其二，在研发环节，中小企业的研发能力通常偏弱，在集群内信息可高效传导的前提下，中小企业往往倾向于采用免费搭便车的模仿策略，导致创新企业容易因激励机制扭曲而放弃创新努力，由此形成研发环节的"囚徒困境"，使得集群

的创新水平渐趋萎缩，马歇尔外部经济减弱。

随着要素配置效率的提升，电子商务的市场领域逐渐从销售向研发、生产等环节延伸与拓展，并通过与信息技术相融合，使得整个商业流程更智能化、数字化，由此引致电子商务向数字商务演进，这不仅能有效提高我国商务活动的质量和效率，还将使传统行业向数字化方向转型加快。数字商务的发展基于各要素相关方交易费用降低、共生利益形成而使得诸要素主体呈现集聚融合与协同共享的特征，由此使产业链各环节协同度提升，形成激励相容，这正是集群外部经济进一步增进的重要条件（张小蒂和曾可昕，2012）。下面以产业链诸环节内与环节间的要素共享为视角，揭示数字商务对产业集群外部经济的影响。

1. 基于销售环节的要素共享

共享的销售渠道作为集群的基础设施投入，所提供配套服务越完善，渠道使用费用越低，意味着渠道使用层面的性价比越高，就越能吸引更多的交易主体集聚，销售渠道的利用效率也就越高。电子商务使得销售渠道拓宽，从线下向线上市场延伸与优化。为提高渠道利用效率，各渠道供给方会在配套服务和渠道效费比等方面展开激烈竞争，从而使渠道使用价格趋于合理。相较于传统线下市场，电商平台具有辐射范围更广、"使用者剩余"更大、交互形式更多元等优势，往往能吸引更多交易主体集聚，由此获得市场规模扩大与渠道配套服务优化间的良性互动。电商平台在销售环节的共享度提升不仅体现为参与主体增加所引致的共享面拓宽，还体现为电子商务不断发展所导致的一揽子要素优化配置，由此使得要素密集度优化，供需吻合度增强，商品性价比提升，平台的共享内涵不断提升。

可以看到，传统国际贸易运作繁杂，企业往往需承担较高的交易成本与风险。中小企业受限于自身的经验与资金状况等，难以有效开展跨境贸易。随着电商领域的分工深化，大量专业化提供跨境电商相关服务的企业产生，其通过对诸要素资源的整合，为中小企业提供包括报关、结汇、物流、支付、融资等一站式服务，可有效化解中小企业信息获取受限、海关程序烦琐、贸易融资不足等难题，使中小企业开展跨境贸易的门槛大大降低。跨境电商的发展也成为产业集群拓展市场与转型升级的重要驱动力。据WTO发布的《2018年世界贸易报告》，1996～2014年，技术创新等因素使国际贸易成本下降了15%，数字技术的不断创新应用将有助于贸易成本的进一步降低。

各产业集群一方面通过利用京东、阿里等综合性电商平台拓展国内外市场，另一方面还可谋划建立与自身资源禀赋更匹配的行业性电商平台，以进一步拓展集群边界，由此带动销售环节要素共享面的不断拓宽。以浙江绍兴纺织集群为例，其依托中国轻纺城实体市场，已建立全球纺织网、网上轻纺城、Global textiles 三大网站，有布 App 等四大电商平台，助力全国纺织企业和采购商对接，实现资源融合能力与市场拓展能力的不断提升。

2. 基于研发环节的要素共享

数字商务的市场领域向研发环节拓展，使得商务创新与技术创新更紧密地融为一体。构建以各相关方激励相容为特征的共享技术平台，可有效促进研发成果的形成、流转与应用。

（1）研发成果形成层次。一方面，集群企业通过接入以"云 + 网 + 端"为特征的信息共享平台建立起与需求方实时互动机制，可基于对用户需求更精准地研判，快速优化设计参数，降低创新的市场风险。数字孪生等技术的应用使企业的研发投入降低，创新效率提升。另一方面，数字商务促进了新的研发方式，如外包或众包研发、定制化研发、网络协同开发等方式的产生。集群企业可通过各类技术信息平台搜寻并较快匹配到适宜的研发人才及相关要素，人员交互可突破时空局限，这不仅促进了人才的柔性流动，还基于技术人力资本供求双方间竞争机制的引入使其定价更趋合理，由此使得集群企业的技术人才来源渠道拓宽、人才层次提升、人才使用成本降低、使用效率提高，从而压缩研发周期，增强创新效率。

（2）研发成果流转层次。网上技术交易平台的构建，对研发成果供求双方之间交易费用降低及共生利益形成促进作用，这主要体现在四个方面。其一，共享技术平台吸引研发成果供求双方集聚，通过重复博弈使其机会主义倾向减弱；其二，在重复博弈中大量、连续、竞争的交易和市场信息高效获取，使研发成果的定价趋于合理，由此引致研发成果供求双方的交易费用降低；其三，研发成果提供方可更好地获知市场需求动态，从而提高研发效率，减少误研发；其四，创新企业的集聚以及专业技术人才的快速、柔性流动加速了研发成果在其提供方之间的有效传播与利用，使创新的社会收益率提高，研发成果大量涌现，从而使研发成果需求方选择面拓宽，所购研发成果的"性价比"提高，由此引致研发成果供求双方的共生利益增进（张小蒂和曾可昕，2012）。集群企业在充分利用溢出效应的同时，也应保护其核心技术及商业模式，以充分获取创新的市场价值，使研发成果的"共享"可持续。

（3）研发成果应用层次。上述"形成"与"流转"效率的提升，不仅意味着企业研发投入降低、研发效率增强、研发成果加速涌现，也意味着基于信息对称性增强及研发成果"性价比"的提高，研发成果的市场需求增加，研发成果可在更多中小企业间流转与应用，其在应用层次的"共享"程度进一步提升。可以看到，一方面，数字商务的发展使共性技术成果在企业间应用范围拓宽且应用程度深化，促进产业集群的创新能力在整体上获得更快提升。另一方面，数字商务的发展及数字技术的应用使得创新的市场风险降低，研发成果可成功商品化的概率大幅提升，从而使更多企业的市场规模扩大，经营绩效优化，要素边际报酬递增。而盈利能力的增强又会进一步促进研发成果的形成、流转与应用，由此形成企企间共享技术平台不断优化的正反馈效应。

以浙江绍兴纺织集群为例，当地已形成瓦栏网、优图网等多家花型设计互联网平台。其中，瓦栏网作为国内首创且最大的印花设计服务互联网平台，已汇集国内外7000余名设计师和近8万家注册用户，可为企业提供纺织面料、成品设计等在线定制服务。瓦栏网根据客户需求精准分类推送花型，利用直播等实现供需双方实时互动，同时不断开拓线上培训、线上交易会等新业务，并与京东等开展服装供应链合作。瓦栏网还与网上轻纺城合作，汇聚双方用户与信息资源共同推出线上花型交易市场，由此实现花型图案设计、交易、版权登记等全生命周期的数字化服务。可以看到，瓦栏网等技术共享平台与产业集群交互赋能，其演化机理可概括为：技术共享平台依托产业集聚优势起步，有效促进集群内研发成果形成、流转与应用，使集群企业创新能力增强，创新效率提升；随后，技术共享平台快速发展、辐射范围不断扩大，引致研发环节的企企间分工深化，共生利益得到培育；最终产业集群的边界与内涵拓展，要素边际报酬递增。

3. 基于生产环节的要素共享

数字商务在生产环节的要素共享，使产业集群的生产方式发生变革，朝着数字化、定制化、智能化方向演进。这主要体现在：其一，消费直连制造（C2M）电商平台根据个性化需求订单设定供应商和生产工序，推动产业集群形成小批量、多批次的快速供应链反应，从而实现纯柔性化与定制化生产。例如，以必要商城为代表的 C2M 平台，正带动汽车、家居、服装等行业向个性化定制转型。其二，电商平台企业基于销售环节所积累的用户、数据等资源，向生产环节延伸，为中小企业提供"共享"的生产相关要素。以阿里犀牛智造平台为例，其智造工厂以服装行业为切入点，根据阿里购物大数据研判市场趋势，可为大量品牌商提供按需生产、快速交付的柔性化制造。这一共享智造工厂模式在基于去产能、去库存、降成本而促进传统制造业转型升级的同时，也正形成对中小生产型企业的"降维打击"，使竞争加剧，倒逼传统生产企业加快数字化转型。

为推动数字化转型，集群内龙头企业可与互联网企业联袂打造产业数据中台或跨企业资源协同平台，依托平台整合区域制造资源，形成以集群供应链优化为核心的网络协同制造模式。例如，以集群龙头企业为主建立共享制造车间或工厂，通过集中配置通用性强、购置成本高的生产设备，面向行业开展分包协同生产、融资租赁，使生产环节的要素共享度提升，使用成本下降。此时，集群企业不再自上而下集中控制生产，而是围绕用户需求进行工序分解，共同采购原材料与设备、寻求共同研发与生产组装。各协作方并行、协同运作，不仅大大降低了生产成本与生产周期，促进供需精准匹配，也推进了智能制造与创新链、产业链、价值链的"三链融合"。

4. 基于产业链诸环节间的要素共享

要实现产业链诸环节之间协同，就应将共享的单一要素平台向共享的综合要素平台延伸。数字商务不仅促进销售、生产与研发环节的要素共享，还基于诸要素配置优化与共享度提升使产品附加价值增加，产业链各环节间的协同程度加强，运行效率提升。同时，跨企业资源协同平台与产业数据中台的构建，可实现企业间研发、管理和服务系统的集成和对接，为接入企业提供研发设计、运营管理、数据分析、信息安全、智能物流等服务，使产业链诸环节间协同度进一步增强。

（二）集群经济的内涵演化

在发展阶段，以共享要素平台构建为特征的数字商务发展，正在形成高效的现代供应链服务体系，基于交易费用降低而使诸要素在集群内乃至产业链诸环节间的共享程度提升，两者的相互磨合与影响推动产业集群的数字化转型加快，也使集聚经济的内涵进一步演化。其一，传统集群在产业链诸环节与数字商务的融合度不断提升，企业间分工深化，促进了要素密集度优化和价值链增值；且其分工网络跨空间拓展，吸引了更多企业与资源集聚，从而在虚拟空间上衍生出新的产业集聚，并基于要素共享平台的日臻完善使传统集群与虚拟集群呈融合趋势。其二，数字商务向生产与研发环节延伸，不断强化竞争与合作，由此推动集群产业链与价值链在效率导向下重构，促进集群产业结构升级与国际竞争力攀升。其三，电商虚拟集群从销售领域向研发与生产领域拓展，进而形成全产业链式虚拟集群。以福建泉州网商虚拟产业园为例，其推行"一址多照、住所托管"的集群注册模式，基于互联网技术链接企业发展所需资源，促进政、企、银、校多主体实现跨地区、跨领域合作，为入驻企业提供融资孵化、产品分销、技术支持等配套服务。该虚拟产业园已吸引包括电商企业、互联网企业、高科技企业和投资企业在内的全国 10 万余家企业虚拟集聚。[①]

三、拓展阶段：数字商务基于协同网络形成促进集群外部经济增进

（一）协同演化机理

网络化被认为是产业集群实现高质量发展的最优路径（赵璐，2019）。数字商务基于要素共享平台的构建促进了产业链诸环节内及环节间协同度优化，从而引致集群的分工网络拓展与市场规模内生扩大，由此获得网络效应的不断增强。随着数字技术的发展应用，集群的网络效应还将向协同

---

① 邱海峰. 多部门发文支持 多地加快虚拟产业园布局落子［N］. 人民日报海外版，2020 - 08 - 12.

效应演进。网络化协同发展正是当前产业组织和创新组织变革的新方向。

1. 网络效应增强

分工深化与交易增多导致市场主体相互依赖程度上升，网络效应增强。数字商务使产业集群的物理边界被打破，越来越多民营企业基于各类平台跨时空开展分工协作，其分工的广度与深度进一步拓展，由此导致集聚经济的内涵拓宽，其网络效应也不断增强，从而获得更显著的马歇尔外部经济增进。网络效应增强的主要机理如下：大量交易主体跨越空间局限而集聚，使竞争加剧，优胜劣汰加快，其中高效率企业能获得更多商业资源与机会，所获激励将更为显著；数字商务所引致的市场规模扩大使供给方与需求方的规模经济、范围经济效应均得以增强，供需双方良性互动且不断融合，从而使"交叉网络效应"提升（李海舰和李燕，2020）；数字商务使信息、物流、管理、平台等共用要素配置更优化且共享程度提高，引致集群社会收益率递增更为明显；基于要素共享程度提高与互联网平台的高效传导机制，创新外溢效应增强，也使集群内领头企业的示范效应更强、辐射范围更广。

2. 协同效应增强

网络效应的发挥依赖于市场主体间的分工，而分工演进是否可持续主要取决于参与各方的协同度，即诸要素之间交易费用的大小。通常而言，网络规模的扩大与市场主体的增加会伴生交易费用上升，这构成分工持续演进的主要障碍。数字商务的发展可基于协同网络的形成而使诸要素间交易费用下降，从而有效打破传统管理的规模不经济，使得各类看似独立且自成一体的企业或个人基于一定关系彼此连接和互动，在更大范围、更高层次上形成分工合作机制，实现资源的更优化配置，获得协同效应增强（李海舰和李燕，2020）。这一协同主要建立在企业家才能提升、数字技术创新应用、数字商务与工业互联网平台互融互通的基础上。

（1）基于企业家才能的提升。企业家正是促进各要素协同度提升的关键主体，企业家这一"管理"要素具有集群企业间外溢性与"共享性"。集群内先行成功开展数字化转型的企业，将以其卓有成效的"干中学"发挥示范作用，进而基于群内高效的信息传导体系与信任机制而激励更多企业家进行数字化转型，使其对数字商务与数字技术的理解与运用能力不断提升。数字赋能使集群企业家的一揽子要素优化配置才能提升加快，进而基于此"提升"获得某种"范围经济"，导致要素间协同度增强，交易费用进一步降低。这将推动产业链的整体运行效率提升，成本大幅下降，由此以数据流带动人才流、物资流、技术流、资金流等汇入集群，使企业家的商务环境优化，且其要素配置才能在更复杂的"干中学"中获得非常规的加速上升。这将进一步促进要素间协同度增强与要素密集度优化，推动集群产业结构不断升级。此外，数字商务领域可跨时空配置要素的特性会加速企业家的区际流动以及要素跨区域的协同整合，使我国产业的空间布局纳入效率导向型的轨道中，诸要素在国家和次国家层次的配置获得动态优化，由此使要素间的协同网络不断扩大（张小蒂和曾可昕，2014）。

（2）基于数字技术的创新与应用。信息技术革命所引致的零边际成本社会正推动协同模式产生与流行，这主要体现在：人工智能使得供求匹配趋于精准化，营销、物流等各供应链环节趋向智能化；物联网技术正不断打破产业边界，使不同行业的融合发展加速；互联网平台使产业沟通模式由线性重构成实时互动的网状结构；企业"上云用数赋智"将使企业之间、产业链各环节之间的营运"摩擦"减小，决策更高效；而区块链基于安全、可追溯的交易环境构建使得信任无处不在，产品全生命周期交易过程可实现去中间人化、民主化。因此，数字技术的应用正基于供求关系、决策能力与信任机制等重塑而大大降低交易费用，引致诸要素协同度不断提升，也使得传统商业与在线商业向智能商业演进。

（3）基于数字商务与工业互联网平台的互融互通。工业互联网平台作为工业全要素、全产业链、全价值链的连接中枢，可实时汇聚研发、生产、运维等核心制造能力（黄子河，2020）。数字商务平台与工业互联网平台互融互通可赋予数字商务更丰富的内涵特征与应用场景，深刻重塑数字商务运行模式，实现制造能力在线发布、智能检索和精准对接，进而形成数据驱动的价值链闭环，提高产业链整体协作水平，促使设计、生产、采购、物流等多部门协同，敏捷响应海量用户的个性化、定制化需求，精准提供多元化、全流程的交互服务。

（二）集群经济的内涵演化

在拓展阶段，数字商务的进一步发展将形成协同网络，商业模式创新加快，为产业集群提供线上线下全场景、供产销全链路的数字化服务，形成数据驱动的价值链闭环。数字商务与产业集群融合度的日益增强将使集群的发展速度加快，两者协同度不断提升。基于此，集群经济的内涵进一步演化：其一，要素跨区域的优化配置加快，诸要素间协同网络不断拓展，要素共享平台更加丰富多元化，由此推动多个产业集群或多条产业链聚合而成的超级集群形成，更多产业间通过深化合作分工而使竞争优势进一步显著增强。其二，各产业集群与数字商务之间跨产业链与价值链重构，驱使分工模式由价值链加速向价值网络演进，由此使产业集群逐步从相对封闭的产业链体系向相对开放的网络化协同体系跃迁。

四、成熟阶段：数字商务基于生态圈的构建使集群外部经济增进

（一）协同演化机理

数字商务将演化为一个又一个协同网络，这些网络相互嵌合后会导致网络的不断衍生与扩张，进而使各相关方基于共创共享、协同演化而形成全新的商业生态系统。数字商务生态圈是以用户需求为中心进行跨产业横向与纵向整合，形成平台和多元主体集合的协同网络。其中，电商生态圈是目前数字商务生态圈中最主要的组成部分，其往往以电商平台方为核心主体，以网络信息为发展纽带，通过"并联"多类共生资源、产品与企业，基于数字技术使各要素主体协作分工与优势互补，实现某种复杂性融合，从而不断深耕消费者潜在需求，增进用户黏性。平台方所提供的匹配与共享服务，极大提升了整个网络的协同效应，推动了数字生态整体的发展（曾鸣，2018）。

电商生态圈内多元主体间互利共生、共同演化，形成具有自增强特征的协同网络，使电商生态的势能、动能和内能日益提升（朱国军等，2020）。此时，诸产业集群作为供应商或服务提供商，跨越物理边界动态嵌入各类电商生态圈，在更广阔的空间、以更灵活的形式实现各经济主体间实时交互与协同分工。基于此，产业集群进一步重构成基于互联网的网络协同，以模块化、虚拟化、社区化方式运作，形成更开放的全球

产业生态。以衣联网为例，海尔围绕用户需求整合资源，通过与服装面料、洗涤用剂、服装定制、时尚穿搭、家具制造、旧物回收、物联网技术等15个行业5300多家资源方跨界合作①，打造出一个标准共建、数据互通、用户共享的全球衣物洗护生态圈。衣联网不仅为服装企业等资源方提供衣物全生命周期解决方案，使其实现数字化管理，也让用户获得贯穿购、洗、护、存、搭、回收全流程的智慧体验，由此实现各参与方的共赢增值。据统计，通过与衣联网合作，服装企业收发货效率提升200%，人力成本降低50%；服装销售门店的库存周转率提升30%，用户流量与收益率分别提升18%、15%。②

电商生态圈生态势能的日益增强，将衍生出新业务、新商业模式与应用场景，在以平台企业为核心的多方推动下，生态边界和版图加速拓展，进而形成包括金融平台、社交平台、服务平台、数字娱乐平台等在内的数字商务生态圈。其中，要素流、商流、信息流、资金流和能量流加速流动与汇聚，使多元主体、多元业务间深度互动，形成愈加开放、高效且复杂的协同网络，也带动数字商务生态圈的急剧膨胀。

各个数字商务生态圈不断自我演化、外溢、分化、聚合，其生态势能随之动态增强。数字商务生态圈的发展使互联网平台、智能物流、数字金融、数据智能等要素不断迭代升级，进而基于要素共享平台的构建与协同网络的形成使上述要素与服务沉淀为社会化共享的基础设施，强链接、低成本、高效率的开放式社会化协作体系不断完善，由此成为各产业竞争力提升的重要源泉。各个生态圈间的实力较量也正成为全球市场竞争的主流（胡国栋和王晓杰，2019）。基于适宜的数字商务生态圈的选择与嵌入，各企业可在全球范围内进行资源优化配置与价值创造，做到实时动态的全局优化，进而形成各个产业交互赋能、融合创新的全产业新生态。

（二）集群经济的内涵演化

在成熟阶段，数字商务的深度应用将使各产业集群被改造升级为智能

---

① 滚动资讯. 海尔衣联网成立洗护生态联盟，共创智慧洗护新生活［EB/OL］. （2020 - 09 - 07）［2024 - 11 - 30］. https：//www. rmzxb. com. cn/c/2020 - 09 - 07/2662072. shtml？ n2m =1.

② 薛奎. 专访海尔：生态收入10倍速增长仅是衣联网价值冰山一角［EB/OL］. （2018 - 08 - 28）［2024 - 11 - 30］. http：//news. cheaa. com/2018/0828/541883. shtml.

产业生态，两者协同耦合度进一步增强。基于此，集聚经济的内涵获得更进一步演化。其一，产业、企业、区域边界被打破，市场规模空前扩大，各空间集群或虚拟集群的企业间、各产业间乃至区域间互动的广度、深度和密度不断增强，形成更大的网络效应与协同效应，由此产生巨大的经济价值与社会价值。其二，产业集群由价值网络体系向生态共同体组织演进，并与数字商务生态圈深度融合，共同成为数字生态系统的重要主体。全球化协同网络的进一步发展使数字生态系统的边界不断拓展，各经济主体交互融合，其激励相容的共生演化与协同互动使整个数字生态系统的马歇尔外部经济呈螺旋上升的态势。因此，整体来看，数字商务与产业集群在各个阶段的协同演化机理如图 10.1 所示。

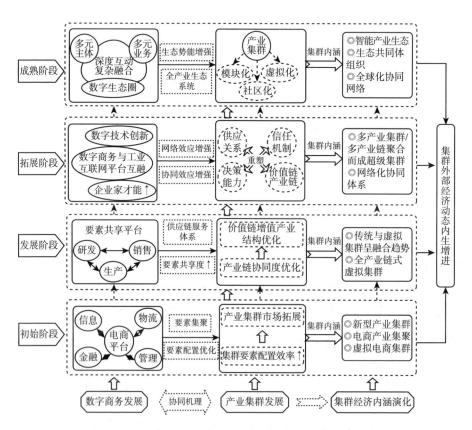

图 10.1　数字商务与产业集群协同演化机理及集群经济内涵演化

第三节 结论与启示

本章的分析实际上探讨了中国数字商务发展与集群经济转型升级之间良性互动的机理与实现路径。近年来，我国传统比较优势行业陷入"低端锁定"的僵局，迫切需要数字化转型升级。数字商务相关企业在利益驱动下追求微观层次效率，而其创新性技术、业态与模式沿着产业链传导至产业集群，推动集群经济转型升级，向价值链中高端攀升。两者的协同互动随着数字技术的发展应用而不断增强。因此从整体来看，数字商务的发展正不断赋予产业集群新内涵、新特征以及新动能，促进集群经济向数字化、智能化方向转型升级，而产业数字化转型所引致的供应链优势增强以及企业生产与创新效率增强，也使得数字商务能敏捷响应海量用户的个性化、定制化需求，精准提供多元化、全流程的交互服务，两者的耦合度不断提升，其协同演化可形成驱动中国数字经济与数字贸易高质量发展的不竭源泉。基于数字商务与集群经济协同发展所积累的成功经验，可成为 eWTP 主体积极推广我国经验模式、深度对接各国产业链、共建海内外信息基础设施、参与或主导数字经济与贸易规则制定的重要支撑。

数字商务与产业集群的协同演化过程可分为四个阶段，层层递进，使集群外部经济增进具有动态、内生性。其一，起步阶段——多点突破。电子商务使诸要素配置效率提升，从而促进更多要素聚集并优化配置，产业集群的市场规模有效扩大。此时，电子商务的发展速度远远快于产业集群，两者的协同度较低。其二，发展阶段——串点成线。电子商务拓展并演化为数字商务，基于要素共享平台构建而形成高效的供应链服务体系，产业链诸环节协同度提升，促进集群要素密集度优化和价值链增值。此时，数字商务与产业集群的融合度逐渐增强，其相互磨合与影响推动集群经济的数字化转型加快，两者协同度提升。其三，拓展阶段——连线成网。数字商务进一步发展并形成协同网络，为各产业提供线上线下全场景、供产销全链路的数字化服务，推动产业集群逐步向相对开放的网络化协同体系跃迁。此时，产业集群基于与数字商务的融合已较好地实现了数字化转型，两者的发展趋于协同。其四，成熟阶段——推演成体。点、线、面互相促进、互相激发形成生态体系。以用户需求为中心跨产业横向整合,形成平台和多元主体、多元业务协同的数字商务生态圈。产业集群嵌入各类数字商务生态圈并实现深度融合,由此改造升级为智能产业生态,两者协同耦合度进一步增强,共同演化推动数字生态系统的不断发展。

数字商务与产业集群的协同演化使集聚经济呈现新的发展趋势,主要体现为:其一,基于创新链、产业链、价值链的重构,加速了要素跨区域整合,产业的空间布局纳入效率导向型轨道中,实体空间融合发展的趋势愈发明显,将形成多个产业集群或多条产业链相互嵌合、共享、协同的超级集群,促进集群的产业结构升级与国际竞争力不断攀升。其二,以数字化供应链为依托,基于信息、物流、管理、金融等要素优化配置与共享,将会有越来越多虚拟集群产生并迅速发展壮大。其三,产业集群逐渐从相对封闭的供应链体系到价值网络,再到社会化协同网络,最后到开放的全球产业生态不断演进。

数字商务与产业集群的协同演化将使马歇尔外部经济的来源大大拓宽,其主要来源为:(1)市场规模不断扩大所引致的网络效应;(2)开放、复杂且多元的社会化协同网络所形成的协同效应;(3)供产销全流程的数字化交互服务支撑;(4)信息、物流、管理等要素集聚、配置优化与共享程度不断提高,并沉淀为社会化基础设施所引致的生产成本与交易费用降低;(5)供求关系、决策能力、信息传导机制与信任机制等重塑,大大降低交易费用。此时,马歇尔外部经济既存在于实体或虚拟集群内各企业之间,又存在于社会化协同网络的各经济主体之间,还存在于各开放的产业生态内主体之间,甚至存在于产业生态与整个中国乃至全球经济的协同互动之间,而这四个层次的外部经济又会相互促进与溢出,其叠加后的综合效应可使协同网络内企业家的要素配置才能与创新绩效迅速提升,由此形成的创新在各个网络的正反馈放大后,所获马歇尔外部经济将进一步内生增进。

政府通过公共品的提供可促进数字商务与产业集群更好地实现协同发展,从而使集群外部经济增进可持续。其一,政府可通过完善数字商务相关法规与制度体系,优化营商环境,使市场交易更加规范、公正、诚信、竞争充分,同时充满活力。其二,完善数字商务公共服务体系,构建"政府引导—平台赋能—多元服务—广泛参与"的产业数字化转型联合推进机制。其三,产、学、研、用联动,培养复合型、应用型、创新型电商精英人才，同时加强对集群从业人员的数字商务职业教育与培训。构建良性的人才"共享"机制，促进数字化人才柔性流动。其四，深化传统集群中电商产业园区建设，加快电子商务集聚区与虚拟集群发展，基于政企协同完善集群内信息、物流、仓储等基础设施，打通供应链主干网络，使集群边界不断拓展。其五，政府需进一步打破区域行政性壁垒，推动要素跨区域自由流动和空间集聚，形成数字商务与各产业融合发展的超级集群。

eWTP 与国内外供应链深度对接，促进全球产业链与供应链动态优化整合。基于中国数字商务与产业集群协同发展的成功经验，eWTP 可通过与各国共建信息基础设施，完善数字化交易、物流、金融与公共服务网络等形式与更多国家的产业集群对接，基于跨境电商的发展而助推各国产业数字化转型，促进全球产业链与供应链在效率导向下动态优化整合，这不仅将使全球市场规模扩大、马歇尔外部经济获得更快增进，也使得这一协同网络内的企业家商务才能与创新绩效迅速提升，从而使 eWTP 的理念、经验与规则基于市场化导向，在更广泛、更深入的实践过程中获得加速孵化、迭代与传播。

第十一章 中国经验Ⅱ：数字化治理促进对外贸易高质量发展

  对外贸易是我国开放型经济的重要组成部分和国民经济发展的重要推动力量，也是畅通国内国际双循环的关键枢纽。近年来，全球经济下行压力和不确定性日益凸显，我国对外贸易高质量发展面临诸多风险挑战，亟待从制度、技术、模式等层面深化改革与创新，以获得对外贸易综合竞争力的增强与市场空间的进一步拓展。在数字技术推动下的政府治理变革正是有效提升制度供给的质量和效率，使国际贸易营商环境优化的重要路径。

  随着互联网、大数据、人工智能等新一代数字技术在政府治理领域的快速发展与应用，政府管理模式与技术架构被不断重塑，其在经济调节、社会治理、市场监管与公共服务等领域的治理效率日益提高。据联合国数据，近年来全球数字化政府发展水平持续推进，已从 2014 年的 0.47 升至 2022 年的 0.61[①]，且有包括中国在内的 126 个成员国处于"高"或"非常高"级别，占比 69%。各国政府日益重视以数据为中心，强化电子参与，整合线上和线下渠道，提升以人为本的数字政务服务能力，政府数字化水平的日益提升成为数字经济时代的一个普遍现象。我国"十四五"规划纲要提出，要持续优化市场化、法治化和国际化营商环境，把优化营商环境作为推动经济高质量发展的重要支点。数字化治理正是政府组织借助技术

---

  ① 资料来源于联合国经济和社会事务部发布的《2022 年联合国电子政务调查结果》。联合国电子政务发展指数（EGDI）主要从在线服务、电信基础设施和人力资本三个维度对各国数字政府发展水平进行测度。2022 年，中国的 EGDI 为 0.8229，在 193 个国家中排名第 43 位，属于"非常高水平"行列。

手段提升服务效能、转变政府职能、深化"放管服"改革的重要途径，其通过"顺市场导向"的体制改革优化营商环境，从而不断激发创新活力、营造适应创新驱动发展要求的制度环境。可以看到，新冠疫情以来，政府的数字化治理对于社会经济的稳定和对外贸易的迅速恢复发挥了重大作用。

数字化治理是一种将数字技术和国家治理理论融合的新兴国家治理模式。已有不少研究对数字化治理的理论基础（Bolívar et al.，2016）、内涵概念（祁志伟，2021）、实施步骤（Dunleavy et al.，2006）等进行了探讨。数字化治理对转变政府职能、提高公共服务能力和治理水平产生了积极影响，由此可促进一国经济发展（Farkhanda，2007；Krishnan et al.，2013）。已有部分学者开始关注数字化治理对于国际贸易的影响，通过利用多国截面或面板数据实证表明数字化政府对经济增长和国际贸易都具有促进作用（Majeed et al.，2016；Malik et al.，2019；施炳展和游安南，2021）。数字化治理被认为主要通过以下因素影响企业投资与国际贸易的开展：其一，基于政府权力结构和治理模式的优化。数字化治理通过抑制腐败、优化法治环境以及改善政府与市场的关系等促进营商环境优化，从而使企业的投资与创新活力增强（王晓晓等，2021）。其二，基于数字技术在公共部门的应用及信息基础设施的完善。数字化治理通过提升信息基础设施水平而消除市场不完善，降低与交易、信息和市场进入相关的成本，由此促进贸易（Alaveras et al.，2015；Niru，2014；Akerman et al.，2022；）。数字化治理还促进了要素流通、产业的集聚升级以及绿色发展（李洪涛和王丽丽，2021；张节和李千惠，2020）。其三，基于通关便利化程度提升。电子政务可实现通关流程自动化和贸易便利化，并促进监管质量的提升，从而降低企业出口时间和成本（Hillberry et al.，2018；赵永亮和唐姣美，2019）。然而，目前鲜有文献对我国政府数字化治理的状况构建指标体系进行测度，也缺乏就数字化治理对企业出口绩效的影响机理进行细致探讨，从微观层面进行实证检验的文献则更为少见。本章拟构建指标体系测度数字化治理水平，进而剖析数字化治理影响企业出口绩效的理论机制与具体路径，并从微观层面予以实证检验，这为解析与促进我国外贸企业竞争力提升、加快探索国家治理现代化的新路径、推动对外贸易高质量发展提供具有创新性的理论框架与政策指导建议，因而具有重要的理论价值与实践意义。

第一节　理论基础与研究假设

亚当·斯密最早揭示分工是经济发展与社会福利增进的基石，杨小凯（2019）进一步指出分工深化会伴生交易费用上升。从本质来看，分工内生演进的条件是其引致的生产率上升能抵销相应的交易费用增加而有余，因而分工深化与经济发展良性互动得以持续必须建立在具有较高交易效率的制度设计之基础上。政府作为一系列规章制度的制定者，在数字技术推动下的治理变革可有效提升其服务效能，从而降低企业与政府打交道的交易费用，这势必进一步激活与释放作为一揽子要素优化配置关键主体的企业家之创新潜能，推动分工深化与经济内生增长。政府数字化治理对于出口企业的影响主要体现在以下几个层面。

一、数字化治理对企业出口绩效的影响：基于交易费用下降

数字化治理旨在借助数字技术搭建政务公开的综合信息平台，主要具有透明性、快捷性和高效性等特点，这使得企业和公众参与政府决策和互动交流的渠道更畅通，有效降低政府与市场间的信息不对称，重塑双方委托—代理关系，使政府、社会公众与企业共同成为社会治理的主体（王晓晓等，2021）。数字化治理可引致对外贸易各环节交易费用下降，生产者剩余增加，这主要体现在以下几个方面：其一，数字化治理完善了政企之间的互动机制，较高的民众参与度可使得监督成本下降，有效推动法治环境的健全与优化（Barro，1999；范合君等，2022），从而基于法律体系的完善以及执法力度与执法效率的提升使违法、欺骗等劣行减少，知识产权保护更趋完善，由此降低外贸企业研发溢出损失，使其创新动力增强，研发投入增加。其二，数字技术的发展应用推动了政府组织形式的变革，它打破组织与层级间壁垒，使各行政主体与业务之间进行高效的信息资源交互共享，从而提高政府在线审批、管制以及法律执行的效率。传统的国际贸易通关流程主要包括申报、审核、查验、缴税等一系列环节，繁杂、重复的通关程序构成国际贸易的一大障碍。政府利用互联网信息技术搭建的通

关一体化、集约化、网络化平台则极大简化了通关办事流程。出口企业基于智能化的国际贸易"单一窗口"提交标准化信息和单证，海关、外汇、税务、检验检疫、海事、边检等多部门间信息共享与业务协同，由此实现联网核查、无纸通关，既提升了监管质量，又缩短了货物通关时间，促进国际贸易的开展。其三，数字化治理促进了地区信息化基础设施水平的提升，进而推动信息、金融、物流、平台等企业间共用要素供给更丰裕且配置更趋合理。一方面，一国信息化水平的提升可提高企业对于信息技术的利用效率，降低出口商获取信息、建立分销渠道等环节的交易费用，从而增进其出口绩效（李坤望等，2015）。另一方面，数字化信用体系有利于放松企业的融资约束，改善企业的金融环境。"单一窗口"基于其大数据聚集优势，与金融保险机构加强合作，可对出口企业及其海外客户等进行信用动态评价，实时甄别其信用风险，这不仅能极大改善出口企业，尤其是中小企业的信贷约束，使其融资渠道拓宽，融资效率提升，还能为出口企业提供更精准、便捷的信用保险与出口退税等服务。此外，"单一窗口"基于与各物流节点的信息交互与业务对接，推动物流单证电子化流转及线上办理，大大优化了物流流程。而智慧港口建设所形成的跨境智慧仓储物流体系，则进一步提升了物流效率，由此拓展出口企业的市场规模与盈利空间。

当然，需要指出的是，数字化治理亦可能使政府对企业的控制有所加强，从而在一定程度上增加企业负担，使其创新活力减弱，还可能在数字治理过程中基于技术风险的存在而引发侵犯商业秘密、影响企业信誉等法治风险（He et al.，2011）。因而政府数字化治理应以构建公平竞争、开放高效的营商环境为导向，既要坚持技术维度与法治维度并重，又要基于不同应用场景的区分而发挥不同政府职能，持续推动"放管服"改革，避免政府部门的垄断治理。数字化治理中应厘清政府、市场和社会的边界，以促进交易费用的下降与市场活力的增强。

二、数字化治理对企业出口绩效的影响：基于企业家精神增进

企业家精神是企业家综合素质与能力的抽象（包括创新、创业、驾驭风险、捕捉商机、学习、合作等），其作为无形、高级的生产要素，被认为是经济增长的主要动力源（曾可昕和张小蒂，2016）。企业家精神具有半隐

性特征，在适宜的环境下方能获得显化与拓展。且企业家才能主要以默会型知识为主，基于"干中学"的深化而获得人力资本积累及作用的发挥。数字化治理正是通过"顺市场导向"的体制改革使得"干中学"环境优化，这对于激发与增强企业家创新创业的内生动力与活力、促进企业家精神增进具有重要意义。其一，数字化治理引致制度性交易费用降低，使市场交易整体上更加规范、公正、诚信、高效且竞争充分，交易各方的预期更为明晰与稳定（张小蒂和曾可昕，2014），由此形成的"源头活水"可调动企业家努力经营的积极性，有效激励其在内生利益驱动下快速捕捉商机并优化资源配置。其二，前已述及，数字化治理可促进出口企业的要素丰裕度优化以及诸要素间协同与共享程度提升，要素边际报酬获得递增，这不仅使创业门槛降低，更多市场主体尤其小微企业较易参与国际贸易并从中获益，也使企业间分工的广度与深度进一步拓展，由此形成的国际分工网络将使企业家之间的示范效应与默会知识外溢更为显著，这意味着企业家的一揽子要素获取与配置才能可获得更快显化与提升。随着企业家"干中学"的不断深入及绩效提高，其在更宽领域、更高层次进行更高频次试错与创新的能力也将提升，由此推动我国出口复杂度与外贸产业结构的优化升级。其三，数字化治理可推动我国跨境电商等新业态的更快发展，尤其政府通过完善数字贸易政策、加强制度供给和法律保障、扩大服务业开放力度等将使外贸数字化转型加快，助推我国对外贸易从成本领先型向创新驱动型转变。生产、营销、物流、支付等多环节、全流程的数字化，可使诸要素主体间交易费用进一步降低，这不仅可以推动贸易便利化，优化贸易流程，降低贸易成本与市场准入壁垒，还基于大数据、云计算等技术的创新应用，使有商业价值的信息更快速显化，创新的市场风险降低，企业研发、营销更为精准，由此从数字技术应用与市场规模拓展两个层面缓解规模生产与消费者多样性偏好间的"两难冲突"，使中小企业创新能力与动力增强，有效化解传统外贸行业中模仿盛行、同质化竞争严重的困境，以形成差异化竞争格局。

综上，主要提出如下假设：

H1：数字化治理对出口企业绩效具有显著的正向影响。

H2：交易费用在数字化治理与企业出口绩效之间具有部分中介作用。

H3：企业家精神在数字化治理与企业出口绩效之间具有部分中介作用。

H4：交易费用和企业家精神在数字化治理与企业出口绩效之间具有链式中介作用。

第二节　研究设计

一、企业出口绩效模型构建

（一）建模思路与变量设计

构建多元回归模型对数字化治理等因素影响企业出口绩效展开实证分析。主要选择如下变量：企业绩效、数字化治理、企业规模、国际贸易壁垒、外汇核销程序与企业家精神。以企业绩效作为被解释变量 Y 来表征企业出口绩效；将数字化治理的多个指标通过因子分析法得出综合得分作为解释变量（用 X_1 表示）；控制变量选取企业规模（X_2）、国际贸易壁垒影响（X_3）、外汇核销程序（X_4）；以交易费用（M_1）、企业家精神（M_2）作为中介变量。采用李克特式 7 分量表，1 表示完全不同意，7 表示完全同意。各变量的定义及其具体说明如表 11.1 所示。其中"企业规模 X_2"指标以企业员工人数进行赋值：100 人以下赋值为 1，100 ~ 200 人赋值为 2，200 ~ 500 人赋值为 3，500 人以上赋值为 4。

表 11.1　　　　　　　　　　　变量定义

变量		变量代码	问卷问题或变量说明
被解释变量	企业绩效	Y	企业绩效（如营业额、利润额、净资产收益率等）提高
解释变量	数字化治理	X_1	因子分析法计算所得
控制变量	企业规模	X_2	企业员工人数
	国际贸易壁垒	X_3	国际贸易壁垒对企业经营没有负面影响
	外汇核销程序	X_4	外汇核销程序非常方便
中介变量	交易费用	M_1	执行合同时的政府成本（所有的费用、税收、关税和其他法律规定的公证和注册费用）未给商业造成负面影响
	企业家精神	M_2	企业家才能得到了充分的发挥

（二）抽样数据说明

数据来自 2021 年 1 月进行的问卷星网站线上问卷，问卷参照世界银行《营商环境报告》（*Doing Business Report*）的调研问卷进行内容设计，问卷样本来源随机，样本真实。调研的企业均位于数字化治理水平"第一梯队"的北京、上海、广州和杭州四个城市，获得 500 个有效样本及 409 个无效样本。无效样本包含来自基层管理者的回答、有空白回复的问卷、未通过问卷逻辑验证的问卷和来自同一 IP 地址的多次重复提交等。通过对无效样本的剔除，保证问卷调研的随机性和可靠性。所调研企业既包含传统外贸企业，也包含主要从事跨境电商的企业。调研企业员工人数 200 人以下的占比 47%，200 ~ 500 人占比 28%，500 人以上占比 25%。调研中受访者仅限于企业的中高层管理人员，其中，高层管理者占比 42%，中层管理者占比 58%。

二、数字化治理指标的测算

因子分析法是在确保原始数据信息损失最少的情况下对变量进行降维处理。该方法主要就是通过因子分析，选择 m 个主分量 F_1，F_2，$\cdots$，F_m，以每个公因子 F_i 的方差贡献率 β_i 作为权数，构造综合评价函数：

$$F = \beta_1 F_1 + \beta_2 F_2 + \cdots + \beta_m F_m \qquad (11-1)$$

其中，$F_i(i = 1,2,\cdots,m)$ 为第 i 个公因子的得分。由于数字化治理涉及多个方面，难以用单独的指标来衡量，在已有文献（Patrick，2006；Bolívar et al.，2016；李韬和冯贺霞，2022）从多维度界定数字治理并提出五个基本要素的基础上，结合我国实行数字化治理的具体情况，将其分为智慧城市理念、建设行为、组织过程、科技运用、创新能力 5 个层面。以智慧城市理念、政策、组织转型、合作与参与、内部协调、决策、数字政务、大数据与互联网、产业政策 9 个因素作为数字化治理二级指标。指标回答共 7 个选项，依次从"强烈反对"至"强烈同意"，对应 1 ~ 7 分，其评价指标体系及数据描述性统计如表 11.2 所示。各二级指标的均值都在 5 以上，标准差均较小，表明所调研企业普遍对其所在城市的数字化治理水平有较高认可度，尤其"智慧城市理念""科技运用""创新能力"这三个层面分值较高。"组织过程"各二级指标得分相对较低，表明数字化治理应更侧重于通过重塑组织服务流程、加强企业参与智慧城市建设及决策、推动数据共享与开放协作等举措（范合君等，2022），促进营商环境的进一步优化。

表 11.2　　　　　　　　　　　数字化治理评价体系

一级指标	二级指标	代表问题	符号
智慧城市理念	智慧城市理念	所在城市的"智慧城市"建设愿景非常清晰	U_1
建设行为	政策	所在城市的"智慧城市"配套政策的执行非常完善	U_2
	组织转型	所在城市的政府面对"智慧治理"转型非常成功	U_3
组织过程	合作与参与	企业对于"智慧城市"建设的参与非常充分	U_4
	内部协调	政府内部的流程重组和跨部门合作非常成功	U_5
	决策	企业能够充分参与城市建设的各项决策	U_6
科技运用	数字政务	所在城市的数字化政务服务非常完善	U_7
	大数据与互联网	所在城市充分运用了大数据、物联网、人工智能等数字技术进行城市的智慧治理	U_8
创新能力	产业政策	所在城市的产业政策非常有利于数字经济和信息经济的发展	U_9

（一）样本检验

首先利用 SPSS 26.0 对样本数据进行检验，数字化治理各二级指标的克朗巴哈系数均大于 0.7，表明数据信度较高。其次对这 9 个指标做球形度检验，得出 KMO 检验值为 0.927 > 0.6，巴利特利检验值的显著性为 0.000 < 0.05。表明这些变量之间具有较强的相关性，适合进行因子分析。

（二）因子分析

列出所有的主成分，按特征值大小进行排列。从表 11.3 可以看出，前 5 个因子成分的累计方差解释能力为 82.168%，说明这 5 个因子已包含 9 个微观指标的大部分信息，因此选取 5 个公共因子是合适的。

表11.3   总方差解释

成分	初始特征值			提取载荷平方和			旋转载荷平方和		
	总计	方差百分比	累积（%）	总计	方差百分比	累积（%）	总计	方差百分比	累积（%）
1	4.875	54.161	54.161	4.875	54.161	54.161	2.015	22.393	22.393
2	0.882	9.804	63.965	0.882	9.804	63.965	1.797	19.965	42.359
3	0.633	7.034	70.999	0.633	7.034	70.999	1.467	16.305	58.664
4	0.522	5.795	76.794	0.522	5.795	76.794	1.106	12.284	70.948
5	0.484	5.374	82.168	0.484	5.374	82.168	1.010	11.220	82.168
6	0.448	4.983	87.150						
7	0.413	4.592	91.743						
8	0.375	4.172	95.914						
9	0.368	4.086	100						

为更方便对样本进行分析，对因子进行正交旋转，可得到旋转后的成分矩阵，如表11.4所示。可以得出第一个因子 F_1 主要由 U_4（合作与参与）、U_5（内部协调）、U_6（决策）这三个指标决定，F_1 因子的载荷都在 0.654 以上，这几个指标反映数字化治理的组织过程，因此称为组织过程因子。第二个因子 F_2 主要是在 U_2（政策）、U_3（组织转型）这两个指标上有较大载荷，均为 0.696 以上，称其为建设行为因子。第三个因子 F_3 在 U_7（数字政务）、U_8（大数据、互联网）上有较大载荷，均为 0.662 以上，将其称为技术运用因子。第四个因子 F_4 在 U_1（智慧城市理念）上有较大载荷，为 0.905，称为智慧城市理念因子。第五个因子 F_5 在 U_9（产业政策）上有较大载荷，为 0.856，称为创新能力因子。

表11.4   旋转后的成分矩阵

指标	成分				
	1	2	3	4	5
U_1	0.180	0.245	0.184	0.905	0.161
U_2	0.361	0.696	0.129	0.210	0.268
U_3	0.338	0.713	0.161	0.265	0.203
U_4	0.688	0.249	0.339	0.294	0.031
U_5	0.654	0.464	0.231	0.040	0.084

指标	成分				
	1	2	3	4	5
U_6	0.856	0.186	0.052	0.098	0.194
U_7	0.147	0.589	0.662	0.111	0.090
U_8	0.228	0.090	0.836	0.182	0.291
U_9	0.179	0.278	0.290	0.171	0.856

表 11.5 为成分得分系数矩阵，利用表中的得分系数作为公因子的计算权重，数字化治理公因子的得分表达式为：

$$F_1 = -0.125U_1 - 0.103U_2 - 0.145U_3 + 0.461U_4 + 0.35U_5$$
$$+ 0.725U_6 - 0.306U_7 + 0.019U_8 - 0.099U_9$$

$$F_2 = -0.16U_1 + 0.605U_2 + 0.637U_3 - 0.256U_4 + 0.179U_5$$
$$- 0.341U_6 + 0.487U_7 - 0.442U_8 - 0.143U_9$$

$$F_3 = -0.12U_1 - 0.275U_2 - 0.22U_3 + 0.183U_4 + 0.005U_5$$
$$- 0.215U_6 + 0.567U_7 + 0.847U_8 - 0.145U_9$$

$$F_4 = 1.134U_1 - 0.063U_2 + 0.024U_3 + 0.173U_4 - 0.253U_5$$
$$- 0.096U_6 - 0.206U_7 - 0.032U_8 - 0.126U_9$$

$$F_5 = -0.112U_1 + 0.09U_2 - 0.052U_3 - 0.289U_4 - 0.164U_5$$
$$+ 0.165U_6 - 0.364U_7 + 0.051U_8 + 1.183U_9$$

表 11.5　　　　　　　　**成分得分系数矩阵**

指标	成分				
	1	2	3	4	5
U_1	-0.125	-0.160	-0.120	1.134	-0.112
U_2	-0.103	0.605	-0.275	-0.063	0.090
U_3	-0.145	0.637	-0.220	0.024	-0.052
U_4	0.461	-0.256	0.183	0.173	-0.289
U_5	0.350	0.179	0.005	-0.253	-0.164
U_6	0.725	-0.341	-0.215	-0.096	0.165
U_7	-0.306	0.487	0.567	-0.206	-0.364
U_8	0.019	-0.442	0.847	-0.032	0.051
U_9	-0.099	-0.143	-0.145	-0.126	1.183

通过五个综合因子变量的方差贡献率作为权重 β_i，将原始数据代入式（11 - 1），可计算出数字化治理的综合得分：

$$F = (22.393F_1 + 19.965F_2 + 16.305F_3 + 12.284F_4 + 11.22F_5) \div 82.168$$

第三节　实证结果与分析

一、描述性统计及相关性分析

首先对所有变量的数据进行描述性分析及相关性检验，由此初步了解数字化治理与企业出口绩效的整体情况及变量之间的相关性状况，结果如表 11.6 所示。可以看到，各解释变量的相关性系数整体在 0.50 以下，表明其相关性整体较低，即变量间的多重共线性不显著。

表 11.6　　　　　　　　　　描述性统计及相关性分析

变量	观测数	平均值	标准方差	Y	X_1	X_2	X_3	X_4	M_1	M_2
Y	500	5.324	1.271	1						
X_1	500	3.405	0.561	0.471 ***	1					
X_2	500	2.594	1.058	0.150 ***	0.083	1				
X_3	500	4.398	1.640	0.192 ***	0.351 ***	0.082	1			
X_4	500	4.908	1.316	0.264 ***	0.434 ***	0.068	0.400 ***	1		
M_1	500	5.020	1.277	0.373 ***	0.439 ***	0.068	0.427 ***	0.416 ***	1	
M_2	500	5.320	1.218	0.509 ***	0.513 ***	0.109 **	0.255 ***	0.301 ***	0.375 ***	1

注：** 和 *** 分别表示在 5% 和 1% 的水平上显著。

二、多元回归分析

由表 11.7 的回归结果可以看出，数字化治理（X_1）的影响系数显著为正，表明从微观层面来看，随着政府数字化治理水平的增进，企业的出口绩效将获得有效提升，假设 H1 得到验证。这与其他学者从宏观层面进行实证得出的结论一致（王晓晓等，2021；Niru，2014），数字化治理可谓驱动我国外贸企业创新能力提升与竞争力增强的重要因素。企业规模（X_2）的影响系数显著为正，这意味着企业的出口绩效将随着企业规模的扩大而明显提升。

表 11.7   多元回归结果

项目		回归 1	回归 2	回归 3	回归 4
解释变量	X_1	1.066 *** (11.916)	1.045 *** (11.721)	1.027 *** (10.791)	0.976 *** (9.655)
控制变量	X_2		0.134 ** (2.834)	0.133 ** (2.796)	0.131 ** (2.769)
	X_3			0.018 (0.575)	0.004 (0.107)
	X_4				0.065 (1.476)
常数		1.694 *** (5.486)	1.418 *** (4.409)	1.405 *** (4.352)	1.327 *** (4.062)
R^2 – adj		0.220	0.231	0.230	0.232
Prob（F 统计量）		0.000	0.000	0.000	0.000

注：括号内为 t 统计量，** 、*** 分别表示在 5% 、1% 的水平上显著。

三、稳健性检验

为保证实证结果的稳健性，用企业最近三年投资增加额作为新的被解释变量（Y_1）进行回归，结果如表 11.8 所示。可以看到，替换被解释变量后，数字化治理作为核心解释变量的显著性和回归系数方向无变化，表明回归结果较为稳健，数字化治理对企业出口绩效的影响解释是较为可靠的。

表 11.8   稳健性检验结果

项目		回归 5	回归 6	回归 7	回归 8
解释变量	X_1	0.902 *** (10.242)	0.888 *** (10.074)	0.869 *** (9.247)	0.768 *** (7.741)

续表

项目		回归 5	回归 6	回归 7	回归 8
控制变量	X_2		0.089 * (1.904)	0.088 * (1.868)	0.085 * (1.823)
	X_3			0.018 (0.564)	−0.011 (−0.332)
	X_4				0.130 *** (3.001)
常数		2.299 *** (7.568)	2.116 *** (6.657)	2.102 *** (6.592)	1.947 *** (6.074)
$R^2 - adj$		0.172	0.177	0.176	0.189
Prob（F 统计量）		0.000	0.000	0.000	0.000

注：括号内为 t 统计量，*、*** 分别表示在 10%、1% 的水平上显著。

四、异质性检验

进一步地，将员工人数小于 200 人、200～500 人、500 人以上分别界定为小规模、中等规模与大规模企业。对不同规模的企业进行异质性检验，结果如表 11.9 所示。可以看到，数字化治理（X_1）对不同规模企业的出口绩效（Y）均有显著的正向影响，其促进作用随着企业规模的扩大而不断增强，其可能在原因在于，整体来看，相较于中小型企业而言，目前我国大中型企业的数字化水平相对较高，其不仅能更好地和政府在信息、技术层面进行交互，还能充分地从信息基础设施完善与数字化转型的相关产业政策中获益，由此引致其贸易成本的节约与出口绩效的显著提升。

表 11.9 异质性检验——企业规模

项目		小规模	中等规模	大规模
解释变量	X_1	0.952 *** (6.590)	0.979 *** (5.075)	0.989 *** (4.555)
	X_3	−0.002 (−0.044)	−0.003 (−0.061)	0.023 (0.331)
	X_4	0.112 (1.650)	0.121 (1.484)	−0.074 (−0.877)

续表

项目	小规模	中等规模	大规模
常数	1.112 ** (2.171)	1.548 *** (2.630)	2.328 *** (3.521)
R^2 – adj	0.220	0.246	0.149
Prob（F 统计量）	0.000	0.000	0.000

注：括号内为 t 统计量，** 、*** 分别表示在 5%、1% 的水平上显著。

五、中介效应检验

为深入考察数字化治理影响企业出口绩效的具体路径，在模型中引入交易费用与企业家精神两个中介变量。根据温忠麟（2020）提出的中介效应检验法，考察解释变量、中介变量对被解释变量的回归系数，实证结果如表 11.10 所示。由模型（1）和模型（5）可知，数字化治理（X_1）对 Y 和 M_1 均具有显著的正向影响，且在模型（2）中加入中介变量 M_1 后，解释变量的回归系数变小且仍然显著，由此可知交易费用（M_1）发挥了部分中介作用，假设 H2 成立。类似地，由模型（1）、模型（3）和模型（6）可知，企业家精神（M_1）在数字化治理与企业出口绩效之间同样发挥了部分中介作用，假设 H3 成立。同时，由模型（1）、模型（4）和模型（7）的回归结果可知，M_1 与 M_2 在数字化治理与企业出口绩效之间发挥了链式中介作用，假设 H4 获得验证。

表 11.10　　　　　　　　　　中介效应检验结果

变量		Y				M_1	M_2	
		模型（1）	模型（2）	模型（3）	模型（4）	模型（5）	模型（6）	模型（7）
解释变量	X_1	1.065 *** (11.906)	0.861 *** (8.832)	0.644 *** (6.592)	0.535 *** (5.261)	0.999 *** (10.905)	1.114 *** (13.344)	0.938 *** (10.278)
中介变量	M_1		0.205 *** (4.776)		0.143 *** (3.466)			0.176 *** (4.397)
	M_2			0.379 *** (8.414)	0.348 *** (7.675)			
R^2 – adj		0.220	0.253	0.316	0.331	0.191	0.262	0.288
Prob（F 统计量）		0.000	0.000	0.000	0.000	0.000	0.000	0.000

注：括号内为 t 统计量，*** 表示在 1% 的水平上显著。

进一步地,利用 Bootstrap 抽样法,构建 95% 无偏差校正置信区间,抽样 5000 次对交易费用(M_1)和企业家精神(M_2)进行中介效应检验,检验结果如表 11.11 和图 11.1 所示。从直接效应来看,政府数字化治理对企业出口绩效的效应值为 0.535,占总效应的 50.23%,在 95% 置信区间不包含 0,表明假设 H1 成立。从间接效应来看,主要有以下三条路径,且其效应值在 95% 置信区间均不包含 0。第一条路径是 M_1 作为中介变量,中介效应值为 0.143,表明交易费用发挥了部分中介作用,假设 H2 成立;第二条则是 M_2 作为中介变量,效应值为 0.327,这意味着企业家精神同样发挥了部分中介作用,假设 H3 成立;第三条路径为 $X_1 \rightarrow M_1 \rightarrow M_2 \rightarrow Y$,其链式中介效应值为 0.061,表明交易费用与企业家精神在数字化治理与企业出口绩效中起到链式中介作用,假设 H4 得到了验证。可以看到,假设 H3 的中介效应值最高,占总效应比重达 30.70%,这表明企业家精神的增进对于数字化治理影响企业出口绩效发挥了颇为重要的作用。其原因在于,企业家作为一揽子要素优化配置的主体,其才能的丰裕度对于对外贸易的成败起着关键作用。数字化治理推动了营商环境的不断优化,这使得熊彼特意义上的企业家创业与创新精神得到更快的激活与增进,有效激励其在内生利益驱动下快速捕捉商机、优化资源配置和深化各类创新,企业家"干中学"绩效获得迅速提升,由此促进出口企业市场规模拓展、要素密集度优化和价值链增值。

表 11.11　　　　　　　　　　　　　　中介效应检验

效应	路径关系	效应值	Boot SE	95% 置信区间
直接效应	$X_1 \rightarrow Y$	0.535	0.102	[0.335, 0.734]
总间接效应		0.531	0.074	[0.392, 0.686]
间接效应	$X_1 \rightarrow M_1 \rightarrow Y$	0.143	0.049	[0.056, 0.249]
	$X_1 \rightarrow M_2 \rightarrow Y$	0.327	0.057	[0.219, 0.446]
	$X_1 \rightarrow M_1 \rightarrow M_2 \rightarrow Y$	0.061	0.020	[0.027, 0.105]
总效应		1.065	0.089	[0.890, 1.241]

注:Boot SE 为通过偏差矫正的百分位 Bootstrap 法估计的标准误差。

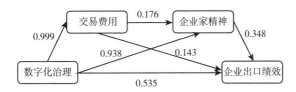

图 11.1　　直接效应与间接效应检验

第四节　结论与启示

本章的分析实际上探讨了中国数字化政府建设与对外贸易高质量发展之间良性互动的机理与实现路径。在数字技术推动下的政府治理变革可有效提升制度供给的质量和效率，使国际贸易营商环境优化。通过从智慧城市理念、建设行为、组织过程、科技运用、创新能力五个层面构建数字化治理评价体系，并运用因子分析法对数字化治理水平予以测度，同时基于 500 家出口企业问卷数据的实证研究表明，政府数字化治理可显著提升企业出口绩效，而交易费用、企业家精神发挥了部分中介及链式中介作用。这意味着数字化治理不仅可使制度层面及诸要素相关方的交易费用降低，进出口便利度提升，也可促进以一揽子要素优化配置为特征的企业家精神增进，使其创新能力与动力增强，由此成为推动我国外贸质量与效率变革，助力其市场规模拓展、产业结构优化，进而向全球价值链高端环节攀升的重要路径。

在我国对外贸易发展过程中，随着分工深化，交易费用也迅速增加，恶性竞争、假冒伪劣、偷税漏税等劣行层出不穷，迫切需要政府更好地运用"看得见之手"以促进对外贸易健康可持续发展。政府数字化治理的不断深入正是降低交易费用、促进企业家精神增进、推动政企之间良性协同的有力抓手，主要实现途径可以包括：（1）进一步深化政府数字化改革，使其对外贸行业全流程的监管力度增强，监管机制优化，由事后被动应对向事前风险防控转变，由部门间各自为政向深度融合高效协同转变，由传统粗放式监管向数字化精密智控转变，由政府单一监管向社会多元共治转变，从而有效提升执法力度和执法效率，使外贸企业的违规违法成本提高，社会信用环境优化，促进交易各方重复合作博弈的开展。（2）加强对跨境电商等新产业新业态新模式市场秩序的重点监管。跨境电商平台的迅速崛起在给对外贸易注入新的活力与动能的同时，也带来了一系列问题，其使企业与市场的边界越发模糊，且易引致市场垄断、数据安全、恶性竞争、无序扩张等多重问题（张其林和汪旭晖，2021），数字平台治理已经成为全球各国普遍关注的共同议题。作为全球最大的电子商务市场，我国在电商平台监管创新中试错的空间与频次是大多数国家难以企及的，因此，我国应加快平台治理模式的迭代创新与国际推广，使其成为我国下一阶段参与或主导平台监管国际标准与规则制定的重要支撑。我国政府应统筹运用反不正当竞争、用户权益保护、行业秩序监管等多种工具，搭建涵盖政府监管、平台自治、行业组织自律和公众监督的多元立体且包容审慎的治理体系，以使平台经济良性、健康且高效运行发展。（3）深化国际贸易交流合作。在不断优化我国跨境电商监管体系的基础上，将我国在跨境电商综试区等试点中创新监管方式、提高贸易便利化等方面的各项举措向其他国家推广应用。通过双边或区域合作深化等方式进一步提升各国外贸开放水平，降低贸易壁垒，使各方贸易便利化与自由化程度不断提升，从而基于交易费用的降低与营商环境的优化，进一步激活与增进企业家精神，进而促进对外贸易的高质量发展。

加大政策支持力度，以促进贸易数字化与创新水平提高。典型的支持举措可以包括：（1）通过税收优惠与金融扶持等方式，鼓励跨境电商、市场采购、外贸综合服务企业、保税维修、离岸贸易、海外仓等新业态新模式的发展创新；（2）大力提升外贸综合服务数字化水平，基于政企协同机制推动外贸综合服务平台与政务平台（包含公共服务平台、通关服务平台等）之间逐步融合与协同，进而与跨境电商平台实现互联互通，为跨境电商中小企业构建便捷、高效的一站式公共服务网络；（3）推进跨境电商平台与公共服务平台互融互通，为产业链各环节企业提供设计生产、展示交易、仓储物流、供应链金融、关检汇税等贸易综合集成服务；（4）基于政、校、企合作，以市场需求为导向培养跨境电商人才，利用信息化公共平台对外贸从业人员进行更具针对性与时效性的职业教育与培训，使其劳动生产率随着新技术、新模式及新业态的迭代而动态提升。这样，基于政府的数字化治理可促进贸易规模拓展与贸易结构的持续优化，从而有力推动经济增长、充分就业、结构优化等政府目标的实现，这也将成为 eWTP 各相关主体积极推广"中国方案"的重要基础与实践典范。

第十二章 eWTP 倡议下数字贸易国际规则的中国方案

　　数字贸易国际规则制定作为当前全球数字治理的核心，在很大程度上决定了数字贸易的发展、组织、秩序和利益分配。数字贸易规则制定权的竞争也日益成为国际贸易竞争的关键，规则博弈正成为大国博弈的重要领域（张茉楠等，2022）。各国愈加重视积极参与数字贸易规则的谈判和制定，且以区域贸易协定为代表的新一轮国际经贸规则正呈现高标准、广覆盖、强排他性等特征，其议题与规则有不断从数字贸易领域向数字经济领域拓展之势。近年来，中国也正以更加开放的态度积极参与全球数字贸易规则制定，但整体而言，中国仍面临数字贸易制度建设滞后、在国际经贸规则重构与谈判中话语权不足的被动局面。从我国经济体量与数字经济发展现状来看，中国理应成为数字贸易谈判及国际规则构建的积极推动者与代言者。因此，我国需抓紧部署数字贸易发展战略与谈判策略，加快推进数字贸易"中国方案"，争取数字贸易规则制定的主动权。

　　应该看到，作为所有市场交易规则的一部分，贸易规则的本质在于规范交易，其主要目的在于基于规则的构建与完善为国际贸易创造稳定和可预见的发展环境；在贸易安全与风险控制的前提下促进贸易便利度与自由度提升，也使得交易双方的信息对称性增强，交易费用降低；对交易流程、交易手段、交易工具予以规范，使交易过程更高效、统一；对海关等各部门的监管予以规范，以保障交易的安全，并对交易过程中，交易双方的权责予以明确。一直以来，全球贸易规则都在随着交易标的、交易手段和条件、交易地域的变化而调整，以维护市场交易的便利性、可及性、安全性和责任的平衡性等（彭磊和姜悦，2022）。一国的贸易规则主张应与其经济发展状况及其国内治理水平相适应，并以此为依据进行动态调整与适度引领，而非落后或远远领先于其贸易实践与治理水平，从而更好地促进一国贸易与经济的递进式发展。因此，我国在进行"中国方案"构建时，应充分考虑我国发展现实，在表达其核心诉求的同时，又需兼顾其他国家，尤其是发展中国家的发展状况与利益关切，以推动构建更具普惠性和普适性的数字贸易国际规则体系，避免因规则缺失或失范而引致"数字鸿沟"和"数字贸易失衡"加剧，以促进全球包容性增长的实现。

可以看到，eWTP 秉承共商、共建、共享这一全球治理理念，旨在探讨全球数字经济与数字贸易的发展趋势、面临问题和政策建议，分享商业实践和最佳范例，孵化和创新贸易新规则和新标准，推动全球数字经济基础设施建设，共同促进全球经济普惠和可持续发展。eWTP 以促进全球贸易普惠发展为宗旨，这与构建和推广"中国方案"的诉求与立场可谓不谋而合。eWTP 基于"市场驱动、企业先行"与政企协同等方式在基础层、应用层与框架层所取得的各项创新成果，不仅拓宽了探索"中国方案"的视野范围与行动路径，也使其推广与应用的难度大大降低。从普惠视角来看，对eWTP 倡议背景下"中国方案"主要内涵、优化策略与行动路径的研究，不仅有利于我国在数字贸易治理领域国际话语权的提升，推动形成更具普适性包容性的全球数字贸易规则体系，也为 eWTP 积极参与实践创新与全球贸易规则构建提供了重要的决策参考与理论依据。

第一节　全球及中国数字贸易发展现状与趋势

广义来看，数字贸易主要包括数字化支撑货物贸易（即跨境电子商务）和数字服务贸易两大类。根据联合国贸发会议统计口径，数字服务贸易主要包括保险服务、金融服务、电信计算机和信息服务、知识产权使用费、个人文化和娱乐服务、其他商业服务等。而狭义层面的数字贸易仅包含数字服务贸易。全球各国的数字贸易比较优势与发展侧重点各有不同，发达国家往往更为关注数字服务贸易领域的发展，而发展中国家在当前阶段还主要通过发展跨境电子商务切入全球市场。因而广义上的数字贸易内涵更具包容性，能兼顾不同国家的利益诉求与核心关注。

一、全球数字贸易发展现状与趋势

全球化和数字化推动数字贸易规模持续扩大。中商产业研究院的数据显示，2023 年全球跨境电商交易额约为 2.8 万亿美元，同比增长 16.7%，预计 2024 年将达到 3.3 万亿美元。[①] 与此同时，我国商务部数据显示，全球数字服务贸易规模也在不断扩大，全球可数字化服务出口规模由 2010 年的 1.87 万亿美元增长至 2023 年的 4.25 万亿美元，其占服务贸易的比重为 54.2%，占全球贸易总额的比重达 13.8%。数字贸易正成为后疫情时代促进全球经济复苏与发展的重要引擎。

从全球数字服务贸易结构来看，包括信息通信服务、知识产权使用费等在内的数字技术类服务出口占比提升。联合国贸发会议数据显示，2011～2023 年，信息通信服务贸易平均增速为 8.6%，2023 年其在数字服务贸易中占比为 24.0%，知识产权贸易额占比已达 10.5%。从贸易国别来看，2023 年全球数字服务贸易出口额排前 10 名的国家如图 12.1 所示，这 10 个国家在全球数字服务出口中的市场占有率已由 2011 年的 63.6% 增长至 2023 年的 65.5%，数字平台经济所引致的网络效应与规模效应使得市场集中度日益明显。美国主要得益于拥有苹果、谷歌、亚马逊、微软等超大型跨国信息通信企业，欧盟和英国虽缺乏"独当一面"的超大型信息通信企业，但凭借其在信息服务领域多年来积累的产业优势，在金融、保险、信息服务贸易中均拥有较强的国际竞争优势。2023 年，美国、欧盟、日本、中国的数字服务贸易细分子类国际市场占有率情况如表 12.1 所示。可以看到，欧盟在数字服务贸易各个细分环节的国际市场占有率实际上均居美国之上，其实力不容小觑。而中国除了计算机这一类子类高于美国外，其他细分行业的数字服务贸易市场占有率均远低于美国和欧盟。美国和欧盟是全球数字服务主要出口地，其在全球数字贸易格局中仍处于绝对优势。

---

① 海通证券：全球电商渗透率提升 跨境电商迎发展东风 [EB/OL]．（2024 - 12 - 06）［2024 - 12 - 20］．https://www.yicai.com/news/102389292.html.

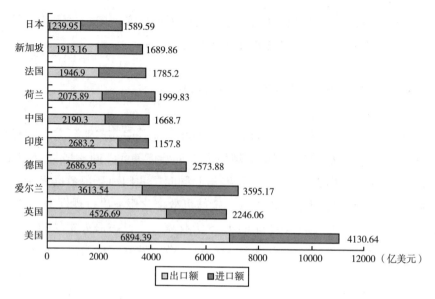

图 12.1　2023 年全球数字服务贸易前 10 名国家的进出口额

资料来源：联合国贸发会议。

表 12.1　2023 年美国、欧盟、日本、中国数字服务贸易细分子类出口国际市场占有率

经济体	电信	计算机	信息	保险	金融	知识产权	管理咨询	工程研发	文化娱乐
美国	8.430	5.494	17.199	11.143	25.761	28.303	17.049	20.798	24.671
欧盟	—	51.001	—	32.038	34.377	35.443	30.628	40.008	39.609
日本	0.784	1.058	0.76	0.992	1.976	10.835	1.025	2.163	1.367
中国	3.639	9.423	—	3.172	0.635	2.562	6.612	6.091	1.459

资料来源：联合国贸发会议数据。注：表中"—"代表该数据缺失。

二、中国数字贸易发展现状与趋势

近年来中国数字贸易蓬勃发展，已成为全球最大的跨境电商市场。2023 年我国跨境电商交易规模达 16.9 万亿元，同比增长 7.3%，其中出口与进口占比分别为 78.59% 与 21.41%，我国跨境电商交易额占对外贸易的比重已从 2010 年的 5.45% 增长至 2023 年的 40.32%。① 在数字服务贸易方

① 跨境电商资料来源于网经社电商大数据库；进出口贸易额资料来源于国家统计局。

面，联合国贸发会议数据显示，我国交易规模从 2010 年的 1266.18 亿美元增长到 2023 年的 3859.1 亿美元，年均增速 8.31%，远超全球数字服务贸易年均 6.56% 的增速。我国数字服务贸易占服务贸易的比重也由 2010 年的 34.7% 上升至 2023 年 41.4%。从进出口结构来看，尽管中国一直以来在服务贸易领域都处于逆差地位，但在数字服务贸易领域，我国已从 2010 年逆差 201.7 亿美元的局面扭转为 2023 年顺差 521.6 亿美元，连续六年实现顺差，数字服务贸易成为推动我国服务贸易竞争力提升的重要抓手。

在数字贸易结构方面，我国数字技术类服务出口占比大幅提升。联合国贸发会议数据显示，2011 ~ 2023 年信息通信服务在数字服务出口中的比重由 18.5% 上升至 41.2%，在数字服务进口中的占比从 5.6% 上升至 23.2%；我国知识产权、金融服务、信息通信服务等细分数字服务发展平均增速分别为 23.0%、13.3% 和 15.5%，明显高于世界平均水平。但在知识产权、数字内容、数字文化服务等领域仍处于逆差状态。据商务部国际贸易经济合作研究院发布的《全球服务贸易发展指数报告（2022）》显示，我国服务贸易综合发展指数排名已由 2019 年的第 20 位提升至 2021 年的第 14 位，2022 年进一步提升至第 9 位，但这与我国服务贸易总额位居全球第 2 的状况不相匹配。2023 年全球各主要国家的可数字化服务进出口额及其所占服务贸易比重的数据如表 12.2 所示，可以看到，尽管我国的可数字化服务出口额位列全球第 6，但其占我国服务出口比重为 57.79%，这一比值在所列 131 个国家中排名第 27 位，因而尚需通过大力发展数字服务贸易等方式来提高我国服务贸易竞争力。

表 12.2　2023 年各经济体数字服务出口与数字服务进口额及占比情况

经济体	可数字化服务进口		可数字化服务出口		经济体	可数字化服务进口		可数字化服务出口	
	金额（百万美元）	占服务进口比重（%）	金额（百万美元）	占服务出口比重（%）		金额（百万美元）	占服务进口比重（%）	金额（百万美元）	占服务出口比重（%）
美国	413064.00	55.21	689439.00	67.16	孟加拉国	1866.77	16.95	2070.42	32.46
英国	224606.35	57.02	452669.63	77.48	越南	2752.02	9.47	2066.31	10.55
爱尔兰	359518.38	92.31	361354.06	90.89	阿尔及利亚	3305.11	38.15	2048.64	53.48
德国	257388.88	51.24	268695.06	61.22	阿塞拜疆	4097.27	47.53	1810.78	28.81

续表

经济体	可数字化服务进口		可数字化服务出口		经济体	可数字化服务进口		可数字化服务出口	
	金额 (百万美元)	占服务 进口 比重 (%)	金额 (百万美元)	占服务 出口 比重 (%)		金额 (百万美元)	占服务 进口 比重 (%)	金额 (百万美元)	占服务 出口 比重 (%)
印度	115780.60	46.97	268320.55	79.49	多米尼加	1645.40	29.21	1806.00	13.99
中国	177104.11	32.08	220234.39	57.79	危地马拉	1805.78	31.81	1605.18	37.56
荷兰	199983.97	67.62	207588.86	66.57	冰岛	1837.33	40.64	1388.45	20.93
法国	178519.61	55.76	194691.07	54.07	亚美尼亚	510.64	15.32	1387.19	24.69
新加坡	168985.95	57.19	191315.82	58.32	尼日利亚	5580.84	31.57	1379.31	31.06
日本	158958.06	70.33	123995.38	60.01	斯里兰卡	976.05	26.43	1375.61	25.40
卢森堡	89844.77	75.40	123504.67	83.07	格鲁吉亚	751.35	20.94	1337.16	18.97
瑞士	135644.10	70.50	117120.75	69.33	北马其顿	782.73	37.71	1267.14	44.23
比利时	92451.71	60.43	93999.01	64.25	厄瓜多尔	316.00	14.95	1167.00	25.72
加拿大	82298.18	55.38	82014.27	59.99	秘鲁	5326.49	40.51	1125.73	19.38
瑞典	78007.81	72.79	75563.00	72.56	百慕大	522.85	48.51	912.31	56.78
西班牙	50110.31	51.45	72153.06	36.45	摩尔多瓦	357.02	22.98	903.74	37.04
韩国	71556.02	48.79	65786.20	53.16	阿尔巴尼亚	476.33	13.70	902.54	12.55
意大利	82229.40	52.65	64577.69	43.66	毛里求斯	962.60	45.16	890.61	27.83
以色列	17876.64	42.24	62719.38	75.35	尼泊尔	319.05	14.03	878.01	53.53
波兰	38304.82	58.79	50450.13	46.71	萨尔瓦多	857.40	32.39	824.81	16.15
奥地利	39837.18	48.96	38370.98	42.77	乌兹别克斯坦	822.71	10.79	801.51	15.66
丹麦	42800.62	40.07	35695.89	31.21	塞舌尔	623.08	61.71	629.79	34.36
菲律宾	14652.98	50.24	30966.28	64.13	牙买加	1448.93	41.83	621.67	11.79
巴西	45936.32	55.49	29423.17	65.10	黑山	369.30	31.79	516.83	17.26
中国台湾	28173.00	44.03	28118.00	52.06	波黑	221.49	20.18	513.29	15.64
中国香港	9732.45	12.28	27100.04	27.75	柬埔寨	591.78	20.62	441.10	10.53
芬兰	26550.55	60.70	23007.23	67.99	埃塞俄比亚	1186.07	15.54	393.14	5.32
澳大利亚	28019.81	33.44	22521.97	30.55	约旦	762.45	12.78	390.69	4.04
挪威	28162.83	46.85	22156.28	43.49	尼加拉瓜	300.30	26.41	353.70	22.65
罗马尼亚	14169.43	48.60	21832.01	49.90	库拉索	299.94	32.09	346.92	22.43
泰国	30945.00	47.78	20082.38	35.44	洪都拉斯	887.01	25.72	329.50	8.87
马耳他	15582.19	80.43	18788.09	73.71	蒙古	1302.07	31.16	300.53	18.94

经济体	可数字化服务进口		可数字化服务出口		经济体	可数字化服务进口		可数字化服务出口	
	金额（百万美元）	占服务进口比重（%）	金额（百万美元）	占服务出口比重（%）		金额（百万美元）	占服务进口比重（%）	金额（百万美元）	占服务出口比重（%）
捷克	18174.43	51.21	18692.62	47.08	乌干达	1121.53	29.99	300.05	14.59
塞浦路斯	11266.71	67.46	15568.89	64.61	特立尼达和多巴哥	1341.89	62.53	283.79	24.34
匈牙利	12896.92	50.63	14997.22	41.54	纳米比亚	1497.96	75.09	213.19	21.42
葡萄牙	11617.15	45.38	14894.48	26.65	博茨瓦纳	596.66	58.78	201.18	31.39
马来西亚	23540.03	45.10	14355.53	33.64	阿鲁巴岛	504.23	42.20	189.46	6.25
印度尼西亚	25178.96	49.02	12938.34	38.88	伯利兹	101.61	33.27	158.97	16.32
土耳其	20817.00	42.39	12913.00	12.70	巴布亚新几内亚	1352.63	75.48	121.64	82.68
俄罗斯	18093.33	24.02	12484.30	30.30	安提瓜和巴布达	319.36	57.57	119.43	10.64
乌克兰	2734.00	10.78	10239.00	62.38	苏里南	372.10	58.95	105.44	60.78
哥斯达黎加	3125.76	49.32	9145.95	59.43	圣马丁岛（荷兰部分）	137.54	41.63	97.77	7.68
阿根廷	9446.24	41.43	8757.84	53.00	玻利维亚	646.61	25.63	85.21	7.12
塞尔维亚	4436.20	40.76	8119.82	57.41	斐济	195.44	21.12	81.86	4.03
立陶宛	4851.76	35.68	7978.03	36.60	格林纳达	173.35	55.30	74.64	9.47
摩洛哥	2776.69	22.52	7844.17	30.85	赞比亚	409.78	23.95	68.75	7.37
保加利亚	3572.94	44.54	7767.66	50.92	多米尼加	86.75	58.36	61.73	38.14
爱沙尼亚	5378.12	54.89	7278.02	57.69	卢旺达	96.37	10.16	59.65	5.72
希腊	6669.26	22.67	6866.06	12.94	佛得角	84.87	30.70	56.74	7.95
南非	8354.26	45.02	6496.39	45.79	萨摩亚	54.95	41.89	55.26	18.19
加纳	8168.56	67.99	5897.67	68.09	圣卢西亚	286.34	57.93	54.42	4.27
斯洛伐克	5400.61	45.30	5666.82	45.11	文莱	594.46	47.57	49.97	14.70
克罗地亚	3669.83	51.70	5059.26	20.96	安哥拉	2674.61	31.09	45.01	59.34
墨西哥	11914.31	16.56	4983.63	9.54	马尔代夫	675.54	40.22	43.63	0.98
哥伦比亚	7104.53	43.00	4501.06	29.70	莫桑比克	886.04	44.30	39.22	3.87
巴基斯坦	2620.00	27.71	4501.00	59.92	巴拉圭	205.35	8.29	35.28	1.44
新西兰	8538.38	49.36	4464.65	28.86	圣文森特和格林纳丁斯	56.68	34.39	34.12	11.63

经济体	可数字化服务进口		可数字化服务出口		经济体	可数字化服务进口		可数字化服务出口	
	金额（百万美元）	占服务进口比重（%）	金额（百万美元）	占服务出口比重（%）		金额（百万美元）	占服务进口比重（%）	金额（百万美元）	占服务出口比重（%）
斯洛文尼亚	3925.65	45.36	4348.21	33.94	圣基茨和尼维斯	138.83	54.77	29.01	5.31
沙特阿拉伯	27151.32	28.28	3862.24	7.96	塔吉克斯坦	100.70	13.46	24.51	10.06
拉脱维亚	2823.19	48.97	3762.82	46.32	所罗门群岛	94.98	37.37	21.89	18.99
卡塔尔	8045.33	18.82	3556.32	11.48	中国澳门	138.37	2.42	17.19	0.04
白俄罗斯	1244.49	21.93	3360.86	39.52	安圭拉	47.68	51.98	10.84	5.18
乌拉圭	2403.46	40.93	3037.89	48.92	东帝汶	47.08	11.15	4.54	6.54
巴拿马	1796.88	30.18	2770.62	15.86	莱索托	52.26	12.71	3.86	24.58
智利	5354.52	26.83	2575.33	26.55	蒙特塞拉特	12.54	51.07	3.59	25.03
哈萨克斯坦	4458.19	36.84	2554.35	24.83					

得益于拥有巨大的市场和完整的工业体系，中国已形成一批位于全球前列的信息通信技术和平台服务企业，且在 5G、人工智能、量子信息、区块链等前沿领域涌现大批独角兽企业，这为数字贸易及其相关技术产业发展奠定了良好的基础。截至 2023 年底，我国市值超 10 亿美元的数字平台企业达 141 家，合计市值规模 2.0 万亿美元，相比 2015 年新增 88 家。① Gartner 数据显示，2023 年我国阿里云、华为云进入全球前五大 IaaS 提供商榜单。其中，阿里云国际市场份额达 7.9%，收入同比增长 20.6%；华为云收入国际市场份额为 4.3%，连续四年跻身 IaaS 供应商前五，进入全球头部阵营。据国家统计局数据，截至 2023 年底，国产 3D 打印装备拥有量占全球装备的 11.5%，处于全球第二；消费级非金属 3D 打印装备市场占比位居全球首位。2023 年中国 3D 打印进出口总额 10.73 亿美元，同比上升 56.51%，反映 3D 打印进出口规模逐渐扩大，其中进口额 0.87 亿美元，同比增长 22.9%；出口额为 9.85 亿美元，同比上升 60.4%。实现贸易顺差为 8.98 亿美元，同比增长 65.3%，出口规模总体远高于进口规模，表明中国

---

① 资料来源于中国信息通信研究院。

增材设备制造行业在全球范围内具有较高竞争力。① 中美两国的区块链相关专利在全球占比已达到 75%，两国的物联网支出在全球总支出的占比达 50%，两国的公共云计算已占全球 75% 的市场份额（UNCTAD，2019）。在全球前 69 家数字平台中就有 17 家平台来自中国，这 17 家平台企业所拥有的 PCT 专利数占全球前 69 家数字平台的比重已由 2006 年的 1.3% 大幅提高到 2020 年的 28.2%。② 在世界知识产权组织（WIPO）公开的 PCT 国际专利申请统计中，2023 年中国共提交了 69610 件 PCT 专利申请，占全球 PCT 专利申请比达到 26.72%，连续四年位居世界第一。从前 100 名中国企业 PCT 国际专利申请数量来看，1000 件以上的有 10 家，其中华为以 7822 件专利位居第一，宁德时代以 2153 件专利排名第二，京东方以 2002 件专利排名第三。因而可以看到，中国不仅在传统货物贸易领域具有比较优势，在数字技术与数据领域也已具有较强的比较优势与国际竞争力。但目前我国在数字技术领域的高科技企业国际化程度还严重偏低，数字贸易规模与我国的经济体量不相匹配。此外，我国在软件、数据库、核心操作系统及数字基础设施等领域仍然"受制于人"，系统性风险和产业链脆弱性日益凸显。从数字化渗透率来看，我国工业数字化渗透率尚不足 20%，服务业数字化的渗透率接近 40%，相比之下工业互联网未来还有较大的拓展空间（张茉楠等，2022）。

第二节　"中国方案"的主要诉求与制约因素

一、主要诉求

（一）形成较为完善的跨境电商发展的基本框架和准则

在数字贸易发展中，中国的比较优势之一主要体现在跨境电商领域。

---

① 资料来自前瞻产业研究院发布的《2024 – 2029 年中国 3D 打印行业市场前瞻与投资战略规划分析报告》。

② 资料来源于联合国贸发会议《2019 年数字经济报告》和世界知识产权网站。转引自：沈玉良，彭羽，高疆，陈历幸. 是数字贸易规则，还是数字经济规则？新一代贸易规则的中国取向 [J]. 管理世界，2022，38（8）：67 – 83。

然而中国及其他跨境电商参与国都面临着通关、跨境电子支付、物流、知识产权等各方面的制约，因而核心诉求之一是在全球或区域范围内加快形成促进跨境电商发展的基本框架和准则，包括基于跨境电商的电子支付、跨境物流、透明度条款，推广电子认证和电子签名等，以提升数字化支撑的货物贸易便利化与规范化程度，形成物流便捷、标准互认、产能互补、市场共享的国际电子商务发展局面，以进一步增强我国跨境电商的国际竞争力，使更多中小企业和个人可享受数字贸易快速且高质量发展所带来的红利。

（二）通过规则制定在数据流动、数字产业发展、隐私保护及国家安全之间取得某种平衡

数据要素已成为全球经济重要的生产要素，可基于信息知识的传播与共享而发挥巨大的溢出效应，从而推动各国创新能力提升与全球化覆盖范围扩大（洪永淼等，2022）。数字贸易发展中所产生的数据及其跨国流动，在带来巨大的经济与社会价值的同时，也引致了个人数据泄露、国家安全受到威胁等各种风险。实际上，大部分发展中国家对于数字流动也同样持谨慎态度，他们不仅关注数据安全问题，还担心会沦为全球数字平台的原始数据提供方（UNCTAD，2021）。因而近年来提出数字本地化政策的国家在不断增加，数据本地化措施数 2017～2021 年增加了一倍多（Cory et al.，2021）。因而，我国应研判并提出在严格本地化与数据完全自由流动之间进行平衡，且综合考量大部分国家法律、经济、国家安全等多维度因素的折中方案，以形成对数据流动较强的激励与约束机制。

二、制约因素

（一）我国国内数字治理水平相比发达国家还存在较大差距

由于长期以来侧重制造业发展，服务业占经济比重明显偏低，使得我国数字服务贸易的发展起步较晚，缺乏较稳固的国内产业基础支撑。前期实践经验积累的不足也使得我国在数字治理方面的能力相比发达国家存在较大差距，服务贸易相关法律制度不够完善，数字服务贸易的界定不够明确，个人信息安全保障能力有待提升。尽管我国已出台《数据安全法》《个人信息保护法》《网络安全法》等相关法律，但个人信息和重要数据出境安全评估的实施细则至今未出台，导致数据出境无法可依。因此，我国在数据跨境流动、数据分级分类、个人隐私数据保护、政府数据开放、数字服务市场准入、数字服务税等数字治理关键领域尚未形成成熟系统的制度安排，因而在与美欧等发达经济体开展数字谈判中不便就上述议题条款轻易作出让步与承诺，以防产生现阶段无法估量的风险。

（二）数字化能力南北差距较大，诉求差异凸显

美国在全球贸易中主要以数字服务贸易为比较优势，其优势的发挥需建立在数据自由获取与跨境流动的基础上。《美墨加自贸协定》（以下简称 USMCA）作为美式模板的代表，强调在推动数据跨境自由流动、降低数据本地化障碍、实现数字产品非歧视性待遇、数字内容的知识产权保护等方面制定高标准、高质量的数字贸易规则（陈寰琦和周念利，2019）。目前亚太区域的数字贸易规则在很大程度上受到美式模板的影响，其中具有代表性的有 CPTPP、《美日数字贸易协定》（以下简称 UJDTA）、DEPA 等，协定中的相关条款都明显沿袭了美式模板的部分内容，有着较大的相似性。美国还主导建立《跨境隐私规则》（CBPR），吸收日本、韩国、新加坡、加拿大、澳大利亚、墨西哥等国加入。这些协议及其规则所产生的示范效应使美式模板的国际影响力与话语权越来越大，也使得对数据跨境流动、数字服务市场准入、数字内容知识产权保护等内容的探讨及在这些领域制定高标准的数字贸易规则，已成为目前数字贸易谈判的主流。与"美式模板"不同，欧盟的数字贸易规则主张具有一定防御性，其不接受美式"数字产品非歧视"条款，强调尊重基本权利，坚持视听例外原则（Willemyns，2020）。欧盟通过制定与实施《数字服务法》《数字市场法》《数据治理法案》促进欧盟统一数据市场形成的同时，在 WTO 电子商务谈判中积极推广电信和平台监管规则，着力强化与重塑其在数字规则、数字治理层面的全球示范作用与影响力（Titievskaia，2020），同时促进欧盟外企业将数据带回欧盟境内存储和处理等。相对而言，以中国为代表的新兴经济体则对数字基础设施建设、跨境电商便利化、数字化转型等能力建设议题更为关注，且希望能构建渐进式、普惠式的全球数字贸易规则，从而为促进本国电子

商务与信息通信服务业发展谋求更大的政策空间与发展空间。基于美欧等经济体在数字贸易领域的先发优势与强势地位，差异明显的"中国方案"无论是制定还是推广，难度都不言而喻。

（三）规则同盟趋势的日益加强使中国在区域数字贸易规则构建中面临被边缘化的风险

一方面，中国在其具有较强比较优势的数字货物贸易领域，相关法律以及监管方面目前缺乏跨境合作，而在数字服务贸易领域与其他国家相关制度法规的合作与探讨则更显谨慎与被动。另一方面，美、日、欧等国家（地区）的规则同盟趋势却在日益加强。可以看到，美国正试图通过与13个国家共建印太经济框架（IPEF）进一步在区域内寻求高标准的包含数据跨境流动、促进中小企业数字市场获益、在线隐私保护、人工智能伦理等议题在内的各类规则与承诺，在 WTO 之外形成一个由美国主导，且将中国排除在外的印太区域性的数字贸易协议，以减小中国在区域内的影响力，并对中国开展新一轮的"规锁战略"（张茉楠等，2022）。美国还正拉拢盟国构建"科技民主同盟"，以共同塑造全球技术通行规则与知识产权规则框架，尤其在5G、人工智能等前沿数字技术领域强化管控，并以各种方式阻止中国参与这一领域的国际技术标准与规则制定与修订。此外，欧盟以强调公民个人隐私和消费者保护为核心，通过《通用数据保护条例》（GDPR）和"第108号公约"进一步巩固其与数据盟友的同盟关系。日本近年来正加快推动"基于信任的跨境数据流动（DFFT）"，以便与美欧数字治理模式的对接与兼容，以形成美、欧、日数字流通圈。此外，USMCA 还包含"毒丸条款"，其规定倘若美、墨、加三国中任意一方与"非市场经济体"签署自由贸易协定，则其他缔约方有权在6个月后退出该协定，并通过新的双边协议形式取而代之。可以看到，目前全球数字贸易联盟化、排他性趋势日益加强，这使得中国在区域数字贸易规则构建中面临被边缘化的风险。

（四）我国数字贸易东西部地区发展不平衡

得益于良好的发展时机、宽松的营商环境、深厚的产业基础，我国东部地区在跨境电商和数字服务贸易领域的发展水平都明显领先于中部和西部省区市。西部地区主要受限于地理条件、产业基础薄弱，且人才与技术资源相对较为匮乏，数字贸易发展，尤其是跨境电商的发展水平明显不及东部地区。整体来看，东部和西部发展呈现不平衡的问题，在数字经济与数字贸易领域的差距正在逐渐拉大。因而"中国方案"在制定时，也应将数字贸易开放对不同地区的影响差异纳入考量，以期实现更具普惠与包容性的数字贸易发展。

（五）中国在跨境电商发展中积累的实践优势要转化为国际经贸规则还面临诸多挑战

一方面，跨境电商领域的议题涉及通关、物流、支付、平台、技术、关税等诸多环节与要素，诉求与内容过于细碎分散，缺少相关主体对其进行有效汇总与整理，形成系统科学的框架与议题方案，从而难以达到国际经贸规则抽象、普适的要求（徐程锦，2020）。另一方面，中国在跨境电商领域的优势大多来源于企业层面的技术与业务模式创新，如第三方支付工具、外贸综合服务体系、海外仓等，并非皆适宜以约束性国际规则的方式存在，很多实践创新往往更适合以市场化的方式在更多国家传播与推广，进而形成建议性的国际标准与规则。因此，应该足够重视 eWTP 等公私合作平台在加快实践创新与经验推广作用的发挥，并探索通过官方与非官方多渠道促进实践优势逐步转化为国际经贸规则。

第三节　eWTP 倡议下现阶段中国方案的内涵提炼

从广义上来说，数字贸易规则既包括非官方层面由市场主体约定俗成而形成的商业惯例，也包括官方层面的政策监管体系与制度法规等，且大量官方层面的规则标准往往也是通过实践的不断积累与验证演化而来。eWTP 基于"市场驱动、企业先行"与政企协同等方式而在基础层、应用层与框架层逐层递进式地加强经验模式推广、政策沟通、规则建构等，为"中国方案"的凝练与推广提供了重要的思路借鉴与行动指南。因而，我国可从商业实践、政策体系、制度法规、协议规则等多个方面分析与提炼我国现阶段的数字贸易规则主张与方案。其内涵主要体现在以下几个方面。

一、基于商业实践的"中国主张"

在传统贸易的长期发展过程中，基于反复实践与验证往往会积累形成一套约定俗成且行之有效的商业习惯做法，并经银行、商会等具有一定影响力的企业或组织应用与传播后演化为多国范围内普遍的、一般的行为规范，进而通过国际立法或规则制定，使其成为众所周知且普遍应用的国际贸易惯例与标准。这一由商业实践演化成贸易规则的路径在数字贸易领域也同样适用，且由于近年来数字贸易的高速发展，实践探索的创新程度已远远领先于国家与国际官方层面的规则制定，因而可鼓励数字贸易领域的龙头企业更多进行交易流程、交易手段、交易工具等层面的实践与创新，并积极参与各类规则与标准的制定，以使行业获得更规范化的发展。

以我国跨境电商领域中支付与物流环节的实践创新为例，在数字化金融支付领域，支付宝、连连等第三方支付平台基于安全、便捷的支付及支付担保、结售汇服务的提供，有效化解了跨境电商交易双方在时空上分离且缺乏信任而引致的"囚徒困境"，由此促进了线上交易各方长期合作博弈的开展。除了具备便捷、安全等特点，第三方支付平台的费用较低廉且到账较快，因而已成为跨境电商收付款最核心的方式。以支付宝为例，其已连接超过 35 个全球电子钱包和银行 App，覆盖境外 66 个国家和地区，为当地人提供支付服务。[①] 目前以支付宝、连连等为代表的我国第三方支付平台的业务范围已从跨境电商收款、收单等与支付相关的基础金融服务，向供应链金融、外汇、资金管理、保险、财税等综合性金融服务、增值金融服务拓展，正探索建立一站式接入的跨境支撑服务平台。随着商业实践的深化及其国际市场的拓展，这类第三方支付平台的平台规则、交易流程、习惯性做法及其所衍生的跨境金融服务体系等也正在被越来越多的国家接受与使用。

在跨境物流环节，海外仓已成为跨境电商发展的重要环节和服务支撑，不仅可发挥规模运输优势，大幅降低物流成本，优化物流效率与用户体验，

---

① 蚂蚁集团获评《财富》亚洲支付领域金融科技创新第一名［EB/OL］.（2024 - 11 - 08）［2024 - 11 - 30］. https：//jingji. cctv. com/2024/11/08/ARTInRwiMfCwQdS2f5OIdK3j241108. shtml.

也使更多企业的业务范围逐渐向产业链的高附加值领域如物流、营销渠道、品牌等方面渗透，由此实现其价值链地位的跃升及要素密集度的逆转。截至 2024 年底，我国海外仓数量已超 2500 个，面积逾 3000 万平方米，其中专注于服务跨境电商的海外仓超 1800 个，面积超 2200 万平方米。① 在跨境电商海外仓企业、物流服务商、平台企业的共同参与及推动下，我国首个跨境电商海外仓标准已于 2022 年公布实施。其不仅规定了跨境电商海外仓等术语及其定义，还对跨境电商海外仓进行了分类，并从运营管理规范、服务管理规范、实施保证及评价改进等方面对海外仓的关键作业流程及规范等进行了梳理与明确，为企业建设和运营管理跨境电商海外仓建设提供了标准指引，这不仅使我国的海外仓建设与运营更为规范，也为其他国家的海外仓建设与标准制定提供了重要参考。此外，菜鸟网络作为当前全球四大核心物流商之一，在不断深化物流数智化的基础上，可积极参与区域及全球层面物流标准的建设，以使全球跨境物流体系更加规范、高效、稳定。

我国阿里巴巴等大型跨境电商平台企业在二十多年的商业实践中逐渐演化形成了一套贯穿磋商、缔约、支付、运输等多个环节，且为消费者、企业、银行乃至部分国家政府所接受与采用的商业习惯性做法或平台规则。作为电商行业标杆，2019 年阿里巴巴深度参与了我国电商行业标准的制定，将其在业务术语、平台的商品信息发布规范、品牌评价、商家入驻资质审核规范、商品质量管理指南、交易纠纷处理规范、发货签收与退换货规范、商家申诉业务规范等方面行之有效，且为行业所接受的成熟做法转换为行业标准，构建电子商务行业有关质量管理、诚信体系、质量风险防控等方面的国家标准。此外，2020 年阿里巴巴主导研制并发布了国家标准《跨境电子商务平台商家信用评价规范》，这一标准已在阿里国际站、速卖通、跨境电商综试区广泛应用，有助于形成更加规范、公正、诚信、竞争充分的营商环境，促进跨境电商行业的有序、可持续发展。可以看到，对数字平台的监管已日益成为数字经济与数字贸易治理中的重点与难点。海量高频交易以及交易平台性质的多元性和结构的复杂性，使得政府监管力量远远不足，因而更为重要的是要让平台企业加强自治，承担起协调和监管职能，

---

① 罗珊珊. 全国跨境电商主体超 12 万家 建设海外仓超 2500 个［N］. 人民日报，2024 – 06 – 04.

鼓励平台方牵头联合行业内相关市场主体构建自治联盟，共同制定科学规范的行业标准、规则、程序等。例如，阿里巴巴已在数据安全、产品质量、网络支持等领域联合我国平台商家、服务商、上游企业、行业协会组建标准联盟，以推进全流程的标准化和商品服务品质的提升。随着我国跨境电商国际市场的不断开拓，这样的行业惯例与标准不仅正在更多国家推广与应用，还有望成为国际标准，被纳入更多双诸边及多边的贸易规则中。

中国在云计算与大数据、人工智能、区块链、物联网等信息通信领域的创新能力均居于世界领先位置，其技术先进性和可执行性基于大量实践的验证已逐渐获得国际社会的认可，这为我国科技企业积极参与国内与国际标准制定提供了重要支撑。2015～2020 年，国际标准化组织（ISO）里由我国主持的国际标准数量已有 800 余项①。以国际三大标准组织之一的国际电信联盟 ITU 为例，我国部分高科技企业在包括区块链、数据安全、隐私保护、安全科技、智慧城市、物联网标准等研究组担任多个重要职务，承担标准召集及推进的工作。例如，蚂蚁集团主导和参与制定了近 40 个数字技术领域的国际标准，其中主导的标准超过 20 个，涵盖区块链、隐私计算、移动支付、安全科技等领域；百度、华为、腾讯等企业也已牵头或参与人工智能、区块链、数字游戏等领域国际标准的制定。国际标准的制定不仅有利于构建更完善且强健的产业生态，形成技术、标准、市场间良性循环的发展态势，也基于自身优势的"输出"而使参与标准制定企业的市场势力与盈利能力进一步增强。

此外，我国企业基于国内外信息基础设施建设与相关人才培养，推动国家间数字鸿沟弥合的成功实践，不仅使国际合作不断深化，市场规模拓展且网络效应增强，同时也能在国际发挥更大的示范效应，为各国间建立长期合作机制，以及为世贸组织的"贸易援助计划"或"电子商务促进发展计划"提供具体的实践参考与行动路径，有助于促进数字贸易的包容普惠性发展目标的实现，这也可使我国在全球数字贸易规则制定中的话语权有效提升，是倡导"合作共赢"之中国智慧的具体体现。例如，在构建 eWTP 倡议下，阿里巴巴及相关服务商正深度参与共建"一带一路"国家

---

① 惠志斌. 从数字技术的国际标准制定看中国"影响力"［EB/OL］.（2022 - 05 - 09）［2024 - 11 - 30］. https://3w. huanqiu. com/a/c36dc8/47w848jHCVf.

及 eWTP 数字贸易枢纽地区的全球交易网络、物流网络基础、金融体系及公共服务网络等建设，加强各国商业模式数字化创新和数字化人才培养方面的合作，使得更多发展中国家共享我国数字基础设施建设经验及技术与人才优势，降低各国在新型基础设施及人力资源之间的差距，帮助更多国内外中小企业获得平等、便捷参与全球数字贸易的机会。

二、基于政策创新层面的"中国主张"

我国在数字贸易领域的政策创新主要包括创新监管方式、提高贸易便利化程度、提升贸易数字化水平、规范数字治理等，具体的"中国主张"体现在以下几个方面。

（一）创新监管方式，提高贸易便利化程度

近年来我国各部门不断优化监管方式，以提高数字贸易的便利化程度。我国跨境电商在商业模式与监管方式等方面的快速进步，很大程度上得益于在跨境电商试点区域基于各类政策、模式与业态的探索、孵化与传播所获得的丰富经验。截至 2022 年底，我国已前后分七批总共设立了 165 个跨境电商综试区，已广泛覆盖全国 31 个省份，跨境电商改革与发展进入普惠阶段。① 我国各地的跨境电商综试区通过创新监管方式、强化政企间协同合作、优化进口环节效率、加强产业融合等举措，降低跨境电商的交易成本，不断提升贸易便利化程度。典型的做法如表 12.3 所示。综试区改革的深化及其经验在全国的复制推广，使得我国数字贸易的营商环境不断优化，推动了数字贸易的更高质量发展。正是基于改革经验的不断积累，我国海关已于 2018 年牵头，并联合网易等跨境电商企业共同制定《世界海关组织跨境电商标准框架》，从电子数据预处理和风险管理、便利化和程序简化、公平和高效的税款征收、安全和保障等方面提出了在全球具有普惠性与引领性的海关监管"中国方案"，从而基于全球性规则体系的构建来推动全球跨境电商通关环节朝着统一化、便利化方向演进。

---

① 潘洁，谢希瑶. 我国跨境电商综试区已覆盖 31 个省区市［EB/OL］.（2023 - 02 - 24）［2024 - 11 - 30］. https：//www. gov. cn/xinwen/2023 - 02/24/content_5743076. htm.

表12.3　我国跨境电商综试区在创新监管方式、提高贸易便利化程度的典型举措

创新领域	具体做法
顶层设计架构	创立以"六大体系两大平台"为核心的跨境电商政策体系和管理制度
数字化监管模式创新	建立覆盖跨境电商B2B和B2C模式的认定标准与监管业务模式；创新设立"市场采购"贸易方式，以适应多样化、碎片化交易形态；打造进口通关一体化服务平台、商品质量安全风险监测系统、跨境零售进口公共质保平台；建立集海关、外汇、税务、检验检疫、海事、边检等部门间信息共享与业务协同的"单一窗口"，实现联网核查、简化申报、无纸通关；建立并不断优化跨境电商进口"正面清单"，以提高通关效率、助推消费升级；简化一体化通关流程，实施进口概要申报、完整申报"两步申报"；设立互联网法院跨境贸易法庭，提升执法效率
构建跨境电商规则与标准	发布多项跨境电商领域国家、行业、地方、团体和企业标准，初步形成适应跨境电商发展的标准体系＊；发布全国"跨境电子商务指数"和跨境电商人才标准
优化出口各环节交易效率与服务体系	推出跨境电商邮路保税出口新模式，商品入区即可办理退税；创新跨境电商进出口退换货模式，提高企业整体退货效率；构建标准化外贸综合服务平台，为中小企业提供包括报关、结汇、物流、支付、融资一站式服务；实践"跨境电商直邮＋各地海铁联运"模式，实现"一单报全国"；推出跨境电商全球中心仓模式，降低仓储物流成本
优化进口各环节交易效率与服务体系	设立数字清关口岸，使通关效率提升；建设"数字综合保税区"，推进区内生产、交易、流通、监管等全流程数字化；创新跨境电商零售进口保税模式，使采购与物流成本降低，监管质效与用户体验优化
建立统计监测体系	建立健全跨境电商统计监测体系，依托数据建设综合数据处理中心
提高产业链整体协作水平	推进跨境电商平台与公共服务平台互融互通，为产业链各环节企业提供设计生产、展示交易、仓储物流、供应链金融、关检汇税等贸易综合集成服务；建立跨境电商线下产业园区，汇聚制造生产、电商平台、仓储物流、金融信保、风控服务等各类企业，形成跨境电商产业生态，实现生产要素和产业集聚共享，促进跨境电商与制造业融合发展，推动传统产业提质增效、创新升级；将综试区与各地产业集群联动，以形成高效的现代供应链服务体系

注＊：根据商务部发布的信息，截至2021年8月，我国已发布跨境电商领域国家、行业、地方、团体和企业标准共计41项，其中国家标准11项。

资料来源：笔者根据公开信息整理。

（二）释放政策红利，提升贸易数字化水平与创新水平

我国跨境电商行业的快速发展，离不开政策的大力支持与正确引导。近年来，国家出台多项跨境电商相关支持政策，鼓励行业创新发展，并从资金、人才、政策、税收和技术等方面加大支持力度（典型举措见表12.4），这不

仅使跨境电商领域的创业活力不断增强，也促进了贸易的数字化水平与创新能力的更快提升。

表 12.4　我国基于政策扶持而促进贸易数字化与创新水平提高方面的典型举措

创新领域	典型举措
税收与金融政策	集中纳税、代扣代缴，提供税款担保服务；符合条件的跨境电商出口企业可适用增值税、消费税退（免）税和免税政策，实施"无票免税"* 政策；跨境电商零售出口小微企业可享受小型微利企业所得税优惠政策；跨境零售进口限额以内享受零关税，增值税、消费税按法定应纳税额 70% 征收，超出年度交易限值部分按一般贸易进口缴税；政府与平台共建跨境电商信用保障资金池，为供应商背书，引导企业诚信经营积累信用；鼓励金融机构开展跨境电商供应链金融服务，探索投贷结合、动产质押、订单授信等业务模式
鼓励各类创新，增强跨境电商发展动力	坚持"发展中规范、规范中发展"原则，允许跨境电商企业在商业模式上大胆创新；鼓励跨境电商、市场采购、外贸综合服务企业、保税维修、离岸贸易、海外仓等新业态新模式的发展创新；鼓励专业服务商、独立站发展壮大，打造跨境电商全球品牌；支持培育自主品牌，扩大优质产品出口，助力"中国制造"向"中国智造"转变
促进贸易数字化转型	鼓励企业向数字服务和综合服务供应商转型；推动企业提升贸易数字化和智能化管理能力；大力提升外贸综合服务数字化水平；在全球范围内建立跨境电商海外服务网络，涵盖海外仓储、数字营销、直播推广、知识产权、离岸公司、国际税务法律、清关代理服务、认证认可、金融支付，帮助跨境电商相关企业出海应对各类难题
加强人才培育力度	基于政、校、企合作，以市场需求为导向培养跨境电商人才；与共建"一带一路"国家共享优质教育资源，打造国际化人才资源服务平台，助力"丝路"电商人才合作与发展；为发展中国家提供在线公益课堂与培训，赋能当地市场的电子商务发展

注*："无票免税"是指针对跨境电子商务企业出口但未取得有效进货凭证的货物，符合一定条件时，可以享受增值税、消费税免税的政策，其具有免征不退、免追责等规定，使得跨境电商出口税收阳光化，大大降低了中小企业的税收负担。

资料来源：笔者根据公开信息整理。

三、基于制度法律层面的"中国主张"

国际经验表明，经济体量越大且开放水平越高的国家越有意愿与能力促使其国内制度法规向国际规则演变（张春飞和岳云嵩，2023）。例如，2018 年欧盟发布的《通用数据保护条例》（GDPR）已经成为全球跨国企业数据管理的重要标准，也成为美国、日本、韩国等多国制定数字与消费者隐私相关法案以及大量双诸边协议中的重要内容或参考。

2019 年，我国颁布实施《电子商务法》，对消费者保护、电商平台审核、诚信经营、公开透明度、垄断竞争、数据收集与使用等问题作了明确规定，有利于促进形成规范、诚信、公开且竞争的市场环境。与此同时，网络安全日益成为我国国家安全保护的核心内容。我国对于跨境数据流动一直持谨慎态度，目前正努力通过国内政策与法律法规的创新与完善，推动跨境数据流动监管体系不断与国际规则接轨。与此同时，2019 年以来，我国修订了《商标法》和《反不正当竞争法》，加大了对侵犯商标专用权行为、商业秘密侵权行为的惩罚力度。

2020 年我国发布《全球数据安全倡议》，阐释了在技术进步、经济发展与保护国家安全和社会公共利益数据安全等方面努力寻求某种平衡的"中国主张"。2021 年，我国相继颁布出台《数据安全法》《个人信息保护法》《网络安全法》，它们共同构成个人信息保护和跨境数据流动监管的顶层制度。通过不断完善制度建设，对数据及个人信息在收集、处理、存储、共享、流通等各个关键环节的具体规制逐步清晰，数据跨境流动、安全评估等管理体系正在加速构建。在数据流动方式上，通过立法确定了安全评估、专业机构认证、标准合同等可操作的具体措施。同时也确立了出于保护国家安全、公共利益的需要，对部分数据的跨境流动进行适度监管的制度。这些法律法规所体现出的"中国主张"也是我国加强全球数字治理，与各国深化网络安全合作的重要前提。

四、基于双边及区域合作与谈判层面的"中国主张"

据我国商务部的消息，截至 2024 年 3 月，我国已与 29 个国家和地区签署 22 份自由贸易协定，其中有 11 份包含电子商务章节或条款，涉及 16 个国家和地区。以中国分别与澳大利亚、韩国、毛里求斯、柬埔寨签订的自由贸易协定为例，这些协定主要涉及免关税征收、电子认证和数字证书、网络消费者保护、隐私保护、无纸化贸易、网络设备等多个议题，但尚未涉及数字产品非歧视待遇和网络安全等议题。各协议条款的性质对比如表12.5 所示，从中可以看到，包括免关税征收、电子认证和数字证书等在内的条款均采取了约束性质条款，而网络消费者保护偏重于约束条款，隐私保护、无纸化贸易则存在建议与约束①的两重选择。由此可看到，中国对上述议题实际上已基本形成较为明确的立场与主张，且与缔约方整体上主张较为相似，在部分约束性条款缺乏执行条件的前提下，我国及其他缔约方正努力通过建议性条款的形式表达其主张以及进一步合作的意愿。此外，这些自由贸易协定的电子商务章节中还通常包含促进电子商务合作的建议性条款，这为我国积极参与海外信息基础设施建设、人才培养等提供了较广阔的合作空间。

表 12.5　　中国签署的双边自由贸易协定中的数字贸易关键条款性质

关键条款	中国 - 澳大利亚 （2015 年）	中国 - 韩国 （2015 年）	中国 - 毛里求斯 （2019 年）	中国 - 柬埔寨 （2020 年）
免关税征收	约束	约束	约束	约束
电子认证和数字证书	约束	约束	约束	约束
网络消费者保护	约束	无	约束	约束
隐私保护	建议	无	建议	约束
无纸化贸易	约束	建议	约束	建议
网络设备	无	无	无	建议

资料来源：张正怡. 数字贸易的规范考察及中国方案［J］. 东岳论丛，2022，43（8）：169 - 175，192。

RCEP 作为我国当前对外达成的自由贸易协定中标准最高的数字贸易条款，能较好地体现我国积极对接全球数字贸易高标准规则、兼顾数据跨境自由流动与数字主权、维持数字贸易约束渐进式规范的立场与诉求，也是未来中国进一步优化与推广"中国方案"的重要抓手与渠道（张正怡，2022）。RCEP 的电子商务章节中，除了包含前述自由贸易协定中的主要内容且以约束性条款为主外，还增加了非歧视待遇、非应邀商业电子信息这一约束性条款，并加入了网络安全、计算设施的位置、跨境电子方式信息传输等建议性条款。相比 CPTPP，RCEP 尚未涉及接入和使用互联网开展电子商务、互联网互通费用分摊和源代码保护条款。与 CPTPP、USMCA、

---

① 约束性条款赋予缔约方强制性约束义务；而建议性条款亦称为软法条款，仅表达缔约双方对加强该领域合作的意愿与建议。

UJDTA 等协定相比，RCEP 在跨境数据流动、个人信息保护、计算设施位置等约束性条款中均设置了"公共政策例外"与"基本安全利益例外"条款，并给予了最不发达国家一定过渡期，这为现阶段我国针对数据跨境流动实行规制措施提供了一定政策空间。此外，RCEP 还设有"中小企业"章节，其中包含通过促进信息共享与合作为中小企业提供更多参与市场竞争的机会等建议性条款。RCEP 也同样设置了"经济技术合作"章节，鼓励缔约方探索并开展经济技术合作活动，以缩小缔约方之间的发展差距，实现缔约方之间的普惠且互惠化发展与合作（全毅，2022）。因此与 CPTPP 等协议相比，RCEP 更好地反映了亚洲发展中国家的商业理念与利益诉求，也反映出了各国对接全球数字贸易高标准，且积极开展共享合作以适应全球价值链分工深化与市场深度融合趋势的意愿与立场。

五、基于多诸边谈判与协议层面的"中国主张"

自 2019 年 1 月起，包括中国在内的 90 个 WTO 成员方积极参与 WTO 框架下和贸易相关的电子商务诸边谈判。截至 2023 年底，各方已在促进数字贸易便利化、开放数字环境以及增强商业和消费者信任等领域就 13 个议题达成共识，且将力推于 2024 年内在电子支付、电信服务、使用密码的信息通信技术（ICT）产品、发展等议题尽快达成共识，并就电子传输免征关税作出高水平承诺。中国先后提交 9 份议案，在建立良好和安全可靠的电子商务交易环境、推行贸易便利化措施（如简化边境措施、通关无纸化、单一窗口，以及建立跨境电子商务交易平台）、推动国际合作、支持电子传输免征关税方面提出 20 余个议题，多数被纳入共识。① 和其他自由贸易协定相比，我国在 WTO 电子商务诸边谈判的提案中涉及的议题更少，仍然更关注数字化支撑的货物贸易规则，且尚未在提案中提出跨境数据流动议题，这也正是我国在多边框架下综合考量自身及各成员方利益与国情、维护数字贸易普惠且渐进式规范等立场的再一次体现。在诸边谈判取得阶段性进

---

① 冯迪凡. 商务部解读 WTO 电子商务谈判：中方是谈判的重要参加方和主要提案方，先后提出 9 份提案 ［EB/OL］.（2023 - 12 - 25）［2024 - 11 - 30］. https：//www.yicai.com/news/101937679.html.

展并达成协定的基础上，各方再适时推动使其转化为 WTO 框架下的多边协议，以期逐渐形成全球层面的数字贸易规则体系。在谈判过程中，我国还加入了"电子商务发展之友"（FED）并支持多边贸易体系下电子商务发展工作组，主张澄清贸易相关的电子商务定义以及未来规则的适用范围、为电子商务交易创造安全与可信任的环境、推动务实包容发展合作。

第四节　现阶段"中国方案"的不足之处

由于我国数字贸易发展起步较晚，面对快速演进的数字贸易规则，我国参与数字贸易条款制定缺乏自主规划，更多呈现出被动应对的局面，具体表现在以下几个方面。

一、数字贸易国内制度与国际规制接轨有待探索

欧美国家的跨境电商政策法律体系较为完善，美国的《互联网商务标准》《全球电子商务纲要》、欧盟的《数字服务法》《数字市场法》《电子商务行动方案》《电子商务指令》等政策法规相继出台实施，它们均包含基础设施建设、技术服务、互联网的特殊性、企业政府责任规制、跨境电商全球性原则等方面内容。从现阶段来看，我国跨境电商政策体系已经初步建立，法律法规、规章制度正在逐步完善中，《电子商务法》中对于跨境电商许多法律法规条款还需细化，对跨境电商的进出境监管、通关模式、税款征收、在线争议解决机制等方面仍有待进一步完善，亟须出台专门针对跨境电子商务法律法规予以规范。

近年来，我国对数字贸易的监管与治理改革主要集中在跨境电子商务领域，但对数字服务贸易的治理改革尚处于前期探索阶段，且多数有关数字服务贸易的国内措施主要以政策倡议为主，未能通过研判、孵化传播与压力测试等方式将其转换为国内制度法规与关键技术框架（张正怡，2022），治理经验的不足及关键数据的缺失在一定程度上阻碍了我国深度参与各类包含数字贸易条款的谈判。

二、对关键议题的研究不足，尚未形成明确的中国方案

一方面，由于前期实践发展与改革层面的经验积累不足，我国对数字贸易相关规则的研究与探讨还不够深入。即便在跨境电子商务领域，我国的监管制度也尚未成熟，因而未能基于国内制度层面共识的达成与推广，提出清晰的国际规则提案。另一方面，我国尚未形成常态化政企沟通机制，政府获取企业信息的渠道比较随机、零散，企业也尚不具备通过支持政府参与国际经贸规则谈判为企业发展争取制度空间的意识（徐程锦，2020），这使我国政府难以准确评估相关规则给我国经济收益与安全层面所造成的短期与中长期影响。在我国参与的自由贸易协定中关注的数字贸易规则重心仍以贸易便利化与透明度等条款为主，而关于跨境数据流动、源代码保护等新兴议题大多只提出较原则性和建议性看法，在多边谈判中更是对和数字服务贸易有关的新兴议题鲜少提及。部分符合我国数字贸易诉求的条款如数字产品非歧视待遇、网络安全与合作，尚未能通过积极争取而进入最终协定文本，人工智能、金融科技等新兴发展议题更是尚未进入我国参与的双多边谈判方案中，不利于我国充分运用数字贸易条款保障交易主体的待遇、促进新兴技术发展应用与合作，与现阶段我国大力发展数字经济与数字贸易的需求不相匹配。

三、国际合作有待深入，未能发挥引领作用

与发达国家合作方面，国内外政策法规差异较大，导致在许多议题上存在分歧，改革任务依然艰巨。与发展中国家的合作过程中，没能共同提出促进包容性发展的规则框架，以及在尊重各方监管要求的前提下制定可以落地执行的具体规则方案，条文偏于框架性，还不够细化。目前，中国只有 2015 年后缔结的 11 个自由贸易协定包含电子商务章节，包含了数字产品待遇、数字便利化等传统议题，但对跨境数据流动、隐私保护、数字服务市场准入等新议题覆盖不够，数字贸易规则与谈判策略缺乏总体规划、系统设计与详细规划。在多双边数字贸易规则谈判博弈中，我国仍处话语权较弱地位，未能发挥引领作用。我国对外缔结的自由贸易协定中数字贸

易规则几乎沿袭了当前主要数字贸易规则的规制模式，没有体现出我国在数字贸易谈判中的自主性，且往往以参与者身份进入或申请加入各类重要的协定中，极少主导数字贸易相关规则的制定与优化。

四、数字市场开放不足，国际化进程遭遇诸多阻力

OECD 数据显示，2021 年中国服务贸易限制指数①在 76 个国家中排名第三，5 个分项指标中有 2 个限制程度排名第一。如表 12.6 所示，在 2021 年数据服务出口排前 10 的国家中，我国的服务贸易限制指数明显高于其他国家，尤其在知识产权与数字化服务贸易壁垒这两个分项上，限制程度远超其他 9 国。即便在服务出口领域，我国实行零税率行业的服务出口占比只有 22%，服务出口综合退税率只有 0.2%，金融、物流、咨询、文化、娱乐、教育等（数字）服务贸易领域仍征收 6% ~ 11% 的出口关税。服务贸易壁垒的高企正是阻碍我国数字贸易更进一步发展的主要障碍之一。可以看到，数字市场开放程度的不足，容易引致其他国家的反制。近年来，中国数字科技企业出海频频遭遇打压制裁，海外业务拓展过程中遭遇诸多阻力，使我国庞大的数字经济规模及数字技术优势未能有效转化为数字贸易规模与国际竞争力优势。此外，由于数据跨境流动对于跨国企业实现各区域业务连接与供应链管理至关重要，数字市场准入等壁垒的高企使得一些数字经济领域优秀的海外跨国公司无法进入中国市场，或难以将关键业务环节配置在中国市场。因而我国亟待通过数字服务贸易领域渐进式开放方案的设计与推行而使其巨大数字市场潜力转化为全球化利益。

表 12.6　　2021 年数字服务出口前 10 名国家的服务贸易限制指数

地区	服务贸易限制指数	基础设施和连通性	电子交易	支付系统	知识产权	其他影响数字化服务贸易的壁垒
美国	0.061	0.04	0.021	0	0	0
英国	0.061	0.04	0.021	0	0	0

---

①　数字服务贸易限制指数主要从影响数字服务贸易发展的 5 大主要限制措施（包括基础设施和连通性、电子交易、支付系统、知识产权、其他影响数字化服务贸易的壁垒）等层面对全球 76 个主要经济体的服务贸易限制程度予以评估。

地区	服务贸易限制指数	基础设施和连通性	电子交易	支付系统	知识产权	其他影响数字化服务贸易的壁垒
爱尔兰	0.144	0.079	0.043	0	0	0.022
德国	0.123	0.079	0.021	0	0	0.022
中国	0.488	0.238	0.043	0.055	0.043	0.109
印度	0.322	0.159	0.043	0.055	0	0.066
荷兰	0.104	0.04	0.021	0	0	0.044
法国	0.123	0.04	0.021	0.018	0	0.044
新加坡	0.2	0.119	0	0.037	0	0
卢森堡	0.083	0.04	0.021	0	0	0.022

资料来源：OECD 数据库。

第五节　eWTP 倡议背景下新一代全球数字贸易规则"中国方案"的优化策略

eWTP 倡议主张从商业实践、制度改革、双多边合作等多个层面共同推动数字贸易规则的孵化与创新，以实现全球数字贸易普惠式发展的目标，这也正是我国进一步优化"中国方案"的核心目标与重要实现途径。因而在 eWTP 倡议的启发下，新一代全球数字贸易规则"中国方案"的优化策略可主要体现在以下几个方面。

一、进一步明确中国参与数字贸易国际规则制定的立场与诉求

我国以塑造包容性贸易格局、尊重现有国际规则、注重维护国家监管权与发展中国家合理诉求、优先服务电子商务范畴内的货物贸易等为立场，与各国政府、企业之间进行充分评估与审慎制定，共同探讨和孵化数字时代的新规则、新标准，如数字关境、税收政策、数据流动、信用体系、消费者保护、电子支付、跨境物流、透明度条款等。在对"中国方案"的优化过程中，我国应着重在以下三个方面寻求某种平衡：其一，从商业实践

与规则层面探寻全球数字经济与贸易高速增长与数字普惠包容发展之间的平衡（盛斌和陈丽雪，2022）。努力团结各数字贸易伙伴国，特别要体现发展中国家及中小微企业对数字贸易规则的合理利益诉求，通过电子商务发展、数字技术应用、数字基础设施合作，弥合数字鸿沟，帮助中小微企业和发展中国家在国际贸易体系中获得公平和普惠的发展机会，由此促进广大发展中经济体普遍共识的达成，以引领全球数字规则谈判。其二，把握数据安全、数据流动自由化与数据服务产业保护之间的平衡。通过更为科学系统且灵活的方案内容与谈判策略设计，以使每个国家都能在贸易规则中找到其"舒适区"与"延展区"，推动构建与各国数字贸易与经济水平相匹配的渐进式开放的全球数字贸易规则。其三，把握数字贸易规则设计与商业实践之间的平衡。数字贸易规则创新与商业实践之间一般呈现相互促进的关系，两者互为前提和基础。数字贸易规则的优化往往要基于微观经济主体创新动力与能力的激活与增强方能转化为数字经贸发展的繁荣，因而探寻激活微观市场主体活力的方法与路径显得尤为重要。

二、"中国方案"的内容优化与拓展

（一）基于我国商业实践创新进一步提炼与优化"中国方案"

各国在数字贸易实践中的快速发展及合作共赢，是各国共同推进数字贸易规则制定的出发点和落脚点。我国在数字贸易的商业实践过程已积累了较为丰富的经验，可进一步提炼与优化这一层面的"中国方案"，使其成为各国实现商业层面共建、共享、共治的重要参考。其一，以市场为导向进一步优化我国跨境电商相关的技术、物流、支付、外贸综合服务、信用评价等服务体系质量，并向其他发展中国家输出我国数字商业模式与范例。将我国数字技术应用、第三方支付工具、跨境电商综合服务体系、海外仓建设、独立站运营、跨境电商进出口退换货模式创新等方面的经验与典型实例通过官方或商业合作等途径向更多国家输出。其二，我国数字经济与数字贸易领域龙头企业积极参与和推动相关国际标准的制定，尤其应着重关注与深度参与人工智能、区块链、物联网等数字技术的技术标准与应用规范等方面的国际标准、原则与规范的制定，还可将我国企业主导创制的

《跨境电子商务平台商家信用评价规范》等国家标准向海外推广，以使其成为国际标准制定的模板与重要参考。其三，分享我国跨境电商平台及相关服务商从商业层面参与国外信息基础设施共建与相关人才培养并实现各方共赢的经验。当前多个经济体已有意向或参与到海外信息基础设施建设中，以消减"数字鸿沟"，缩小各国发展差距，但各国在这一领域的开发与合作模式尚在探索期，技术标准更是空白。我国阿里巴巴及相关服务商以共商、共建、共享为原则，通过各国企企间、政企间协同合作等形式参与部分发展中国家信息基础设施建设，其成功实践可在全球范围内发挥较好的示范效应，且随着其实践的深化及覆盖面的不断拓展，还可转化为具有普适性的国际技术标准与规范，以使国际合作更高效与规范（中国信息通信研究院，2022）。在此基础上，各国在数字基建领域的合作深化，可更好地促进其达成共识，建立共享共建机制，并将我国的实践经验纳入双多边协议的"经济技术合作""贸易援助计划""数字能力建设""电子商务促进发展计划"等章节中，推进区域乃至全球治理水平的提升。

由于跨境电商领域的议题涉及通关、物流、支付、平台、技术、关税等诸多环节、要素及产业，诉求与内容十分零碎与分散，目前我国尚未形成系统科学的框架与议题方案。因此，应该足够重视 eWTP 等公私合作平台在促进各方交流、汇总提炼实践经验并形成系统框架、推广技术与模式创新等领域作用的发挥，以更好地形成并推广跨境电商实践领域的"中国方案"。可以看到，这些从大量实践中提炼并转化而形成的贸易规则，往往具备以下特征：（1）前期已在国内或国际层面通过了大量的迭代与验证，具有较好的应用基础与广泛的适用范围，且规则与实践之间的适配性高；（2）推广成本与监督成本低，可执行性强，推广效率高，持续推进与演化的实现过程较流畅，对实践的影响与指导意义更大；（3）在这些规则推行的基础上，微观经济主体的创新创业动力增强、能力提升，由此能更好地基于"看得见之手"与"看不见之手"的良性协同而使宏观与微观层次在利益上实现激励相容。

（二）基于我国政策法规创新进一步提炼与优化"中国方案"

我国在跨境电商政策法规改革中已积累了较为丰富的经验，可在原有"中国方案"内容基础上进一步提炼与优化，主要体现为：其一，深化我国在数字化监管、贸易便利化等层面的改革创新，以加快我国监管体系的成熟，进而向更多国家分享经验。例如，可分享我国通过"单一窗口"提升报关便利性，推动设立便捷化海关程序，降低通关审查、报税成本的经验；分享我国构建安全的跨境电子支付监管环境，建立可信数字身份互认及同等保护机制等方面的经验。还可通过对消费者自行选购的境外产品，豁免本国关于同类产品的相关技术标准要求，以及给予跨境电商海外仓建设政策优惠等方面进行改进，进而在各国形成示范效应（徐程锦，2020）。其二，基于我国跨境电商改革的成功经验，鼓励各国提高低值货物进口关税免税起征点，推动各国建立起统一、简便、分层征收的进口关税监管体系。其三，将我国数字平台自治与政府监管的"双重治理"模式与经验向全球推广。我国的治理模式及其努力方向表现为：构建跨部门、跨地区、跨层级协同联动的电子商务监管治理平台，提高事中与事后监管能力；创新监管工具，加强物联网、大数据、人工智能、区块链等技术在监管治理平台中的应用，以实现自动感知、深度治理、智能监管、信息溯源；鼓励阿里巴巴、京东等大型数字平台主导构建平台企业行业规范与社会责任履行的国家标准乃至国际标准。目前欧盟基于其较为完善的数字相关法律的制定，正积极在 WTO 电子商务谈判中推广其平台监管规则，以强化欧盟在数字治理领域的示范与引领作用。作为全球最大的电子商务市场，中国在电商平台监管创新中进行试错的空间与频次往往是其他国家难以比拟的，因而我国应加快平台治理模式的迭代创新与国际推广，使其成为我国下一阶段参与或主导平台监管国际标准与规则制定的重要支撑。其四，"十四五"期间，我国对数字经济与数字服务贸易的治理改革将快速推进，拟通过数字经济与数字贸易示范区建设等方式加强政策的孵化与迭代创新，并尽快转换为国内制度法规与关键技术框架。

（三）双边及区域协议中"中国方案"的内容优化

在双边及区域协议中，我国可通过主张的进一步明确与拓展，使缔约方之间合作的广度与强度进一步深化，进而构建由我国主导的双边及区域数字贸易与数字经济规则网络体系（沈玉良等，2022）。内容的优化可主要从以下几个方面进行。

1. 在双边及区域自由贸易协定谈判或经贸谈判中可积极试错，灵活调整谈判内容

不能仅停留在一些共识度高的议题，还可在我国关心的低价值货物免关税、消费者权益保护、海外仓管理、跨境支付等议题上多提方案，在小范围的实践中找到与不同类型国家实现对接的有效做法（张锐等，2020）。可以在双边谈判中适度加入各方关切但尚未形成明确方案的领域进行大胆研讨与共同实践，并鼓励或允许以"市场驱动、企业先行"的方式在各国产业链对接、数字技术合作、数字贸易相关商业模式创新、数据共享与流动等领域的加快探索，并提炼经验、模式与范例，进而推进合作国之间数字贸易规则的达成。

2. 对标 CPTPP 与 DEPA 等高标准的自由贸易协定国际规则

我国已申请加入 CPTPP 与 DEPA 协定，是否能成功还存在不确定性，但无论短期内能否成功加入，我国都应以这些高标准的协议规则作为参照，升级现有双边及区域协议，或主导建立新的双边及区域协议，并由此倒逼国内数字贸易治理改革的进一步推进。可主要从议题的广度与强度两个层面进行"升级"与"主导"。在双边及区域谈判议题的广度上，引入过去我国参与的自由贸易协定、区域贸易协定中未涉及或鲜少涉及的议题，例如网络安全、数据流动与共享、监管创新、接入和使用互联网开展电子商务、互联网互通费用分摊和源代码保护条款。可在与我国数字贸易程度相近的国家间签订的双边及区域协议中引入人工智能、云计算、区块链、科技金融等数字技术及其应用领域的新兴议题，以期更快地达成共识并推进政企等层面的合作深化。依据缔约方发展情况，适时促进 RCEP 数字贸易条款的升级，以使其能继续发挥促进合作与适度引领的作用，同时逐步缩小各项中国参与的自由贸易协定中数字贸易负面清单范围。这些由我国商业经验与标准演变来的数字经济规则，也将进一步促进我国商业实践的深化与跃迁式发展。在议题的强度上，可将更多建议性条款转化为具有强制性的约束性条款。随着我国在商业实践与政策法规等层面创新的深入，以及治理水平的日趋提升，对大量议题如数据流动、网络安全等规则的短期与中长期影响的认识与研判会日益清晰，因此也应提出更明确、更系统的方案，而约束性条款的增多正是各方共识与合作进一步增强的重要体现。

3. 推进规则落地执行

在双边及区域规则达成后，我国可在 eWTP 平台背景下，组织各缔约方的关键政府部门、平台企业、数字技术龙头企业、相关服务商及中小企业代表广泛研讨具体落地的方案与细则并予以执行，加强各国政企、企企间合作，使规则创新与完善能真正转化为营商环境的优化及各国经济与社会福利的增进。

4. 继续深化与共建"一带一路"国家在电子商务、数字技术等领域的交流合作

截至 2024 年 9 月，中国已与 17 个国家签署"数字丝绸之路"合作谅解备忘录，同时与 33 个国家建立"丝路"电商双边合作机制，就各国电子商务发展进行政策沟通、规划对接、经验分享、产业促进、地方合作、能力建设等多层次多领域合作，并积极推进与伙伴国之间在海关、税务、交通运输、资金结算等领域的标准衔接，促进跨境电商便利化水平的提升。同时还可以上述双诸边合作平台为"试验田"，在各合作国之间加强数据流动、国家安全与个人数据保护等层面的实践创新与规则探索。

5. 高度重视与发达国家间的谈判与合作，积极寻找与扩大利益重合点

我国可以"一带一路"建设为契机，加强与美欧等地区的合作交流。例如，2021 年欧盟制定的"全球联通欧洲"战略，将中国"数字丝绸之路"列为首要双边合作对象，发展基础建设网络。我国可以此为契机，与欧盟达成共建"数字丝绸之路"倡议，共建中欧互联互通合作平台。在求同存异、合作共赢基础上，继续推动重启中欧全面投资协定（CAI）谈判，与欧盟加强在消费者隐私、个人数据保护诉求、未经许可的商业电子信息等与"信任度和电子商务"相关的议题上的沟通，促进共识达成，以推动共建兼顾经济利益、国家安全与数字产业发展的数字国际治理机制，并推动欧盟在中美之间桥梁作用的发挥（高疆，2022）。

（四）多边框架下的"中国方案"内容优化

在复杂国际形势背景下，多边主义是新兴市场和发展中国家的重要保障，也是实现数字贸易普惠式发展的核心途径之一，因而我国应进一步优化在 WTO 等多边框架下的"中国方案"。

其一，双边及区域层面的贸易协定往往以互惠性为重要前提，目前在约束性较强的数字贸易相关区域经贸协定中，鲜有针对发展中国家的更具普惠和包容性的规则设计。我国应在WTO的多边谈判中强调发展中国家的诉求，呼吁各方关注发展中经济体和最不发达国家数字基础建设落后、收入分配不均、销售与融资渠道不畅等问题与困境，并以中国在数字经贸商业实践与双边及区域合作中的成功经验为基础，提出加强数字领域包容性发展议题及其具体行动方案，围绕发展中国家关心的领域开展更务实合作，制定更具公平性与包容性的贸易规则。可包含以下议题与具体行动方案：通过具体措施推动发展中国家数字基础设施建设，改善互联网接入和联通水平；推动有针对性的技术援助和能力建设，加快数字化发展进程；减少对来自发展中国家的产品和服务壁垒，提供更便利的市场准入；加强实践经验分享和平台监管合作，为发展中国家中小企业发展创造良好环境（中国信息通信研究院，2022）；推动制定全球数字基础建设合作的技术标准与行动规范。

其二，贸易便利化议题一直是WTO框架下各成员方共同关切且已达成较多共识与规则的领域。但数字贸易的交易方式、技术手段快速更迭，目前数字贸易的便利化正向全流程数字化方向升级，双多边层面便利化规则的制定仍然明显落后于商业实践。中国在贸易便利化与数字监管创新方面已基于政企协同积累了较丰富的经验，且经反复验证具有较强的可行性与普适性。中国有关数字贸易便利化的提案中可主要包括以下内容：跨境电商全流程数字化的标准，包含电子合同、电子支付、智慧物流、电子发票、海外仓等环节的规则；建设国际贸易"单一窗口"的标准及具体报关流程规范，各国间协同推进"单一窗口"的建设；推动数字贸易多国家、多部门、多主体及多业务环节间标准兼容与互操作性，增强其风险管理与溯源能力，提供具体行动方案与技术手段支持。基于此，中国提案可对WTO现有与数字贸易相关条款与规则进行解释澄清、升级、扩充，并对新条款与规则的增设提供建议。

其三，在数据流动、网络安全、计算设施的位置等各关键的议题上，我国应提出分层分类分阶段的方案，设立一套各国普遍能接受的最低标准或基本原则。提出给予发展中国家尤其是落后国家"特殊与差别待遇"（S&D条款），允许其在一定时期内有数字监管相对灵活的政策空间与规则空间；对数据进行分类监管，可分为以货物为载体数据、政府数据、金融数据等，对不同类型的数据采取不同的监管标准，以此确定数据访问的权限、条件与用途；提出在加强平台监管与鼓励平台创新间的利益平衡机制。

其四，提出具体行动方案，加快推进 WTO 电子商务规则在各国的落地与执行。如前文所述，截至 2023 年 12 月，包括中国在内的 90 个 WTO 成员方已在促进数字贸易便利化、开放数字环境以及增强商业和消费者信任等领域就 13 个议题达成共识。在协议达成后，后续还面临着如何使这部分成员之间达成的协议真正转化为 WTO 多边协议的难题。在这一转化过程中，我国可通过 eWTP 汇集政企各方意见，基于 eWTP、WTO 与世界经济论坛之间的"长期对话机制"等途径提交中国方案，以更快推进各方在难点问题上达成共识。而在 WTO 各成员达成多边框架下的电子商务有关协议后，eWTP 各主体还可通过对协议的有效解读，加快推进 WTO 电子商务规则在各国的具体落地与执行，使其转变为各国的制度改革与商业实践创新，并促进各国行动与策略上更具连贯性与协同性，由此推动贸易规则真正转化为激活全球数字贸易市场巨大潜力的制度与政策红利，帮助各国尤其是发展中国家成员更好地参与全球化进程并从中获益。

三、谈判与推进策略优化

过去中国在数字贸易国际规则制定中往往采取跟随策略，这导致其在双多边谈判中话语权不够，自主性规则过少。因而，接下来中国应采取更灵活多元的方式进行双多边谈判及规则设定，以期促进更多双多边协议的达成与"中国方案"的落地推广。

（一）在中国参与的自由贸易协定区域性谈判中可引入模块化方式

类似于 DEPA 的"模块化"方式，可让参与方在不同模块组合中依据其自身发展水平与治理能力等自主选择想要签订的协议模块，从而极大提高协议的灵活性、开放性与渐进性，各方利益与诉求受到尊重与表达，使先发国家可按其意愿纳入高标准数字贸易条款，也允许后发国家等希望依据本国数字产业发展水平和治理能力的变化而动态优化其开放策略。

（二）我国在双多边谈判中，可采取多议题联动策略

把其他国家特别关注的议题与我国的核心关键议题进行捆绑打包，"要么全部，要么全不"，以推动一揽子形式协议的签订。例如，可考虑将"跨境电子商务"议题与"信息基础设施"议题、"跨境市场流通"议题进行关联（马述忠等，2022）。必要时，还可将上述三个议题与"网络安全与隐私保护""统一标准与法律保障"捆绑打包，对谈判各方的利益分配和权责划分问题依具体情况进行调整，实现整体层面的互惠互利。

（三）采用建议条款形式，或在约束性条款中引入例外条款和过渡期

对于双边及区域层面谈判中涉及的数字贸易新兴议题或敏感议题，在无法准确评估其经济与社会影响的前提下，可采取建议性条款，以表达我国的合作意愿与立场。在 CPTPP 等高标准协定中，往往以约束性条款为主，中国在后期加入 CPTPP 后，涉及类似的新兴议题或敏感议题可争取使用例外条款和过渡期，或先使用"正面清单"方式，再逐步过渡到"负面清单"，以给我国产业发展、政策调整与治理能力优化预留一定决策空间与发展敞口。

（四）加强与国际组织合作，积极融入各类多边经贸机制

以中国政企与世界海关组织的合作为例，自 2017 年以来，在中国海关主导，阿里巴巴、网易等企业的共同参与下，《世界海关组织"经认证的经营者"互认实施指南》《世界海关组织跨境电商标准框架》完成制定，并获世界海关组织大会审议通过。接下来，我国还将加强与世界海关组织、国际商会、联合国贸易法委员会、联合国贸发会议、万国邮联等国际组织合作，进一步融入各类多边经贸机制，将更多我国在数字经济与数字贸易领域"可传播、可复制"的实践经验推广成为国际层面通用的技术标准和商务规范（李晓龙和王健，2018），以更好地提升中国在各类多边合作机制中的话语权，促进全球数字贸易的安全、便利化发展。

（五）建立常态化政企沟通机制，培育数字企业参与国际规则制定的意识与能力

可借鉴美国产业贸易咨询委员会经验，建立由官方主导或由非官方主

体主导的政企沟通机制，以使政府获得更稳定、及时且高质量的商务信息，有效弥补公共部门在处理前沿经贸问题时知识信息与技术支持不足的短板。尤其应重视 eWTP 在搭建平台以促进多边组织、各国政府、平台企业与中小企业等主体加强对话交流与合作的作用，这一政企之间信息交互与合作机制的构建不仅能有效增强中国提交规则提案的效率与质量，也有利于培养数字贸易相关企业参与国际规则制定的意识与能力。

第六节　未来推广与践行"中国方案"的行动路径

一国经济与贸易的快速发展是其积极参与全球经贸规则制定的出发点和落脚点，因而接下来"中国方案"的推广，首先应该继续夯实本国数字经济与数字基础，使我国的竞争优势进一步显化与增强。同时在发展的过程中加快试点创新，使我国数字治理水平更快提升。在此基础上，通过政企间协同的方式真正让"中国方案"转化为营商环境的优化，在各方共商、共建、共享中实现普惠发展。

其一，进一步夯实数字基础设施，推进数字经济高质量发展。我国数字经济的高质量发展是持续优化与推广"中国方案"的重要前提与核心目标，也是我国数字贸易竞争力不断提升的主要来源。2020 年，我国数字经济规模已达到 39.2 万亿元，同比增长 9.7%。数字经济占 GDP 比重已由2016 年的 30.3% 提升至 2020 年的 38.6%，但与发达国家平均 54.3% 的比值仍有不少差距。① 我国应进一步夯实软件与硬件基础设施，尽快推进移动通信网、互联网和物联网三者融合，加快传感终端、5G 网络、大数据中心、工业互联网等领域的新型数字基础设施建设，推进核心数字技术攻关。在此基础上，应用新一代数字技术丰富应用场景，并对传统产业进行全方位、全角度、全链条改造，充分释放数据价值，加速我国服务业与制造业的数字化转型及其不断融合。还应努力提升中西部地区及农村地区的信息通信技术水平，缩小东中西部地区及城乡之间的"数字鸿沟"。同时鼓励数字贸易领域的各类模式与业态创新，助力"中国制造"向"中国智造"转变。

---

① 资料来源于中国信通院发布《2021 年全球数字经济白皮书》。

其二，加快试点创新，推进我国数字贸易治理能力的提升。加快国内数据治理体系创新是对接数字贸易谈判的重要保障。我国应当抓住数字贸易规则演进的关键机遇期，倡导行业、区域之间的数据流动标准并进行试点。通过分析高质量数字贸易规则与国内监管实践的差异，从紧迫性、重要性、难易度等多维度制定中国数字贸易开放路线与规划。加快打造数字贸易先行示范区，在数字服务市场准入、国际规制对接、跨境数据流动、数据确权、数据安全与知识产权保护、网络安全、数据规范化采集和分级分类监管等方面先行先试，开展压力测试，探索数据类规则措施的改革与创新，培育科技、制度双创新的数字贸易集聚区。建立数据分类分层分级监管标准，根据数据的安全属性进行梯度管理，以促进数据跨境流动与安全保护的平衡，进而成为可向国外复制推广的数字贸易治理的成功实例，也为进一步优化"中国方案"提供决策参考。

其三，进一步加强与各国的务实合作与规则共建。"用发展的办法解决发展不平衡不充分的问题"，"发展"既是构建人类命运共同体的目的，也是构建人类命运共同体的路径。在"中国方案"推进过程中，应进一步优化与重视 eWTP 平台的合作机制，基于营商环境的优化，不断激活与增强各国数字贸易相关微观经济主体创新的动力与能力，由此引致的企业家精神增进将成为全球数字贸易规模持续扩大的源头活水，而数字经济与贸易的网络效应又会强化这一趋势，激励相容的"政""企"协同可使二者之间的良性互动呈现螺旋上升的态势（张小蒂和曾可昕，2014）。基于此，将中国方案与各国诉求融为一体，让贸易规则与发展实践相得益彰，可促进世界朝着更包容、更高效和更优质的方向持续发展。

参考文献

［1］白洁，张达，王悦. 数字贸易规则的演进与中国应对［J］. 亚太经济，2021 (5)：53－61.

［2］蔡恩泽. eWTP 构建"世界贸易大同"说易行难［N］. 人民邮电，2016－09－30 (6).

［3］曹磊，张国平. 跨境电商全产业链时代［M］. 北京：中国海关出版社，2020.

［4］曹玉贵. 企业集群共生模型及其稳定性分析［J］. 华北水利水电学院学报 (社科版)，2005 (1)：33－35.

［5］常鑫，司传煜，跨境电商对贸易距离效应的影响：基于"一带一路"区域的实证［J］. 商业经济研究，2019 (10)：125－128.

［6］陈寰琦，周念利. 从 USMCA 看美国数字贸易规则核心诉求及与中国的分歧 ［J］. 国际经贸探索，2019，35 (6)：104－114.

［7］陈瑾，李丹，孙楚仁. 增值税转型与中国制造业企业出口动态［J］. 经济科学，2021 (1)：5－17.

［8］崔艳新，王拓. 数字贸易规则的最新发展趋势及我国应对策略［J］. 全球化，2018 (3)：98－107，136.

［9］但斌，胡军，邵汉华，张旭梅. 电子商务与产业集群联动发展机理研究［J］. 情报杂志，2010，29 (6)：199－202，147.

［10］鄂立彬，黄永稳. 国际贸易新方式：跨境电商的最新研究［J］. 东北财经大学学报，2014 (2)：22－31.

［11］樊文静. 跨境电子商务发展与我国对外贸易模式转型［J］. 对外经贸，2015 (1)：4－7.

［12］范合君，吴婷，何思锦. "互联网＋政务服务"平台如何优化城市营商环境？基于互动治理的视角［J］. 管理世界，2022，38 (10)：126－153.

［13］甘霖. 关于完善国家质量基础设施支撑引领高质量发展的建议［J］. 中国发展，2021，21 (2)：12－13.

［14］高疆. 全球化变局中的世贸组织改革：困境、分歧与前路［J］. 世界经济研

究，2022（11）：31 - 42，135.

[15] 郭峰，王靖一，王芳，孔涛，张勋，程志云. 测度中国数字普惠金融发展：指数编制与空间特征 [J]. 经济学（季刊），2020，19（4）：1401 - 1418.

[16] 郭继文，马述忠. 目的国进口偏好差异化与中国跨境电子商务出口：兼论贸易演变的逻辑 [J]. 经济研究，2022，57（3）：191 - 208.

[17] 郭四维，张明昂，王庆，朱贤强. 新常态下的"外贸新引擎"：我国跨境电子商务发展与传统外贸转型升级 [J]. 经济学家，2018（8）：42 - 49.

[18] 韩峰，柯善咨. 追踪我国制造业集聚的空间来源：基于马歇尔外部性与新经济地理的综合视角 [J]. 管理世界，2012（10）：55 - 70.

[19] 韩剑，蔡继伟，许亚云. 数字贸易谈判与规则竞争：基于区域贸易协定文本量化的研究 [J]. 中国工业经济，2019（11）：117 - 135.

[20] 洪延青. 数据竞争的美欧战略立场及中国因应：基于国内立法与经贸协定谈判双重视角 [J]. 国际法研究，2021（6）：69 - 81.

[21] 洪永森，张明，刘颖. 推动跨境数据安全有序流动，引领数字经济全球化发展 [J]. 中国科学院院刊，2022，37（10）：1418 - 1425.

[22] 洪勇，李峰. 我国跨境电商发展的新趋势、新问题及对策建议 [J]. 中国对外贸易，2022（10）：32 - 35.

[23] 胡国栋，王晓杰. 平台型企业的演化逻辑及自组织机制：基于海尔集团的案例研究 [J]. 中国软科学，2019，34（3）：143 - 152.

[24] 黄子河. 基于工业互联网平台驱动工业电子商务创新发展 [N]. 中国电子报，2020 - 09 - 29（3）.

[25] 姜睿清，喻登科，薄秋实. "互联网 +"背景下全要素网络及产业集群生成机理与模式 [J]. 科技进步与对策，2016，33（21）：58 - 65.

[26] 蒋国银，张美娟，贾开，冯小东. 世界电子贸易平台的背景、内容及面临的挑战 [J]. 电子科技大学学报（社科版），2019，21（2）：85 - 91.

[27] 焦朝霞. 全球数字贸易规则立场分歧、治理困境及中国因应 [J]. 价格理论与实践，2021（10）：40 - 44，133.

[28] 金莉莉. 电子商务对国际贸易的影响及对策研究 [D]. 北京：对外经济贸易大学，2007.

[29] 金祥义，施炳展. 互联网搜索、信息成本与出口产品质量 [J]. 中国工业经济，2022（8）：99 - 117.

[30] 鞠雪楠，赵宣凯，孙宝文. 跨境电商平台克服了哪些贸易成本？来自"敦煌网"数据的经验证据 [J]. 经济研究，2020，55（2）：16.

[31] 柯静. WTO 电子商务谈判与全球数字贸易规则走向 [J]. 国际展望，2020，

12（3）：43－62，154－155.

[32] 来有为，王开前. 中国跨境电子商务发展形态、障碍性因素及其下一步 [J]. 改革，2014（5）：68－74.

[33] 李芳，杨丽华，梁含悦. 我国跨境电商与产业集群协同发展的机理与路径研究 [J]. 国际贸易问题，2019（2）：68－82.

[34] 李钢，张琦. 对我国发展数字贸易的思考 [J]. 国际经济合作，2020（1）：56－65.

[35] 李海舰，李燕. 对经济新形态的认识：微观经济的视角 [J]. 中国工业经济，2020（10）：159－177.

[36] 李宏兵，王丽君，赵春明. RCEP框架下跨境电子商务国际规则比较及中国对策 [J]. 国际贸易，2022（4）：30－38.

[37] 李洪涛，王丽丽. 智慧城市试点工程对要素流动与高效集聚的影响研究 [J]. 软科学，2021，35（1）：19－24.

[38] 李坤望，邵文波，王永进. 信息化密度、信息基础设施与企业出口绩效：基于企业异质性的理论与实证分析 [J]. 管理世界，2015（4）：52－65.

[39] 李孟娜. 跨境电商引领全球普惠贸易发展研究 [J]. 对外经贸，2018（5）：106－108.

[40] 李韬，冯贺霞. 数字治理的多维视角、科学内涵与基本要素 [J]. 南京大学学报：哲学·人文科学·社会科学，2022（1）：70－79.

[41] 李晓龙，王健. eWTP倡议下构建国际贸易新规则的探索 [J]. 国际经贸探索，2018，34（11）：102－114.

[42] 梁平汉，邹伟，胡超. 时间就是金钱：退税无纸化改革、行政负担与企业出口 [J]. 世界经济，2020，43（10）：52－73.

[43] 廖茂林，许召元，胡翠，喻崇武. 基础设施投资是否还能促进经济增长？基于1994－2016年省际面板数据的实证检验 [J]. 管理世界，2018，34（5）：63－73.

[44] 刘华，刘秀华，杨继文. 数字社会建设中的科技治理问题及其法治保障路径 [J]. 科技进步与对策，2022，39（14）：114－121.

[45] 刘润. 新零售：低价高效的数据赋能之路 [M]. 北京：中信出版社，2018.

[46] 刘向丽，吴桐. 国际经贸规则重构中美国的政策两难与发展趋势探讨 [J]. 国际贸易，2021（6）：38－46.

[47] 刘子川. 跨境电商物流发展模式及路径优化研究 [J]. 物流工程与管理，2022，44（4）：81－83.

[48] 柳洲. "互联网＋"与产业集群互联网化升级研究 [J]. 科学学与科学技术管理，2015，36（8）：73－82.

［49］马述忠，房超，梁银锋．数字贸易及其时代价值与研究展望［J］．国际贸易问题，2018（10）：16－30.

［50］马述忠，房超，张洪胜．跨境电商能否突破地理距离的限制［J］．财贸经济，2019，40（8）：116－131.

［51］马述忠，郭继文．制度创新如何影响我国跨境电商出口？来自综试区设立的经验证据［J］．管理世界，2022，38（8）：83－102.

［52］马述忠，濮方清．电子商务平台出口影响因素及其溢出效应：基于消费者关键词搜索视角的研究［J］．国际贸易问题，2022（1）：37－54.

［53］马述忠，孙睿，熊立春．数字贸易背景下新一轮电子商务谈判的中国方案：机制与策略［J］．华南师范大学学报（社会科学版），2022（1）：104－115，206－207.

［54］毛园芳．电子商务提升产业集群竞争优势机制案例研究［J］．经济地理，2010，30（10）：1681－1687.

［55］梅辉洁．电子商务服务生态圈协同竞争机理研究［D］．武汉：华中师范大学，2019.

［56］梅燕，蒋雨清．乡村振兴背景下农村电商产业集聚与区域经济协同发展机制：基于产业集群生命周期理论的多案例研究［J］．中国农村经济，2020（6）：56－74.

［57］［美］约瑟夫·熊彼特．经济发展理论：对于利润、资本、信贷和经济周期的考察［M］．何畏，等译．北京：商务印书馆，1997.

［58］裴长洪，刘斌．中国对外贸易的动能转换与国际竞争新优势的形成［J］．经济研究，2019，54（5）：4－15.

［59］彭德雷，阎海峰．用好 RCEP 红利，助推数字贸易示范区建设［EB/OL］．http：//www. yicai. com/news/101338046. html，2022－03－06.

［60］彭磊，姜悦．数字贸易规则本质与中国数字贸易规则体系构建研究［J］．国际贸易，2022（9）：71－78.

［61］祁志伟．数字政府的价值意蕴、治理机制与发展理路［J］．理论月刊，2021（10）：68－77.

［62］全毅．CPTPP 与 RCEP 协定框架及其规则比较［J］．福建论坛（人文社会科学版），2022（5）：53－65.

［63］茹玉骢，李燕．电子商务、贸易中介与企业出口方式选择［J］．浙江学刊，2014（6）：177－184.

［64］茹玉骢，李燕．电子商务与中国企业出口行为：基于世界银行微观数据的分析［J］．国际贸易问题，2014（12）：3－13.

［65］邵朝对，苏丹妮．产业集聚与企业出口国内附加值：GVC 升级的本地化路径［J］．管理世界，2019（8）：9－29.

［66］沈玉良，彭羽，高疆，陈历幸．是数字贸易规则，还是数字经济规则？新一代贸易规则的中国取向［J］．管理世界，2022，38（8）：67-83．

［67］盛斌，陈丽雪．多边贸易框架下的数字规则：进展、共识与分歧［J］．国外社会科学，2022（4）：93-110，198．

［68］盛斌，高疆．超越传统贸易：数字贸易的内涵、特征与影响［J］．国外社会科学，2020（4）：18-32．

［69］盛斌，高疆．数字贸易：一个分析框架［J］．国际贸易问题，2021（8）：1-18．

［70］施炳展．互联网与国际贸易：基于双边双向网址链接数据的经验分析［J］．经济研究，2016，51（5）：172-187．

［71］施炳展，游安南．数字化政府与国际贸易［J］．财贸经济，2021，42（7）：145-160．

［72］舒畅．双循环新发展格局下我国跨境电商与跨境物流协同发展研究［J］．党政研究，2021（2）：121-128．

［73］宋颜群，胡浩然．跨境电商改革对试验区企业出口的影响及作用机制研究［J］．现代财经（天津财经大学学报），2022，42（4）：20-35．

［74］孙黎，许唯聪．数字经济对地区全球价值链嵌入的影响：基于空间溢出效应视角的分析［J］．经济管理，2021，43（11）：16-34．

［75］陶正鹏．基于系统动力学的数字贸易背景下浙江省物流产业高质量发展仿真研究［D］．杭州：杭州电子科技大学，2022．

［76］田静．构建eWTP的功能定位与战略思路［D］．杭州：浙江大学，2018．

［77］王惠敏．跨境电子商务与国际贸易转型升级［J］．国际经济合作，2014（10）：60-62．

［78］王健，巨程晖．互联网时代的全球贸易新格局惠贸易趋势［J］．国际贸易，2016（7）：4-11．

［79］王岚．数字贸易壁垒的内涵、测度与国际治理［J］．国际经贸探索，2021，37（11）：85-100．

［80］王利辉，刘志红．上海自贸区对地区经济的影响效应研究：基于"反事实"思维视角［J］．国际贸易问题，2017（2）：3-15．

［81］王利荣，芮莉莉．跨境电商综合试验区对地区经济的影响及差异性分析：基于"反事实"视角［J］．南方经济，2022（3）：53-73．

［82］王如玉，梁琦，李广乾．虚拟集聚：新一代信息技术与实体经济深度融合的空间组织新形态［J］．管理世界，2018（2）：9-29．

［83］王淑翠，王丹丹．跨境电商背景下跨境出口零售规则的完善［J］．国际商务

研究, 2022, 13 (1): 37 - 45.

[84] 王晓晓, 黄海刚, 夏友富. 数字化政府建设与企业创新 [J]. 财经科学, 2021 (11): 118 - 132.

[85] 王欣. 耦合型政企关系的理论建构与中国政企关系的优化方向 [J]. 西安交通大学学报 (社会科学版), 2022, 42 (6): 21 - 30.

[86] 王岩岩, 吴凡, 李雪, 陈蓉. 产业创新理论下跨境电商运行机制研究 [J]. 商业经济研究, 2016 (12): 65 - 67.

[87] 网经社电子商务研究中心. 2021 年度中国跨境电商市场数据报告 [R]. http://www.100ec.cn/zt/2021kjdsscsjbg/, 2022 - 04 - 27.

[88] 魏浩, 王超男. 中国跨境电商进口发展存在的问题与对策 [J]. 国际贸易, 2021 (11): 44 - 50, 69.

[89] 魏吉, 张正荣. 跨境电商推进"一带一路"倡议"五通"的实现机制初探 [J]. 特区经济, 2020 (3): 31 - 34.

[90] 温忠麟. 中介效应和调节效应 [M]. 北京: 教育科学出版社, 2020.

[91] 邬建平. 电子商务信用风险评估模型 [J]. 统计与决策, 2016 (11): 69 - 71.

[92] 吴林璞. 转型跨境电商, 中小企业四大金融痛点如何破解 [EB/OL]. https://www.ifnews.com/news.html? aid = 238915, 2021 - 11 - 08.

[93] 吴琪, 扈飞. 重构外贸综合服务新业态 [J]. 国际经济合作, 2020 (4): 63 - 71.

[94] 熊鸿儒, 田杰棠. 突出重围: 数据跨境流动规则的"中国方案" [J]. 人民论坛·学术前沿, 2021 (Z1): 54 - 62.

[95] 熊立春, 马述忠. 从传统贸易成本到数字贸易成本: 内涵、特征与影响 [J]. 上海商学院学报, 2021, 22 (5): 3 - 13.

[96] 徐步. 向着构建人类命运共同体目标不断迈进 [N]. 经济日报, 2022 - 11 - 19 (10).

[97] 徐程锦. WTO 电子商务规则谈判与中国的应对方案 [J]. 国际经济评论, 2020 (3): 29 - 57, 4.

[98] 薛虹. 中国《电子商务法》草案概览 [R]. 北京师范大学互联网政策与法律研究中心, 2017.

[99] 薛虹. 中国电子商务平台知识产权保护制度深度剖析与国际比较 [J]. 法学杂志, 2020, 41 (9): 13 - 23.

[100] 杨坚争, 郑碧霞, 杨立钒. 基于因子分析的跨境电子商务评价指标体系研究 [J]. 财贸经济, 2014 (9): 94 - 102.

［101］杨松，郭金良.跨境电子支付服务风险监管法律问题研究［J］.法治研究，2013（2）：64-72.

［102］杨小凯.经济学：新兴古典与新古典框架［M］.北京：社会科学文献出版社，2003.

［103］杨小凯.经济学原理［M］.北京：社会科学文献出版社，2019.

［104］殷华，高维和.自由贸易试验区产生了"制度红利"效应吗？来自上海自贸区的证据［J］.财经研究，2017，43（2）：48-59.

［105］余森杰，郭兰滨.数字贸易推动中国贸易高质量发展［J］.华南师范大学学报（社会科学版），2022（1）：93-103，206.

［106］余晓晖.建立健全平台经济治理体系：经验与对策［J］.人民论坛·学术前沿，2021（21）：16-24.

［107］岳云嵩，李兵.电子商务平台应用与中国制造业企业出口绩效：基于"阿里巴巴"大数据的经验研究［J］.中国工业经济，2018（8）：97-115.

［108］曾可昕，张小蒂.数字商务与产业集群外部经济协同演化：产业数字化转型的一种路径［J］.科技进步与对策，2021（16）：148-160.

［109］曾可昕，张小蒂.中国企业家精神增进的激励机理：以矫正资本市场的估值扭曲为视角［J］.学术月刊，2016，48（8）：61-70.

［110］曾鸣.智能商业［M］.北京：中信出版社，2018.

［111］张春飞，岳云嵩.我国数字贸易创新发展的现状、问题与对策研究［J］.电子政务，2023（2）：96-106.

［112］张洪胜，潘钢健.跨境电子商务与双边贸易成本：基于跨境电商政策的经验研究［J］.经济研究，2021，56（9）：141-157.

［113］张洪胜，张小龙.跨境电商平台促进全球普惠贸易：理论机制、典型事实和政策建议［J］.国际商务研究，2021，42（4）：74-86.

［114］张华强.eWTP能否"平天下之衡"［N］.企业观察报，2016-09-20.

［115］张剑."丝路电商"发展路径研究［J］.海外投资与出口信贷，2022（2）：28-31.

［116］张节，李千惠.智慧城市建设对城市绿色创新效率的影响［J］.统计与决策，2020（19）：83-87.

［117］张俊生.推动构建人类命运共同体的中国担当［J/OL］.https：//m.gmw.cn/baijia/2022-11/20/36172811.html，2022-11-20.

［118］张磊.美国提交电子商务倡议联合声明意欲何为［J］.WTO经济导刊，2018（5）：62.

［119］张莉，刘文燕.金融服务跨境电商新趋势［J］.中国金融，2022（18）：

45 - 47.

[120] 张旻, 刘新梅, 王文斌. 企业开放、企业家精神对高新技术产业创新效率影响的实证 [J]. 统计与决策, 2019, 35 (9): 182 - 185.

[121] 张茉楠, 方元欣, 邱晨曦. 全球数字贸易规则博弈与 "中国方案" [J]. 全球化, 2022 (2): 46 - 58, 134.

[122] 张茉楠, 周念利. 数字贸易对全球多边贸易规则体系的挑战、趋势及中国对策 [J]. 全球化, 2019 (6): 32 - 46.

[123] 张其林, 汪旭晖. 跨境电商平台交易纠纷的治理模式研究: 基于治理需求和治理供给匹配的视角 [J]. 中国工业经济, 2021 (12): 166 - 184.

[124] 张其仔. 加快新经济发展的核心能力构建研究 [J]. 财经问题研究, 2019 (2): 3 - 11.

[125] 张锐, 钱霖亮. 电商外交: 概念界定与中国实践 [J]. 国际关系研究, 2020 (6): 20 - 40, 152 - 153.

[126] 张文林. 基于跨境电商的普惠贸易研究 [J]. 现代商贸工业, 2018, 39 (30): 28 - 29.

[127] 张小蒂, 曾可昕. 基于产业链治理的集群外部经济增进研究: 以浙江绍兴纺织集群为例 [J]. 中国工业经济, 2012 (10): 148 - 160.

[128] 张小蒂, 曾可昕. 基于企业家才能提升的市场规模内生性扩大研究: 以浙江义乌产业集群为例 [J]. 财贸经济, 2013 (5): 122 - 130.

[129] 张小蒂, 曾可昕. 企业家资源拓展与中国比较优势内生增进 [J]. 学术月刊, 2013, 45 (11): 75 - 85.

[130] 张小蒂, 曾可昕. 中国电子商务发展的可持续性: 以企业家才能内生提升为视角 [J]. 学术月刊, 2014, 46 (10): 66 - 74.

[131] 张蕴萍, 栾菁. 数字经济平台垄断治理策略研究 [J]. 经济问题, 2021 (12): 9 - 15.

[132] 张正怡. 数字贸易的规范考察及中国方案 [J]. 东岳论丛, 2022, 43 (8): 169 - 175, 192.

[133] 赵璐. 网络组织模式下中国产业集群发展路径研究: 发达国家产业集群发展的经验启示 [J]. 科技进步与对策, 2019, 36 (7): 56 - 60.

[134] 赵崤含, 张夏恒, 潘勇. 跨境电商促进 "双循环" 的作用机制与发展路径 [J]. 中国流通经济, 2022, 36 (3): 93 - 104.

[135] 赵永亮, 唐姣美. 贸易便利化、腐败与企业出口 [J]. 国际经贸探索, 2019 (9): 4 - 17.

[136] 郑红明. 基于产业链视角下的跨境电商对我国进出口贸易影响分析 [J].

价格月刊，2016（5）：45－49.

［137］中国信息通信研究院.全球数字经贸规则年度观察报告［R］.2022.

［138］钟永光，贾晓菁，李旭.系统动力学［J］.北京：科学出版社，2009.

［139］周广澜，王健.基于 eWTP 的数字贸易探索与实践［J］.对外经贸实务，2021（3）：7－10.

［140］周念利，陈寰琦，黄建伟.全球数字贸易规制体系构建的中美博弈分析［J］.亚太经济，2017（4）：37－45，173－174.

［141］周念利，陈寰琦.基于《美墨加协定》分析数字贸易规则"美式模板"的深化及扩展［J］.国际贸易问题，2019（9）：1－11.

［142］周勍.中国跨境电商政策的影响效应研究［D］.北京：对外经济贸易大学，2020.

［143］朱国军，王修齐，孙军.工业互联网平台企业成长演化机理：交互赋能视域下双案例研究［J］.科技进步与对策，2020，37（24）：108－115.

［144］Acemoglu D，Restrepo P. Artificial Intelligence，Automation and Work［R］.NBER Working Paper，2018.

［145］Adebanjo D，Michaelides R. Analysis of Web 2.0 enabled e-clusters：A case study［J］. Technovation，2010，30（4）：238－248.

［146］Ahn J B，Khandelwal A K，Wei S J. The role of intermediaries in facilitating trade［J］. Journal of International Economics，2011，84（1）：73－85.

［147］Akerman A，Leuven E，Mogstad M. Information frictions，internet，and the relationship between distance and trade［J］. American Economic Journal：Applied Economics，2022，14（1）：133－63.

［148］Austin S，Olarreaga M. Enabling Traders to Enter and Grow on the Global Stage. An eBay Report［M］. Brussels：eBay EU Liaison Office，2012.

［149］Baldwin R. Global Supply Chains：Why They Emerged，Why They Matter，and Where They are Going［R］. CEPR Discussion Papers，2012.

［150］Barro R. Determinants of democracy［J］. Journal of Political Economy Journal Economy，1999，107（6）：158－183.

［151］Berman S J. Digital transformation：Opportunities to create new business models［J］. Strategy & Leadership，2012，40（2）：16－24.

［152］Bolívar M P R，Meijer A J. Smart governance：using a literature review and empirical analysis to build a research model［J］. Social Science Computer Review，2016，34（6）：673－692.

［153］Broda C，Weinstein D E. Globalization and the gains from variety［J］. The

Quarterly Journal of Economics, 2006, 121 (2): 541 – 585.

[154] Brooks C H, Gazzale R S, Das R, et al. Model selection in an information economy: choosing what to learn [J]. Computational Intelligence, 2002, 18 (4): 566 – 582.

[155] Choi C. The effect of the Internet on service trade [J]. Economics letters, 2010 (2): 109.

[156] Christina E, Krishna W, Daniel M. Cooperation in Virtual Clusters [C]. The Proceedings of the 9th International Conference of Concurrent Enterprising, Espoo, Finland, 2003 (6): 16 – 18.

[157] Coad A, Duch-Brown N. Barriers to European cross-border e-commerce [R]. JRC Digital Economy Working Paper, 2017.

[158] Cory N, Dascoli L. How Barriers to Cross-Border Data Flows Are Spreading Globally, What They Cost, and How to Address Them [R]. Information Technology and Innovation Foundation, 2021.

[159] Deng Z, Wang Z. Early-mover advantages at cross-border business-to-business e-commerce portals [J]. Journal of Business Research, 2016, 69 (12): 6002 – 6011.

[160] Dunleavy P, Margetts H, Bastow S, Tinkler, J. Digital Era Governance: IT Corporations, the State and E – Government [M]. Oxford University Press, 2006.

[161] Falk M, Hagsten E. E-commerce trends and impacts across Europe [J]. UNCTAD Discussion Papers, 2015 (70): 357 – 369.

[162] Farkhanda S. The ICT environment, financial sector and economic growth: a cross-country analysis [J]. Journal of Economic Studies, 2007, 34 (4): 352 – 370.

[163] Freund C L, Weinhold D. The effect of the internet on international trade [J]. Journal of International Economics, 2004, 62 (1): 171 – 189.

[164] Garlick J. China's economic diplomacy in central and eastern Europe: a case of offensive mercantilism [J]. Europe-Asia Studies, 2019, 71 (8): 1411.

[165] Goldfarba, Treflerd. Artificial Intelligence and Trade [R]. NBER Working Paper, 2018.

[166] Gomez-Herrera E, Martens B, Turlea G. The drivers and impediments for cross-border e-commerce in the EU [J]. Information Economics and Policy, 2014 (28): 83 – 96.

[167] Hanlon W W, Miscioa A. Agglomeration: a long-run panel data approach [J]. Journal of Urban Economics, 2017, 99 (1): 1 – 14.

[168] Haucap J, Heimeshoff U. Google, Facebook, Amazon, eBay: Is the Internet driving competition or market monopolization? [J]. International Economics and Economic Policy, 2014, 11 (1): 49 – 61.

［169］ He Y, Li J, Wu X. Has the internet increased exports for firms from low and middle-income countries ［J］. Information Economics and Policy, 2011, 20 (1): 16 – 37.

［170］ Hillberry R, Zhang X. Policy and performance in customs: evaluating the trade facilitation agreement ［J］. Review of International Economics, 2018, 26 (2): 438 – 480.

［171］ Hortaçsu A, Martínez-Jerez F, Douglas J. The geography of trade in online transactions: Evidence from eBay and mercadolibre ［J］. American Economic Journal: Microeconomics, 2009, 1 (1): 53 – 74.

［172］ Hufbauer G C, Lu Z L. Global E-commerce Talks Stumble on Data Issues, Privacy, and More ［R］. Policy Briefs, 2019.

［173］ Iansiti M, Levien R. The Keystone Advantage: What the New Dynamics of Business Ecosystems Mean for Strategy, Innovation, and Sustainability ［M］. Harvard Business Press, 2004.

［174］ Jolivet G, Turon H. Consumer search costs and preferences on the internet ［J］. The Review of Economic Studies, 2019, 86 (3): 1258 – 1300.

［175］ Keane M, Yu H. A digital empire in the making: China's outbound digital platforms ［J］. International Journal of Communication, 2019 (13): 4626.

［176］ Kim T Y, Dekker R, Heij C. Cross – border electronic commerce: distance effects and express delivery in European Union markets ［J］. International Journal of Electronic Commerce, 2017, 21 (2): 184 – 218.

［177］ Krishnan S, Teo H, Lim G. Examining the relationships among e-government maturity, corruption, economic prosperity and environmental degradation: a cross-country analysis ［J］. Information & Management, 2013, 50 (8): 638 – 649.

［178］ Lendle A, et al. There goes gravity: eBay and the death of distance ［J］. The Economic Journal, 2016, 126 (591): 406 – 441.

［179］ Lendle A, Olarreaga M, Schropp S, et al. There Goes Gravity: How eBay Reduces Trade Costs ［R］. The World Bank, 2012.

［180］ Liu Q, Qiu L D. Intermediate input imports and innovations: evidence from Chinese firms' patent filings ［J］. Journal of International Economics, 2016 (103): 166 – 183.

［181］ Liu X, Chen D, Cai J. The operation of the cross-border e-commerce logistics in China ［J］. International Journal of Intelligent Information Systems, 2015, 4 (2): 15 – 18.

［182］ Macedo L. Blockchain for trade facilitation: Ethereum, eWTP, COs and regulatory issues ［J］. World Customs Journal, 2018, 12 (2): 87 – 94.

［183］ Majeed T, Malik A. E-government, economic growth and trade: a simultaneous equation approach ［J］. Pakistan Development Review, 2016, 55 (4): 499 – 519.

［184］Malik A，Majeed M T，Luni T. Panel data analysis of e – government and growth performance in thepresence of trade ［J］. Pakistan Journal of Economic Studies（PJES），2019，2（1）：23 –50.

［185］Martens B. What does Economic Research Tell Us about Cross-border E-commerce in the EU Digital Single Market? ［R］. Luxembourg：Institute for Prospective Technological Studies Digital Economy，2013.

［186］Ma S，Chai Y，Zhang H. Rise of cross-border E-commerce exports in China ［J］. China & World Economy，2018，26（3）：63 –87.

［187］Maskell P，Lorenzen M. The clusteras market organization ［J］. Druid Working Papers，2003，41（5 –6）：991 –1009.

［188］Mira B，Rodrigo P. Digital trade provisions in preferential trade agreements：introducing a new dataset ［J］. Journal of International Economic Law，2020（1）：187 –220.

［189］Monlina A，Bremer C F. Achieving critical mass：a global research network in system engine ［J］. Foresight，2001，3（1）：59 –64.

［190］Monteiro J A，Teh R. Provisions on Electronic Commerce in Regional Trade Agreements ［R］. WTO Staff Working Paper，2017.

［191］Niru Y. The Role of internet use on international trade：evidence from Asian and Sub-saharan African enterprises ［J］. Global Economy Journal，2014，12（2）：189 –214.

［192］Néstor D，Martens B. Consumer benefits from the EU digital single market：evidence from household appliances markets ［R］. Institute for Prospective Technological Studies Digital Economy Working Paper，Mar，2014.

［193］OECD，Data – driven Innovation for Growth and Well-being Interim Synthesis Report ［R］. https：//doi. org/10. 1787/789264229358-en.

［194］Patrick D. Digital Era Governance：IT Corporations，the State and E-Government ［M］. Oxford University Press，2006.

［195］Pierce J R，Schott P K. The surprisingly swift decline of US manufacturing employment ［J］. American Economic Review，2016，106（7）：1632 –62.

［196］Qi J，Zheng X，Guo H. The formation of Taobao villages in China ［J］. China Economic Review，2019，53（2）：106 –127.

［197］Terzi N. The impact of e-commerce on international trade and employment ［J］. Procedia-social and Behavioral Sciences，2011（24）：745 –753.

［198］UNCTAD. Digital Economy Report 2021：Cross – border Data Flows and Development：For Whom the Data Flow ［R］. https：//unctad. org/webflyer/digital-economy-report-2021.

［199］ USITC. Digital Trade in the U. S. and Global Economies, Part 1 ［R］. Washington: USITC, Investigation No. 332 – 531, USITC publication No. 4415, 2013: 1 – 2.

［200］ USITC. Global Digital Trade 1: Market Opportunities and Key Foreign Trade Restrictions ［R］. Washington: USITC, USITC Publication No. 4716, 2017: 33.

［201］ Vila Seoane M F. Alibaba's discourse for the digital Silk Road: the electronic World Trade Platform and "inclusive globalization" ［J］. Chinese Journal of Communication, 2020, 13 (1): 68 – 83.

［202］ Wang S, Cavusoglu H, Deng Z. Early mover advantage in e-commerce platforms with low entry barriers: The role of customer relationship management capabilities ［J］. Information & Management, 2016, 53 (2): 197 – 206.

［203］ Willemyns I. Agreement forthcoming? A comparison of EU, US, and Chinese RTAs in times of plurilateral e-commerce negotiations ［J］. Journal of International Economic Law, 2020, 23 (1): 221 – 244.

［204］ Williamson O E. The Economic Intstitutions of Capitalism: Simon and Schuster ［M］. Newyork: Simon and Schuster, 1985.

［205］ Wolf C, Maxwell W. So close, yet so far apart: The EU and US visions of a new privacy framework ［J］. Antitrust, 2011 (26): 8.

［206］ Yunis M, Tarhini A, Kassar A. The role of ICT and innovation in enhancing organizational performance: the catalysing effect of corporate entrepreneurship ［J］. Journal of Business Research, 2018 (88): 344 – 356.